중론

중론 中論

용수 지음 | 신상환 옮김

도서출판 b

| 일러두기 |

1. 티벳어 원문 자료

본문의 티벳어 게송은 구판(舊版)인 날탕(snar thang)판 티벳 대장경을 저본으로 삼은 데게(sde dge)판 티벳 대장경의 『중관이취육론(中觀理聚六論)』을 뜻하는 『우마 릭촉 둑(dmu ma rigs thsogs drug)』을 중심으로 원문의 탈・오자를 북경판 티벳 대장경과 교차 검색하여 수정한 것이다. 이 데게판 『중관이취육론(中觀理聚六論)』은 1970년에 라룽빠(L. P. Lhalunpa)에 의한 사경판이 델리에서 출판된 적이 있어 이것을 기본 저본으로 사용하였다(약칭 [데게판]). 이 판본의 대중판이 대만에서 출판된 탁마길(卓瑪吉) (편), 『藏文—中觀理聚六論』으로, 이것을 보조본으로 사용하였다.

2. 비교 역본

약칭하여 『청목소』로 부르는 것은 김성철의 『中論(Madhyamaka-śāstra)』을 뜻하며 『중론』으로 적은 것은 한글역, 산스끄리뜨어 원문, 티벳어, 한역, 영역을 통칭하여 부르는 것이다. 약칭 『쁘라산나빠다』는 월칭(月稱, Chandrakīrti)이 지은 산스끄리뜨 어 원문을 김정근이 우리말로 옮긴 『쁘라산나빠다(Prasannapadā)』를 가리킨다. MK(T.K)는 티벳 중관사상의 전통을 상징하는 쫑카빠 대사의 『중론』 주석서의 영역본 인 『Ocean of Reasoning』을 뜻한다. 이 책은 2006년 Garfield (J. L.)와 Nawang Samten이 공역하였다. 본문 주석에 나오는 다른 티벳 대장경의 판본들은 여기에 등장한 것이다.

3. 사전류

[BD]는 다양한 인터넷 불교 백과사전을 통칭하는 것을, 그리고 TT는 'The Tibetan Translation Tool'을 뜻한다. [고]는 고려대장경연구소 홈페이지(http://www.sutra.re.kr) 의 용어사전의 약자다. [M]은 Monier Williams Sanskrit-English Dictionary를 뜻한다. 산스끄리뜨어의 단어 설명이나 분석에 나오는 별도 병기나 설명이 없는 경우 모두 이 사전에 따른 것이다. 『장한사전』과 같은 나머지 사전들은 본문에 표기하였다.
인용한 각기 다른 사전의 표기법이나 문장 부호 등이 본문과 다른 경우 통일하지 않고 원문 그대로 두었다.

4. 티벳어 로마자(字) 표기

투치(G. Tucci)가 사용한 와일리 표기법(Wylie system, T. V. Wylie, 1959, 'A standard system of Tibetan transcription', Harvard Journal of Asiatic studies, vol. 22, pp. 261-67)에

따랐으나 대소문자는 구분 없이 소문자로 통일하였다.

5. 게송 독법

각 게송에 괄호가 없는 부분은 게송들에 직접 언급된 내용을 직역한 것이고 괄호 '(~)'로 표시된 부분은 축약된 시가 형태의 게송의 의미를 명확하게 하기 위한 역자의 첨언이고, 괄호 '[~]'로 표시된 것은 기존에 사용되고 있는 한역의 개념 등이다.

이 때문에 '(~)'로 표시된 것은 문장에 따라 계속 읽는 구조로 일반적인 괄호 표시와 조사와의 관계에 용례가 벗어나는 경우가 더러 있다.

6. 약어표

Chi.,	Chinese	한문 또는 한역
Eng.,	English	영어
Skt., 【범】, ⓢ	Sanskrit	산스끄리뜨어
Tib.,	Tibetan	티벳어

√	:	어근
Nom.	:	Nominative, 주격
Acc.	:	Accusative, 목적격
Ins.	:	Instrumental, 도구격
Dat.	:	Dative, 여격
Abl.	:	Ablative, 탈격
Gen.	:	Genetive, 소유격
Loc.	:	Locative, 처격
Comp.	:	Comparative, 비교격
Emp.	:	Emphasis particle, 강조사(强調詞)

티벳어의 경우 산스끄리뜨어의 경우와 달리 하나의 격이 다양한 뜻을 담고 있다. 예를 들어 '라둔(la 'dun)'은 목적격(Accusative), 여격(Dative), 처격(Locative)뿐만 아니라 다양한 접속사 기능을 하고 있다. '라둔'뿐만 아니라 계속사(繼續詞, Continuative) '학쩨(lhag bcas)' 등 중요한 문법적 특징에 대해서는 각 게송의 각주에서 따로 설명하였다.

ཤེས་དབུས་བོད་ཀྱི་གཙུག་ལག་སློབ་གཉེར་ཁང་།
CENTRAL INSTITUTE OF HIGHER TIBETAN STUDIES
SARNATH, VARANASI

Dr. Tashi Tsering
Associate Professor
Head of the Department
Tibetan Buddhist Philosophy

21st February 2018

I am pleased to see the translations of Acharya Nagarjuna's six collections of Middle Way Philosophical logic texts in Korean language translated by Dr. Sanghwhan Shin to whom I know several years.

Nagarjuna was the founding master of Middle Way School in India through his writings and especially the Fundamental Wisdom is the main text in which all the later commentaries based on.

I am sure that this translation of Dr. Sanghwhan Shin will provide a great assistance to the Korean speaking people of the Buddhist Philosophy in their pursuit to the serious study in Buddhism.

I wish Dr. Sanghwhan Shin success.

추천사

오랫동안 알고 지내던 신상환 박사가 한국어로 옮긴 아짜리아 용수의 『중관이취육론』을 볼 수 있어 감개가 무량하다.

용수는 그의 저작들로 인도에 중관학파를 창시한 사조였고 특히 그의 저작인 『중론』은 이후 많은 주석서들의 근간이 되는 소의경전이다.

나는 신상환 박사의 이 역서(譯書)가 불교 철학을 한국어로 하는 이들이 추구하고자 하는 불교의 진지한 연구에 크나큰 도움을 제공해 줄 것임을 장담한다.

신상환 박사의 성공을 빈다.

2018년 2월 21일

바라나시, 사르나스
고등 티벳 연구소(CIHTS)
티벳불교철학과 학과장
닥터 따쉬 체링(Dr. Tashi Tsering)

추천사

사람은 그 사는 방식에 따라서 두 부류로 나누어진다. 한 부류는 젊은 시절 인생의 로드맵을 그린 후, 차근차근 자로 재듯이 살아가는 사람들이다. 의사, 판사, 검사, 변호사, 교사, 약사, 회계사, 변리사와 같은 소위 '사'자 붙은 직업을 갖는 사람들이다. 그들은 마치 여러 번 살아본 듯이 자신의 이번 삶을 설계하고 그에 따라 굳은 의지를 갖고, 자신이 세운 목표 앞에 놓인 숙제들을 하나하나 해결하면서 살아간다. 궤도 위를 달리는 고속열차를 타면 서울역 다음에 광명역이 나타나고, 그 다음에 대전역에 서듯이, 자격시험에 합격하고 그 다음에 직장 생활하다가, 독립하여… 결혼하고 아이들 키우다가 병들어 죽는다. 끝까지 살아보지 않아도 자신의 인생 전반의 윤곽이 훤히 보인다. 안 살아도 다 산 것 같다.

그런데 이런 부류의 사람들에게 "그러려면, 왜 살아?"라고 의문을 던지는 사람들이 있다. 온몸으로 사는 사람들이다. 오직 한 번뿐인 삶이다. 나에게 닥친 현실도 처음 경험하는 것이며, 이를 푸는 해답도 내가 구해야 한다. 내가 사는 세상도 처음 만난 곳이며, 이 사회의 부조리에 대해서도 "그러려니"하고 수수방관할 수 없다. 자신의 모든 생각과 열정과 행동을 삶과 사회에 모두 다 던지면서 살아간다. 앞날을 예측할 수 없다. 하나를 해결하면 그 다음에 닥친 문제를 붙들고 끝장을 본다. 어느 시인이 말한 '함부로 찰 수 없는 연탄재'처럼 뜨거운 삶이다. 극소수이긴 하지만, 우리 사회에서는 이런 삶을 사는 사람을 간혹 만날 수 있다. 그리고 신상환 박사야말로 바로 이런 삶을 살아왔고, 살아가고 있는 분이라고 생각된다.

본 추천인은 불교학, 그중에서도 용수의 중관학을 전공한 인연으로 신상환 박사와 만났기에 이 분이 불태웠을 젊은 시절을 함께 한 적이 없다. 그러나 민주화운동이 한창이던 1986년에 대학에 입학한 후 총학생회장과 전대협 간부의 직책을 맡아 활동하면서 심한 고초를 겪었다는 것, 그 후 중국을 거쳐 인도로 들어가 생활하면서 『젊은 여행자들 중국편』, 『인도의 물소는 소가 아니다』, 『세계의 지붕 자전거 타고 3만리』 등의 책을 저술하고 각종 잡지에 여행기를 연재하면서 여행가 또는 저술가로서 활동했다는 것, 그리고 그 와중에 '타고르 대학'으로 알려진 비스바바라띠 대학에서 티벳학과 산스끄리뜨어를 배우고 캘커타 대학에서 박사학위를 취득한 후 타고르 대학에서 조교수로 재직하였다는 사실은 잘 알고 있다. 학생운동가, 오지여행가, 불교학자. 겉보기에는 아무런 연관이 없는 세 가지 삶을, 그야말로 온몸과 마음을 내던져서 온전하게 살면서 그 모든 분야에서 정상을 밟아온 분이 바로 신상환 박사이다. 그런데 참으로 고마운 것은, 이렇게 폭발적인 에너지의 삶을 살아온 분이 안착한 종착지가 불교학이라는 점이다. 마치 『서유기』의 주인공들이 그러했듯이 온갖 어려움 끝에 부처님의 나라 천축국, 인도에 도착하여 불교 공부에 매진한 후, 삼장법사 현장 스님이 그러했듯이, 우리 불교학계에서 소홀히 했던 티벳 중관학의 보물꾸러미를 가슴에 품고 귀국하여 수년 간 두문불출 역경불사(譯經佛事)에 매진하더니 이번에 용수의 대표작 여섯 편을 묶은 『중관이취육론(中觀理聚六論)』 전체를 우리말로 온전히 번역하여 풀어놓았다. 참으로 경사스러운 일이 아닐 수 없다.

『중관이취육론』은 '대승불교의 아버지' 또는 '제2의 부처'라고 불리는 용수의 『중론』, 『회쟁론』, 『공칠십론』(『칠십공성론』), 『육십송여리론』, 『광파론』(『세마론』), 『보행왕정론』의 여섯 논서를 일컫는다. 물론 이들 여섯 논서들에 대한 우리말 번역본이 없었던 것은 아니다. 본 추천인의 경우 1993년에 『중론』, 1999년에 『회쟁론』을 번역하여 출간한 바 있으며, 『공칠십론』, 『육십송여리론』, 『광파론』, 『보행왕정론』의 경우 일본어 번역본을 동봉스님이 우리말로 중역하여 1988년에 『용수의 대승사상』이라는 이름의 책으로 출간한 바 있다. 이번에 『중관이취육론』이라는 이름으로 세상에 선을 보이는 신상환 박사의 작업은 이들 여섯 논서 모두를 순전히 티벳어 번역본에서 우리말로 번역했다는 점에서 독특한 가치를 갖는다.

티벳불교의 특징으로 여러 가지를 들 수 있다. 불, 법, 승의 삼보에 스승인 라마를 추가하여 사귀의(四歸依)를 한다는 점, 불교 딴뜨리즘 또는 금강승이라고도 불리는 밀교를 중시하는데 티벳불교의 절대 다수파인 게룩빠나 싸꺄빠에서 대소승의 현교(顯敎) 수행이 어느 정도 무르익어야 밀교(密敎) 수행에 들어갈 자격을 준다는 점, '툴쿠(sprul sku)'라고 불리는 환생자를 선발하여 불교지도자로 육성한다는 점, 경률론 삼장 가운데 경장(經藏)이 아니라 논장(論藏)과 율장(律藏)을 승가 교육의 교재로 사용한다는 점 등이 그것이다. 그런데 티벳불교의 어느 종파든 가장 중시하는 현교의 교학이 바로 중관학이며, 중관학과 관련된 모든 문헌들의 뿌리는 그 창시자인 용수의 『중관이취육론』에 있다. 따라서 신상환 박사의 이번 작업은 티벳어로 번역되었거나 티벳에서 저술한 다양한 중관학 관련 문헌들을 정확히 이해하고 연구하기 위한 초석(礎石)의 역할을 할 것으로 생각된다.

이번 작업에서 눈에 띄는 점은 번역문에 버금가는 주석의 양이다. 우리말 번역어 선택의 근거, 애매한 문구에 대한 분석, 번역과 관련한 티벳어 문법 설명 등 『중관이취육론』에 실린 어느 한 게송에 대해서도 모호하게 넘어가지 않고 최선의 번역을 시도하면서 독자의 이해를 돕기 위해 그런 번역의 근거를 낱낱이 밝히고 있다. 앞으로 신상환 박사가 한국의 불교학자로서 티벳 중관학과 관련하여 큰 산의 역할을 하기 바란다. 중관학의 관점에서 보살의 십지(十地)를 풀이한 월칭(月稱)의 『입중론(入中論)』, 『중론』에 대해 자립논증적(自立論證的)으로 주석한 청변(淸辯)의 『반야등론(般若燈論)』과 이에 대한 복주(複註)인 관서(觀誓)의 『반야등론광석』, 『중론』에 대한 쫑카빠의 주석서인 『정리해(正理海)』 등 중관학과 관련한 티벳문헌들이 신상환 박사의 손길을 기다리고 있을 것이다.

앞에서 소개했듯이 본 추천인은 지금부터 약 20년 전에 『회쟁론』의 산스끄리뜨어 원문과 티벳어 번역문 그리고 한역문의 우리말 대역본(對譯本)을 만들어 출간한 적이 있는데, 이때 산스끄리뜨어 게송과 그에 대한 티벳어 번역문에 사용된 모든 단어의 의미와 문법적 역할을 해설한 『회쟁론 범문 장문 문법해설집』을 만들어 함께 출간하였다. 그리고 이 문법해설서의 머리말을 쓰면서 말미에 "무미건조하기 짝이 없는 이 해설서를 완성하기까지의 하루하루는 그야말로 인고(忍苦)의 나날이었다."고 밝히면서 "눈 밝은 학인들이 군웅(群雄)처럼 나타나, 역자(譯者)의 이런 모든 작업이 무용지물이 될 그 날을 손꼽아 기다려 본다."고 쓴 적이 있다. 신상환 박사의 노작(勞作) 『중관이취육론』을 보면서 추천사를 쓰는 오늘이 바로 그 날임을 절감한다.

불기 2562년(2018) 2월 28일

동국대학교 경주캠퍼스 불교학부 교수

圖南 金星喆 合掌

옮긴이 서문

'대승불교의 아버지', '제2의 붓다'라 불리는 용수(龍樹, Nāgārjuna)의 중관사상을 본격적으로 공부한 곳은 '평화의 땅'이라고 불리는 인도의 산띠니께딴이었다. 이것은 이 역서(譯書) 전반에 걸친 역자(譯者)의 주석이 한역 전통이 아닌 인도-티벳 전통에 근거를 두고 있다는 뜻이다.

대다수 1980년대의 젊은이들처럼 80년 광주를 짓밟은 군사 독재를 끝장낼 수 있다는 믿음으로 강의실보다 거리에서 더 많은 시간을 보냈다. 되돌아보면 맑시즘의 철학적 바탕인 헤겔 변증법의 변화와 운동, 그것에 대하여 의문을 품지 않던 시대였다. 그러다 닥친 '현실 사회주의의 붕괴' 속에서 '무엇을 할 것인가?'에 대한 답을 찾지 못했다.

그리하여 육로로 떠난 인도, 그리고 '삶과 죽음은 같다'며 생사일여(生死一如)라며 자전거 안장 위에서 세월을 보내다가 '삶과 죽음의 그저 그와 같다'는 생사여여(生死如如)에 접어들었을 때 마주한 것이 용수의 중관사상이었다. 헤겔 변증법이 대전제로 두고 있는 변화하고 운동하는 개념자, 그 자체가 고정 불변하는 속성, 즉 '자성(自性, svabhāva)을 가지고 있는가?'에 대한 의문을 품던 시대가 시작되었다.

당시 언설로 표현될 수 없는 이 형이상학의 근본적인 문제에 대한 지적은 김성철 선생님이 옮긴 『중론(中論)』, 『회쟁론(廻諍論)』을 통해 이루어졌다. 그러나 이후 인도-티벳 전통에 따라 공부를 하다 보니 한역 전통에서 강조하는 청목(靑目, Piṅgala)의 주석 대신 월칭(月稱, Candrakīrti)의 주석이 강조되고 있고 그의 해석을 바탕으로 한 티벳 전통이 세계적인 대세를 이루고 있음을 알게 되었다. 또한 한역 경전권에서는 용수와 제바(提婆, Āryadeva)의 『중론』, 『백론(百論)』, 『십이문론(十二門論)』을 중심으로 한 삼론종(三論宗)을 통해서 중관사상이 전파된 적이 있었으나 실제로 『중론』 등에서 강조하는 논파를 통한 공사상의 강조가 아니라 반야부에서 주장하는 공사상을 중심으로 이루고 있음이 눈에 띄었다.

이와 달리 각 종파들 간의 주석을 통해 자신의 전통성을 강조하던 티벳의 경우, 『중론』, 『회쟁론(回諍論)』, 『세마론(細磨論)』, 『육십송여리론(六十訟如理論)』, 『칠십공성론(七十空性論)』, 『보행왕정론(寶行王正論)』을 『우마 릭촉 둑(dbu ma rigs tshogs drug, 中觀理聚六論)』, 즉 용수의 6대 저작이라 부르고 있다는 새로운 사실을 알게 되었다. 이 때문에 한역과 티벳역에 흩어져 있는 중론 8대 주석서와 티벳 주석서들을 옮기겠다는 계획을 수정하여 일단 이 저작들을 먼저 옮기기로 마음먹었고 그 작업의 결과물이 바로 이 역서들이다.

익히 알려져 있다시피 중관사상은 용수의 대표 저작인 『중론』을 제외하고는 논의할 수 없어 산스끄리뜨어와 한역, 영역 등이 우리말로 옮겨진 적은 있으나 티벳역을 옮긴 것은 이번이 처음이다. 이것은 앞으로 옮길 『중론』 티벳 주석서들을 위한 사전 포석에 해당한다. 한역 『회쟁론』의 경우 각 게송들에 대한 주석이 포함되어 있으나 『중관이취육론』에는 생략되어 있어 이에 따랐다. 이것은 이 책 전체가 김성철 선생님의 작업에 연속성을 띠고 있다는 의미로, 그리고 중관사상 전체를 조명하기 위해서 선생님의 선행 작업을 숙지할 필요가 있다는 뜻이다.

『세마론』의 경우 한역 자체가 존재하지 않아 제목을 새로 지어야 했을 뿐만 아니라 『회쟁론』처럼 자주(自註)를 통한 논파로 이루어져 있어, 이 부분을 세심하게 관찰하며 옮겨야 했다. 중관사상을 공부하는 분들뿐만 아니라 (불교) 논리학을 공부하는 분들에게는 우리말로 처음 옮긴 이 책 하나를 읽는 것만으로도 큰 의미가 있을 것이다.

『육십송여리론』의 경우, 한역과 이것을 우리말로 옮긴 한글 대장경에 포함되어 있어 이 부분을 참조하여 옮기며 병기했다. 『칠십공성론』의 경우 한역에 존재하지 않는데 이 두 책은 『중론』을 포함한 용수의 전체적인 사유를 살펴볼 수 있다는 데 큰 의미가 있다. 한역에서 용수의 저작이라 표시하지 않고 있는 『보행왕정론』의 경우 이미 한글대장경에 포함되어 있어 그 전체적인 내용만 티벳어와 한문을 대조하며 살펴보았다. 한역의 경우 각각의 경론들에 나누어져 있는 3계 6도와 붓다의 32상과 80종호들에 대한 자세한 내용이 이 한 권의 책 안에 게송의 형식을 통해 이루어져 있다. 티벳인들이 불교의 개괄적인 세계관과 도덕성의 함양을 배운다는 점에서 한번 즈음 상기해볼 필요가 있다.

'대승불교의 아버지라 불리는 용수는 누구인가?'

이에 대해서는 별도의 소개보다 졸저 『용수의 사유』에 나오는 「용수에 대한 역사적 기록과 주요 저작들」이라는 소고를 이 책의 부록으로 다시 싣기로 했으며 『중론』과 『회쟁론』을 제외한 저작들이 한국에 그다지 알려져 있지 않아 용수의 전체적인 사유를 조명할 수 있는 「해제」를 이 책 말미에 두는 방법을 선택하기로 했다. '3년이면 끝낸다!'며 지난 10여 년 동안 용수의 이 6대 저작을 꾸준히 옮기며 하루아침을 시작했다. 이 책의 출판을 계기로 반야부가 주장하는 공사상이 아니라 중관사상에서 강조하는 '논리를 통한 논파'를 통한 희론(戲論)의 적멸이 공사상임을 환기할 수 있기를 바란다.

이 책이 나오기까지 걸린 시간은 1999년 이후 이 길로 들어선 역자가 중관사상을 공부한 시간과 겹친다. 역자의 스승이신 빠탁(S. K. Pathak) 교수님께서는 "우빠니샤드부터 읽어라!"며 불교뿐만 아니라 인도 사상사 전체를 조명할 수 있는 길을 열어주셨다. 올해 아흔다섯의 나이에도 전법을 이어가시는 사부님을 생각할 때면 아직도 갈 길이 멀다는 것을 느낄 뿐이다.

샨띠니께딴의 '타고르 대학'에서 교편을 잡고 있던 시절 세계 각국의 다양한 중관학자들과 교류할 기회 또한 있었다. 그 가운데 한 명이 이 책의 추천사를 써준 바라나시 인근의 초전법륜지인 녹야원으로 널리 알려진 사르나스에 위치한 고등 티벳 연구소(CIHTS, Central Institute of Higher Tibetan Studies)의 철학과 학과장인 따쉬 체링(Tashi Tsering) 교수였다. 예전처럼 중관사상에 대한 각자의 견해를 논의하기에는 힘든 처지가 되었으나 월칭의 『입중론(入中論)』을 해석하는 데 빠질 수 없는 고람빠(go rams pa)의 주석서인 『Gorampa's Removal of Wrong Views』의 영역자인 그의 기대처럼 한국에서도 중관사상이 선양될 수 있기를 빌어본다.

  지난 2011년 대구에서 열린 '고려대장경 천년학회'에 참석했을 때 만난 김성철 선생님께 『중론(中論)』을 원래의 운문 형태, 시가 형태의 게송을 원래 그 형태로 옮기겠다고 말씀을 드린 적이 있다. 한국의 중관사상은 '김성철 선생님이 『중론』을 옮기기 전과 후로 나뉜다'라고 할 만큼 한 획을 그은 선생님께서 이 책의 추천사를 써주신 점에 대해서 이 자리를 빌려 무한 감사를 드린다.

  원문과 그것의 로마자, 때로는 한역 등이 병기된 채 전체 4천여 개가 넘는 각주들로 뒤덮여 있어 '정나미가 떨어지는' 이 역서를 일일이 검토해 준 신윤상 씨와 '돈 되지 않는 줄 뻔히 알고 있으면서도' 선뜻 출판에 응해주신 도서출판 b의 기조 형과 이 책의 판형이 원래의 게송, 즉 '눈으로 읽을 수 있는' 시가의 형태를 이룰 수 있게 각 행의 배열을 주문했던 역자 탓에 넉 달 넘게 이 책의 편집에 매달려야만 했던 편집자 백은주 씨에게 이 자리를 빌려 특별한 감사를 전한다.

  오가며 마주했던 수많은 인연의 결과, 인과의 그침 없음의 결과로 이 책이 나올 수 있었으니 작공덕(作功德)의 하루하루를 열 수 있게 해준 그 모든 인연들에게도 감사의 말씀을 전한다.

함양 안의 고반재(考般齋) 중관학당에서

담정(覃程) 신상환(辛尙桓)

| 차 례 |

| 일러두기 | ·························· 5
추천사_닥터 따쉬 체링 ············· 8
추천사_김성철 ······················· 9
옮긴이 서문 ·························· 13

제1품. 연緣에 대한 고찰 ··· 21
제2품. 가고 오는 것去來에 대한 고찰 ································ 32
제3품. (육)근根에 대한 고찰 ··· 48
제4품. (오)온蘊에 대한 고찰 ··· 56
제5품. 계界에 대한 고찰 ·· 63
제6품. 탐욕貪慾과 탐욕에 빠진 자에 대한 고찰 ·················· 70
제7품. 생기는 것生과 머무는 것住과 사라지는 것滅에 대한 고찰 ···· 78
제8품. 행위와 행위자에 대한 고찰 ··································· 98
제9품. 선행 주체에 대한 고찰 ·· 106
제10품. 불과 연료에 대한 고찰 ······································ 114
제11품. 시작과 끝에 대한 고찰 ······································ 124
제12품. 자신이 짓는 것과 타인이 짓는 것에 대한 고찰 ········ 129
제13품. 형성 작용行에 대한 고찰 ··································· 136
제14품. 결합合에 대한 고찰 ·· 144
제15품. 자성自性에 대한 고찰 ······································· 150
제16품. 속박과 해탈에 대한 고찰 ··································· 159

제17품. 업업과 과보果報에 대한 고찰 ·············· 168
제18품. 아我와 법法에 대한 고찰 ·············· 195
제19품. 시간에 대한 고찰 ·············· 205
제20품. (인과 연의) 결합에 대한 고찰 ·············· 210
제21품. 발생과 소멸에 대한 고찰 ·············· 225
제22품. 여래如來에 대한 고찰 ·············· 239
제23품. 전도顚倒에 대한 고찰 ·············· 251
제24품. (사)성제四聖諦에 대한 고찰 ·············· 268
제25품. 열반涅槃에 대한 고찰 ·············· 299
제26품. 십이연기十二緣起에 대한 고찰 ·············· 319
제27품. 그릇된 견해邪見에 대한 고찰 ·············· 330

찾아보기 ·············· 353

དབུ་མ་རྩ་བའི་ཚིག་ལེའུར་བྱས་པ་ཤེས་རབ་ཅེས་བྱ་བ་བཞུགས་སོ།།

중론中論

산스끄리뜨어로 '쁘라자 나마 무라마디야마까 까리까(prajñānāmamūlamadya-makakārīka)'라고 하며 티벳어로 '우마 짜왜 칙레울 제빠 쎄랍(dbu ma rtsa ba'i tshig le'ur bas pa shes rab)'이라고 한다.[1]

---

1. རྒྱ་གར་སྐད་དུ། པྲཛྙཱ་ནཱ་མ་མཱུ་ལ་མ་དྷྱ་མ་ཀ་ཀཱ་རི་ཀཱ།། བོད་སྐད་དུ། དབུ་མ་རྩ་བའི་ཚིག་ལེའུར་བྱས་པ་ཤེས་རབ་ཅེས་བྱ་བ།

자세한 설명은 「해제」 참조. 약칭하여 '우마 짜와(dbu ma rtsa ba)'라고 부른다.

제1품. 연緣에 대한 고찰[2]

【예경문】

དཀོན་མཆོག་གསུམ་ལ་ཕྱག་འཚལ་ལོ།།　　dkon mchog gsum la phyag 'tshal lo//

འཕགས་པ་འཇམ་དཔལ་གཞོན་ནུར་གྱུར་པ་ལ་ཕྱག་འཚལ་ལོ།།　'phags pa 'jam dpal gzhon nur gyur pa la phyag 'tshal lo//

སློབ་དཔོན་འཕགས་པ་ཀླུ་སྒྲུབ་ལ་ཕྱག་འཚལ་ལོ།།　blob dpon 'phags pa klu sgrub la phyag 'tshal lo//

> 삼보에 경배하옵니다.
> 성스런[聖] 문수보살에게 경배하옵니다.
> 아짜리야[3] 성스런 용수에게 경배하옵니다.[4]

---

2. ‖‖རྐྱེན་བརྟག་པ་ཞེས་བྱ་བ་སྟེ་རབ་ཏུ་བྱེད་པ་དང་པོའོ།།
   //rkyen brtag pa zhes bya ba ste rab tu byes pa dang po'o//

   직역하면 '연(緣)'을 살펴보는 것이라 불리는 제1이다. 한역으로 「관인연품(觀因緣品)」이라고 한다.

   '분별하다, 고찰하다, 연구하다' 등의 뜻이 있는 '똑빠(rtog pa)'의 미래형인 '딱빠(brtag pa)'가 쓰였다. 한역의 각 품에 등장하는 '관(觀)'에 해당한다. 이 '똑빠(rtog pa)'는 자주 부정적인 의미로도 쓰이는데 이에 대한 자세한 내용은 [316(22-13)]번 게송 각주 참조

3. [BD] 아사리(阿闍梨): 【범】ācārya 아기리(阿祇利). 아차리야(阿遮利夜·阿遮梨耶)라고도 쓰며, 교수(教授)·궤범(軌範)·정행(正行)이라 번역. 제자의 행위를 교정하며 그의 사범이 되어 지도하는 큰스님. 아사리의 호는 『오분율(五分律)』16에, 출가(出家) 아사리·갈마 아사리·교수 아사리·수경 아사리·의지 아사리 등의 5종을 말하였음.

4. 『청목소』와 달리 티벳 경론에서는 예경문을 두어 이 글이 지혜 공덕이나 복덕(또는 자비)을 다루는 것임을 명확히 밝히는 것이 관례다. 2행의 문수보살에게 예경한다는 이야기는 이 글이 지혜에 관련되어 있다는 뜻이다.

【귀경게】

[1]

གང་གིས་རྟེན་ཅིང་འབྲེལ་བར་འབྱུང་།། gang gis rten cing 'brel bar 'byung//
འགག་པ་མེད་པ་སྐྱེ་མེད་པ།། 'gag pa med pa skye med pa//
ཆད་པ་མེད་པ་རྟག་མེད་པ།། chad pa med pa rtag med pa//
འོང་པ་མེད་པ་འགྲོ་མེད་པ།། 'ong pa med pa 'gro med pa//

> 무언가에 의지하여 생겨난 것[緣起](이기에)
> 소멸함이 없고[不滅] 생겨남이 없고[不生]
> 그침이 없고[不斷] 항상함이 없고[不常]
> 오는 게 없고[不來] 가는 게 없고[不去]

[2]

ཐ་དད་དོན་མིན་དོན་གཅིག་མིན།། tha dad don men don gcig min//
སྤྲོས་པ་ཉེར་ཞི་ཞི་བསྟན་པ།། spros pa nyer zhi zhi bstan pa//
རྫོགས་པའི་སངས་རྒྱས་སྨྲ་རྣམས་ཀྱི།། rdzogs pa'i sangs rgyas smra rnams kyi//
དམ་པ་དེ་ལ་ཕྱག་འཚལ་ལོ།། dam pa de la phyag 'tshal lo//

> 다른 의미가 아니고[不異] 같은 의미가 아닌 것[不一]이니
> 희론(戲論)[5]이 적멸하여 적정(한 상태에 머물 수 있는) 가르침
> 정등각자(正等覺者)의 말씀들의
> 진리, 그것에 경배하옵니다.[6]

....
5. 희론(戲論, Skt., Tib. spros pa)은 중관사상을 이해하는 데 핵심적인 역할을 차지하고 있다. 이에 대한 참고할 만한 산스끄리뜨어 어원 분석은 다음과 같다.

  'prapañca(희론, 여러 갈래로 퍼진 사유와 언어, 진리에 어긋난 사유와 언어, …

22

[3. (1-1)]

བདག་ལས་མ་ཡིན་གཞན་ལས་མིན།། bdag las ma yin gzhan las min//
གཉིས་ལས་མ་ཡིན་རྒྱུ་མེད་མིན།། gnyis las ma yin rgyu med min//
དངོས་པོ་གང་དག་གང་ན་ཡང་།། dngos po gang dag gang na yang//
སྐྱེ་བ་རྣམ་ཡང་ཡོད་མ་ཡིན།། skye ba nam yang yod ma yin//

> (그) 자신으로부터도 아니고 다른 것으로부터도 아니고
> 둘로부터도 아니고 (원)인 없는 것(으로부터도) (생겨난 게) 아니다.
> 그 어떤 사태(事態)⁷들이라도 어느 곳에든
> 생기는 것[發生]은 결코 존재하지 않는다.

....

> pra(앞으로)+√pañc(퍼지다, 다섯 손가락을 펴다. pra-√pañc(생각 등이 여러 갈래로 퍼져 나가다. 망상하다. 생각을 표현하다.'
> ―『쁘라산나빠다』, p. 38.

> '√pañc는 다섯 손가락(pañca)을 연상한다. 그러므로 언어, 사유 및 논리와 같은 세간 관습에 의하여 절대적 진리를 파악하려는 시도는 허공을 움켜쥐려고 벌린 다섯 손가락의 부질없는 동작에 비유된다.'
> ―같은 책, p. 993.

어근 '빤쯔(√pañc)'는 '요리하다'는 뜻부터 'to ripen, mature, bring to perfection or completion, to develop or change into' 등의 긍정적인 뜻이 있다.

6. 산스끄리뜨어 원문이나 『청목소』 한역이 아닌 티벳역 게송을 직역으로 옮겼다. 여기서 보이는 것은 왜 용수가 붓다에게 예경하는지에 대한 이유인데, '열반적정'은 희론(戲論)이 그친 상태[寂滅], 즉 적정(寂靜=평온)을 이끄는 그것이 바로 연기(緣起)라는 것이다. 그 내용은 물론 8불중도이다. 연기 사상에 대한 강조는 명확하고 그 8불중도의 내용 또한 밝혀져 있으나, 티벳불교에서는 이 귀경게의 의미에 집중하기보다 이후 월칭으로 대별되는 '쁘라상기까(Prasaṅgika)' 주석 방법에 따른 것이 한문 경전권과 갈라진, 커다란 두 가지 해석의 흐름을 나눈 배경이 아닌가 한다.

7. '사태(事態)'라고 옮긴 '바바(bhāva)', 즉 '너뽀(dngos po)'는 티벳 역경사들의 고민이 녹아 있는 어휘다. 이것은 외화되어 있는 사물이 감각 기관에 의해서 올바르게 포착된 대상을 뜻한다. 일반적으로 '바바'는 '요빠(yod pa)', 즉 『청목소』의 '유(有)'에 해당한다. 1행 '제법불자생(諸法不自生)'의 '법'은 이때 사물의 현상(phenomena)을 뜻하는 것이니 법이라고 옮겼을 때 그 원래 의미는 같다고 볼 수 있다. 『청목소』에서 김성철은 한역에서는 '법(法)'으로, 산스끄리뜨어역에서는 '존재'로, MK(T.K.)에서는 'entity'로 옮기고 있다. 자세한 내용은 3권 「해제」 참조

[4. (1-2)]

ཀྱེན་རྣམ་བཞི་སྟེ་རྒྱུ་དང་ནི།། rkyen rnam bzhi ste rgyu dang ni//
དམིགས་པ་དང་ནི་དེ་མ་ཐག། dmigs pa dang ni de ma thag//
བདག་པོ་ཡང་ནི་དེ་བཞིན་ཏེ།། bdag po yang ni de bzhin te//
ཀྱེན་ལྔ་བ་ནི་ཡོད་མ་ཡིན།། rkyen lnga ba ni yod ma yin//

> 연(緣)에는 네 가지가 있으니 바로 인연(因緣)과
> 연연(緣緣)과 차제연(次第緣) (그리고)
> 바로 증상연(增上緣) 등과 같은 것이니
> 다섯 번째 연 따위는 존재하지 않는다.[8]

....

8. 『청목소』는 산스끄리뜨어와 티벳어와 게송 순서의 4, 5번이 바뀌어 있다. 이 4연의 개념에 대한 논파가 『중론』의 제1품을 차지하고 있는 것과 결론인 제27품 바로 앞에 「제26품. 십이연기(十二緣起)에 대한 고찰」을 이루고 있는 점은 용수의 사유를 이해하는 데 매우 중요한 역할을 하고 있다. 즉 제1품에서 구사론에 입각한 구성적인 자세를 직접적으로 비판하지만 말미에 십이연기의 구체적인 바를 '소승의 입장'에서 다시 해설적으로 다루고 있기 때문이다.

4연에 대한 사전적인 정의는 대략 다음과 같다.

[BD] 인연(因緣, Skt. pratyaya, Tib. rgyu rkyen): 원인을 뜻하는 인(因)의 같은 말. 인과 연. 인은 결과를 낳게 하는 직접적 또는 내부적 원인, 연은 인을 도와 결과를 낳게 하는 간접적 또는 외부적 원인. 원인과 조건. 인은 친인(親因), 내인(內因) 등으로 불리고, 연은 소연(疎緣), 외연(外緣) 등으로 불린다. 인이 곧 연이 된다는 뜻. 넓은 의미의 인연으로서 모든 유위법. 4연(緣)의 하나로서, 결과를 낳는 데 가장 필수적이고 일차적인 원인의 총칭. 친인연(親因緣), 정인연(正因緣). 연기(緣起)의 같은 말. 다른 것에 의존하는 관계. 인과의 법칙. 인과 관계. 원인과 결과.

연연(緣緣=所緣緣, Skt. ālamvana pratyaya, Tib. dmigs rkyen): 4연(緣)의 하나. 심식(心識)을 능연(能緣), 객관계(客觀界)를 소연(所緣)이라 함. 심식은 소연인 객관계를 연으로 하여 비로소 작용을 일으킬 수 있으므로 객관계가 심식(心識)을 내게 하는 연이 된다는 뜻으로 객관계를 소연연이라 함.

차제연(次第緣, Skt. anatatara pratyaya, Tib. de ma thag rkyen): 4연(緣)의 하나. 연속하는 인과 관계에서 단절이 없이 직후에 발생하는 결과의 원인이 되는 것 마음의 활동에서만 원인으로 작용하는 조건으로서, 이미 발생한 결과가 곧바로 다음 순간의 결과를 낳도록

[5. (1-3)]

དངོས་པོ་རྣམས་ཀྱི་རང་བཞིན་ནི། ། dngos bo rnams kyi rang bzhin ni//
རྐྱེན་ལ་སོགས་ལ་ཡོད་མ་ཡིན། ། rkyen la sogs la yod ma yin//
བདག་གི་དངོས་པོ་ཡོད་མིན་ན། ། bdag gi dngos po yod min na//
གཞན་དངོས་ཡོད་པ་མ་ཡིན་ནོ། ། gzhan dngos yod pa ma yin no//

> 사태들의 바로 그 자성은
> 연(緣)들에[9] 존재하지 않는다.
> 자신의 사태가 존재하지 않는다면
> 다른 사태 (또한) 존재하지 않는다.[10]

[6. (1-4)]

བྱ་བ་རྐྱེན་དང་ལྡན་མ་ཡིན། ། bya ba rkyen dang ldan ma yin//
རྐྱེན་དང་མི་ལྡན་བྱ་བ་མེད། ། rkyen dang mi ldan bya ba med//
བྱ་བ་མི་ལྡན་རྐྱེན་མ་ཡིན། ། bya ba mi ldan rkyen ma yin//
བྱ་བ་ལྡན་ཡོད་འོན་ཏེ་ན། ། bya ba ldan yod 'on te na//

> 작용은 연(緣)을 갖춘 게 아니다.

돕는 연(緣)이 되는 것. 연속하는 마음의 활동에서 뒤의 생각은 앞의 생각을 계승하는 동시에 그 자신도 원인이 되어 다음 생각을 일으키는데 이 경우에 원인이 되는 것을 등무간연(等無間緣), 결과가 되는 것을 증상과(增上果)라고 한다.

증상연(增上緣, Skt. adhipati pratyaya, Tib. bdag rkyen): 주된 원인을 돕는 보조적인 원인. 다른 존재가 발생하는 데 간접적인 원인으로서 조력하거나 장애가 되지 않는 조건. 다른 존재의 발생을 돕는 조건은 유력(有力)의 증상연, 다른 존재의 발생을 적어도 방해하지 않는 조건은 무력(無力)의 증상연으로 불린다. 이처럼 모든 존재는 어느 하나의 존재에 대해 증상연이 된다.

9. '라둔(la 'dun)'의 '라(la)'를 처격[Loc.]으로 보고 옮겼다.
10. 『청목소』 산스끄리뜨어역과 다른데, 산스끄리뜨어 원문을 보면, 자성(自性, Skt. svabhāva)은 '자신의 사태와 다른 사태(Skt. parabhāva)'라고 대구를 이루고 있기 때문에, 티벳역은 이 특징을 살려 옮겼다고 볼 수 있다.

연을 갖추지 않은 작용은 없다.
작용을 갖추지 않는 (것은) 연이 아니다.
작용을 갖춘 존재하는 것이 있어[11]

[7. (1-5)]

'di dag la brten skye bas na//
de phyir 'di dag rkyen ces grags//
ci srid mi skye de srid du//
'di dag rkyen min ci ltar min//

이것들에 의지하여 생겨나면[發生]
그 때문에 이것들을 연이라고 부른다.
생겨나지 않는[不生] 동안에는
이것들이 어떻게 비연(非緣)이 아니겠는가?[12]

[8. (1-6)]

med dam yod pa'i don la yang//
rkyen ni rung ba ma yin te//
med na gang gi rkyen tu 'gyur//
yod na rkyen gyis ci zhig bya//

존재하지 않거나 존재하는 사물에 대해서도 또한
바로 이 연이라는 것은 (그 성립이) 가능한 것이 아니다. 왜냐하면
존재하지 않는다면 (그) 무엇의 연으로 되고

---

11. 문장 구조가 다음 게송과 이어져 있어 이에 따랐다.
12. 이 6, 7번 게송은 [데게판]에서는 이어져 있다. 6번 게송의 4행과 7번 게송의 1행은 작용과 연, 그리고 그것의 이어짐에 대해서 이야기하고 있다.

> 존재한다면 (이) 연이 무엇을 하겠는가?

[9. (1-7)]

གང་ཚེ་ཆོས་ནི་ཡོད་པ་དང་།། gang tshe chos ni yod pa dang//
མེད་དང་ཡོད་མེད་མི་འགྲུབ་པ།། med dang yod med mi 'grub pa//
ཅི་ལྟར་སྒྲུབ་བྱེད་རྒྱུ་ཞེ་བྱ།། ci ltar sgrub byed rgyu zhe bya//
དེ་ལྟར་ཡིན་ན་མི་རིགས་སོ།། de ltar yin na mi rigs so//

> 현상[法][13]이라는 것이 (성립할) 때, 바로 (그때 인연이) 존재하는 것이거나 존재하지 않는 것이거나 존재하면서도 존재하지 않는 것이 성립하는 것이 아니다.[14]
> 이와 같이 성립한 것을 (어떻게) 인(연)이라 말할 수 있겠는가? 그와 같다면 (그것은) 불합리한 것이다.[15]

[10. (1-8)]

ཡོད་པའི་ཆོས་འདི་དམིགས་པ་ནི།། yod pa'i chos 'di dmigs pa ni//
མེད་པ་ཁོ་ན་ཉེ་བར་བསྟན།། med pa kho na nye bar bstan//
ཅི་སྟེ་ཆོས་ནི་དམིགས་མེད་ན།། ci ste chos ni dmigs med na//
དམིགས་པ་ཡོད་པར་ག་ལ་འགྱུར།། dmigs pa yod par ga la 'gyur//

> 존재하는 이 현상[法]은 바로 그 (소연의) 대상이
> 존재하지 않는 것일 뿐이라 일컬어진다.[16]

---

13. 여기에 사용된 '달마(dharma)', 즉 '최(chos)'도 불법이 아니라 어떤 한 대상(object)이 드러난 상태(phenomena)를 가리키고 있다.
14. 존재하거나, 존재하지 않거나, 그 둘을 모두 가리키고 있다.
15. 『청목소』와 MK(T.K.)에서도 여기서부터 인연에 대한 논파로 보고 있다. 3, 4행의 '찌딸 ~, 떼달 ~ (ci ltar ~, de ltar ~)'의 대구를 운문(韻文)하여 옮겼다.

> 만약 바로 이 현상[法]에 (소연의) 대상이 존재하지 않는다면
> 연연(緣緣)이 존재한다는 것이 어떻게 (가능하게) 되겠느냐?[17]

[11. (1-9)]

ཆོས་རྣམས་སྐྱེས་པ་མ་ཡིན་ན།།	chos rnams skyes pa ma yin na//
འགག་པ་འཐད་པར་མི་འགྱུར་རོ།།	'gag pa 'thad par mi 'gyur ro//
དེ་ཕྱིར་དེ་མ་ཐག་མི་རིགས།།	de phyir de ma thag mi rigs//
འགགས་ན་རྐྱེན་ཡང་གང་ཞིག་ཡིན།།	'gags na rkyen yang gang zhig yin//

> 현상[法]들이 생겨난 것[發生]이 아니라면
> (그것이) 사라지는 것[滅]은 옳지 않다.
> 그 때문에 차제(연)은 불합리하다.
> 사라지는 것이라면 (차제)연 또한 무엇이겠느냐?[18]

[12. (1-10)]

དངོས་པོར་རང་བཞིན་མེད་རྣམས་ཀྱི།།	dngos por rang bzhin med rnams kyi//
ཡོད་པ་གང་ཕྱིར་ཡོད་མིན་ན།།	yod pa gang phyir yod min na//

---

16. '일컬어진다'로 옮긴 '녜발 땐(nye bar bstan)'은 '교시되었다'로 옮길 수 있다. 『청목소』의 경우는 이에 따라 부처님께서 말씀하신 것으로 옮겼으나 MK(T.K.)에서는 이것을 소승 논사의 입장으로 보고 옮기고 있다. 후자를 따랐다.

17. 이 게송은 연연(緣緣)을 논파하기 위해서, 연연에 사용된 '믹(dmigs)'의 모순을 지적하고 있다. 소연연(所緣緣)이라고도 불리는 연연의 정의를 보면, 이것은 '소연인 객관계를 연으로 하여 비로소 작용을 일으킬 수 있으므로 객관계가 심식을 내게 하는 연이 된다는 뜻'이다. 소연의 대상이 존재하면 부처님의 가르침인 연기법에도 어긋나고, 유부(有部)나 경량부(經量部)에서 인정하는 대상(여기서는 dmigs)의 실재성도 인정하는 꼴이 된다. 두 전통의 교차 지점은 이 정도 되지 않을까 싶다.

    『청목소』에서는 이 8번 게송과 9번 게송 순서가 뒤바뀌어 있다. 4연의 순차를 보았을 때나 산스끄리뜨어 원문을 보았을 때, 연연 다음에 차제연에 대한 논파가 오는 것이 옳다.

18. '연속하는 인과 관계에서 단절이 없이 직후에 발생하는 결과의 원인이 되는 것'이라는 뜻을 지닌 차제연(次第緣)에 대한 논파다. 간단하게 이야기하자면, 불생(不生)이라면 불멸(不滅)할 것도 없다는 이야기다.

འདི་ཡོད་པས་ན་འདི་འབྱུང་ཞེས།།   'di yod pas na 'di 'byung zhes//

བྱ་བ་འདི་ནི་འཐད་མ་ཡིན།།   bya ba 'di ni 'thad ma yin//

> 사태(들)[19]이란 무자성한 것들의
> 존재이기 때문에 (이것들이 진실로) 존재하는 것이 아니라면
> "이것이 있기에 이것이 생겨난다."는
> 바로 이 언급은 옳지 않다.[20]

[13. (1-11)]

རྐྱེན་རྣམས་སོ་སོ་འདུས་པ་ལ།།   rkyen rnams so so 'dus pa la//

འབྲས་བུ་དེ་ནི་མེན་པ་ཉིད།།   'bras bu de ni men pa nyid//

རྐྱེན་རྣམས་ལ་ནི་གང་མེད་པ།།   rkyen rnams la ni gang med pa//

དེ་ནི་རྐྱེན་ལས་ཅི་ལྟར་སྐྱེ།།   de ni rkyen las ci ltar skye//

> 연들(이라는 것)이 각각(이거나) 모여 (있건) 간에
> 바로 그 과(果)는 존재하지 않는 것 자체다.
> 바로 (그) 연들에는 아무것도 존재하지 않는 것(이기 때문에)
> 바로 그 연(들)로부터 무엇이 생겨날 수 있겠는가?[21]

[14. (1-12)]

ཅི་སྟེ་དེ་ནི་མེད་པར་ཡང་།།   ci ste de ni med par yang//

---

19. '사태'에 대해서는 3번 게송 각주 참조.
20. 증상연(增上緣), 즉 유력(有力), 무력(無力)의 상호 관계성마저도 논파하는 것이다. 3행은 용수 특유의 비판주의가 부처님의 교시인 연기의 정의마저 부정하는 데까지 밀고 나간 부분이다. 1행의 '사태(ངོས་པོ་, dngos po)', 즉 '바바(bhāva)'에 대한 산스끄리뜨어 원문과 티벳역의 차이가 좀 심한데, 산스끄리뜨어 원문을 읽어보면 '사태들의 무자성의 존재성은 존재하는 것이 아니다. 그러므로' 정도 된다. 티벳역의 1행 '라문'을 정의를 위한 것으로 보고 옮겼다.
21. 4연에 대한 각각의 논파를 모두 마친 뒤의 총평의 시작 부분이다.

རྐྱེན་དེ་དག་ལས་སྐྱེ་འགྱུར་ན།། rkyen de dag las skye 'gyur na//
རྐྱེན་མ་ཡིན་པ་དག་ལས་ཀྱང་།། rkyen ma yin pa dag las kyang//
ཅི་ཡི་ཕྱིར་ན་སྐྱེ་མི་འགྱུར།། ci yi phyir na skye mi 'gyur//

> 그와 같이 바로 그것[=인과의 관계성][22]이 존재하지 않아도
> 그 연들로부터 (과가) 생겨나게 된다면
> 연이 아닌 것들로부터도
> 왜 (과가) 생겨나지 않겠는가?

[15. (1-13)]

འབྲས་བུ་རྐྱེན་གྱི་རང་བཞིན་ན།། 'bras bu rkyen kyi rang bzhin na//
རྐྱེན་རྣམས་བདག་གི་རང་བཞིན་མིན།། rkyen rnams bdag gi ran bzhin min//
བདག་དངོས་མི་ལས་འབྲས་བུ་གང་།། bdag dngos mi las 'bras bu gang//
དེ་ནི་ཅི་ལྟར་རྐྱེན་རང་བཞིན།། de ni ci ltar rkyen rang bzhin//

> 과(果)가 연의 자성이라면
> 연들의 자기 자성이 (존재하는 것이) 아니다.
> 자기 (자신의) 사태가 아닌 것으로부터 어떤 과(果)가
> 바로 그것이 (생겨난다면) 어떻게 (그것이) 연(의) 자성(이겠는가)?

[16. (1-14)]

དེ་ཕྱིར་རྐྱེན་གྱི་རང་བཞིན་མིན།། de phyir rkyen gyi rang bzhin min//
རྐྱེན་མིན་རང་བཞིན་འབྲས་བུ་ནི།། rkyen min rang bzhin 'bras bu ni//
ཡོད་མིན་འབྲས་བུ་མེད་པས་ན།། yod min 'bras bu med pas na//
རྐྱེན་མིན་རྐྱེན་དུ་ག་ལ་འགྱུར།། rkyen min rkyen tu ga la 'gyur//

22. MK(T.K.)에서는 이에 대한 비유를 실과 바늘 등으로 지은 옷으로 들고 있다. 월칭의 『명백한 언어』에 그 원래 실례가 실려 있다고 한다.

> 그러므로 연의 자성(에 따른 과)은 (존재하는 것이) 아니다.
> 비연(非緣)의 자성(에 따른) 바로 그 과(도)
> 존재하는 것이 아니다.[23] 과(의) 자성이 존재하지 않는다면
> 비연(非緣)(이나) 연에서 (발생한 과가) 어떻게 (존재하게) 되겠느냐?

||རྐྱེན་བརྟག་པ་ཞེས་བྱ་བ་སྟེ་རབ་ཏུ་བྱེད་པ་དང་པོའོ||

'연을 살펴보는 것'이라 불리는 제1품

---

23. 1, 2행에 걸쳐 축약된 부분을 첨언하여 옮겼다.

제2품. 가고 오는 것去來에 대한 고찰[24]

[17. (2-1)]

རེ་ཞིག་སོང་ལ་མི་འགྲོ་སྟེ།།   re zhig song la mi 'gro ste//
མ་སོང་བ་ལའང་འགྲོ་བ་མིན།།   ma song ba la'ang 'gro ba min//
སོང་དང་མ་སོང་མ་གཏོགས་པར།།   song dang ma song ma gtogs par//
བགོམ་པ་ཤེས་པར་མི་འགྱུར་རོ།།   bgom pa shes par mi 'gyur ro//

> 지금,[25] 가버린 것은 가는 것이 아니고
> 가버리지 않은 것 또한 가는 것이 아니다.
> 가버린 것과 가지 않은 것을 배제한
> 지금 가고 있는 중인 것[26]은 이해되지 않는다.

【문】[27]

....
24. ।।འགྲོ་བ་དང་འོང་བ་བརྟག་པ་ཞེས་བྱ་བ་སྟེ་རབ་ཏུ་བྱེད་པ་གཉིས་པའོ།།
  //'gro ba dang 'ong ba brtag pa zhes bya ba ste rab tu byed pa gnyis pa'o//

  직역하면 '가고 오는 것을 살펴보는 것이라 불리는 제2'이다. 한역으로 「관거래품(觀去來品)」이라고 한다.

25. MK(T.K.)에서는 이 '지금'으로 옮긴 '레식(re zhig)'에 대해서 언급하면서 산스끄리뜨어를 티벳어로 옮기는 여러 시제의 곤욕들에 대해서 언급하고 있다(p. 103). '레식'은 '잠시 동안, for the time being, for some time' 등으로 옮겨지는데 영역에서는 '지금(now)'으로 옮기고 있다. 영역에 따랐으나 『청목소』에서는 '이미(已)'로 되어 있다. 산스끄리뜨어 원문에는 과거수동분사(p.p.p)인 '가따(gata)'만 사용되어 있으므로 '(이미) 간 것'으로 옮길 수 있겠으나 티벳어는 '가다(도와, 'gro ba)'의 과거형 시제가 쓰여 있으므로 굳이 '이미'를 첨언할 필요가 없다. 하여 MK(T.K.)를 따랐다.

26. 이 게송에 사용된 티벳어의 '가다'는 가는 것의 현재형 시제인 '도와('gro ba)', 과거형인 '송와(song ba)' 그리고 '가고 있다(going)'는 현재 진행형으로 쓰인 '곰빠(bgom pa)'로 나눠볼 수 있다. '곰빠'는 'walk, step, stride, pace'라는 뜻으로, '곰빠('gom pa)'의 미래형이지만 여기서는 현재 진행형으로 사용되고 있다. 여기서는 『청목소』의 김성철 역에 따라 '지금 가고 있는 중인 것'으로 옮기겠다. 평소에 자주 사용하지 않는 어휘다.

[18. (2-2)]

གང་ན་གྱོ་བ་དེ་ན་འགྲོ།། gang na gyo ba de na 'gro//
དེ་ཡང་གང་གི་བགོམ་པ་ལ།། de yang gang gi bgom pa la//
གྱོ་བ་སོང་མིན་མ་སོང་མིན།། gyo ba song min ma song min//
དེ་ཕྱིར་བགོམ་ལ་འགྲོ་བ་ཡོད།། de phyir bgom la 'gro ba yod//

> 움직이는 것, 거기에[28] 가는 것이 (있다.)
> 또한 그 어떤 지금 가고 있는 중인 것에는
> (그) 움직이는 것이 가버린 것도 아니고 가버리지 않은 것도 아니다.
> 왜냐하면 지금 가고 있는 중인 것에 가는 것이 있기 때문이다.[29]

【답】

[19. (2-3)]

བགོམ་ལ་འགྲོ་བ་ཡིན་པར་ནི།། bgom la 'gro ba yin par ni//
ཅི་ལྟ་བུར་ན་འཐད་པར་འགྱུར།། ci lta bur na 'thad bar 'gyur//
གང་ཚེ་འགྲོ་བ་མེད་པ་ཡི།། gang tshe 'gro ba med pa yi//
བགོམ་པ་འཐད་པ་མེད་ཕྱིར་རོ།། bgom pa 'thad pa med phyir ro//

> '지금 가고 있는 중인 것에 가는 것이 있다'는 바로 (이것이)
> 어떻게 옳겠는가?
> (왜냐하면) 가지 않는 것일 때

---

27. 『청목소』의 【문】【답】 구조와 달리 티벳어의 게송은 이것이 명확하지 않은데, MK(T.K.)에 따라 이를 표시하기로 하겠다.
28. 티벳어 원문의 '강나 ~, 데나(gang na ~, de na ~)' 구조로, 이것은 산스끄리뜨어 '야뜨라, ~ 따뜨라 ~(yatra ~, tatra ~)' 구조다. '~하는 곳(것), 그곳(것)에는'이라는 뜻이다.
29. 의미를 명확하게 하기 위하여 4행의 어두에 쓰인 '데칠(de phyir)'에 맞게 말미에 '~하기 때문이다'를 첨언하였다.

지금 가고 있는 중인 것(이 있다는 것)은 옳지 않기 때문이다.[30]

[20. (2-4)]

གང་གི་བགོམ་པ་ལ་འགྲོ་བ།། gang gi bgom pa la 'gro ba//
དེ་ཡི་བགོམ་ལ་འགྲོ་མེད་པར།། de yi bgom la 'gro med par//
ཐལ་བར་འགྱུར་ཏེ་གང་གི་ཕྱིར།། thal bar 'gyur te gang gi phyir//
བགོམ་ལ་འགྲོ་བ་ཡིན་ཕྱིར་རོ།། bgom la 'gro ba yin phyir ro//

(또한) 지금 가고 있는 중인 것에 가는 것의 (경우에는),
그것의[31] (경우에는) 지금 가고 있는 중인 것에 가는 것이 없는[32]
과실(過失)이 (발생하게) 된다.[33] 왜냐하면
지금 가고 있는 중인 것에 가는 것이 있기 때문이다.[34][35]

30. 이 게송에 대한 해석은 각자 다르다. (자세한 내용은 『청목소』 p. 55 각주 12) 참조) 3행의 어두 '어느 때'를 뜻하는 '강체(gang tshe, Skt. yadā)'와 말미의 소유격[Gen.] '이(yi)'를 함께 옮기며, 후자를 수식어로 보았다. MK(T.K.)도 이와 같은 식으로 'when'으로 옮기고 있다.
31. 1, 2행의 어두에 쓰인 '강기 ~, 데이 ~(gnag gi ~, de yi ~)'는 산스끄리뜨어 '야스야 ~, 따스야 ~(yasya ~, tasya ~)', 즉 '어떤 ~의, 그것의 ~'라는 구조를 그대로 따른 것이다.
32. '라둔(la 'dun)'의 'r'이 쓰여 있다.
33. '과실이 된다'로 옮긴 이 '텔왈귤(thal bar 'gyur)'은 이후 티벳불교를 상징하는 '텔귤와(thal 'gyur ba)'의 어원, 즉 쁘라상기까의 원형으로, 여기서의 원문은 '쁘라사쟈떼(prasjyate)'이다. MK(T.K.)에서는 '불합리한 결론(absurd consequence)'이라고 옮기고 있다. 이 '텔귤와'를 'Consequence School'이라고 옮기는 게 요즘 대세다. 이것은 기존의 '귀류파(歸謬派, reductio ad absurdum)'라고 불리던 쁘라상기까의 논의를 되새김질 해준다는 점에서 매우 중요한 의미를 지니고 있다. 용수가 (자립/귀류의) 논리를 떠나야만 '희론(戱論)의 적멸'을 주장했다는 점에서 눈여겨보아야 할 변화다.
  의미를 명확하게 하기 위해서 그 시제 관계를 정확히 표현하였다고 볼 수 있는 동사 '귤와('gyur ba)'는 수동의 '~이 되다'라는 뜻과 현재, 또는 가까운 미래를 뜻하기도 하며 보조 동사로 쓰여, 우리말로 '~이다'라는 뜻 등으로 다양하게 옮길 수 있다.
34. 이 게송에 대한 해석은 매우 어렵다. 『청목소』나 MK(T.K.)에서는 앞에서 사용된 '지금 가고 있는 중인 것'과 '가는 것' 대신에 '가고 있는 사람', 'wherever one goes' 등을 등장시켜 이해를 돕고 있다. 그러나 앞에서 이어져온 원문에 사용된 어휘들을 그대로 두고 옮겨보면, '지금 가고 있는 중인 것'과 '가는 것'이라는 두 개의 다른 개념자가

[21. (2-5)]

བགོམ་ལ་འགྲོ་བ་ཡོད་ན་ནི།། bgom la 'gro ba yod na ni//
འགྲོ་བ་གཉིས་སུ་ཐལ་འགྱུར་ཏེ།། 'gro ba gnyis su thal 'gyur te//
གང་གིས་དེ་བགོམ་འགྱུར་པ་དང་།། gang gis de bgom gyur pa dang//
དེ་ལ་འགྲོ་བ་གང་ཡིན་པའོ།། de la 'gro ba gang yin pa'o//

> '지금 가고 있는 중인 것 가운데 바로 (그) 가는 것이 있다면 가는 것이 두 개다'는[36] 과실(過失)[37]이 (발생하게) 된다. 왜냐하면 (그) 어떤 것이 그 지금 가고 있는 중인 것으로 되었고 그것에 (그) 어떤 가는 것이 되기 (때문이다).[38]

[22. (2-6)]

འགྲོ་བ་གཉིས་སུ་ཐལ་འགྱུར་ན།། 'gro ba gnyis su thal 'gyur na//
འགྲོ་པོ་ཡང་གཉིས་སུ་འགྱུར།། 'gro ba po yang gnyis su 'gyur//
གང་ཕྱིར་འགྲོ་པོ་མེད་པར་ནི།། gang phyir 'gro po med par ni//
འགྲོ་བ་འཐད་པར་མི་འགྱུར་ཕྱིར།། 'gro ba 'thad par mi 'gyur phyir//

> '가는 것이 두 개다'는 과실(過失)이 (발생하게) 되면[39]
> 가는 자 또한 둘로 된다.
> 왜냐하면 바로 가지 않는 자가

병치, 같이 사용된다는 점을 지적하고 있다고 봤을 때, 그리고 앞에서 이어져온 논의에 따라 진행 중이라고 봤을 때 굳이 첨언하지 않아도 될 것 같아 이렇게 옮겼다.

35. 3, 4행의 말미에 '떼 강기칠(te gang gi phyir)', '칠로(phyir ro)' 등이 쓰였다. 이것은 '왜냐하면 ~하기 때문이다'로 '칠(phyir)'로도 쉽게 옮길 수 있는 것이나 1행 7자를 맞추기 위해 이와 같이 늘린 것으로 보고 옮겼다.
36. 원문의 '라둔(la dun)'을 직접 인용으로 보고 옮겼다. 『청목소』 산스끄리뜨어역은 '두 개로 되는 과실에 빠진다.'로 되어 있다.
37. 앞의 20번 게송 각주 참조.
38. 2행 말미에 쓰인 접속사 '떼(te)'가 뒤 앞 문장의 이유, 원인을 뒤따라 나오는 문장으로 설명하는 '왜냐하면 ~이기 때문에'라는 기능이 있어 이렇게 옮겼다.

가는 것은 옳지 않기 때문이다.[40][41]

[23. (2-7)]

གལ་ཏེ་འགྲོ་པོ་མེད་ཕྱིར་ན།།	gal te 'gro po med phyir na//
འགྲོ་བ་འཐད་པར་མི་འགྱུར་ཏེ།།	'gro ba 'thad bar mi 'gyur te//
འགྲོ་བ་མེད་ན་འགྲོ་བ་པོ།།	'gro ba med na 'gro ba po//
ཡོད་པ་ཉིད་དུ་ག་ལ་འགྱུར།།	yod pa nyid du ga la 'gyur//

만약 가지 않는 자라면
가는 것은 옳지 않다.[42]
가는 것이 없다면 가는 자
자체로 존재한다는 것[43]이 어떻게 (가능하게) 되겠느냐?

[24. (2-8)]

རེ་ཞིག་འགྲོ་པོ་མི་འགྲོ་སྟེ།།	re zhig 'gro po mi 'gro ste//
འགྲོ་བ་པོ་མིན་འགྲོ་བ་མིན།།	'gro ba po min 'gro ba min//
འགྲོ་པོ་འགྲོ་པོ་མིན་ལས་གཞན།།	'gro po 'gro po min las gzhan//
གསུམ་པ་གང་ཞིག་འགྲོ་བར་འགྱུར།།	gsum pa gang zhig 'gro bar 'gyur//

지금[44] 가는 자는 가지 않는다.[45]

....
39. 앞의 21번 게송의 2행에 '왜냐하면'을 뜻하는 '떼(te)'만 가정법의 '나(na)'로 바뀌었다.
40. 3행의 어두와 4행의 말미에 쓰인 '강칠(gang phyir)', '칠(phyir)' 모두 '왜냐하면 ~하기 때문이다'라는 뜻이다.
41. 여기서부터 '가는 자(도와뽀, 'gro ba po)' 또는 줄임말인 '도뽀('gro ba po)'가 등장한다.
42. 1행의 말미에 쓰인 '학쩨(lhag bcas)'인 '떼(te)'를 여기서는 의미 없는 첨언인 접속사로 보고 옮겼다.
43. '외빠(yod pa)'는 '존재하다', '있다'는 뜻으로 두루 쓰이는데 원문의 의미를 강조한다는 의미에서 이 둘로 두루 옮기도록 하겠다.
44. 앞의 17번 게송 각주 참조

가지 않는 자가 가는 것(도) 아니다.
(그렇다면) 가는 자(와) 가지 않는 자를 제외한[46]
제3의 누가 가겠는가?

[25. (2-9)]

གང་ཚེ་འགྲོ་བ་མེད་པར་ནི།། gang tshe 'gro ba med par ni//
འགྲོ་པོ་འཐད་པར་མི་འགྱུར་ན།། 'gro po 'thad bar mi 'gyur na//
རེ་ཞིག་འགྲོ་པོ་འགྲོ་འོ་ཞེས།། re zhig 'gro po 'gro 'o zhes//
ཇི་ལྟར་འཐད་པ་ཉིད་དུ་འགྱུར།། ji ltar 'thad pa nyid du 'gyur//

바로 (그) 가는 것이 없는 것을
가는 자라는 것이 옳지 않을 때[47]
"지금[48] 가는 자가 간다."라는 것이[49]
어떻게 옳은 것 자체로 되겠는가?[50]

[26. (2-10)]

གང་གི་ཕྱོགས་ལ་འགྲོ་བ་པོ།། gang gi phyogs la 'gro ba po//
འགྲོ་བ་དེ་ལ་འགྲོ་མེད་པའི།། 'gro ba de la 'gro med pa'i//
འགྲོ་པོ་ཡིན་བར་ཐལ་འགྱུར་ཏེ།། 'gro po yin bar thal 'gyur te//
འགྲོ་པོ་འགྲོ་བར་འདོད་ཕྱིར་རོ།། 'gro po 'gro bar 'dod phyir ro//

---

45. 1행의 말미에 쓰인 '학쩨(lhag bcas)'인 '떼(ste)'를 여기서는 의미 없는 첨언인 접속사로 보고 옮겼다.
46. '레쉰(las gzhan)'의 직역이다.
47. 1행 어두의 '강체(gang tshe)'와 2행 말미의 '나(na)'를 같이 보고 받았다. '강체'는 산스끄리뜨어 '야다(yadā)'로 '~일 때'라는 뜻이고, '나'는 가정법일 경우 쓰인다.
48. 앞의 17번 게송 각주 참조
49. '셰(zhes)'는 직접 인용을 나타낸다.
50. 4행의 '지탈 테빠 니둘 귤(ji ltar 'thad pa nyid du 'gyur)'을 직역하였다.

제2품. 가고 오는 것에 대한 고찰 37

> 어느 쪽으로든 가는 자(가)
> 그 (쪽으로) 가는 것을 '가는 것이 없는
> 가는 자이다'는 것은[51] 과실(過失)(이다.) 왜냐하면
> (지금) 가는 자(가) 가는 것을 바란다는 것이기 때문이다.[52]/[53]

[27. (2-11)]

གལ་ཏེ་འགྲོ་པོ་འགྲོ་གྱུར་ན།། gal te 'gro po 'gro gyur na//
འགྲོ་བ་གཉིས་སུ་ཐལ་འགྱུར་ཏེ།། 'gro ba gnyis su thal 'gyur te//
གང་གིས་འགྲོ་པོར་མངོན་པ་དང་།། gang gis 'gro por mngon pa dang//
འགྲོ་པོར་གྱུར་ནས་གང་འགྲོ་བའོ།། 'gro por gyur nas gang 'gro ba'o//

> 만약 가는 자가 가는 것이 되었다면
> '가는 것이 두 개다'는 과실(過失)이 된다. 왜냐하면[54]
> 어떤 이가 가는 자라고 말해진 것[55]과
> (그) 가는 자로 되었던 것으로부터 무언가 (다시) 가는 것이 (생기기 때문이다.)

[28. (2-12)]

སོང་ལ་འགྲོ་བའི་རྩོམ་མེད་དེ།། song la 'gro ba'i rtsom med de//

....

51. '라둔(la 'dun)'을 간접 인용으로 보고 옮겼다.
52. MK(T.K.)에서는 '바라다(되, 'dod)'를 '말하다, 주장하다(maintain)'로 보고 옮겼다. '바라다'라는 뜻으로 쓰여 이렇게 옮겼다.
53. 이 게송은 『청목소』와 순서가 바뀌어 있다. 1행과 4행의 '(가)', 즉 주격[Nom.]으로 옮긴 것이 원문에는 1행은 주격으로, 그리고 4행은 소유격으로 되어 있다.
54. 26번의 2행과 같은 구조지만 우리말로 이렇게 옮겼다.
55. 티벳어 '뇐빠(mngon pa)'가 쓰였다. 이 단어는 산스끄리뜨어 '아비달마(abhidharma)'의 '아비(abhi)'를 가리킬 때 쓰인다. 그러나 여기서는 어근 '바쯔(√vac)', 즉 '말하다'를 원형으로 하고 있다. MK(T.K.)에서는 '말하다, 주장하다(maintain)'로 보고 앞의 26번 게송처럼 'maintain'으로 옮겼다. 여기서는 수동의 의미로 보고 옮겼다. 이 '뇐빠'는 '드러나다, 나타나다'로 옮길 수 있다.

མ་སོངས་བ་ལའང་འགྲོ་རྩོམ་མེད།། ma songs ba la'ang 'gro rtsom med//
བགོམ་ལ་རྩོམ་པ་ཡོད་མིན་ན།། bgom la rtsom pa yod min na//
གང་དུ་འགྲོ་བ་རྩོམ་པར་བྱེད།། gang du 'gro ba rtsom par byed//

> 가버린 것에는 (그) 가는 것의 출발이 없다. 그리고[56]
> (아직) 가버리지 않은 것에도 가는 것의 출발이 없다.
> 지금 가고 있는 중인 것에 출발이 없다면
> 어디에서[57] 가는 것이 출발하겠는가?[58]

[29. (2-13)]

འགྲོ་བ་རྩོམ་བའི་སྔ་རོལ་ན།། 'gro ba rtsom ba'i snga rol na//
གང་དུ་འགྲོ་བ་རྩོམ་འགྱུར་བ།། gang du 'gro ba rtsom 'gyur ba//
བགོམ་པ་མེད་ཅིང་སོང་བ་མེད།། bgom pa med cing song ba med//
མ་སོང་འགྲོ་བ་ག་ལ་ཡོད།། ma song 'gro ba ga la yod//

> 가는 것이 출발하는 것의 이전(以前)이라면
> 어디에서 가는 것이 출발하는 것으로 되겠는가?
> 지금 가는 중인 것(에도) 없고 가버린 것(에도) 없다.
> (그리고) 가버리지 않은 것(에서) 가는 것이 어떻게 존재할 수 있겠는가?[59]

....

56. 1행의 말미에 쓰인 '학제(lhag bcas)'인 '떼(te)'를 여기서는 '그리고'로 등위 접속사로 보고 옮겼다.
57. 여기에 쓰인 '강두(gang du)'는 목적격[Acc.]이 아닌 처격[Loc.]이다.
58. 시간의 과거, 미래, 현재의 '가는 것'의 '출발'에 대한 논파다. 본격적으로 '가버린 것(쏭와, song ba)'과 '출발(쫌빠, rtsom pa)'의 문제에 대해서 지적하고 있다. '출발'에 대해서는 그 의미를 명확하게 한다는 점에서 때로 '출발하는 것'으로 옮기도록 하겠다.
59. 이 게송의 『청목소』 산스끄리뜨어 원문과 MK(T.K.)의 구조가 각각 다르다. 전자에는 1, 3행으로 곧장 옮겨져 있으며, 2행은 빠져 있다. MK(T.K.)에서는 2, 3행의 세 가지 조건 1) 가는 것의 출발, 2) 지금 가고 있는 중인 것의 출발, 3) 가버린 것의 출발이 없는 것으로 보고 옮기고 있다. 티벳어 원문에 따라 직역하였다.

[30. (2-14)]

'gro rtsom rnam pa thams cad du//
snang ba med pa nyid yin na//
song ba ci zhig bgom pa ci//
ma song ci zhig rnam par brtag//

> '가는 것의 출발이 어디에서나
> 보이는 게[60] 없는 것 자체이다'라면
> 가버린 것은 무엇이고 지금 가는 중인 것은 무엇이고
> 아직 가지 않는 것은 무엇인지 어떻게 분별할 수 있겠는가?[61]

[31. (2-15)]

re shig 'gro po mi sdod de//
'gro ba po min sdod pa min//
'gro po 'gro po min las gzhan//
gsum pa gang zhig sdod par 'gyur//

> 지금[62] 가는 자는 머물지 않는다.
> 가지 않는 자가 머무는 것(도) 아니다.
> (그렇다면) 가는 자(와) 가지 않는 자를 제외한
> 제3의 누가 머물겠는가?[63]

....

4행의 말미에 '가라외(ga la yod)'가 쓰였는데 이것은 '어떻게 (있을 수) 있겠는가?', '어떻게 존재할 수 있겠는가?'라는 의문형으로, 『중론』뿐만 아니라 다른 티벳역에 두루 등장한다. 여기서는 '어떻게 존재할 수 있겠는가?'로 가급적 통일하였다.

60. '보이는 것'으로 옮긴 '낭외(snang ba)'를 MK(T.K.)에서는 '지각되는 것(perceived)'으로 보고 옮겼다. 여기서는 산스끄리뜨어 어원인 '보다'를 뜻하는 어근 '드르스(√dṛś)'를 강조했다.
61. 여기까지가 '가는 것'과 그 '출발(하는 것)'을 둘러싼 논의이다.

[32. (2-16)]

གང་ཚེ་འགྲོ་བ་མེད་པར་ནི།། gang tshe 'gro ba med par ni//
འགྲོ་པོ་འཐད་བར་མི་འགྱུར་ན།། 'gro po 'thad bar mi 'gyur na//
རེ་ཞིག་འགྲོ་པོ་སྡོད་དོ་ཞེས།། re shis 'gro po sdod do zhes//
ཅི་ལྟར་འཐད་པ་ཉིད་དུ་འགྱུར།། ci ltar 'thad pa nyid du 'gyur//

> 바로 (그) 가지 않는 것을
> 가는 자(라고 하는) 것이 옳지 않을 때
> "지금 가는 자가 머문다."라는 것이
> 어떻게 옳은 것 자체로 되겠는가?[64]

[33. (2-17)]

བགོམ་ལས་སྡོག་པར་མི་འགྱུར་ཏེ།། bgom las sdog par mi 'gyur te//
སོང་དང་མ་སོང་ལས་ཀྱང་མིན།། song dang ma song las kyang min//
འགྲོ་ན་དང་ནི་འཇུག་པ་དང་།། 'gro na dang ni 'jug pa dang//
ལྡོག་པ་ཡང་ནི་འགྲོ་དང་མཚུངས།། ldog pa yang ni 'gro dang mtshungs//

> 지금 가는 중인 것으로부터 머무는 것은 되지 않는다. 그리고[65]
> 가버린 것과 가버리지 않은 것에도 (머무는 것이) 아니다.
> 가는 것(의)[66] 바로 (그) 출발하는 것과
> 정지하는 것도 역시 바로 (그) 가는 것과 같다.[67]

....

62. '레쉭(re zhig)' 대신에 '레씩(re shig)'이 쓰였다. 의미는 같다. MK(T.K.)에서는 이 어휘를 빼고 옮기고 있다.
63. 24번 게송에서 '가는 자' 대신에 '머물다(된빠, sdod pa)'만 바뀌어 있다. 여기서부터 '가는 것'의 반대인 '머무는 것, 멈춘 것'에 대해서 논파하고 있다. 『청목소』에서는 '멈춘 것'으로 적고 있다. 같은 의미지만 『청목소』 한역의 '머물 주(住)'에 의미를 두고 옮겼다.
64. 25번 게송의 3행에서 '가는 자가 간다.'는 것을 제외하고는 동일한 구조다. 자세한 문법 해자(解字)는 25번 게송 참조.

제2품. 가고 오는 것에 대한 고찰 41

[34. (2-18)]

འགྲོ་བ་དེ་དང་འགྲོ་བ་པོ།། 'gro ba de dang 'gro ba po//
དེ་ཉིད་ཅེས་ཀྱང་བྱར་མི་རུང་།། de nyid ces kyang byar mi rung//
འགྲོ་བ་དང་ནི་འགྲོ་བ་པོ།། 'gro ba dang ni 'gro ba po//
གཞན་ཉིད་ཅེས་ཀྱང་བྱར་མི་རུང་།། gzhan nyid ces kyang byar mi rung//

> "그 가는 것과 가는 자가 (같은 것)
> 그 자체[同一]다."라는 언급 역시 적절하지 않다.
> "가는 것과 바로 (그) 가는 자는
> 다른 것 자체다."라는 언급 역시 적절하지 않다.[68]

[35. (2-19)]

གལ་ཏེ་འགྲོ་བ་གང་ཡིན་པ།། gal te 'gro ba gang yin pa//
དེ་ཉིད་འགྲོ་པོ་ཡིན་གྱུར་ན།། de nyid 'gro po yin gyur na//
བྱེད་པ་པོ་དང་ལས་ཉིད་ཀྱང་།། byed pa po dang las nyid kyang//
གཅིག་པ་ཉིད་དུ་ཐལ་བར་འགྱུར།། gcig pa nyid du thal bar 'gyur//

> 만약 가는 것이 무언가 (따로 존재하는 것)이고
> 그 자체가 가는 자(로 따로 존재하는 것)이 되었다면[69]
> 행위자와 행위 자체[70] 역시

---

65. 1행의 말미에 쓰인 '학쩨(lhag bcas)'인 '떼(te)'를 여기서는 '그리고'로 보고 옮겼다. 28번 게송 각주 참조.
66. 3행과 4행에 '당니 ~, 양니 ~(dang ni ~, yang ni ~)' 등이 쓰여 운율을 맞추고 있다. 3행의 경우는 의미 없는 강조로 보고 '(가는 것)의' 소유격[Gen.]을 첨언하였다.
67. 이 게송에 대한 『청목소』에 등장하는 김성철의 설명은 너무 멀리 나간 듯하다. 자세한 내용은 pp. 68-69 참조 MK(T.K.)에서는 매우 간략하게 언급되어 있을 뿐으로, '가는 것'과 '머무는 것' 사이의 출발과 그 정지 또한 없다는 뜻이다.
68. '적절하지 않다'로 옮긴 '마룽빼(ma rung pa)'는 'impossible'이라는 뜻으로 주로 쓰인다. MK(T.K.)에서는 'no sense'로 옮기고 있다.

동일한 것 자체[同一性]로 (되는) 과실(過失)이 (발생하게) 된다.

[36. (2-20)]

གལ་ཏེ་འགྲོ་དང་འགྲོ་བ་པོ།། gal te 'gro dang 'gro ba po//
གཞན་པ་ཉིད་དུ་རྣམ་བརྟག་ན།། gzhan pa nyod du rnam brtag na//
འགྲོ་པོ་མེད་པའི་འགྲོ་བ་དང་།། 'gro po med pa'i 'gro ba dang//
འགྲོ་བ་མེད་པའི་འགྲོ་པོར་འགྱུར།། 'gro ba med pa'i 'gro por 'gyur//

만약 가는 것과 가는 자가
다른 것 자체로 분별[71](된다)면
가지 않는 자의 가는 것과
가지 않는 것의 가는 자로 된다.[72]

[37. (2-21)]

གང་དག་དངོས་པོ་གཅིག་པ་དང་།། gang dag dngos po gcig pa dang//
དངོས་པོ་གཞན་པ་ཉིད་དུ་ནི།། dngos po gzhan pa nyid du ni//
གྲུབ་པར་གྱུར་བ་ཡོད་མིན་ན།། grub par gyur ba yod min na//
དེ་གཉིས་གྲུབ་པ་ཅི་ལྟར་ཡོད།། de gnyis grub pa ci ltar yod//

이 둘,[73] (즉) 동일한 사태[74]이거나

....
69. '귤빠(gyur pa)'에 대해서는 27번 게송 참조.
70. '행위자'인 '제빠뽀(byed pa po)'와 '업(業)'을 뜻하는 '레(las)'가 쓰였다. 『회쟁론(回諍論), Vigrhavyavartanīkārīka』에서는 행위는 동사의 현재형 명사에 '빠(byad pa)'를 쓰고 그 대상은 '자(bya)'를 쓰고 있다. '작용'은 '자와(bya ba)'로 제1품에서 두루 등장한 것이다. 모두 산스끄리뜨어 어근 '끄르(√kr)'에서 파생된 것으로, 이를 티벳어로 옮길 적에 그 방법이 고정된 듯하다. 자세한 내용은 졸역 『회쟁론』의 15번, 16번 게송 참조.
71. [데게판]에는 '분별'을 뜻하는 '남딱(rnam brtag)'이 쓰였다. 그러나 MK(T.K.)에서는 '과실'을 뜻하는 '텔귤'의 영역인 'absurd consequence'로 되어 있다.
72. 두 개의 상이한 개념자로 작용하기 때문에 그것 자체만으로도 성립해야 된다는 모순에 대한 지적이다.

다른 사태 바로 (그) 자체에

성립되는 것이 없다면

그 둘이 성립되는 것이 어떻게 존재하겠는가?[75]

[38. (2-22)]

འགྲོ་བ་གང་གིས་འགྲོ་པོར་མངོན།།　'gro ba gang gis 'gro por mngon//

འགྲོ་བ་དེ་ནི་དེ་འགྲོ་མིན།།　'gro ba de ni de 'gro min//

གང་ཕྱིར་འགྲོ་བའི་སྔ་རོལ་མེད།།　gang phyir 'gro ba'i snga rol med//

གང་ཞིག་གང་དུ་འགྲོ་བར་འགྱུར།།　gang zhig gang du 'gro bar 'gyur//

가는 것, 바로 그것으로[76] 가는 자라 말해진다.[77]

(그러나) 그 가는 것이 바로 그 (가는 자의) 가는 것이 아니다.

왜냐하면 (가는 자는)[78] 가는 것의 이전에 존재하지 않기 때문이다.

(이와 같은데) 누가 무엇으로[79] 가겠는가?

73. '그 무엇이든, 누구이든, 그 어떤 것' 등 복수형으로 쓰일 수 있는 '강닥(gang dag)'은 다양한 의미로 옮길 수 있다. 여기서는 4행의 '그 둘'을 뜻하는 '데니(de gnyis)'를 받는 것으로 보고 옮겼다. 산스끄리뜨어 원문을 티벳어로 옮길 때 '야요(ḥ) ~, 띠요(ḥ) ~(yayoḥ ~, tayoḥ ~)'를 지시대명사 양수(兩數, dual)의 처격[Loc.]으로 옮긴 경우다.
74. '사태'에 대해서는 4번 게송 각주 참조
75. MK(T.K.)에서는 이 게송을 행위자의 행위의 비분성에 대해서 먼저 언급하고 있다. 그리고 이와 같은 주장은 독자부(犢子部)의 '뿌드가라(pudgala)'가 '항상하는 것도 아니고 항상하지 않는 것도 아닌 경우'가 이와 비슷한 경우라고 적고 있다. 그러나 엄밀한 의미에서 이 게송은 행위자와 그 행위의 비분리성을 언급하고 있다는 점에서 그 유사성을 찾는 것은 문제가 있다. 이후에 이와 같은 대립적인 개념자에 대한 모순이 등장한다.
76. '가는 것' 뒤에 쓰인 '강기(gang gis)'는 '바로 가는 그 무엇으로'를 뜻한다. 우리말로 어색해 보이는 것은 티벳어 원문의 어순에 따라 옮겼기 때문이다. 산스끄리뜨어 게송에서는 이와 같은 지시 대명사를 써서 그 내용을 강조, '환기'하는 경우가 종종 있다. 티벳어 게송에서도 더러 이것을 흉내 낸다.
77. '넌빼(mngon pa)'에 대해서는 27번 게송 각주 참조
78. 『청목소』에는 빠져 있으나, MK(T.K.)에 따라 첨언했다.
79. MK(T.K.)에서는 '어디로(where)'라고 되어 있다. 티벳어 '강두(gang du)'에 따르면 둘 다 옳다. MK(T.K.)에서는 『반야등론(Prajñāpradīpa)』의 예를 들어 '어디로(where)'라고

[39. (2-23)]

འགྲོ་བ་གང་གིས་འགྲོ་པོར་མངོན།། 'gro ba gang gis 'gro por mngon//
དེ་ལས་གཞན་པ་དེ་འགྲོ་མིན།། de las gzhan pa de 'gro min//
གང་ཕྱིར་འགྲོ་པོ་གཅིག་བུ་ལ།། gang phyir 'gro po gcig bu la//
འགྲོ་བ་གཉིས་སུ་མི་འཐད་དོ།། 'gro ba gnyis su mi 'thad do//

> 가는 것, 바로 그것으로 가는 자라 말해진다.[80]
> (그러나) 그로부터 다른 것이 가는 것이 아니다.
> 왜냐하면 하나의 가는 자에게
> '가는 것이 두 개다'라는 것은 옳지 않(기 때문이다).[81]

[40. (2-24)]

འགྲོ་པོ་ཡིན་པར་གྱུར་པ་ནི།། 'gro po yin par gyur pa ni//
འགྲོ་རྣམ་གསུམ་དུ་འགྲོ་མི་བྱེད།། 'gro rnam gsum du 'gro mi byed//
མ་ཡིན་པར་ནི་གྱུར་དེ་ཡང་།། ma yin par ni gyur de yang//
འགྲོ་རྣམ་གསུམ་དུ་འགྲོ་མི་བྱེད།། 'gro rnam gsum du 'gro mi byed//

> '진실로[82] (존재하는) 가는 자이다'로 (정의)되었던 것은[83]
> 세 가지[84] 가는 것으로 가지 않는다.
> '진실로 (존재하는) (가는 자가) 아니다'로 (정의)되었던 것 또한
> 세 가지 가는 것으로 가지 않는다.

보고 있다. 여기서는 산스끄리뜨어의 '무엇을(kiṁ cit)'로 보고 옮겼다. 『청목소』 산스끄리뜨어역은 '실로 누가 어떤 것을 가겠는가?'로 되어 있는데 우리말로 썩 잘 어울려 보이지 않는다. '실로 누가 어떤 것을 (가지고) 가겠는가?' 정도 직역할 수 있지 않나 싶다. 자세한 내용은 『청목소』, pp. 74-75 참조.

80. 앞의 39번 게송과 같다.
81. 전체적으로 바로 앞의 27번 게송의 구조를 따르고 있다.
82. 강조사[Emp.] '니(ni)'를 매우 예외적인 경우로 이렇게 옮겼다. 앞에서 '바로 (그)' 등으로

[41. (2-25)]

ཡིན་དང་མ་ཡིན་འགྱུར་བ་ཡང་།། yin dang ma yin gyur ba yang//
འགྲོ་རྣམ་གསུམ་དུ་འགྲོ་མི་བྱེད།། 'gro rnam gsum du 'gro mi byed//
དེ་ཕྱིར་འགྲོ་དང་འགྲོ་པོ་དང་།། de phyir 'gro dang 'gro po dang//
བགྲོད་པར་བྱ་བའང་ཡོད་མ་ཡིན།། bgrod par bya ba'ang yod ma yin//

'(가는 것)이다'이고 '(가는 것)이 아니다'로 (정의)되었던 것도 세 가지 가는 것으로 가지 않는다.[85]
그러므로[86] 가는 것과 가는 자와
가는 작용[87]도 역시 존재하지 않는다.

....

옮긴 것이다. 티벳 역경사는 산스끄리뜨어 '삽부따(sadbhūta), mfn. who or what is really good or true'에 '니'를 첨언하지 않았나 싶다. 티벳어 사전들의 용례에는 이와 같은 게 없다.

83. 1행과 3행에 반복되는 이 구절은 '도뽀 인빨 귤빠니('gro po yin par gyur pa ni)'로 직역하면 '가는 자이다는 것으로 되었던 바로'로 '니(ni)'를 앞의 '진실로'로 옮겨도 어색한 표현이다. 『청목소』 산스끄리뜨어역인 '실재하는 가는 놈이 가는 작용 세 가지를 가는 것은 아니다'는 '진실로 존재하는 가는 자는 세 가지 가는 것을 (갖춘 채) 가지 않는다'는 것 정도 되겠다.

　　　티벳어를 의역하면 '진실로 가는 자는'으로 줄일 수 있겠으나, 본문의 맥락을 살리기 위해 직역했다.

84. 여기에 언급된 세 가지는 『청목소』에 따르면 시간에 따른 '아직 가지 않는 것', '가는 중인 것' 그리고 '가버린 것'으로 나누어진다. MK(T.K.)에서는 이와 같은 견해를 불호의 견해라고 하며, 월칭의 견해는 '가는 것', '가지 않는 것' 그리고 '가는 것이면서도 가지 않는 것(both)'으로 그 견해가 다르다고 언급되어 있다.

85. '이다', '~이 아니다'에 이어서 '이고, ~이 아니다', 즉 'both'에 해당하는 것으로 MK(T.K.)에서는 여기까지 끊어서 읽고 있다. 이와 같은 용수의 작법은 '사구부정(四句否定)'의 원형에 해당한다. 자세한 내용은 「제24품. (사)성제(四聖諦)에 대한 고찰」 참조.

86. 결론에 해당하는 게송이라 '데칠(de phyir)'을 여기서는 '왜냐하면'이 아닌 '그러므로'로 옮겼다.

87. '가는 작용'으로 옮긴 '되빨 자와(bgrod par bya ba)는 제2품에서 처음이자 마지막으로 등장한다. '되빼(bgrod pa)'는 시제 변화를 하지 않는 동사로 '간다'는 뜻을 지니고 있다. '작용'을 뜻하는 '자와(bya ba)'는 제1품에서 자주 등장하였다. MK(T.K.)의 경우, 게송에서는 'which is to be gone'으로 주석에서는 'where one is to go'로 옮기고 있다. 『청목소』에서는 '가야 할 곳', '가게 될 곳' 등으로 옮기고 있다. '가다'를 뜻하는 어근 '감(√gam)'에서 파생된 '간따브야(gantavya)'는 'to be gone to or attained'[M]라는 뜻이 있으므로 각자의 해석이 틀린 것은 아니지만, 여기서는 티벳어 원문을 살린다는 의미에서 그대로 옮겼다.

||འགྲོ་བ་དང་འོང་བ་བརྟག་པ་ཞེས་བྱ་བ་སྟེ་རབ་ཏུ་བྱེད་པ་གཉིས་པའོ||

'가고 오는 것[去來]을 살펴보는 것'이라 불리는 제2품

왜냐하면 용수가 이 개념자들을 사용했을 때 '가는 것'과 '가는 자'라는 그 사이의 개념자의 '작용'을 유념하지 않았을까 하는 생각 때문이다.

제3품. (육)근根에 대한 고찰[88]

[42. (3-1)]

ལྟ་དང་ཉན་དང་སྣོམ་པ་དང་༎
མྱང་བར་བྱེད་དང་རེག་བྱེད་ཡིན༎
དབང་པོ་དྲུག་སྟེ་དེ་དག་གི་
སྤྱོད་ཡུལ་བལྟ་བར་བྱ་ལ་སོགས༎

lta dang nyan dang snom pa dang//
myang bar byed dang reg byed yin//
dbang po drug ste de dag gi//
spyod yul blta bar bya la sogs//

> (6境은) 보는 것[色]과 듣는 것[聲]과 냄새 맡는 것[香]과
> 맛보는 것[味]과 만지는 것[觸], 마음[意](의 대상)인 법(法)이다.[89]
> 6근(根), 그것들의
> 소행처(所行處)[90]는 (바로 이런) 보는 것에 대한 대상[91] 등이다.[92]

---

88. ‖dbang po brtag pa zhes byas ba ste rab tu byed pa gsum pa'o‖
    ༎དབང་པོ་བརྟག་པ་ཞེས་བྱ་བ་སྟེ་རབ་ཏུ་བྱེད་པ་གསུམ་པའོ༎

    직역하면 '감각 기관[根]을 살펴보는 것이라 불리는 제3'이다. 한역으로 「관육정품(觀六精品)」이라고 한다.

    『청목소』의 특징은 각 품마다 그 숫자를 넣고 있다는 것인데, 산스끄리뜨어나 티벳어에서는 그렇지 않다는 것이 다시 확인된다. 근(根)으로 옮기는 산스끄리뜨어 '인드리야(indriya)'의 티벳어인 '왕뽀(dbang po)'에는 감각 기관이라는 뜻뿐만 아니라 '왕, 주인'이라는 뜻도 있다. 'power, force, the quality which belongs especially to the mighty'라는 뜻과 함께, 'bodily power, power of the senses'의 뜻이 있으므로 후자에 따른 것이지만 티벳어에는 전자의 뜻으로도 종종 쓰인다는 것을 유념할 필요가 있겠다.

    『청목소』에서는 불교식으로 육근이라고 하지만 힌두교에서는 '안이비설신(眼耳鼻舌身意)에서 의(意)를 뺀 오근만 감각 기관으로 간주한다.

89. 육근(六根)과 육경(六境)에 대해 설명하며 그 육경에 대해 축약한 게송이다. 산스끄리뜨어 원문에는 '마나(mana)'가 명확하게 언급되어 있으나 티벳어에는 '이(yid)'가 쓰여 있다. 이에 따라 '의(意)'로 옮기면 육근과 육경의 경계가 이상하게 된다. 산스끄리뜨어 원문에 이와 같이 되어 있는데 티벳도 이에 따랐다. 구역(舊譯)의 상징인 『청목소』답게 여기서는 아예 육근을 육정(六情)이라 옮기고 있다.

48

[43. (3-2)]

ལྟ་དེ་རང་གི་བདག་ཉིད་ནི།། lta de rang gi bdag nyid ni//
དེ་ལ་ལྟ་བ་མ་ཡིན་ཉིད།། de la lta ba ma yin nyid//

....

[BD] 육정(六情): 6근(根)을 말함. 구역의 경·논에는 흔히 6근을 6정이라 함. 근에는 정식(情識)이 있는 까닭. 의근(意根)은 심법(心法)이므로 그 당체를 이름한 것. 다른 5근은 정식을 내는 것이므로 소행(所生)의 과에 따라 이름한 것.

이에 따른다 하더라도 의(意)는 '마나(mana)'는 육근이 아닌 육처에 포함되어야 한다. 아마도 용수가 이 게송에 염두를 둔 것은 마음의 작용의 대상이 되는 것으로서 '마나(mana)', 즉 마음 작용을 생각했으나 그것을 '다르마(dharma)' 즉 법으로 표현하기 어려운 난점 때문에 이렇게 쓴 게 아닌가 유추해볼 따름이다.

왜냐하면『청목소』의 명확한 6정에 대한 설명과 달리 산스끄리뜨어 어원은 '다르사나(darśana)'다. 육근의 안근은 '짜끄수린드리야(cakṣurindriya)'로 '눈[cakṣuḥ]'을 나타내고 있으나, (육)경은 '삼브르따(saṃvṛta)로 다른 어휘를 쓰고 있다. '함께 생겨난다, 일어난다'는 뜻으로 객관적 대상만을 가리키지 않고, 그 근에 따라 일어나는 것임을 가르쳐주고 있다. 이 게송에 대해서 김성철도 고민하고 있다. 자세한 내용은『청목소』, pp. 79-80 참조.

90. 일반적으로 인식 대상은 '율(yul)'인데 여기서는 '죄율(spyod yul)'이라고 쓰고 있다.『장한사전』에 따르면 이것은 인식 대상이 되는 '소행' 또는 '소행처'로 TT에는 'sphere of activity'라는 용례가 있다. MK(T.K.)에서는 육경을 'six faculties'로, 소행처를 'spheres'로 옮기고 있다.

91. '보는 것에 대한 대상'으로 옮긴 '따발 자(blta bar bya)'를 MK(T.K.)에서는 'the visible objects'로 옮기고 있다. 즉 인식 작용이 감각 기관을 통해서 포착하는 대상임을 가리키고 있는 것이다. 이와 같은 미세한 차이가 존재하고 있다. 대상인 '자(bya)'에 대해서는 35번 게송 각주 참조.

92. 십이처인 육근과 육경에 대해서 포괄적으로 설명하고 있는 게송이다. 산스끄리뜨어, 티벳어 그리고 한문 등에서 차이가 조금씩 난다.

[BD] 십이처(十二處): 여섯 가지의 감각 기관인 6근(根)과 이 기관의 각각에 대응하는 여섯 가지의 대상인 6경(境)을 모두 일컫는 말. 지각이 생기는 12종의 장소 또는 조건. 세계의 성립 조건을 주관과 객관의 대립 관계에서 열거할 때의 눈(眼)과 색(色), 귀(耳)와 소리(聲), 코(鼻)와 향(香), 혀(舌)와 맛(味), 피부(身)와 접촉되는 것(觸), 마음(意)과 생각되는 것(法). 안이비설신의(眼耳鼻舌身意)라는 6근을 6내처(內處)라고 칭하며, 색성향미촉법(色聲香味觸法)이라는 6경(境)을 6외처(外處)라고 칭하므로, 12처는 6근과 6경을 총칭한 것이다. 따라서 주관의 면이요 내적인 여섯 조건(6근)과 객관의 면이요 외적인 여섯 조건(6경)에는 그 각각이 서로 대응 관계가 있음을 묶어 표현한 것이 12처이다. 즉 눈은 색깔과 형체에, 귀는 소리에, 코는 향기에, 혀는 맛에, 피부는 접촉되는 것에, 마음은 생각되는 것에 각기 대응한다. 원시불교에서 12처는 세계의 모든 것인 일체를 의미하는 것으로 설명된다. 대상 세계를 인식하는 감각 기관인 6근은 곧 인간이라는 존재를 가리키고, 6경은 인간을 둘러싼 자연 환경을 가리킨다고 이해된다. 12처는 원시불교 이래 불교를 대표하는 존재 체계의 하나로 간주되며, 5온, 12처, 18계를 열거하여 3과(科)라고 칭한다.

གང་ཞིག་བདག་ལ་མི་ལྟ་བ།། gang zhig bdag la mi lta ba//
དེ་གཞན་དག་ལ་ཇི་ལྟར་ལྟ།། de gzhan dag la ji ltar lta//

> 그 보는 것[93]은 자기 자신 그 자체[本性=自性],
> 그것을 보지 못한다.[94] (그런데) 그 자체
> 그 어떤 것이, (즉) 자기 자신을 보지 못하는 것이
> 저 다른 것들을 어떻게 볼 수 있겠는가?[95]

[44. (3-3)]

ལྟ་བ་རབ་ཏུ་བསྒྲུབ་པའི་ཕྱིར།། lta ba rab tu bsgrub pa'i phyir//
མེ་ཡི་དཔེས་ནི་ནུས་མ་ཡིན།། me yi dpes ni nus ma yin//
སོང་དང་མ་སོང་བགོམ་པ་ཡིས།། song dang ma song bgom pa yis//
དེ་ནི་ལྟར་བཅས་ལན་བཏབ་པོ།། de ni ltar bcas lan btab po//

> 보는 것을 제대로 증명하기[96] 위한
> 불의 비유[97]는 (성립이) 불가능하다.[98]
> 가버린 것과 가지 않은 것, 지금 가고 있는 중인 것이
> 바로 그것에 대한 답(이다.)

---

93. 『청목소』 한역에서 '눈[眼]'으로 옮긴 것은 이해하기는 쉬울지 모르지만, 원문의 의미와는 차이가 크다. 왜냐하면 원문의 '보는 것'은 그 작용을 뜻하는 것이고 '눈'은 그런 작용을 할 수 있는 감각 기관이기 때문이다. 이와 같은 역경과 해석의 차이로 말미암아 원래의 그 중의적인 의미가 희석된 것이 『청목소』의 문제일 수도 있다.
94. 산스끄리뜨 어원의 동사 변화는 다음의 45번 게송 각주 참조.
95. 러셀의 패러독스를 연상시키는 용수의 대표적인 논파법의 한 예다. 문장 구조가 명쾌한 직역 구조라서 이에 따라 옮겼다.
96. '성립하다로 옮기는 '둡빼(grub pa)'와 달리 '둡빼(sgrub pa)'에는 '(어떤 일을) 의도적으로 행하다'는 뜻이 있다. 달리 말해 9번과 37번 게송의 '둡빼(grub pa)'는 그것 자체로 성립한다는 이야기이고, 여기서는 의도를 가지고 그것을 성립, 즉 증명하려고 한다는 뜻이다. 산스끄리뜨어 어원에서 차이가 나는데 '둡빼(grub pa)'는 '시디(siddhi)', 그리고

[45. (3-4)]

གང་ཚེ་ཅུང་ཟད་མི་ལྟ་བ།། gang tshe cung zad mi lta ba//
ལྟ་བར་བྱེད་པ་མ་ཡིན་ནོ།། lta bar byed pa ma yin no//
བལྟས་ལྟར་བྱེད་ཅེས་བྱར།། blta bas lta bar byed ces byar//
དེ་ནི་ཅི་ལྟར་རིགས་པར་འགྱུར།། de ni ci ltar rigs par 'gyur//

> 어떤 조그만 것도 보는 것[99]이 아닐 때
> 보는 것이라는 행위[100]는 존재하지 않는다.
> "보는 것이 보는 행위(이다.)"[101]는 언급이
> 바로 그것이 어떻게 합리적인 것으로 되겠느냐?[102]

[46. (3-5)]

ལྟ་བ་ལྟ་ཉིད་མ་ཡིན་ཏེ།། lta ba lta nyid ma yin te//

- '둡빠(sgrub pa)'는 '쁘라시디(prasiddhi)'이다. 여기서는 후자를 명확하게 하기 위해서 '증명'이라 옮겼다.
97. 『청목소』에 따르면 '자기 자신을 태울 수 없지만 다른 것을 태울 수 있는 불의 성질'로 그 예를 들고 있다.
98. 시간의 순서로 나누어 그 각자를 논파한 보면 '불타버린 것'과 '불타버리지 않은 것', 그리고 '지금 불타고 있는 중인 것'이 성립하지 않는다는 것이다.
99. '따와(lta ba)'를 '보는 것'이라 옮긴 것은 앞의 게송과 같다. 다만 산스끄리뜨어 '다르사나(darśana)'는 어원 '드르스(√dṛś)'에서 파생된 것으로 '정견(正見)'이라 할 때 쓰이는 '삼약드르스띠(samyakdṛṣṭi)'의 '드르스띠(dṛṣṭi)'와 같은 어근에서 파생된 것임을 유념할 필요가 있다.
100. '보는 것이라는 행위'라고 옮긴 '따와 제빠(lta bar byed pa)'는 그 산스끄리뜨어 어근은 '빠스(√paś)'로, '위빠사나(vipasana)'의 '빠사나(pasana)'도 여기서 파생한 것으로 한역 '관(觀)'에 해당한다. 그러나 여기서 문제가 되는 것은 역사적으로 두 동사 모두 '견(見)' 또는 '관(觀)'으로 옮겨졌다는 점이다. 티벳어에서는 '(의식하지 않는 가운데) 보인다'는 일반적으로 '통와(mthong ba)'를 쓴다. 이 경우 '따와'와 '따와 제빠'는 모두 '(의도적으로) 본다'는 점에서 공통점이 있다. MK(T.K.)에서는 이 문제로 인해 '따와 제빠'를 'seer'로 옮기고 있으나 쫑카빠의 주석 내용으로 보았을 때, '보는 자의 보는 것'만 등장하였기에 명확한 영역이라 보기 어렵다. MK(T.K.), p. 131 참조 이런 차이에도 불구하고 43번 게송과 마찬가지로 '√paś'가 동사로 쓰인 것은 '√dṛś'의 파생어와 명확한 차이를 두기 위한 것으로 보인다.
101. '쩨발(ces byar)'을 직접 인용의 용례로 보고 옮겼다.
102. 우리말에 맞게 윤문(潤文)하여 옮겼다.

ལྟ་བ་མིན་པ་མི་ལྟ་ཉིད།། lta ba min pa mi lta nyid//
ལྟ་བ་ཉིད་ཀྱིས་ལྟ་བ་པོའང་།། lta ba nyid kyis lta ba po'ang//
རྣམ་པར་བཤད་པར་ཤེས་པར་བྱ།། rnam par bshad par shes par bya//

> 보는 것은 보는 것 자체가 아니다. 그리고
> 보지 않는 것도 보는 것 자체가 아니다.
> (이와 같이) 보는 것 자체로 보는 자도
> 설명되는 것을 이해해야 한다.[103]

[47. (3-6)]

མ་སྤངས་ལྟ་པོ་ཡོད་མིན་ཏེ།། ma spangs lta po yod min te//
ལྟ་བ་སྤངས་པར་གྱུར་ཀྱང་ངོ་།། lta ba spangs par gyur kyang ngo//
ལྟ་པོ་མེད་ན་བལྟ་བྱ་དང་།། lta po med na blta bya dang//
ལྟ་བ་དེ་དག་ག་ལ་ཡོད།། lta ba de dag ga la yod//

> (보는 것과) 분리[104]되지 않은 보는 자는 존재하지 않는다.[105]
> 보는 것과 분리된 (보는 자) 또한 (마찬가지다.)
> 보는 자가 없다면 보이는 대상과
> 보는 것, 그것들이 어떻게 존재하겠는가?[106]

---

103. 이 게송의 1, 2행의 경우는 이론의 여지가 없이 명확하고 3, 4행의 산스끄리뜨어 원문과 『청목소』 한역 사이에 큰 차이가 없다. 다만 티벳어의 '따와뽀(lta ba po)'다. 원문 '따빠뽀(lta pa po)'는 '따와뽀'의 오자다. '보는 자', 즉 행위의 주체를 뜻하는 산스끄리뜨어는 '드르스뜨르(dṛṣṭṛ)'로 '보는 자'라는 뜻이다. 그럼에도 MK(T.K.)에서는 'virtue of seeing'으로 옮겨져 있으며 주석을 살펴보아도 'seer', 즉 '보는 자'에 대한 언급이 없다.
   4행 원문 말미의 '셰발자(shes bar bya)'를 '셰빨자(shes par bya)'로 고쳤다.
104. 『청목소』에서는 '떠난(雛)'과 '배제' 등으로 옮겨졌다. 'tiras√kṛ'보다는 티벳어 '뽕와(spong ba)'의 뜻에 따라 옮겼다. '뽕와'에는 '그만두다, 포기하다, 끊다, 잘라버리다' 등의 뜻이 있다. MK(T.K.)에서는 '분리된, 떼어놓은' 등을 뜻하는 'detachment'가 쓰였다.
105. 1행의 말미에 쓰인 '학쩨(lhag bcas)'인 '떼(te)'를 여기서는 의미 없는 첨언인 접속사로

[48. (3-7)]

ཅི་ལྟར་ཕ་དང་མ་དག་ལས།།
བརྟེན་ནས་བུ་ནི་འབྱུང་བཤད་པ།།
དེ་བཞིན་མིག་དང་གཟུགས་བརྟེན་ནས།།
རྣམ་པར་ཤེས་པ་འབྱུང་བར་བཤད།།

ci ltar pha dang ma dag las//
brten nas bu ni 'byung bshad pa//
de bzhin mig dang gzugs brten nas//
rnam par shes pa 'byang bar bshad//

아버지와 어머니에
의지하여 바로 (그) 자식이 생겨난다고 말한다.
그와 같이[107] 눈과 색(色)에 의지하여
식(識)이 생겨난다고 말한다.[108]

[49. (3-8)]

བལྟ་བྱ་ལྟ་བ་མེད་པའི་ཕྱིར།།
རྣམ་པར་ཤེས་ལ་སོགས་པ་བཞི།།
ཡོད་མིན་ཉེ་བར་ལེན་ལ་སོགས།།
ཅི་ལྟ་བུར་ན་ཡོད་པར་འགྱུར།།

blta bya lta ba med pa'i phyir//
rnam par shes la sogs pa bzhi//
yod min nye bar len la sogs//
ci lta bur na yod par 'gyur//

───────────────

보고 옮겼다. 이 1행을 구체적으로 풀어보면, '보는 것과 분리되지 않은 보는 자라는 독립적인 개념은 존재하지 않는다.' 정도 된다.

106. 이 게송에 쓰인 세 가지 각기 다른 개념들은 용수의 중관사상을 이해하는 데 매우 중요하다. 행위의 주체인 '뽀(po)', 행위의 대상인 '자(bya)', 그리고 그 행위, 작용, 반영 등을 뜻하는 동사의 현재형으로 만들어진 '~하는 것'인 '빠(pa)' 또는 '와(ba)'이다. 여기서는 '보는 것'인 '따와(lta ba)'로 이 세 개의 각기 다른 개념들이 하나의 자성을 가진 개념이 아니라는 것이 『중론』뿐만 아닌 전체 용수의 저작에 흐르는 기본적인 관점이다. 이 점은 이미 확립된 개념의 운동을 전제로 하지 않으면 성립할 수 없는 논리학에 대한 '반명제(anti-thesis)'로 용수의 중관사상이 자리매김한다는 의미이기도 하다.
107. '이와 같이 ~, 그와 같이 ~'의 '지딸 ~, 데쉰 ~(ci ltar ~, de bzhin ~)'이 쓰였다.
108. 이 게송은 『청목소』나 MK(T.K.), 그리고 [데게판]에는 없고 날탕판에만 있는 것이다. 이에 대해서는 『청목소』, p. 86, 각주 13)번 참조. 그리고 쫑카빠가 월칭의 『명백한 언어』를 참고하여 『중론』의 주석서를 달았다는 것에 대해서는 MK(T.K.), p. 136 참조. 그러나 다른 역자들은 이 게송이 날탕판 『중론』 원문에 있다는 것을 확인하지 않은 듯하다.

제3품. (육)근에 대한 고찰 53

> 보이는 대상과 보는 것이 없기 때문에[109]
> 식(識) 등 넷,[110] (그것들은)
> 존재하지 않는다. 그렇다면[111] 취(取)[112] 등이
> 어떻게 존재하겠는가?

[50. (3-9)]

ལྟ་བ་ཉན་དང་སྣོམ་པ་དང་། །　　lta ba nyan dang snom pa dang//
མྱང་བར་བྱེད་དང་རེག་བྱེད་ཡིད། །　myang bar byed dang reg byed yid//
ཉན་བ་པོ་དང་མཉན་ལ་སོགས། །　　nyan ba po dang mnyan la sogs//
རྣམ་པར་བཤད་པར་ཤེས་པར་བྱ། །　rnam par bshad par shes par bya//

> (6境은) 보는 것[色]과 듣는 것[聲]과 냄새 맡는 것[香]과
> 맛보는 것[味]과 만지는 것[觸], 마음[意](의 대상)인 법(法)(의 나머지인)[113]
> 듣는 자와 듣는 것 등(도 이와 같이)

---

109. '칠(phyir)'을 여기서는 원인과 결과로 보고 옮겼다.
110. 공통적으로 여기서는 십이연기(十二緣起)의 육입(六入) 다음에 나오는 촉수애취(觸受愛取)를 가리킨다고 보고 있다.

    [BD] 십이연기(十二緣起): 3계에 대한 미(迷)의 인과를 12로 나눈 것.
    (1) 무명(無明). 미(迷)의 근본인 무지(無知). (2) 행(行). 무지로부터 다음의 의식 작용을 일으키는 동작. (3) 식(識). 의식 작용. (4) 명색(名色). 이름만 있고 형상이 없는 마음과 형체가 있는 물질. (5) 육처(六處). 안(眼)·이(耳)·비(鼻)·설(舌)·신(身)의 5관(官)과 의근(意根). (6) 촉(觸). 사물에 접촉함. (7) 수(受). 외계(外界)로부터 받아들이는 고(苦)·낙(樂)의 감각. (8) 애(愛). 고통을 피하고, 즐거움을 구함. (9) 취(取). 자기가 욕구 하는 물건을 취함. (10) 유(有). 업(業)의 다른 이름. 다음 세상의 결과를 불러올 업. (11) 생(生). 이 몸을 받아 남. (12) 노사(老死). 늙어서 죽음. 또 어떤 때는 연기를 해석할 적에 1찰나(刹那)에 12연기를 갖춘다는 학설과, 시간적으로 3세(世)에 걸쳐 설명하는 2종이 있음. 뒤의 뜻을 따르면 양중인과(兩重因果)가 있음. 곧 식(識)으로 수(受)까지의 5를 현재의 5과(果)라 하고, 무명·행을 현재의 과보를 받게 한 과거의 2인(因)이라 함(過現一重因果). 다음에 애·취는 과거의 무명과 같은 혹(惑)이요, 유(有)는 과거의 행과 같은 업(業)이니, 이 현재는 3인(因)에 의하여 미래의 생·노사의 과(果)를 받는다 함(現未一重因果).
111. 4행에 쓰인 가정법의 '나(na)'를 앞에 두고 옮겼다.
112. 2행의 넷과 이어져 '(사)취'를 뜻하는 '녠발 렌(nye bar len)'이다.
113. 이 품의 첫 번째 게송인 42번 게송의 1, 2행과 같지만 결론에 맞게 윤문하여 옮겼다.

설명되는 것을 이해해야 한다.[114]

||དབང་པོ་བརྟག་པ་ཞེས་བབས་པ་ཅེ་རབ་ཏུ་བྱེད་པ་གསུམ་པའོ||

'감각 기관[根]을 살펴보는 것'이라 불리는 제3품

---

114. 3, 4행은 46번 게송의 3, 4행의 '보는 것'과 '보는 자'가 '듣는 자'와 '듣는 것'으로 그 순서만 바뀌었을 뿐이다.

제4품. (오)온蘊에 대한 고찰[115]

[51. (4-1)]

གཟུགས་ཀྱི་རྒྱུ་ནི་མ་གཏོགས་པར།།	gzugs kyi rgyu ni ma gtogs par//
གཟུགས་ནི་དམིགས་པར་མི་འགྱུར་རོ།།	gzugs ni dmigs par mi 'gyur ro//
གཟུགས་ཞེས་བྱ་བ་མ་གཏོགས་པར།།	gzugs zhes bya ba ma gtogs par//

---

115. ‖‖ཕུང་པོ་བརྟག་པ་ཞེས་བྱ་བ་སྟེ་རབ་རབ་བྱེད་པ་བཞི་བའོ།།
//phung po brtag pa zhes bya ba ste rab rab byed pa bzhi ba'o//

직역하면 '온(蘊)을 살펴보는 것이라 불리는 제4'이다. 한역으로 「관오음품(觀五陰品)」이라고 한다. 불리는 제5'이다.

한역의 오음(五陰)은 오온의 동의어다. 불교의 인식 체계에서 빠질 수 없는 이 오온(五蘊, pañcaskandha)의 체계는 매우 독특한 것으로 인식 대상[色]에서 인식[識]에 이르기까지 그 과정을 다섯 단계로 나누어 설명하는 것이다. 일반적으로 서양 철학에서는 인식 대상-반영-인식 주체로 나누어 생각하지만 불교에서는 인식 과정(반영) 자체를 세 단계로 구분하고 있는 것이다. 즉 대상(色)과 식(識) 사이의 수상행(受想行)으로 수(受)는 받아들이는 것으로 감각 기관에 의해 포착되는 것을 가리킨다. 다만 상온(想蘊)과 행온(行蘊)의 경우 산스끄리뜨 어원을 분석해 보아도 명확하게 그 의미를 밝히기란 쉽지 않다. 상(想)은 산스끄리뜨어로 '삼갸(saṃjñā)', 티벳어로 '두셰('du shes)', 행(行)은 '삼스까라(saṃskāra)', '두셰('du byed)'로 우리말로 해자해보면 '함께 안다'와 '함께 행한다' 정도의 의미만 있을 뿐이다. 여기서 유추해볼 수 있는 것은 '삼갸'는 인식 주체와 대상의 중심으로, 그리고 '삼스까라'는 그 다음에 인식(識), 바로 그 전 단계에 강조의 방점을 찍는 것으로 해석할 수 있겠다. 이것은 오온의 구조 속에서 그침 없이 작용하는 연기성을 강조하는 것이라서, 서양 철학과 유사한 개념으로 적을 수 없는 난점이 존재하는 불교 인식론의 특징이다.

[BD] 오온(五蘊): 【범】 pañca-skandha 【팔】 pañca-khandha 5취온(取蘊)・5음(陰)・5중(衆)・5취(聚)라고도 함. 온(蘊)은 모아 쌓은 것. 곧 화합하여 모인 것. 무릇 생멸하고 변화하는 것을 종류대로 모아서 5종으로 구별. (1) 색온(色蘊). 스스로 변화하고 또 다른 것을 장애하는 물체. (2) 수온(受蘊). 고(苦)・락(樂)・불고불락(不苦不樂)을 느끼는 마음의 작용. (3) 상온(想蘊). 외계(外界)의 사물을 마음속에 받아들이고, 그것을 상상하여 보는 마음의 작용. (4) 행온(行蘊). 인연으로 생겨나서 시간적으로 변천함. (5) 식온(識蘊). 의식(意識)하고 분별함.

오온에 대한 용수의 논파법은 앞의 품들에서처럼 처음이 성립하지 않으면 그 나머지들도 성립할 수 없는 방식이다. 다만 안식의 대상인 색(色), 즉 '루빠(rūpa)'와 오온의 그 출발점인 '루빠'를 중의적으로 사용하고 그것이 성립하는 것을 논파하는 것이 특징이라면 특징이다.

གཟུགས་ཀྱི་རྒྱུ་ཡང་མི་སྣང་ངོ་།། gzugs kyi rgyui yang mi snang ngo//

> 바로 그 색(色)의 원인[116]을 포함하지 않는[117]
> 바로 (그) 색은 관찰[118]되지 않는다.
> '색'이라 불리는 것[所作][119]을 포함하지 않는
> 색의 원인 또한 현현(顯現)하지[120] 않는다.[121]

[52. (4-2)]

གཟུགས་ཀྱི་རྒྱུ་ནི་མ་གཏོགས་པར།། gzugs kyi rgyu ni ma gtogs par//
གཟུགས་ན་གཟུགས་ནི་རྒྱུ་མེད་པར།། gzugs na gzugs ni rgyu med par//
ཐལ་བར་འགྱུར་ཏེ་དོན་གང་ཡང་།། thal bar 'gyur te don gang yang//
རྒྱུ་མེད་པར་ནི་གང་ནའང་མེད།། rgyu med par ni gang na'ang med//

116. 원인은 인과(因果)의 '헤뚜 파라(hetu phala)'가 아닌 '까라나(kāraṇa)'로, 'cause, reason, the cause of anything' 등이라는 뜻이 있다. 이때는 인과(因果)의 인이 아닌, 어떤 한 인식 대상을 이루게 하는 바로 그 내재적인 원인을 뜻한다고 볼 수 있다.
117. 17번 게송에서 '배제한'으로 옮긴 '마똑빨(ma gtogs par)'을 풀어서 썼다. '배제한, 제외한'으로 옮길 수 있으나 그 부정적인 측면을 강조하기 위해서 이렇게 옮겼다. 『청목소』 한역에서는 '떠난', 즉 '이(離)'로 옮기고 있다. 'to loosen, free from(abl.), liberate' 등을 뜻하는 산스끄리뜨어 '니르무쯔(nir√muc)'를 『청목소』에서는 '없으면'으로 옮겼는데 좀 과하다 싶다. 왜냐하면 이것은 '있고 없고'의 문제가 아니라 인식 대상과 그 원인과의 관계를 설명하는 것이기 때문이다.
118. '관찰하다'로 옮긴 '믹빠(dmigs pa)'를 『청목소』 한역에서는 '득(得)'으로 옮겼다. MK(T.K.)에서는 'conceive'로 옮기고 있다. 산스끄리뜨 어원 '우빠라브(흐)(upa√labh)'에는, 'to conceive, seize, get possession of, acquire, receive, obtain' 등의 뜻이 있다.
119. '~라고 불리는'을 뜻하는 '셰자와(zhes bya ba)'가 쓰였으나, MK(T.K.)와 비교해 보면 1행 7자를 맞추기 위해 이렇게 늘린 듯싶다. '자와(bya ba)'에 소작(所作)이라는 뜻이 있어 이와 같이 병기하였다.
120. '현현(顯現)'이라 옮긴 '낭와(snang ba)'는 '드러나다'는 뜻이다. '인식 대상을 배제하면 그 인식 대상을 이루고 있는 것, 즉 그 원인 또한 드러나지 않는다'라는 뜻이다.
121. 산스끄리뜨어 원문의 어휘들은 『청목소』 한역이나 티벳역에서 그 차이를 드러내기 매우 힘든데 특히 이 게송에서 그렇다. 인식 대상이 그것을 이루고 있는 바로 그 원인과 분리된 상태에서는 1) 인식 주체에 의해서도 관찰되지도 않고, 2) 그 원인 스스로 드러나지도 않는다는 점 등을 지적하고 있다.

> 색(色)의 바로 (그) 원인을 포함하지 않는[122]
> 색(色)이라면 바로 (그) 색은 '원인이 없는 것[無因]'이라는
> 과실(過失)이 된다.[123]/[124] 그러나[125] 그 어떤 것이라 할지라도
> '원인이 없는 것[無因]'이라고는 그 어디에서도 존재하지 않는다.[126]

[53. (4-3)]

གལ་ཏེ་གཟུགས་ནི་མ་གཏོགས་བར།། gal te gzugs ni ma gtogs bar//
གཟུགས་ཀྱི་རྒྱུ་ཞིག་ཡོད་ན་ནི།། gzugs kyi rgyu zhig yod na ni//
འབྲས་བུ་མེད་པའི་རྒྱུར་འགྱུར་ཏེ།། 'bras bu med pa'i rgyur 'gyur te//
འབྲས་བུ་མེད་པའི་རྒྱུ་མེད་དོ།། 'bras bu med pa'i rgyu med do//

> 만약 색(色)의 바로 (그) 원인을 포함하지 않는
> 색(色)의 어떤 (다른) 원인이 존재한다면
> 결과[127]가 없는 원인이 된다. 그러나[128]
> 결과 없는 원인은 존재하지 않는다.

---

122. 바로 앞의 51번 게송의 1행과 같다.
123. '텔왈귤(thal bar 'gyur)'의 자세한 내용은 「제2품. 가고 오는 것[去來]에 대한 고찰」, [20. (2-4)]번 게송 각주 참조
124. 원인이 없는 어떤 것이 존재할 수 있다면, 그 원인과 그 것과의 관계는 존재하지 않게 된다.
125. MK(T.K.)에 따라 '떼(te)'를 '그러나'로 옮겼다.
126. 2, 4행의 '규메빨(rgyu med par)', 즉 '원인이 없는 것[無因]'을 2행에서는 간접 인용으로, 4행에서는 뒤따라 나오는 강조사[Emp.] '니(ni)'와 연동하여 옮겼다. 전체적으로 무인인 인식 대상[色]은 존재하지 않는다는 점을 강조하고 있다.
127. 앞서 원인이 인과(因果)의 '헤뚜 파라(hetu phala)'가 아닌 '까라나(kāraṇa)'인 것처럼, 결과도 '까르야(kārya)'로 'to be caused to do'란 뜻이 더 잘 어울린다. 그러나 인과의 그침 없는 상태에서 이 '까르야'에는 다시 'cause, origin'이라는 뜻도 있음을 명심할 필요가 있다.
128. 여기서는 '떼(te)'가 명확하게 부정접속사 '그러나'이다.

[54. (4-4)]

གཟུགས་ཡོད་ན་ཡང་གཟུགས་ཀྱི་ནི།། gzugs yod na yang gzugs kyi ni//
རྒྱུ་ཡང་འཐད་པར་མི་འགྱུར་ཉིད།། rgyu yang 'thad par mi 'gyur nyid//
གཟུགས་མེད་ན་ཡང་གཟུགས་ཀྱི་ནི།། gzugs med na yang gzugs kyi ni//
རྒྱུ་ཡང་འཐད་པར་མི་འགྱུར་ཉིད།། rgyu yang 'thad par mi 'gyur nyid//

> 색(色)이 (따로) 존재할 때[129] 또한 바로 (그) 색(色)의
> 원인도 또한 (따로 존재하는 것은) 옳지 않은 것 자체다.
> 색(色)이 (따로) 존재하지 않을 때 또한 바로 (그) 색(色)의
> 원인도 또한 (따로 존재하는 것은) 옳지 않은 것 자체다.[130]

[55. (4-5)]

རྒྱུ་མེད་པ་ཡི་གཟུགས་དག་ནི།། rgyu med pa yi gzugs dag ni//
འཐད་པར་མི་རུང་རུང་མིན་ཉིད།། 'thad par mi rung rung min nyid//
དེ་ཕྱིར་གཟུགས་ཀྱི་རྣམ་པར་རྟོག། de phyir gzugs kyi rnam par rtog//
འགའ་ཡང་རྣམ་པར་བརྟག་མི་བྱ།། 'ga' yang rnam par brtag mi bya//

> 원인이 없는 것[無因]의 바로 (그) 색(色)들은
> 옳을 수 없는, 가능하지 않는 것 자체다.[131]
> 그러므로 색(色)에 대한[132] 분별,
> 그 어떤 분별[개념화][133]도 하지 말아야 한다.[134]

....

129. MK(T.K.)처럼 '나(na)'를 시간을 뜻하는 것으로 보고 옮겼다.
130. 2행과 4행에 쓰인 '옳지 않은 것 자체'로 옮긴 '테빨 미귤니('thad par mi 'gyur nyid)'는 매우 특이한 용법으로 강조의 의미로 쓰이고 있다.
　　원인과 결과가 별도로 자성(自性)을 띤 존재일 경우에는 이와 같은 것이 성립할 수 있을 것이지만, 연기사상은 기본적으로 무자성, 그 상호의존성을 근본으로 하고 있기 때문에 독립적인 원인과 결과는 존재할 수 없다는 뜻이다.
131. '옳을 수 없는, 가능하지 않는 것 자체다'로 옮긴 '테빠 미룽 룽민니('thad par mi rung

[56. (4-6)]

འབྲས་བུ་རྒྱུ་དང་འདྲ་བ་ཞེས།།
བྱ་བ་འཐད་པ་མ་ཡིན་ཏེ།།
འབྲས་བུ་རྒྱུ་དང་མི་འདྲ་ཞེས།།
བྱ་བའང་འཐད་པ་མ་ཡིན་ནོ།།

'bras bu rgyu dang 'dra ba zhes//
bya ba 'thad pa ma yin te//
'bras bu rgyu dang mi 'dra zhes//
bya ba'ang 'thad pa ma yin no//

"결과는 원인과 비슷하다."라는
것은 옳지 않다. 그리고
"결과는 원인과 비슷하지 않다."라는
것 또한 옳지 않다.[135]

[57. (4-7)]

ཚོར་དང་འདུ་ཤེས་འདུ་བྱེད་དང་།།
སེམས་དང་དངོས་པོ་ཐམས་ཅད་ཀྱང་།།
རྣམ་པ་དག་ནི་ཐམས་ཅད་དུ།།
གཟུགས་ཉིད་ཀྱི་ནི་རིམ་པ་མཚུངས།།

tshor dang 'du shes 'du byed dang//
sems dang dngos po thams cad kyang//
rnam pa dag ni thams cad du//
gzugs nyid kyi ni rim pa mtshungs//

수(受)와 상(想)·행(行)과

---

rung min nyid)'는 티벳어 원문과 MK(T.K.)의 영역을 따랐다. 산스끄리뜨어 원문과 약간의 차이가 있다. 『청목소』, p. 94 참조. 쫑카빠의 주석도 이와 같은 두 가지, 옳을 수 없는 것과 불가능한 것으로 되어 있다.

132. 원문은 소유격[Gen.] '끼(kyi)'가 쓰였다.
133. MK(T.K.)에서는 3행의 '분별', 즉 '남빨톡(rnam par rtog)'을 'idea'로, 4행의 '분별하다', 즉 '남빨톡(rnam par brtag)'을 'conceptualize'로 옮기고 있다.
134. 이 게송에 대해서『청목소』산스끄리뜨어 직역인 '어떠한 분별도 분별해서는 안 된다'는 어딘지 어색하게 보인다. 직역하면 '어떠한 색들에 대한 분별들, (그런 것을) 분별해서는 안 된다' 정도 되겠다. 청목의 의역인 '지혜를 갖춘 자는 색(色)을 분별하지 말아야 한다'나 MK(T.K.)의 '개념화' 작업 자체에 대한 부정이 빛을 발하는 대목이다.
135. 문장의 구조는 매우 쉬운 대구 형태로, MK(T.K.)에서는 직접 인용의 '셰자와(zhes bya ba)' 대신에 직접 인용 부호를 빼고 'assertation', 즉 '주장'이라 쓰고 있다.
136. 『청목소』한역에서는 식음(識陰), 즉 식온(識蘊)의 구역(舊譯)이 쓰여 있다. 산스끄리뜨어

> 심(心)¹³⁶과 모든 사태¹³⁷도 또한
> 바로 (그) 모든 모습[一切相]¹³⁸들에서¹³⁹
> 색(色) 자체의 순서, 바로 (그것과) 같다.¹⁴⁰

[58. (4-8)]

སྟོང་བ་ཉིད་ཀྱིས་བརྩད་བྱས་ཚེ།། stong ba nyid kyis brtsad byas tshe//
གང་ཞིག་ལན་འདེབས་སྨྲ་བྱེད་པ།། gang zhig lan 'debs smra byed pa//
དེ་ཡི་ཐམས་ཅད་ལན་བཏབ་མིན།། de yi thams cad lan btab min//
བསྒྲུབ་པར་བྱ་དང་མཚུངས་པར་འགྱུར།། bsgrub par bya dang mtshungs par 'gyur//

> 공성(空性)¹⁴¹으로 논쟁을 행할 때
> 어떤 이가 (이에 대한) 답을 말하는 것,
> 그것의 모든 답은 없다.
> (왜냐하면) 증명해야 할 것¹⁴²과 같아지기 (때문이다.)¹⁴³

본에는 'citta'로, 이것은 일반적으로 심(心)을 가리킨다. 『청목소』에서는 '원시불교에서는 citta, vijñāna, manas[意]는 대체로 같은 의미로 쓰였다.'라고 적고 있으나(p. 96), 티벳 인명에서는 '심의식(心意識)은 같은 의미다.'라고 정의하고 있다. MK(T.K.)에서는 식(識)의 영역인 'consciousness'로 쓰고 있다. 여기서는 그 원문을 명확하게 한다는 의미에서 '찟따(citta)'를 '심(心)'으로 옮겼다.

137. 사태에 대해서는 3번 게송 각주 참조
138. '남빠(rnam pa)'는 유식사상에서 매우 중요한 개념이지만 여기서는 산스끄리뜨어 '아까라(ākāra)'가 아닌 첨언으로 보았다.
139. 일체상(一切相)이라는 '남빠 탐쩨두(rnam pa thams cad du)'에 양수, 복수를 뜻하는 '닥(dag)', 강조사[Emp.] '니(ni)'를 넣어 '남빠 닥니 탐쩨두(rnam pa dag ni thams cad du)'로 자수를 늘렸다. 30번 게송 참조.
140. 색(色) 이후의 나머지 4온도 마찬가지라는 매우 간단한 게송이지만, 문장구조가 독특하다.
141. '순야따(śūnyatā, 空性)'가 처음으로 등장하는 게송이다.
142. '공성에 대한 과실'을 뜻한다.
143. 산스끄리뜨어 원문, 『청목소』 한역 그리고 티벳역 모두 명확하게 그 대치점을 설명하고 있어 이해하기는 쉽다. 다음 게송과 대구를 이루고 있으므로 함께 설명하도록 하겠다.

[59. (4-9)]

སྟོང་པ་ཉིད་ཀྱིས་བཤད་བྱས་ཚེ།། stong ba nyid kyis bshad byas tshe//
གང་ཞིག་སྐྱོན་འདོགས་སྨྲ་བྱེད་པ།། gang zhig skyon 'dogs smra byed pa//
དེ་ཡི་ཐམས་ཅད་སྐྱོན་བཏགས་མིན།། de yi thams cad skyon btags min//
བསྒྲུབ་པར་བྱ་དང་མཚུངས་པར་འགྱུར།། bsgrub par bya dang mtshungs par 'gyur//

> (그러나) 공성(空性)으로 설명을 행할 때
> 어떤 이가 (이에 대한) 그릇된[144] 답을 말하는 것,
> 그것의 모든 (답에는) 허망한[假] 오류가 없다.
> (왜냐하면) 증명해야 할 것[145]과 같아지기 (때문이다.)[146]

||ཕུང་པོ་བརྟག་པ་ཞེས་བྱ་བ་སྟེ་རབ་བྱེད་པ་བཞི་བའོ།།

'온(蘊)을 살펴보는 것'이라 불리는 제4품

---

144. 3행에서 '오류'라고 옮긴 '꾠(skyon)'이 반복적으로 사용되어 있다.
145. '공성'과 같아진다는 뜻이다.
146. 총 9개의 게송으로 이루어진 이 「제4품. (오)온(蘊)에 대한 고찰」에서 처음으로 공성(空性)이 등장했다. 공성에 대한 자세한 설명은 「제24품. (사)성제(四聖諦)에 대한 고찰」에서 다루어질 것이므로, 일단 여기서는 그 논리적 방법에 대해서만 설명하도록 하겠다. 7번 게송까지 이어진 인식 대상인 색(色)과 그것의 원인의 분리 가능성에 대해서 논파한 용수는 여기서 공성에 대해서 논파할 때에는 문제가 발생하지만, 바로 그 공성에 대해서 설명할 때에는 문제가 발생하지 않는다고 주장하고 있다.

8, 9번 게송의 가장 큰 차이는 각 1행의 '공성에 대한 논파'와 '공성에 대한 설명'이다. 즉 '공성'의 다른 이름인 '연기실상'에 대한 논파는 그릇된 것이지만 이에 대한 설명에는 허망한 과실이 없다는 것이다. 인식 대상과 그 원인에 대한 비분리성에 대한 결론에 해당하는 게송이지만 처음으로 공성이 등장한 대목이라서 약간 뜬금없어 보이기도 한다.

제5품. 계(界)에 대한 고찰[147]

[60. (5-1)]

ནམ་མཁའི་མཚན་ཉིད་སྔ་རོལ་ན། །
ནམ་མཁའ་ཅུང་ཟད་ཡོད་མ་ཡིན། །
གལ་ཏེ་མཚན་ལས་སྔ་གྱུར་ན། །
མཚན་ཉིད་མེད་པར་ཐལ་བར་འགྱུར། །

nam mkha'i mtshan nyid snga rol na//
nam mkha' cung zad yod ma yin//
gal te mtshan las snga gyur na//
mtshan nyid med par thal bar 'gyur//

> 허공[空][148]의 상(相)[149]이 먼저 (생겨났다)면
> 어떤 허공도 존재하지 않는다.
> 만약 상(相) 이전에[150] 먼저 (허공이) (생겨)났다면 (그 허공에는)
> 상(相)이 존재하지 않는 과실(過失)이 (발생하게) 된다.[151]

---

147. ༄༅། །ཁམས་བརྟག་པ་ཞེས་བྱ་བ་སྟེ་རབ་ཏུ་བྱེད་པ་ལྔ་བའོ། །
//khams brtag pa zhes bya ba ste rab tu byed pa lnga ba'o//

직역하면 '계(界)'를 살펴보는 것이라 불리는 제5이다. 한역으로 「관육종품(觀六種品)」이라고 한다.

'계(界)'라고 직역한 산스끄리뜨어 '다뚜(dhātu)'는 여기서 3계(三界)를 뜻하는 게 아니라, 'element, primitive matter'라는 뜻이다. 일반적으로 이럴 때는 6대(大), 즉 인식 대상[色]을 이루는 근본 요소들인 지수화풍공식(地水火風空識)을 가리킨다. 5대(大)라고도 부르는데 이럴 때는 공이 빠진다. 여기서는 주로 공간, 허공의 존재에 대한 논파로 이루어져 있다. MK(T.K.)에서는 'element'로 옮겼는데 이를 따랐다.

148. 『청목소』 한역에서는 공(空)이라 되어 있어 '순야따(śūnyatā, 空性)'와 구분하기 혼란스럽지만, 산스끄리뜨어 원문에는 '아까샤(ākāśa)', 티벳역에는 '남카(nam mkha)'로 명확하게 구분되어 있다.

149. 『청목소』 한역의 '상(相)'이라는 이 개념은 매우 중의적인 것으로 여기서는 '락샤나(lakṣaṇa)'이다. 이에 대해서는 졸저 『용수의 사유』, p. 165에서 다음과 같이 적었다.

'… 우선 'A'라고 불리는 속성을 보여 우리가 인식할 수 있는 것, 즉 능상(能相, characteristics of A, *lakṣaṇa*, Tib., mtshan nyid)이 그 어떤 대상 'A'가 가진 속성, 즉 소상(所相, characterized

[61. (5-2)]

མཚན་ཉིད་མེད་པའི་དངོས་པོ་ནི།། mtshan nyid med pa'i dngos po ni//
འགའ་ཡང་གང་ནའང་ཡོད་མ་ཡིན།། 'ga' yang gang na'ang yod ma yin//
མཚན་ཉིད་མེད་པའི་དངོས་མེད་ན།། mtshan nyid med pa'i dngos med na//
མཚན་ཉིད་གང་དུ་འཇུག་པར་འགྱུར།། mtshan nyid gang du 'jug par 'gyur//

상(相)이 없는[152] 바로 (그) 사태[153],
그 어떤 것은 어디에서도 존재하지 않는다.

A, *lakṣya*, Tib., mtshon bya)을 표현할 수 있는지 살펴보도록 하자. 일반적으로 이것은 '그것의 속성(its characterization)'으로 간주된다. 그러나 용수의 근본적인 철학적 사색은 이것을 부정하는 것에서 출발한다. MK 전체에 걸쳐 '사물·개념·아(我), 등은 무자성의 존재(non-characteristic existence)이다.'는 것은 설파되어 있으며 그때마다 이 부정이 등장한다. 용수는 '능상/소상'의 상호 연관성(연기성)을 강조하며 이것을 따로 떨어진 개념으로 상정하는 것을, 그리고 이것으로부터 파생된 어떤 개념이 그 자체의 속성을 갖고 있는 실체, 존재 또는 본질 등의 '고유한 그 무엇'을 가진 것이라는 주장을 맹렬하게 부정한다.'

능상/소상을 반대로 적은 셈이다. 고정된 것만이 논할 수 있다는 입장에서 '락샤나(lakṣaṇa)'가 능상, 개념, 상(相), 정의, definition으로 보는 것이 맞다. 『Monier Williams Sanskrit-English Dictionary』의 이 '락샤나'에는 'a mark, sign, symbol, characteristic, quality' 등의 뜻도 있다. 이 게송에서의 '소상'은 '허공'이다. 『중론』을 포함한 티벳불교 전반에서 이 '첸니(mtshan nyid)'와 '쵄자(mtshon bya)'는 매우 찾아보기 힘든 개념으로, (심지어 『장한사전』에도 나와 있지 않다.) 이것은 이후 유식학의 발달과 더불어 상(相), ākāra, 즉 '남빠(rnam pa)'라는 다른 용어를 통해서 논의가 진행되었기 때문인 듯하다. '능상/소상'에 대해서 영역에서는 'definition/definiendum'의 관계를 통해서 설명하는 것이 일반적이다.

MK(T.K.)에서는 이 '상(相)'을 'characteristic'으로 옮기고 있다. 인명(불교 인식론)에서는 이 '첸니(mtshan nyid)'와 '쵄자(mtshon bya)'의 관계를 인식의 작용인 그 개념, 정의와 그 대상이 되는 것으로 본다. 여기서는 개념, 정의, 능상/소상의 관계성, 'definition/definiendum'의 관계성이 아닌, 어떤 한 인식 대상이 가지고 있는 그 '특징(characteristic)'으로 보고 옮겼으며, 한역의 상(相)이 가진 유식학의 다의성은 배제하였다. 만약 현상학이나 인식론에 집중하여 읽을 요량이라면, '상(相)' 대신에 개념이나 정의로 보아도 무방할 듯하다.

150. 탈격[Abl.]의 '레(las)'가 쓰였다. 여기서는 비교격[Comp.], 시간의 순차의 전후로 보고 옮겼다.
151. '텔왈귤(thal bar 'gyur)'의 자세한 내용은 「제2품. 가고 오는 것[去來]에 대한 고찰」, [20. (2-4)]번 게송 각주 참조.

> 상(相)이 없는 사태가 존재하지 않는다면
> (그) 상(相)이 어떻게 (감각 기관에) 들어오겠는가?[154]

[62. (5-3)]

མཚན་ཉིད་མེད་ལ་མཚན་ཉིད་ནི།། mtshan nyid med la mtshan nyid ni//
མི་འཇུག་མཚན་ཉིད་བཅས་ལ་མིན།། mi 'jug mtshan nyid bcas la min//
མཚན་བཅས་མཚན་ཉིད་མེད་པ་ལས།། mtshan bcas mtshan nyid med pa las//
གཞན་ལའང་འཇུག་པར་མི་འགྱུར་རོ།། gzhan la'ang 'jug par mi 'gyur ro//

> 상(相)이 없는 것에서 바로 (그) 상(相)은
> 파악되지 않는[155] 상(相)을 갖춘 것[156]으로 (파악되지) 않는다.
> 상(相)을 갖춘 것과 상(相)이 없는 것[157]으로부터,[158]
> 또 다른 것(으로부터)도 또한 파악되지 않는다.[159]

---

152. 무상(無相)으로 옮길 수 있겠으나, 『중론』에서 주장하는 것이 유상(有相)/무상(無相) 등의 유식학의 주장과는 전혀 다른 것이기에 이에 대한 오류를 피하기 위하여 가급적이면 한역으로 고유한 의미를 갖춘 이 표현을 사용하지 않기로 하겠다.
153. '사태(事態)'에 대한 자세한 내용은 「제1품. 연(緣)에 대한 고찰」, [3. (1-1)]번 각주 및 3권 「해제」 참조.
154. '죽빠('jug pa)'는 일반적으로 '입(入, Skt. avatāra)'에 해당한다. 『입보리행론』, 『입중론』 등에는 이렇게 쓰였다. 그러나 여기서는 '√kram'으로, 이것은 'to proceed well, advance, make progress' 등의 뜻이 있다. 티벳역에서 죽빠를 쓴 것은 『청목소』 산스끄리뜨어역의 '나타날 수 있겠는가?'라기보다는 '그것을 어떻게 파악할 수 있겠는가?'라는 의미이다. MK(T.K.)에서는 'What do characteristics characterize?'로 옮기고 있으나 종카빠의 주석 내용을 보면 사태에 대한 파악의 문제임이 명확하다. MK(T.K.), p. 154 참조. 티벳역이 이와 같이 옮겨진 것은 아무래도 인도 측의 역경 파트너였던 즈냐나가르비(Jñānagarbha)가 인도 불교의 발전 속에서 이 게송들을 독해했기 때문인 듯하다.
155. 61번 게송의 4행 '(감각 기관에) 들어온 것'을 '파악되는 것'으로 옮겼다.
156. '첸니쩨(mtshan nyid bcas)'는 상(相)을 갖춘 것, 즉 유상(有相)을 뜻한다. 그러나 바로 앞의 61번 게송과 같은 유식학과의 오해를 피하기 위해서 풀어서 썼다.
157. '상(相)이 없는 것'이지만 바로 앞의 '상(相)을 갖추지 않은 것'과 대구를 이루기 위해서 이렇게 옮길 수 있겠다.
158. 1, 2행은 사구부정의 두 번째인 '~A'에 해당하며, 3행은 세 번째인 'A and ~A'에 해당한다.

[63. (5-4)]

མཚན་ཉིད་འཇུག་པ་མ་ཡིན་ན།།　　　mtshan nyid 'jug pa ma yin na//
མཚན་གཞི་འཐད་པར་མེད་པ་ལས།།　　mtshan gzhi 'thad par med pa las//
མཚན་གཞི་འཐད་པ་མ་ཡིན་ན།།　　　mtshan gzhi 'thad pa ma yin na//
མཚན་ཉིད་ཀྱང་ནི་ཡོད་མ་ཡིན།།　　　mtshan nyid kyang ni yod ma yin//

> (어떤) 상(相)이 파악되지 않으면
> (그) 상(相)의 근거[160]는 옳지 않다. 왜냐하면[161]
> (그) 상(相)의 근거가 옳지 않다면
> 바로 (그) 상(相)도 또한 존재하지 않기 (때문이다).

[64. (5-5)]

དེ་ཕྱིར་མཚན་གཞི་ཡོད་མིན་ཏེ།།　　　de phyir mtshan gzhi yod min te//
མཚན་ཉིད་ཡོད་པ་ཉིད་མ་ཡིན།།　　　　mtshan nyid yod pa nyid ma yin//
མཚན་གཞི་མཚན་ཉིད་མ་གཏོགས་པའི།།　mtshan gzhi mtshan nyid ma gtogs pa'i//
དངོས་པོ་ཡང་ན་ཡོད་མ་ཡིན།།　　　　dngos po yang na yod ma yin//

> 그러므로 상(相)의 근거가 없는 것, 그것은[162]
> (그) 상(相)은 존재하는 것 자체가 아니다.
> 상(相)의 근거(와) 상(相)을 배제한[163]

....

159. 61번 게송의 4행 '(감각 기관에) 들어온 것'을 '파악되는 것'으로 옮겼다.
160. '첸쉬(mtshan gzhi)'는 산스끄리뜨어 어원은 '락샤(lakṣya)'로, 이것은 한역의 '능상(能相)'이다. 즉 어떤 인식 대상이 드러나는 '소상(所能相)'의 그 근거가 되는 것이다. '소상/능상', 'definition/definiendum'의 관계 등을 생각해볼 수 있다. '능상'를 뜻하는 '쵄자(mtshon bya)' 대신에 굳이 '(그) 상의 근거'를 뜻하는 '첸쉬'를 쓴 것은, '쵄자'와 동의어 또는 그 대신에 쓰인 어휘일 수도 있으나, 다른 한편으로는 '상과 그 근거'를 명확하게 하기 위한 것일 수도 있어 이와 같이 옮겼다. MK(T.K.)는 'the basis of characteristics'로 옮기고 있다.
161. 탈격[Abl.] '레(las)'가 쓰였다. 여기서는 원인과 결과의 원인으로 보았다. MK(T.K.)에서는 1, 2행과 3, 4행을 나누어 3, 4행 앞을 'Since'로 받고 있다.

> (어떤) 사태도 존재하지 않는다.

[65. (5-6)]

དངོས་པོ་ཡོད་པ་མ་ཡིན་ན།།	dngos po yod pa ma yin na//
དངོས་མེད་གང་གི་ཡིན་པར་འགྱུར།།	dngos med gang gi yin par 'gyur//
དངོས་དང་དངོས་མེད་མི་མཐུན་ཆོས།།	dngos dang dngos med mi mthun chos//
གང་གིས་དངོས་དང་དངོས་མེད་ཤེས།།	gang gis dngos dang dngos med shes//

> 사태가 존재하는 것이 아니라면
> 사태가 없는 것(의) (그) 무엇의 (것이 있어 사태로) 존재하는 것[164]으로 되겠는가?
> 사태(가 존재하는 것)이고 사태가 존재하지 않는 것이라는 상호 모순되는 현상[法][165](에서)
> 어느 누가 사태(가 존재하는 것)이고 사태가 존재하지 않는 것임을 알 수 있겠는가?[166]

---

162. 1행의 말미에 쓰인 '학쩨(lhag bcas)'인 '떼(te)'를 여기서는 앞 문장 전체를 받는 것으로 보고 옮겼다.
163. '배제한' 또는 '포함하지 않는'으로 옮긴 '마톡빠(ma gtogs pa)'가 쓰였다.
164. 2행에서는 '강기 인빠(gang gi yin pa)'만 쓰여 있다. 1행의 '외빠 마인(yod pa ma yin)', 즉 '존재하는 것이 아니다.'의 축약으로 보고 옮겼다.
165. '상호 모순되는 현상'으로 옮긴 '미툰쵀(mi mthun chos)'를 해자해보면, '조화롭지 못한 법(法)' 정도가 된다. '모순적 현상'의 상호 직접적 배제의 형태로, 이때 법(法)은 현상으로 인식 대상을 가리킨다. 그러나 이 부분의 산스끄리뜨어 원문은 다만 'vidharma'로, 'wrong, unjust, unlawful'의 뜻이 있다. 이에 따라 보면 '사태가 존재하는 것'과 '사태가 존재하지 않는 것'인 'A and ~A', 이 둘 모두 오류라는 뜻이다. MK(T.K.)에서는 'mutually exclusive'로 옮겼다.
166. 62번 게송과 같은 구조로, 1, 2행은 사구부정의 '~A'에 해당하며, 3행은 세 번째인 'A and ~A'에 해당한다. 다만 강조의 의문형으로 되어 있다. 『청목소』 한역에서는 '유와 무', 즉 'A and ~A'로 되어 있으나, 산스끄리뜨어역에서는 'A or ~A'로 되어 있다. MK(T.K.)에서는 'A and ~A'로 되어 있다.

[66. (5-7)]

	de phyir nam mkha' dngos po min//
	dngos med ma yin mtshan gzhi min//
	mtshan nyid ma yin khams lnga po//
	gzhan gang dag kyang nam mkha' mtshungs//

> 그러므로 허공의 사태는 존재하지 않는다.
> 사태가 (존재하는 것이) 아니거나 존재하지 않는 것이 아니든[167] (그) 상(相)의 근거는 존재하지 않는다.
> (그러므로) 상(相) (또한) 존재하지 않는다. 5계(界)(의) 다른 나머지들도 또한 (이) 허공과 같다.[168]

[67. (5-8)]

	blo chung gang dag dngos rnams la//
	yod pa nyid dang med nyid du//
	blta ba des ni blta bya ba//
	nye bar zhi ba zhi mi mthong//

> 우매한 자들은 사태들을
> '존재하는 것 자체다' 또는 '존재하는 것 자체가 아니다'로
> 본다. 바로 그 때문에 보아야 할 것[169](인)

---

167. 사구부정의 마지막인 '~A nor ~(~A)'에 해당하는 대목이다. 전체 게송에 걸쳐 처음으로 사구부정의 마지막까지 언급된 품이다.
168. 여기서 사용한 용수의 논파법은 1. 인식 주체에 의해서 파악되어지는 대상, 즉 사태 자체가 존재하지 않고, 2. 그것이 인식 주체의 구체적인 개념의 대상이 되는 능상(能相)이 존재하지 않고, 3. 그 결과인 소상(所相), 즉 어떤 사물의 특징, 정의, 개념 등이 존재하지 않는다는 순차적인 방법이다. 이와 같은 논파법과 사구부정은 이후 좀 더 구체적으로 언급된다.
169. '보다'는 뜻을 지닌 '따와(lta ba)'의 미래형인 '따와(blta ba)'에 행위를 뜻하는 '자와(bya

적멸한 적정(寂靜)[170]을 보지 못한다.

།།ཁམས་བརྟག་པ་ཞེས་བྱ་བ་སྟེ་རབ་ཏུ་བྱེད་པ་ལྔ་པའོ།།

'계(界)를 살펴보는 것'이라 불리는 제5품

---

170. ba)'가 같이 쓰였다.
귀경게 2번 게송의 2행인 '희론(戲論)이 적멸하여 적정(한 상태에 머물 수 있는) 가르침'을 연상시킨다. 즉, '보아야 할 것'을 보지 못하였기에 희론(戲論)이 적멸한 적정인 상태인 '네발 쉬와쉬(nye bar zhi ba zhi)'를 보지 못하는 것이다. 이것은 바로 '존재한다, '존재하지 않는다' 등으로 '연기실상을 끊기 때문이다'라는 뜻이다.

제6품. 탐욕貪慾과 탐욕에 빠진 자에 대한 고찰[171]

[68. (6-1)]

གལ་ཏེ་འདོད་ཆགས་སྔ་རོལ་ན།།
འདོད་ཆགས་མེད་པའི་ཆགས་ཡོད་ན།།
དེ་ལ་བརྟེན་ནས་འདོད་ཆགས་ཡོད།།
ཆགས་ཡོད་འདོད་ཆགས་པར་འགྱུར།།

gal te 'dod chags snga rol na//
'dod chags med pa'i chags yod na//
de la brten nas 'dod chags yod//
chags yod 'dod chags par 'gyur//

> 만약 탐욕 이전에
> 탐욕이 없는[無貪] 탐욕에 빠진 자가 존재한다면[172]
> 그것에 의지한 것으로부터 탐욕은 존재한다.
> 탐욕에 빠진 자가 존재(할 때만) 탐욕하게 된다.[173]

---

171. ༅འདོད་ཆགས་དང་ཆགས་པ་བརྟག་པ་ཞེས་བྱ་བ་སྟེ་རབ་ཏུ་བྱེད་པ་དྲུག་པའོ།།
　　　//'dod chags dang chags pa brtag pa zhes bya ba ste rab tu byed pa drug pa'o//

　　　직역하면 '탐욕(貪慾)과 탐욕에 빠진 자를 살펴보는 것이라 불리는 제6'이다. 한역으로 「관염염자품(觀染染者品)」이라고 한다.

　　　이 품의 제목은 『청목소』 한역과 티벳역의 차이가 크다. 한역은 「제6관염염자(觀染染者)품」으로, 김성철은 '오염'으로, 그리고 티벳역은 3독인 탐욕(貪欲)・진에(瞋恚)・우치(愚癡)의 탐욕을 뜻하는 '도착('dod chags)'과 '탐욕에 빠진 자' 또는 '욕망, 갈애'를 뜻하는 '착빼(chags pa)'로 되어 있다. 이와 같이 제목에서부터 차이가 나는 것은 산스끄리뜨어 원문의 '라가(rāga)'에 대한 해석에서부터 출발한 듯하다.

　　　꾸마라지바가 이것을 '염(染)'으로 옮길 때는 'dye, the act of colouring or dyeing' 등을 유념한 듯하다. 이럴 때는 번뇌의 다른 이름인 '염오(染汚)'와 그 이미지가 겹친다. 꾸마라지바는 '번뇌'와 '번뇌에 물든 자'를 유념하면서 '염'자를 쓴 듯도 싶다.

　　　이와 달리 티벳역은 3독의 첫 번째인 '탐욕'에 그 강조점을 찍고 있다. '뜨르스나(tṛṣṇā)'가 'thirst, desire' 등의 뜻이 있으니 '도착'의 어원과도 겹친다. MK(T.K.)에서는 'desire and desirous one'이라고 옮기고 있으나 '도착'을 'attachment'로 옮기는 것도 요즘 영역에 따른 추세라 하겠다.

172. 1, 2행의 문장 구조는 '만약 ~하다면'을 뜻하는 '겔떼 나(gal te na)'의 '나(na)'가 1,

[69. (6-2)]

ཆགས་པ་ཡོད་པར་མ་གྱུར་ན་འང་།།   chags pa yod par ma gyur na 'ang//
འདོད་ཆགས་ཡོད་པར་ག་ལ་འགྱུར།།   'dod chags yod par ga la 'gyur//
ཆགས་པ་ལ་ཡང་འདོད་ཆགས་ནི།།   chags pa la yang 'dod chags ni//
ཡོད་དམ་མེད་ཀྱང་རིམ་པ་མཚུངས།།   yod dam med kyang rim pa mtshungs//

> 탐욕에 빠진 자가 존재하지 않는다면
> 탐욕이 존재하는 것이 어떻게 (가능하게) 되겠느냐?
> 탐욕에 빠진 자에게도 또한 바로 (그) 탐욕이
> 존재하거나 존재하지 않는 (경우)와 마찬가지로 (그) 순서는 같다.[174]

[70. (6-3)]

འདོད་ཆགས་དང་ནི་ཆགས་པ་དག།   'dod chags dang ni chags pa dag//
ལྷན་ཅིག་ཉིད་དུ་སྐྱེ་མི་རིགས།།   lhan cig nyid du skye mi rigs//
འདི་ལྟར་འདོད་ཆགས་ཆགས་པ་དག།   'di ltar 'dod chags chags pa dag//
ཕན་ཚུན་ལྟོས་པ་མེད་པར་འགྱུར།།   phan tshun ltos pa med par 'gyur//

> 탐욕과 탐욕에 빠진 자, 이 둘이
> 동시[同時＝俱性][175]에 생겨나는 것은 불합리하다.
> 이 경우 탐욕과 탐욕에 빠진 자, 이 둘[176](의)
> 상호 의존적인 것은 존재하지 않게 된다.[177]

       2행의 말미에 두 번 등장하는 매우 독특한 구조를 띠고 있다. 1행의 '나'는 이때 조건절의 '나'가 아닌 처격[Loc.]에 해당한다. 산스끄리뜨어 원문에서는 탈격[Abl.]으로 되어 있는데 매우 보기 드문 경우다.

173. 이 품은 인식 대상이 되는 행위자와 그 행위가 고정적 실체를 띤 것이라는 것을 논파하는 것으로, 바로 앞에서 사용한 시간의 전후 관계로부터 그 문제점을 지적하고 있다.

174. 1번 게송과 2번의 1행의 게송에서는 '탐욕'에서 출발한 시간의 전후를 언급하고 있다. 이 3, 4행에서는 '탐욕에 빠진 자'도 또한 '탐욕과 분리된' 별도의 개념자로 존재할 수 없다는 것을 지적하고 있다.

제6품. 탐욕과 탐욕에 빠진 자에 대한 고찰   71

[71. (6-4)]

གཅིག་ཉིད་ལྷན་ཅིག་ཉིད་མེད་དེ།།
དེ་ཉིད་དེ་དང་ལྷན་ཅིག་མིན།།
ཅི་སྟེ་ཐ་དད་ཉིད་ཡིན་ན།།
ལྷན་ཅིག་ཉིད་དུ་ཅི་ལྟར་འགྱུར།།

gcig nyid lhan cig nyid med de//
de nyid de dang lhan cig min//
ci ste tha dad nyid yin na//
lhan cig nyid du ci ltar 'gyur//

> 하나의 성격을 띤 것 자체[一性][178]는 동시[179]에 존재하지 않는다. 왜냐하면[180]
> 그것 자체가 그것과 동시적인 것이 아니기 (때문이다.)
> 그러나 만약 다른 것 자체[相離性][181]가 (존재하는 것)이라면
> 바로 그 동시적인 것[182]에서 무엇으로 (다른 것이) 되겠는가?[183]

175. 여기에서 시간의 현재성에 강조점을 찍고 있는 '헨찍니(lhan cig nyid)'의 산스끄리뜨어 어문인 '사하(saha)'는 일반적으로 '함께'라는 뜻으로 쓰인다. 'at the same time or simultaneously with, jointly, conjointly' —[M], 'saha' 참조. '헨찍'의 다른 용례를 보면 '구(俱)'로 쓰고 있다. MK(T.K.)에서는 일관적으로 'simultaneous, simultaneity'로 시간적 관계성에서 같은 시간대를 강조하고 있다. 이에 따라 옮겼다. 즉 같은 시·공간의 좌표에서의 개념(자)인 '동시(同時, simultaneity)'라는 의미다.
    여기서는 '헨찍'에 첨언된 '니(nyid)'를 생략하거나, '성(性, ~ness)', '바로 그' 또는 강조의 '(~하는 것) 자체' 등으로, 그리고 '헨찍(lhan cig)'을 '동시[俱]' 또는 '동시적인 것[俱]'으로 옮기도록 하겠다.
176. 1, 3행의 말미에 '닥(dag)'이 쓰였다. 산스끄리뜨어의 양수(兩數, dual)인 경우로 티벳어에서는 복수형으로도 자주 쓰인다. 여기에서는 '탐욕'과 '탐욕에 빠진 자'를 명확하게 가리켜 이렇게 옮겼다.
177. 앞서 시간의 전후에 따른 행위자와 행위 자체가 성립하지 않는 것을 논파한 후, 그것이 동시에 다른 개념자로 존재할 경우, 그 상호 의존성이 파괴된다는 지적이다.
178. 『장한사전』에서는 '단독, 유일'로 '찍니(gcig nyid)'를 풀고 있으나, 여기서는 '하나의 성격(~ness)을 가진 것 자체'라는 의미로 '일성(一性)'이라 조어(造語)했다. 산스끄리뜨어 '에까뜨바(ekatva)'의 'oneness, unity, union, coincidence, identity' 등의 의미보다 두 개의 다른 개념자가 '하나로 되는 것'을 뜻하며 3행에서의 '다른 것[相離性]'과 대구를 이루고 있다. MK(T.K.)의 'identity'는 여기서 온 듯하다.
179. '동시'와 '함께'로 모두 옮길 수 있는 '헨찍(lhan cig)'에 대해서는 앞의 70번 게송 각주 참조.
180. 1행의 말미에 쓰인 '학쩨(lhag bcas)'인 '데(de)'를 여기서는 그 이유를 설명하는 접속사로 보고 옮겼다.
181. 1행의 '찍니(gcig nyid)'에 대칭이 되는 '타데니(tha dad nyid)'를 '다른 것[相離性]'으로 옮겼다. 이것은 산스끄리뜨어 '쁘르타끄(pṛthak)', 즉 'apart or separately or differently'

[72. (6-5)]

གལ་ཏེ་གཅིག་པུ་ལྷན་ཅིག་ན།།	gal te gcig pu lhan cig na//
གྲོགས་མེད་པ་ཡང་དེར་འགྱུར་རོ།།	grogs med pa yang der 'gyur ro//
གལ་ཏེ་ཐ་དད་ལྷན་ཅིག་ན།།	gal te tha dad lhan cig na//
གྲོགས་མེད་པར་ཡང་དེར་འགྱུར་རོ།།	grogs med par yang der 'gyur ro//

> 만약 하나[一]¹⁸⁴인 것이 동시적인 것이라면
> 짝이 없어도 또한 그리 되는 것이다.
> 만약 다른 것¹⁸⁵이 동시적인 것이라면¹⁸⁶
> 짝이 없어도 또한 그리 되는 것이다.¹⁸⁷

[73. (6-6)]

གལ་ཏེ་ཐ་དད་ལྷན་ཅིག་ན།།   gal te tha dad lhan cig na//

등의 뜻에, 그 상태인 '뜨바(tva)'가 합성된 단어인 '쁘르타끄뜨바(pṛthaktva)'로, '분리된 상태'라는 뜻이다.

182. '헨찍니(lhan cig nyid)'를 '바로 그 동시(俱性)'로 옮긴 경우다.
183. '결합'을 사용한 『청목소』나 MK(T.K.)의 의역에 유념하지 않고 직역했다. 앞에서 언급한 시간을 두고 '탐욕과 탐욕에 빠진 자'가 성립할 수 없으며, 동시적으로 하나의 형태로 존재했을 경우 그것이 성립할 수 없다는 것은 명확하다. (1, 2행) 또한 만약 그것이 다른 것이라면, 그것이 고유한 자성을 띤 것이기 때문에 결코 같아질 수 없다는 점을 가리키고 있다. (3, 4행)
184. 산스끄리뜨어 원문은 바로 앞의 71번 게송과 같은 '에까뜨바(ekatva)'로, 여기서는 '하나, 단일한 것'을 뜻하는 '찍뿌(gcig pu)'로 바뀌어져 있다. MK(T.K.)에서는 'a single'로 옮겼다.
185. 산스끄리뜨어 원문은 바로 앞의 71번 게송과 같은 'pṛthaktva'로, '성(性)'을 뜻하는 '니(nyid)'가 생략되어 있다.
186. 1, 3번 게송 말미에 티벳역에서는 '존재하는 것'을 뜻하는 산스끄리뜨어 원문의 '바바(bhāva)'가 축약되어 있다. MK(T.K.)에서는 이 '동시에'를 뜻하는 '헨찍(lhan cig)'에 각주를 달아, '시·공간적 좌표(spatio-temporal)'에서의 단일성을 강조하고 있다.
187. 단일한 것도 아니고[不一], 다른 것도 아닌[不離] 것은 이 둘의 상태가 고정되어 있을 경우 결합을 이룰 수 없다는 것을 뜻한다. MK(T.K.)에서는 불호(佛護, Buddhapālita)의 주석을 예로 들면서, 동시성(simultaneity)과 차이성(difference)의 대치되는 바를 통해서 단일성[一] 등에 대해서 설명하고 있다. 『청목소』에서는 행위인 '탐욕'과 행위자인 '탐욕에 빠진 자'의 비분리성으로 예를 들고 있다.

ཅི་གོ་འདོད་ཆགས་ཆགས་པ་དག། ci go 'dod chags chags pa dag//
ཐ་དད་ཉིད་དུ་གྲུབ་འགྱུར་རམ།། tha dad nyid du grub 'gyur ram//
དེས་ན་དེ་གཉིས་ལྷན་ཅིག་འགྱུར།། des na de gnyis lhan cig 'gyur//

만약 다른 것이 동시적인 것이라면[188]
어떻게 탐욕과 탐욕에 빠진 자, 이 둘이[189]
다른 것 자체[相離性]로 성립되겠는가?[190]
그렇다면, 그 둘은 동시적인 것이 된다.[191]

[74. (6-7)]

གལ་ཏེ་འདོད་ཆགས་ཆག་པ་དག། gal te 'dod chags chag pa dag//
ཐ་དད་ཉིད་དུ་གྲུབ་འགྱུར་ན།། tha dad nyid du grub 'gyur na//
དེ་དག་ལྷན་ཅིག་ཉིད་དུ་ནི། de dag lhan cig nyid du ni//
ཅི་ཡི་ཕྱིར་ན་ཡོངས་སུ་རྟོགས།། ci yi phyir na yongs su rtogs//

만약 탐욕과 탐욕에 빠진 자, 이 둘이[192]
다른 것 자체로 성립되었다면[193]
그것들의 바로 (그) 동시적인 것[194]을
무엇으로[195] 완벽하게 이해하겠는가?[196]

....

188. 73번 게송의 3행과 같다.
189. 2행의 말미에 쓰인 양수(兩數, dual) '닥(dag)'의 용법에 대해서는 70번 게송 각주 참조
190. 3행의 말미에 '람(ram)'이 쓰였다. 이것은 '그리고, 또는' 등의 뜻이 있으나 여기서는 4행의 어두에 '데나(des na)'와 함께 어울리기 위해서 MK(T.K.)처럼 생략하였다.
191. 『청목소』산스끄리뜨어역은 4행을 그 이유로 설명하고 있다. '야따스(yatas)'를 'as, because, for' 등으로 받은 경우인데, 티벳어 원문이 '데나(des na)'라서 '만약 그렇다면'으로 옮겼다. MK(T.K.)에서도 'If they were'로 옮기고 있다.
  여기서는 상이성(相離性)이 같은 시·공간상에 성립하며 존재할 때에는 그것을 분별할 수 없다는 모순적인 상황을 탐욕과 탐욕에 빠진 자의 예로 설명하고 있다.
192. 1행의 말미에 다시 양수(兩數, dual)의 '닥(dag)'이 쓰였다. 70번 게송 각주 참조

[75. (6-8)]

ཐ་དད་གྲུབ་པར་མ་གྱུར་པས།།   tha dad grub par ma gyur pas//
དེ་ཕྱིར་ཅིག་འདོད་བྱེད་ན།།   de phyir cig 'dod byed na//
ལྷན་ཅིག་རབ་ཏུ་བསྒྲུབ་པའི་ཕྱིར།།   lhan cig rab tu bsgrub pa'i phyir//
ཐ་དད་ཉིད་དུ་ཡང་འདོད་དམ།།   tha dad nyid du yang 'dod dam//

> (그대는)[197] 다른 것이 성립되지 않는 것이기에[198]
> 그 때문에 하나(가 되는 동시적인 것으로 성립되기)를 바라더니[199]
> (이제 그) 동시적인 것[200]을 잘 성립시키기 위해서
> 다른 것 자체로도 (성립되는 것) 역시 바라느냐?[201]

[76. (6-9)]

ཐ་དད་དངོས་པོ་མ་གྲུབ་བས།།   tha dad dngos po ma grub bas//

---

193. 바로 앞의 73번 게송의 3, 4행을 가정법으로 바꾸었다.
194. '헨찍니(lhan cig nyid)'를 '바로 그 동시성(俱性)'으로 옮긴 경우다. '바로 (그)'는 3행 말미의 강조사[Emp.] '니(ni)'를 옮긴 것이다.
195. '무엇으로'라고 옮긴 '찌이 칠나(ci yi phyir na)'의 '나(na)'를 의미 없는 첨언으로 보고 생략했다.
196. 이 게송의 마지막에 사용된 '이해하다, 통달하다, 요해하다' 등을 지닌 불변 동사 '톡(rtogs)'을 MK(T.K.)에서는 'image'로 옮겼다. 쫑카빠가 인용한 불호와 월칭의 주석에 영향을 받은 듯하다. 산스끄리뜨 어원 '빠리끄르쁘(pari√klp)'는 'to fix, settle, determine, destine for'라는 뜻이 있다. 『청목소』 산스끄리뜨어역에서는 '성정하다'로 옮기고 있다. 티벳역과 산스끄리뜨어 원문에서 발생한 차이라 보인다.
197. 원문에는 생략되어 없으나 4행 말미의 '의문문'을 나타내는 '담(dam)'과 어울리게 첨언하였다. 이 게송에 한해서는 이와 같은 첨언이 『청목소』 한역이나 티벳역에 공통적으로 등장한다.
198. 1행 말미에 쓰인 '빠(pas)'의 도구격[Ins.] 's'를 원인으로 보고 옮겼다.
199. 가정법을 뜻하는 '나(na)'가 쓰였다. 여기서는 시간의 전후, 원인과 결과의 원인으로 보고 옮겼다.
200. 4행의 '상이성(相離性)'과 대치되게 '동시성'으로 옮겼다.
201. 시간의 순차 속에서 발생하는 '탐욕'과 '탐욕하는 자'라는 상이한 두 개의 개념자, 행위의 주체와 그 행위의 성립이 불가능하여, 결국 그것이 하나의 시·공간 속에서 이루어지는 동시성에 대해 살펴보았으나 그것이 결국 불가능해서, 이번에는 이 시·공간의 동시성 속에서 상이성을 살펴보는 것 자체를 논파하고 있는 것이다.

ལྷན་ཅིག་དངོས་པོ་འགྲུབ་མི་འགྱུར།།   lhan cig dngos po 'grub mi 'gyur//
ཐ་དད་དངོས་པོ་གང་ཡོད་ན།།   tha dad dngos po gang yod na//
ལྷན་ཅིག་དངོས་པོར་འདོད་པར་བྱེད།།   lhan cig dngos por 'dod par byed//

> 다른 것 자체[相離性]의 사태²⁰²가 성립하지 않기에
> 동시적인 사태도 성립되지 않는다.
> 어떤 다른 것 자체의 사태가 존재한다면
> 동시적인 사태가 (성립되는 것을) 어떻게 (그대는)²⁰³ 바라느냐?²⁰⁴

[77. (6-10)]

དེ་ལྟར་འདོད་ཆགས་ཆགས་པ་དང་།།   de ltar 'dod chags chag pa dang//
ལྷན་ཅིག་ལྷན་ཅིག་མིན་མི་འགྲུབ།།   lhan cig lhan cig min mi 'grub//
འདོད་ཆགས་བཞིན་དུ་ཆོས་རྣམས་ཀུན།།   'dod chags bzhin du chos rnams kun//
ལྷན་ཅིག་ལྷན་ཅིག་མིན་མི་འགྲུབ།།   lhan cig lhan cig min mi 'grub//

> 그와 같이²⁰⁵ 탐욕(과) 탐욕에 빠진 자와(의)
> 동시적인 것과 동시적이 아닌 것은 성립하지 않는다.
> 탐욕과 같은 모든 법(法=현상)(의)
> 동시적인 것과 동시적이 아닌 것은 성립하지 않는다.²⁰⁶

....
202. 'bhāvva'를 '상(相)'으로 옮긴 꾸마라지바의 한역과 달리 'དངོས(dngos po)'를 사용한 티벳 역경사의 의도가 명확하게 드러난 대목이다. 즉 행위자의 행위가 인식 작용에서 '드러난' 그 대상을 가리키는 것이 여기서의 'bhāvva'이다. 'དངོས'에 대해서는 3번 게송 각주 참조
203. 앞의 75번 게송처럼 첨언하였다.
204. MK(T.K.)에서는 '말하다(say)'로 옮겼다.
205. MK(T.K.)에서는 'evarin', 즉 '데땨(de ltar)'을 'thus'로 옮겨, 결론으로 삼고 있다. 개인적으로 『중론』전체에 담겨 있는 것이 용수의 비판 의식이라 보기 때문에 앞에서처럼 그 예를 설명한 것으로 보고 옮겼다.
206. 이 4행은 2행을 그대로 반복하고 있다. 여기서 논파하는 바는 어떤 행위의 주체인 행위자[탐

།།འདོད་ཆགས་དང་ཆགས་པ་བརྟག་པ་ཞེས་བྱ་བ་སྟེ་རབ་ཏུ་བྱེད་པ་དྲུག་པའོ།།

'탐욕(貪慾)과 탐욕에 빠진 자를 살펴보는 것'이라 불리는 제6품

    욕에 빠진 자]와 그 행위[탐욕]라는 두 개의 개념자는 시간의 선후를 통해서도, 같은 시·공간 즉, 동시에 존재하거나, 존재하지도 않는다는 점이다.

제7품. 생기는 것生과 머무는 것住과 사라지는 것滅에 대한 고찰[207]

[78. (7-1)]

གལ་ཏེ་སྐྱེ་བ་འདུས་བྱས་ན།།   gal te skye ba 'dus byas na//
དེ་ལའང་མཚན་ཉིད་གསུམ་ལྡན་འགྱུར།།   de la'ng mtshan nyid gsum ldan 'gyur//
ཅི་སྟེ་སྐྱེ་བ་འདུས་མ་བྱས།།   ci ste skye ba 'dus ma byas//
ཅི་ལྟར་འདུས་བྱས་མཚན་ཉིད་ཡིན།།   ci ltar 'dus byas mtshan nyid yin//

> 만약 생기는 것[生][208]이 지어진 것[有爲]이라면
> 그 또한 세 가지 상(相)[209]을 갖추게 된다.
> 만약[210] 생기는 것[生]이 지어진 것이 아니[無爲]라면
> 어떻게 지어진 것의 상[有爲相][211]이라 (할 수 있겠는가)?[212]

---

207. ༎སྐྱེ་བ་དང་གནས་པ་དང་འཇིག་པ་བརྟགས་པ་ཞེས་བྱ་བ་སྟེ་རབ་ཏུ་བྱེད་པ་བདུན་པའོ༎
//skye ba dang gnas pa dang 'jig pa brtags pa zhes bya ba ste rab tu byed pa bdun pa'o//

직역하면 '생기는 것[生]과 머무는 것[住]과 사라지는 것[滅]을 살펴보는 것이라 불리는 제7'이다. 한역으로 「관삼상품(觀三相品)」이라고 한다.

이 품의 산스끄리뜨어는 '삼스끄르따(saṃskṛta)'로, 이것은 어근 '삼끄르(sam√kṛ)'에서 파생된 것으로 '함께 지어진 것'을 가리킨다. 여기서는 기본적으로 '지어진 것[有爲]'으로 대부분 옮기도록 하겠다. 한역의 '유위(有爲)'를 뜻하지만 여기서는 '삼상(三相)'으로 옮겨 생주멸(生住滅)의 생기고 머물다 사라지는 모습의 세 가지 모습을 적고 있으며, 티벳역에서는 '생기는 것과 머무는 것과 사라지는 것'이라고 그것을 풀어서 제목으로 적고 있다. 여기서는 티벳역에 따랐다. 『청목소』에서는 '삼상(三相)'을 '월칭은 용수의 삼상 비판은 정량부(正量部)의 학설에 대한 것이라고 설명한다.'라고 적고 있다. 『청목소』, p. 121, 각주 2) 참조.

그러나 MK(T.K.)에서는 유부의 입장을 비판하는 경량부와 '더 상위의 부파들(higher schools)'로 적고 있다. 아마 '더 상위의 부파들'은 여러 대승의 논의를 갖춘 불교학파들을 가리키는 것이리라.

[79. (7-2)]

སྐྱེ་ལ་སོགས་གསུམ་སོ་སོ་ཡིས།། skye la sogs gsum so so yis//
འདུས་བྱས་མཚན་ཉིད་བྱ་བར་ནི།། 'dus byas mtshan nyid bya bar ni//
ནུས་མིན་གཅིག་ལ་དུས་གཅིག་ཏུ།། nus min gcig la dus gcig tu//
འདུས་པ་ཡང་ནི་ཅི་ལྟར་རུང་།། 'dus pa yang ni ci ltar rung//

생기는 것[生] 등 셋, (그) 각자가
바로 (그) 지어진 것의 상[有爲相](으로) 작용하는 것[213]은
가능하지 않다. (만약 각자가 유위상이라면)[214] 동시에[215] 하나로
모이는 것[集][216]이 또한 어떻게 적절하겠느냐?[217]

208. 여기서는 '생기는 것[生]'으로 옮긴 '께와(skye ba)'와 '발생'으로 옮긴 '께빠(skyed pa)'가 두루 쓰이고 있다. 발음은 같은 '께'지만 글자의 형태소와 게송의 의미로 보았을 때 '께와(skye ba)'는 생주멸(生住滅)의 '생'을 뜻하고, '께빠(skyed pa)'는 그 대상이 무엇이 되었든 생기게 하는 것, 또는 생기는 것 등의 뜻으로 쓰여 우리말로 옮기는 데 난점이 있어, '발생'으로 통일해서 옮겼다.
209. 이 상(相)에 대해서는 「제5품. 계(界)에 대한 고찰」, [60. (5-1)]번 게송 각주 참조.
210. 3행의 어두에 '만약 ~이라면'이라는 뜻을 지닌 '찌떼(ci ste)'가 쓰여, 4행의 어두의 '찌딸(ci ltar)'과 운율을 맞추고 있다. 매우 드문 경우다.
211. '유위상(有爲相)'으로 옮긴 '두제 체니(dus byas mtshan nyid)'를 풀어보면, '지어진 것', 즉 '존재하는 것이 인식 기관에 포착된 상태'를 가리킨다. 만약 이것이 없으면, 우리는 어떠한 인식 작용도 할 수 없다. 용수는 일단 이 '유위상'의 존재를 먼저 언급하고, 뒤따라 이것이 하나의 독자적인 개념으로써 존재하는 것이라는 주장을 논파한다.
212. '생기는 것(生, arising)'은 '어떤 없는 것이 나타나는 것'이다. 즉 '지어지는 것이 없는 것[無爲]'의 상태에서 '지어지는 것이 있는 것[有爲]'의 상태, 개념, 정의 등이 생겨난다는 것을 의미한다. 이 게송에서 일단 삼상(三相)의 첫 번째인 '생기는 것[生]'이 유위법이라는 점을 논파한다.
213. '작용'으로 옮긴 '자와(bya ba)'에 대해서는 35번 각주 참조.
214. MK(T.K.)에서는 'But'으로 받고 있다.
215. 순서를 바꾸어 '동시에 하나로'라고 옮긴 '찍라 찍두(cig la dus gcig tu)'를 해자해보면 '하나로 한 때에' 정도 된다.
216. '뒤빠('dus pa)'는 '모임[集]'을 뜻한다. 여기서는 산스끄리뜨어의 과거수동분사(p.p.p.)의 '사마스따(samasta)'로, '두와('du ba)'의 과거형으로 쓰여 있다. 과거수동분사를 이렇게 옮긴 듯하다. 여기서는 '모이는 것'으로 옮겼다.
217. 『청목소』한역에서는 이것을 무위법에 대한 논파로 보고 있다. 『청목소』, pp. 122-123. 참조. 그러나 MK(T.K.)에서는 '각자(individually)'와 '결합된(collectively)' 상태로 존재

제7품. 생기는 것과 머무는 것과 사라지는 것에 대한 고찰

[80. (7-3)]

སྐྱེ་དང་གནས་དང་འཇིག་རྣམས་ལ།། skye dang gnas dang 'jig rnams la//
འདུས་བྱས་མཚན་ཉིད་གཞན་ཞིག་ནི།། 'dus byas mtshan nyid gzhan zhig ni//
གལ་ཏེ་ཡོད་ན་ཐུག་མེད་འགྱུར།། gal te yod na thug med 'gyur//
མེད་ན་དེ་དག་འདུས་བྱས་མིན།། med na de dag 'dus byas min//

> 생기는 것[生]과 머무는 것[住]과 사라지는 것[滅] 등에
> 바로 (그) 다른 지어진 것의 상[有爲相]이
> 만약 존재한다면 무한 소급(無限遡及)²¹⁸이 된다.
> (만약) 존재하지 않는다면 그것들(의) 지어진 것은 존재하지 않는다.²¹⁹

하는 것에 대한 논파로 보고 있다. MK(T.K.), p. 180 참조. 4행의 말미에 쓰인 '적절하다'로 옮긴 '룽(rung)'은 실제 3행 어두에 쓰인 '뉘(nus)'처럼 'possible'이라는 뜻이 있다. 여기서는 원문의 어휘가 다른 점 때문에 이렇게 옮겼다. 산스끄리뜨어 원문과 차이가 좀 심한 게송이다.

218. '무한 소급'으로 옮긴 '툭메(thug med)'는 산스끄리뜨어 '아나바스타(anavastha)'로, 『청목소』한역에서는 '無窮', 즉 '다함이 없는 것'으로 옮겼다. MK(T.K.)에서는 'infinite regress'로 적고 있다. 이 무한 소급의 오류에 대해서는 공(空)을 실재적 개념으로 다룰 경우의 문제와 함께 다룬 적이 있다. 졸저, 『용수의 사유』, p. 277 참조.

   첫 번째 '공'을 4구에 등장하는 실재적인 개념으로 다룰 경우, 즉 '1) 실재적이거나 2) 비실재적이거나, 3) 또는 이 둘이거나, 4) 둘이 아니라면'에서의 첫 번째 경우, 두 번째 '공'도 마찬가지로 다룰 수 있게 된다. 이 경우 두 '공'들이 모두 실재적으로 다루어지는 '공공(空空, śūnyatā of śūnyatā)'뿐만 아니라 '공공공공…(śūnyatā of śūnyatā of śūnyatā of śūnyatā…)'으로 무한 소급이 일어나는 것을 피할 수 없다. 또한 '공'을 두 차례 나열하는 그 순간, 즉 '공공(空空)'이 되면, 반야부에서 이어온 공사상의 그 부정주의적인 성격을 잃게 된다. 그렇다고 이것에 반대되는 첫 번째 '공'이 비실재적인 개념이 아니라고 주장할 수도 없다. 왜냐하면 그것이 비실재적이라면 언급할 수도 없기 때문이다.

   이에 대한 설명은 MK(T.K.), p. 182 참조. 중요한 것은 어떤 한 개념자가 존재했다고 상정했을 경우, 다른 개념자 또한 존재할 수 있어야 된다는 점이다.

219. 어떤 개념자가 고유한 자성을 지닌 것으로 '지어진 것'이라면, 그와 같은 개념자들이 존재할 수 있어야 하고, 만약 그렇지 않으면 개념자 자체가 존재할 수 없다는 뜻이다. 이 게송에서 내보이는 바는 그의 중관사상 전체를 조감하는 데 매우 중요하다.

【문】[220]

[81. (7-4)]

སྐྱེ་བའི་སྐྱེ་བས་རྩ་བ་ཡི།།   skye ba'i skye bas rtsa ba yi//
སྐྱེ་བ་འབའ་ཞིག་སྐྱེད་པར་བྱེད།།   skye ba 'ba' zhig skyed par byed//
རྩ་བའི་སྐྱེ་བས་སྐྱེ་བ་ཡི།།   rtsa ba'i skye bas skye ba yi//
སྐྱེ་བའང་སྐྱེད་པར་བྱེད་པ་ཡིན།།   skye ba'ang skyed par byed pa yin//

> 생기는 것의 생기는 것[生生]이 근본적인 것의
> 생기는 것[本生](으로) 오직 발생한다.
> 근본적인 것의 생기는 것[本生]이 생기는 것의
> 생기는 것[生生](으로) 또한 생기는 것을 행하는 것이다.[221]

【답】[222]

[82. (7-5)]

གལ་ཏེ་ཁྱེད་ཀྱི་སྐྱེ་བའི་སྐྱེས།།   gal te khyed kyi skye ba'i skyes//

---

220. 81번 게송 전체는 유부, 독자부, 정량부 등이 생생(生生), 본생(本生) 등을 나누는 것을 인용한 것이다. 『중론』 전체를 통해서 개념의 세분화 작업이 처음으로 등장하는 대목이다.
221. 무한 소급을 피하기 위한 실유론자의 관점은 그 개념을 나누어 세분화하는 방법이다. 유부, 정량부, 독자부 순으로 MK(T.K.)에서는 다루고 있다. 여기서는 생생(生生), 즉 '생기는 것의 생기는 것', 그리고 본생(本生), '근본적으로 생기는 것' 등 두 가지 개념자를 새로 등장시켜 그것을 세분화하고 있다. 그러나 1, 2행과 3, 4행의 생생과 본생의 순서만 바뀌었을 뿐, '생기는 것을 행한다'는 점에서는 일치한다. 무한 소급의 오류를 피하기 위하여 개념의 세분화를 시도하였으나, 바로 여기서도 동일한 무한 소급이 발생할 수 있다는 점은 간과하고 있는 듯하다.
   MK(T.K.)에서는 다양한 숫자들이 정량부, 유부, 독자부 순으로 언급되어 있다. 유위상(有爲相)인 생주멸(生住滅)의 3상과 생주이멸(生住異滅)의 4(相) 등을 위와 같이 둘로 나누고 그것에 다시 본상(本相)까지 곱하고 합하면 대충 이와 비슷한 개념자들을 구할 수 있다. 자세한 내용은 MK(T.K.), pp 183-184 참조. 이 부분에 대한 『청목소』, pp. 125-126 참조
222. 용수의 논파는 간단하다. 일단 개념자 자체가 가지는 연속성이다.

རྩ་བའི་སྐྱེ་བ་སྐྱེད་བྱེད་ན།། rtsa ba'i skye ba skyed byed na//
ཁྱོད་ཀྱི་རྩ་བས་མི་བསྐྱེད་དེས།། khyod kyi rtsa bas mi bskyed des//
དེ་ནི་ཅི་ལྟར་སྐྱེད་པར་བྱེད།། de ni ci ltar skyed par byed//

만약 그대의 생기는 것의 생기는 것[生生]이
근본적인 것의 생기는 것[本生](으로부터) 발생한다면
그대의 근본적인 것이 생하지 않은 그것으로부터
바로 그것은 무엇으로 생기는 것을 행하겠는가?[223]

[83. (7-6)]

གལ་ཏེ་ཁྱེདཀྱི་རྩ་བ་ཡིས།། gal te khyedakyi rtsa ba yis//
བསྐྱེད་པ་དེ་ཡིས་རྩ་སྐྱེད་ན།། bskyed pa de yis rtsa skyed na//
དེས་མ་བསྐྱེད་པའི་རྩ་བ་དེས།། des ma bskyed pa'i rtsa ba des//
དེ་ནི་ཅི་ལྟར་སྐྱེད་པར་བྱེད།། de ni ci ltar skyed par byed//

만약 그대의 근본적인 것으로부터
발생한다는 그것으로부터 근본적인 것이 발생한다면
그것으로부터 발생하는 그 근본적인 것, 그것으로부터
바로 그것은 무엇을 발생하겠는가?

[84. (7-7)]

གལ་ཏེ་མ་སྐྱེས་པ་དེ་ཡི།། gal te ma skyes pa de yi//
དེ་སྐྱེད་པར་ནི་བྱེད་ནུས་ན།། de skyed par ni byed nus na//
ཁྱོད་ཀྱི་སྐྱེ་བཞིན་པ་དེ་ཡིས།། khyod kyi skye bzhin pa de yis//

---
223. 생을 두 가지로 나누어 '생생'과 '본생'으로 나누었으므로 이 둘은 반드시 생이라는 하나의 개념 속에 포함되어야 한다. 그러나 본생이라는 것 자체가 하나의 독자적인 개념이라고 했을 경우에는 바로 이것으로부터 '생하지 않은 것'이라는 또 다른 개념자의 작용이 가능해진다.

དེ་སྐྱེད་པར་ནི་འདོད་ལ་རག// de skyed par ni 'dod la rag//

> 만약 그 생기지 않은 것[非生]의 (그것이)
> 그 발생도[224] 행할 수 있다면
> 그대의 (그런) 생기는 과정 중인 것에 저 다른 것이
> 그(렇게) 발생하는 것[225]도 받아들여야[取] 된다.[226]

【문】[227]

[85. (7-8)]

ཅི་ལྟར་མར་མེ་རང་དང་གཞན// ci ltar mar me rang dang gzhan//
སྣང་བར་བྱེད་པ་དེ་བཞིན་དུ// snang bar byed pa de bzhin du//
སྐྱེ་བའང་རང་དང་གཞན་གྱི་དངོས// skye ba'ang rang dang gzhan gyi dngos//
གཉི་ཀ་སྐྱེད་པར་བྱེད་ཡིན་ན// gnyi ka skyed par byed yin na//

> 마치 등불이 자신과 다른 것(을)
> 비추는 것과 같이 그와 같이[228]
> 생기는 것 또한 자신과 다른 것의 사태
> 이 둘을 발생시킨다.

---

224. 강조사[Emp.] '니(ni)'를 이렇게 옮겼다.
225. 『청목소』에서는 산스끄리뜨어 게송이 하나 더 추가되어 있다. 한역도 마찬가지다. p. 128 참조 MK(T.K.)에서는 3, 4행을 생(生)과 비생(非生)의 관계가 아니라 '각자 발생하는 것(rise to each other)'으로 보고 있다. p. 185 참조
226. '받아들여야 된다'로 옮긴 '되라 락('dod la rag)'을 직역하면 '받아들이는 것을 취해야 한다' 정도 되는데 '락(rag)'을 동사를 만드는 보조 동사로 보고 옮겼다.
227. 논박자의 견해다.
228. 1행의 첫머리의 '치달(ci ltar)'과 이어진 '쉰두(bzhin du)'로, 산스끄리뜨어 '야타 ~, 따타 ~(yathā ~, thathā ~)'의 용법으로, '이와 같이 ~, 그와 같이 ~'로 옮길 수 있다. 행을 바꿔 첫머리에 쓰는 게 보편적인데 여기서는 두 행에 걸쳐 이 용법을 사용하고 있다.

제7품. 생기는 것과 머무는 것과 사라지는 것에 대한 고찰

【답】 그렇지만.[229]

[86. (7-9)]

མར་མེ་དང་ནི་གང་དག་ན།།   mar me dang ni gang dag na//
དེ་འདུག་པ་ན་མུན་པ་མེད།།   de 'dug pa na mun pa med//
མར་མེས་ཅི་ཞིག་སྣང་པར་བྱེད།།   mar mes ci zhig snang par byed//
མུན་པ་སེལ་པའི་སྣང་བྱེད་ཡིན།།   mun pa sel pa'i snang byed yin//

> 등불과 (그것이) 어디에서[230]
> 그(렇게) 화합하면 어둠은 없다.
> (어둠이 없으면) 등불이 무엇을 밝히겠는가?[231]
> 어둠을 없애는 [제거하는] (것을) 밝힌다(라고 일컫는 것)이다.[232]

[87. (7-10)]

གང་ཚེ་མར་མེ་སྐྱེ་བཞིན་པ།།   gang tshe mar me skye bzhin pa//
མུན་པ་དང་ནི་ཕྲད་མེད་ན།།   mun pa dang ni phrad med na//
ཅི་ལྟར་མར་མེ་སྐྱེ་བཞིན་པས།།   ci ltar mar me skye bzhin pas//
མུན་པ་སེལ་བར་བྱེད་པ་ཡིན།།   mun pa sel bar byed pa yin//

> 등불이 생기는 순간[233]
> 어둠과 닿지[접촉] 않는다면

---

229. 문법적으로 완결된 구조가 아니라 다음 행과 받게 되어 있는 '만약 ~이라면'을 뜻하는 '윈나(yin na)'가 쓰였다. 바로 이 앞까지가 논박자의 주장이라서 이렇게 끊어서 역접으로 보고 옮겼다.
230. 2행에서 가정법을 뜻하는 '나(na)'가 쓰였는데 여기서는 처격[Loc.]으로 보고 옮겼고 2행에서는 가정법으로 보고 옮겼다.
231. 3행 가운데 '찌쉭(ci zhig)'을 의문형으로 보고 옮겼다.
232. 어둠과 배치되는 밝힘을 정의하는 것이다. 등불의 밝힘과 어둠이 개별적으로 존재할 수 없음을 주장하는 게송으로 바로 앞의 게송의 주장을 논파하는 내용이다.

어떻게 '등불이 생기는 때라는 것'이
어둠을 없애는 것[제거]이겠는가?[234]

[88. (7-11)]

མར་མེ་སྐྱེད་པ་མེད་པར་ཡང་།། gang tshe mar me skye bzhin pa//
གལ་ཏེ་མུན་པ་མེལ་བྱེད་ན།། mun pa dang ni phrad med na//
འཇིག་རྟེན་ཀུན་ན་གནས་པའི་མུན།། ci ltar mar me skye bzhin pas//
འདི་ན་གནས་པ་དེས་སེལ་འགྱུར།། mun pa sel bar byed pa yin//

등불과 닿는 것[접촉]이 없어도
만약 (등불이) 어둠을 제거한다면
이 세상에 머무는 (모든) 어둠은
이 세상에 머무는 그것[등불]에 의해 제거되리라.[235]

[89. (7-12)]

མར་མེས་རང་དང་གཞན་གྱི་དངོས།། mar mes rang dang gzhan gyi dngos//
གལ་ཏེ་སྣང་བར་བྱེད་འགྱུར་ན།། gal te snang bar byed 'gyur na//
མུན་པའི་རང་དང་གཞན་གྱི་དངོས།། mun pa'i rang dang gzhan gyi dngos//
སྒྲིབ་པར་འགྱུར་བར་ཐེ་ཚོམ་མེད།། sgrib par 'gyur bar the tshom med//

등불이 자신과 다른 것의 사태를
비추는 것을 행한다면

---

233. '강체 ~, 쉰빼(gang tshe ~, bzhin pa ~)'는 일반적으로 '~을 할 때'를 뜻한다. 여기서는 등불이 발생하는 바로 그 순간이라고 시간상의 출발에 강조점을 찍고 옮겼다.
234. 이 게송은 등불이 발생하는 그 시점까지 세밀하게 나누어 보아도 앞 게송 4행에서 언급한 등불의 정의 자체에 위배된다는 뜻이다.
235. 게송의 구조는 매우 쉬운데, 그 내용은 접촉이라는 작용이 존재하지 않아도 등불이 어둠을 없앨 수 있다면, 이 세상의 모든 어둠은 존재하지 않을 것이라는 강조의 표현이다.

> 어둠이 자신과 다른 것의 사태를
> 덮는 것을 행하는 것(도) 의심할 여지가 없다.[236]

[90. (7-13)]

	skye ba 'di ni ma skyes pas//
	rang gi bdag nyid ci ltar skyed//
	ci ste skyes pas skyed byed na//
	skyes na ci zhig bskyed du yod//

> 바로 이 생기는 것[生]이 (아직) 생기지 않은 것[未生]에 의해서
> 자기 자신[svātmān, 本性][237]을 어떻게 발생하겠는가?
> 만약 생기는 것에 의해서 발생한다면
> 생기는 것에 그 무엇이 (또한 앞으로) 발생하겠는가?[238]

[91. (7-14)]

	skyes dang ma skyes skye bzhin pa//
	ci lta bur yang mi skyed pa//
	de ni song dang ma song dang//
	bgom pas rnam par bshad pa yin//

---

236. 문장 구조의 대구에 따라 직역하였다.
237. '자기 스스로'라고 옮긴 '랑기 닥니(rang gi bdag nyid)'의 '랑(rang)'과 '닥니(bdag nyid)'에도 '자기 자신, 자기 스스로'라는 뜻이 있다. 산스끄리뜨어 '스바아뜨만(svātāman)'은 '자기 스스로 갖추고 있는 고유한 성질[自我, 本性]'이라는 뜻이다.
238. 생기는 것[生] 자체를 두고 시간적으로 논파한 것이다.
   명사형과 동사형의 시제로, 1행의 '생기는 것'은 명사형으로 '께(skye)'를, '아직 생기지 않은 것[未生]'은 '께빠(skyes pa)'의 현재형을, 2행의 의문형에서는 '께빠(skyed pa)'의 현재형 시제를, 3행의 '생겨나는 것'에서는 '께빠(skyes pa)'의 명사형을, 가정형에서는 동사 '께빠(skyed)'의 현재형을, 그리고 4행의 마지막에서는 미래형인 '께빠(bskyed)'를 사용하고 있다.

> 생기는 것과 생기지 않은 것 (그리고) 생기는 중인 것은
> 어떤 방식으로도[239] 발생하지 않는다.[240]
> 바로 그것에 (대해서는) 가버린 것과 가지 않은 것 그리고
> 지금 가고 있는 중인 것 등에 대해서 (이미) 설명하였다.[241]

[92. (7-15)]

གང་ཚེ་སྐྱེ་བ་ཡོད་པ་ན།། gang tshe skye ba yod pa na//
སྐྱེ་བཞིན་འདི་འབྱུང་མེད་པའི་ཚེ།། skye bzhin 'di 'byung med pa'i tshe//
ཅི་ལྟར་སྐྱེ་ལ་བསྟེན་ནས་ནི།། ci ltar skye la bsten nas ni//
སྐྱེ་བཞིན་ཞེས་ནི་བརྗོད་པར་བྱ།། skye bzhin zhes ni brjod par bya//

> 생기는 것이 (별도로) 존재하여[242]
> 이 생기는 것과 같은 것이 (연하여) 일어나지[起][243] 않을 때
> 어떻게 "생기는 것에 의지한 것[緣]으로부터
> 생기는 것이다."라고 말할 수 있으랴?[244]

[93. (7-16)]

རྟེན་ཅིང་འབྱུང་བ་གང་ཡིན་པ།། rten cing 'byung ba gang yin pa//
དེ་ནི་ངོ་བོ་ཉིད་ཀྱིས་ཞི།། de ni ngo bo nyid kyis zhi//

---

239. '찌따 불양(ci lta bur yang)'은 관용적으로 'of what kind, manner, nature'라는 뜻이 있어 이에 따라 옮겼다.
240. 동사의 형태로 1행에서는 '께와(skye ba)'를, 2행에서는 '께빼(skyed pa)'를 사용하고 있다.
241. 「제2품. 가고 오는 것[去來]에 대한 고찰」에서 다룬 내용과 같은 방식으로 논파할 수 있다는 뜻이다. 의역으로 옮기면, '이미 설명한 것과 같다' 정도로 옮길 수 있다.
242. 가정법의 '나(na)'가 쓰였다.
243. 여기서는 연기(緣起, rten cing 'brel bar 'byung)의 마지막인 '중('byung)', 즉 '생겨나다, 일어나다'는 뜻으로 보고 풀어 썼다.
244. 독립된 개별적인 개념이 존재할 때, 연기실상 자체가 성립하지 않는다는 것을 지적하는 게송이다.

དེ་ཕྱིར་སྐྱེ་བཞིན་ཉིད་དང་ནི།། de phyir skye bzhin nyid dang ni//
སྐྱེ་བ་ཡང་ནི་ཞི་བ་ཉིད།། skye ba yang ni zhi ba nyid//

> 무엇이든 연기란
> 바로 그 자성(自性=本性)[245]이 적정[寂靜=평온]인 (것이다).
> 그러므로 생기는 것 자체의 성품[自性]과
> 생기는 것[과정] 또한 적정 그 자체다.[246]

[94. (7-17)]

གལ་ཏེ་དངོས་པོ་མ་སྐྱེས་པ།། gal te dngos po ma skyes pa//
འགའ་ཞིག་གང་ན་ཡོད་འགྱུར་ན།། 'ga' zhig gang na yod 'gyur na//
དེ་ནི་སྐྱེ་འགྱུར་དངོས་པོ་དེ།། de ni skye 'gyur dngos po de//
མེད་ན་ཅི་ཞིག་སྐྱེ་བར་འགྱུར།། med na ci zhig skye bar 'gyur//

> 만약 생겨나지 않은 사태가
> (그) 어떤 곳에[247] 존재하게 되는 경우[248]
> 바로 그것이 생기는 것이다. 그러나 그 사태가
> 존재하지 않는다면 어떤 것이 생기겠는가?

---

245. 일반적으로 티벳어로 '랑쉰(rang bzhin)'이 '자성(自性)'을 뜻하는데 때로 '노보(ngo bo)'라고 쓰기도 한다.
246. 이 게송에서는 연기실상은 언제나 적정(skt, chāntam shānta의 samdhi)이기 때문에 생기는 것[生] 또한 적정하다는 뜻이다. 『청목소』에서는 이 생기는 것에 대한 두 가지 성질을 생기는 시간[生時]과 그 자체 성품으로 두 가지로 보았고 MK(T.K.)에서는 과정과 생기는 것으로 보고 'in the processing of arising and arising itself'로 옮겼고 주석의 내용에서는 다만 연기를 강조하고 있다.
　　그러나 원문을 보면 2행 사태 그 자체의 성품[本性]이 적정이라고 했을 경우, 그것이 드러나는 것으로 해석할 수도 있다. 여기서는 MK(T.K.)에 따라 옮겼다.
247. 일반적으로 가정법으로 쓰이는 '나(na)'를 처격[Loc.]으로 보고 옮겼다.
248. 가정법의 '나(na)'가 쓰였다.

[95. (7-18)]

	gal te skye ba de yis ni//
	skye bzhin pa de skyed byed na//
	skye ba de ni skye ba lta//
	gang zhig gis ni skyed par byed//

> 만약 바로 그 생기는 것이
> 그 생기는 과정 중에 발생하는 것이라면
> 그 생기는 것을 (있게 하는)[249] 생기는 것,
> 그 무엇이 (있어 그것을) 발생하겠는가?

[96. (7-19)]

	gal te skye ba gzhan zhig gis//
	de skyed thug pa med par 'gyur//
	ci ste skye ba med skye na//
	thams cad de bzhin skyed bar 'gyur//

> 만약 다른 생기는 것에 의해서
> 그것이 발생한다(면)[250] (그것은) 무한 소급[251]이 된다.
> 만약 생기지 않는 것[無生]에 (의해서) 생긴다[生]면
> 모든 것들도 그와 같이 발생하게 된다.

---

249. [데게판]의 3행 말미는 '따(lta)'로, 이것은 '보다, 관찰하다'는 뜻인데, 그 '생기는 것[生]을 관찰하는 또는 보는 생기는 것[生]'이라는 뜻이지만 여기서는 의미 없는 접속사 '떼(ste)'의 오자로 보고 옮겼다.
250. 1행의 어두의 가정법의 '겔떼(gal te)'를 여기서 끊었다. 모든 역본이 이와 같이 나눠 읽고 있다.
251. '무한 소급'으로 옮긴 '툭빠 메빠(thug pa med pa)'를 중심에 두고 옮겼다. 『청목소』 한역 '무궁(無窮)'에 해당한다.

제7품. 생기는 것과 머무는 것과 사라지는 것에 대한 고찰 89

[97. (7-20)]

རེ་ཞིག་ཡོད་དང་མེད་པ་དང་།། re shig yod dang med pa dang//
སྐྱེ་བར་རིགས་པ་མ་ཡིན་ཞིང་།། skye bar rigs pa ma yin zhing//
ཡོད་མེད་ཉིད་ཀྱང་མ་ཡིན་ཞེས།། yod med nyid kyang ma yin zhes//
གོང་དུ་བསྟན་པ་ཉིད་ཡིན་ནོ།། gong du bstan pa nyid yin no//

> '어떤 것이 존재[有]하거나 존재하지 않[無]거나
> (거기에서) 생기는 것은 옳지 않다. 그리고 (또한)
> 존재하면서 존재하지 않는 것[有無]²⁵² 자체에서도 (생기는 게) 아니다'라는 것은
> 앞에서 (이미) 설명한 것과 같다.²⁵³

[98. (7-21)]

དངོས་པོ་འགག་བཞིག་ཉིད་ལ་ནི།། dngos po 'gag bzhig nyid la ni//
སྐྱེ་བ་འཐད་པར་མི་འགྱུར་རོ།། skye ba 'thad par mi 'gyur ro//
གང་ཞིག་འགག་བཞིན་མ་ཡིན་པོ།། gang zhig 'gag bzhin ma yin po//
དེ་ནི་དངོས་པོར་མི་འཐད་དོ།། de ni dngos por mi 'thad do//

> 사라지는[滅]²⁵⁴ 사태 바로 그 자체에
> 생겨나는 것은 옳지 않다.²⁵⁵
> (또한) 어떤 사라지지[滅] 않는 것,
> 바로 그 사태에서 (생겨나는 것도) 옳지 않다.

---

252. 사구부정의 세 번째에 해당한다.
253. 4행을 직역하면 '앞에서 (이미) 설명한 것 자체이다.' 정도 된다.
254. 이 품의 주제인 '사라지는 것[滅]'을 뜻하는 '직빠('jig pa)' 대신에 '갓식('gag bzhig)'이 쓰였으나 의미상으로 같다. 『청목소』 한역에서는 멸(滅)로 쓰고 있다.
255. '테빨 미귤노('thad par mi 'gyur ro)'는 4행의 '옳지 않다'라고 옮긴 '미테도(mi 'thad

[99. (7-22)]

དངོས་པོ་གནས་པ་མི་གནས་དེ།།   dngos po gnas pa mi gnas de//
དངོས་པོ་མི་གནས་གནས་པ་མིན།།   dngos po mi gnas gnas pa min//
གནས་བཞིན་པ་ཡང་མི་གནས་ཏེ།།   gnas bzhin pa yang mi gnas te//
མ་སྐྱེས་གང་ཞིག་གནས་པར་འགྱུར།།   ma skyes gang zhig gnas par 'gyur//

> (이미) 머물던[住] 사태는 머무르지 않고
> (아직) 머물지 않는 (사태도) 머무는 것이 아니다.
> 지금 머무는 중인 것 또한 머물지 않는다. 그리고 (또한)
> 어떻게 (아직) 생겨나지 않은 것[未生]이 머무는 것이 되겠는가?[256]

[100. (7-23)]

དངོས་པོ་འགག་བཞིག་ཉིད་ལ་ནི།།   dngos po 'gag bzhig nyid la ni//
གནས་པ་འཐད་པར་མི་འགྱུར་རོ།།   gnas pa 'thad par mi 'gyur ro//
གནས་ཞིག་འགག་བཞིན་མ་ཡིན་པ།།   gnas zhig 'gag bzhin ma yin pa//
དེ་ནི་དངོས་པོར་མི་འཐད་དོ།།   de ni dngos por mi 'thad do//

> 사라지는[滅] 사태 바로 그 자체에
> 머무는 것은 옳지 않다.
> (또한) 어떤 머무는 것에서 사라지지[滅] 않는 것,
> 바로 그 사태에서 (머무는 것도) 옳지 않다.[257]

---

      do)'와 같은 의미지만 운자를 맞추기 위해 늘린 것으로 보고 옮겼다.

256. 이 게송은 생주멸의 주(住), 즉 머무는 것에 대한 시간적인 과거, 현재, 미래에 대한 논파다. 1, 2행은 과거, 3행은 현재, 4행은 미래로, 1, 2행의 경우 운동과 변화가 없는 두 측면은 모두 존재할 수 없다는 것이고, 3행은 현재 또한 변화를, 그리고 4행에서는 생주멸에서 무생(無生)일 경우 머무는 것[住]은 불가능하다는 반문이다.

    전체적으로 '머무르다'는 하나의 독립된 개념자가 존재할 수 없다는 지적인데, 시제 변화를 하지 않는 '머무르다'는 뜻을 지닌 동사 '네빠(gnas pa)'가 총 7번 쓰인 게송이다.

[101. (7-24)]

དངོས་པོ་ཐམས་ཅད་དུས་ཀུན་ཏུ། །	dngos po thams cad dus kun tu//
རྒ་དང་འཆི་བའི་ཆོས་ཡིན་ན། །	rga dang 'chi ba'i chos yin na//
གང་དག་རྒ་དང་འཆི་མེད་པར། །	gang dag rga dang 'chi med bar//
གནས་པའི་དངོས་པོ་གང་ཞིག་ཡོད། །	gnas pa'i dngos po gang zhig yod//

> 모든 사태가 언제나
> 늙고 죽는 현상[法]²⁵⁸을 띠고 있다면
> 늙고 죽음도 없는 그 어떤 것²⁵⁹에서
> 머무는 사태가 어떻게 존재하겠는가?

[102. (7-25)]

གནས་པ་གནས་པ་གཞན་དང་ནི། །	gnas pa gnas pa gzhan dang ni//
དེ་ཉིད་ཀྱིས་ཀྱང་གནས་མི་རིགས། །	de nyid kyis kyang gnas mi rigs//
ཅི་ལྟར་སྐྱེ་བ་རང་དང་ནི། །	ci ltar skye ba rang dang ni//
གཞན་གྱིས་བསྐྱེད་པ་མ་ཡིན་བཞིན། །	gzhan gyis bskyed pa ma yin bzhin//

> (스스로) 머무는 것[自住]²⁶⁰과 다른 머무는 것 바로
> 이 둘에 의해서²⁶¹ 머무는 것 또한 옳지 않다.
> (이것은) 마치²⁶² 생기는 것이 바로 그 자신과
> 다른 것에 의해서 발생하지 않는 것과 같다.

---

257. 바로 두 번째 앞인 98번 게송과 동일한 구조를 갖고 있으며 다만 '생기는 것'이 '머무는 것'으로 바뀌었을 뿐이다.
258. '상(相)'으로 옮긴 '최(chos)'를 여기서는 현상으로 보고 옮겼다. 『청목소』 한역에서의 법에 해당한다. 사태라고 옮긴 '뇌뾔(dngos po)'가 어떤 한 존재가 감각 기관에 의해 파악된 것이고, 그래서 그 모습을 띠고 있는 것이라면 현상이 된다는 뜻이다.
259. 3행 어두의 '강닥(gang dag)'을 '그 어떤 것'으로 보고 옮겼다.
260. 뒤따라오는 '다른 머무는 것'인 '네빠 션(gnas pa gzhan)'과 쌍을 이루는 것으로, 그리고

[103. (7-26)]

'gags pa 'gag par mi 'gyur te//
ma 'gags pa yang 'gag mi 'gyur//
'gag bzhin pa yang de bzhin min//
ma skyes gang zhig 'gag par 'gyur//

> (이미) 사라진 것[已滅]이 사라지는 것도 아니고
> (아직) 사라지지 않은 것[未滅]이 사라지는 것도 아니다.
> 지금 사라지는 중인 것 또한 그와 같이 (사라지는 것이) 아니다.[263]
> (아직) 발생하지 않는 것[未生]이 어떻게 사라지겠는가?[264]

[104. (7-27)]

re shig dngos po gnas pa la//
'gag pa 'thad par mi 'gyur ro//
dngos po mi gnas pa la yang//
'gag pa 'thad par mi 'gyur ro//

> 어떤 머무는[住] 사태에서
> 사라지는 것은 옳지 않다.
> 어떤 머물지 않는[未住] 사태에서도
> 사라지는 것은 옳지 않다.[265]

『청목소』 한역의 '자주(自住)'를 참고하여 '스스로'를 첨언하였다.
261. 주격[Nom.]으로 옮길 수 있으나 도구격[Ins.]으로 보고 옮겼다.
262. 4행의 말미에 나오는 '쉰(bzhin)'과 함께 '마치 ~와 같다'로 보고 옮겼다.
263. 이 게송에서는 '사라지는 것[滅]'을 뜻하는 '각빠('gag pa)'를 시간에 따라 논하고 있다.
264. MK(T.K.)에서는 앞에서 '생기는 것[生]'이 존재하지 않는다고 논파한 것에 뒤이어 등장한 게송이라 '사라지는 것[滅]'은 '생기는 것'이 없으면 논파의 대상도 되지 못하는 것으로 읽고 있다.

[105. (7-28)]

གནས་སྐབས་དེ་ཡིས་གནས་སྐབས་ནི།།	gnas skabs de yis gnas skabs ni//
དེ་ཉིད་འགག་པ་ཉིད་མི་འགྱུར།།	de nyid 'gag pa nyid mi 'gyur//
གནས་སྐབས་གཞན་གྱིས་གནས་སྐབས་ནི།།	gnas skabs gzhan gyis gnas skabs ni//
གཞན་ཡང་འགག་པ་ཉིད་མི་འགྱུར།།	gzhan yang 'gag pa nyid mi 'gyur//

> 그 상태[266]는 바로 그 상태,
> 그 자체로 사라지는 것 자체로 되지 않는다.
> 다른 상태도 바로 그 상태,
> 다른 것으로도 사라지는 것 자체로 되지 않는다.[267]

[106. (7-29)]

གང་ཚེ་ཆོས་རྣམས་ཐམས་ཅད་ཀྱི།།	gang tshe chos rnams thams cad kyi//
སྐྱེ་བ་འཐད་པར་མི་འགྱུར་པ།།	skye ba 'thad par mi 'gyur pa//
དེ་ཚེ་ཆོས་རྣམས་ཐམས་ཅད་ཀྱི།།	de tshe chos rnams thams cad kyi//
འགག་པ་འཐད་པར་མི་འགྱུར་རོ།།	'gag pa 'thad par mi 'gyur ro//

> 모든 현상[一切法]의
> 생기는 것[生]이 옳지 않을 때
> 그때 (그) 모든 현상의

---

265. [98. (7-21)]번과 [100. (7-23)]번 게송과 같은 구조를 띠고 있으며, '생기는 것'과 '머무는 것' 그리고 '사라지는 것' 또한 옳지 않다는 뜻이다. 문장 구조도 거의 같다.
266. '상태'로 옮긴 '네깝(gnas skabs)'이 처음으로 등장한 게송이다. 해자해보면, 장소를 뜻하는 '네(gnas)'와 시간을 뜻하는 '깝(skabs)'으로 이루어져 있다. 산스끄리뜨어 '아바스타(avasthā)'를 옮긴 것으로 'state, condition, situation, position, stage' 등의 뜻이 있다. 시공간의 어느 한 지점에 머무는 존재를 뜻한다.
   논파의 대상자가 연기법에 의해서 변화하지 않는 것을 주장할 경우, 시공간의 어느 지점에 고정된 것은 그 자체로도, 다른 것으로도 변화할 수 없을 때만 바로 '그 상태'라고 불릴 수 있지만 사실은 그렇지 않다는 점을 논파하고 있는 것이다.
267. 의미와 반복의 운율을 명확하게 보이기 위해서 직역하였다.

사라지는 것[滅]도 (역시) 옳지 않다.[268]

[107. (7-30)]

re shig dngos po yod pa la//
'gag pa 'thad par mi 'gyur ro//
gcig nyid na ni dngos po dang//
dngos po med pa 'thad pa med//

어떤 하나의 존재하는 사태에[269]
사라지는 것[滅]이 (같이 있다는 것은) 옳지 않다.
단 하나의 성질[一性]에서[270] 사태와
사태가 아닌 것이 (같이 있다는 것은) 옳지 않다.

[108. (7-31)]

dngos po med pa gyur pa la'ang//
'gag pa 'thad par mi 'gyur ro//
mgo gnyis pa la ci ltar ni//
gcad du med pa med pa de bzhin ro//

(어떤 하나의) 존재하지 않는 사태에서도 또한

---

268. '~일 때, 그때'를 뜻하는 '강쩨 ~, 데쩨 ~(kang tshe ~, de tshe ~)'는 산스끄리뜨어의 '야다 ~, 따다 ~(yadā ~, tadā ~)'가 1행과 3행의 어두에 쓰였다.
269. '존재하는 사태'는 '피수식어+수식어' 구조로 이루어진 티벳어의 특징에 따라 '뇌뽀 외빠(dngos po yod pa)'를 옮긴 것이다. 말미의 '라둔(la 'dun)'을 처격[Loc.]으로 보고 옮겼다.
270. 『청목소』한역에서는 일법(一法)으로 되어 있으나, 산스끄리뜨어 '에까뜨바(ekatva)'를 옮긴 '찍니(gcig nyid)'가 쓰였으며, '하나 그 자체', 'oneness, singleness'라는 뜻이다. 문법적으로 '나 니(na ni)'가 쓰였는데 '나(na)'를 가정법이 아닌 처격[Loc.]으로, 강조사 [Emp.] '니(ni)'를 '하나'를 강조하는 '단'으로 옮겼다.

> 사라지는 것[滅]이 (같이 있다는 것은) 옳지 않다.
> 이것은 마치 두 번째 머리를
> 잘라 없애는 것이 있을 수 없는 것과 같다.[271]

[109. (7-32)]

འགག་པ་རང་གི་བདག་ཉིད་ཀྱིས།།	'gag pa rang gi bdag nyid kyis//
ཡོད་མིན་འགག་པ་གཞན་གྱིས་མིན།།	yod min 'gag pa gzhan gyis min//
ཇི་ལྟར་སྐྱེ་བ་རང་དང་ནི།།	ci ltar skye ba rang dang ni//
གཞན་གྱིས་བསྐྱེད་པ་མ་ཡིན་བཞིན།།	gzhan gyis bskyed pa ma yin bzhin//

> 사라지는 것[滅]은 자기 자신[本性]에 의해서
> 존재하지 않는다. (그리고) 다른 사라지는 것에 의해서(도 존재하지)
> 않는다.[272]
> (이것은) 마치 생기는 것이 바로 그 자신과
> 다른 것에 의해서 발생하지 않는 것과 같다.[273]

[110. (7-33)]

སྐྱེ་དང་གནས་དང་འཇིག་པ་དག།	skye dang gnas dang 'jig pa dag//
མ་གྲུབ་ཕྱིར་ན་འདུས་བྱས་མེད།།	ma grub phyir na 'dus byas med//
འདུས་བྱས་རབ་ཏུ་མ་གྲུབ་བས།།	'dus byas rab tu ma grub bas//
འདུས་མ་བྱས་ནི་ཇི་ལྟར་འགྲུབ།།	'dus ma byas ni ci ltar 'grub//

....
271. 어두에 쓰여 '마치 ~와 같다'를 뜻하는 '찌달 ~ 데쉰(ci ltar ~ de bzhin)'이, 3행과 4행의 말미에 쓰여 있다.
272. '민(min)'을 '아니다'로 옮기지 않고, 앞의 '외민(yod min)'의 축약형으로 보고 대구를 이루게 옮겼다.
273. 102번 게송의 3, 4행과 정확히 같다. 98번과 102번 게송에서 생(生)과 주(住)를 다루었듯, 멸(滅)도 같은 형식으로 정리하고 있다.

> 생기는 것[生]과 머무는 것[住]과 사라지는 것[滅] 등이
> 성립하지 않는다면 유위법(有爲法)은 존재하지 않는다.
> 유위법이 존재하지 않는데[274]
> 무위법(無爲法)이 어떻게 성립할 수 있겠는가?[275]

[111. (7-34)]

རྨི་ལམ་ཇི་བཞིན་སྒྱུ་མ་བཞིན།། rmi lam ji bzhin sgyu ma bzhin//
དྲི་ཟའི་གྲོང་ཁྱེར་ཇི་བཞིན་དུ།། dri za'i grong khyer ji zhin du//
དེ་བཞིན་སྐྱེ་དང་དེ་བཞིན་གནས།། de bzhin skye dang de bzhin gnas//
དེ་བཞིན་དུ་ནི་འཇིག་པ་གསུངས།། de bzhin du ni 'jig pa gsungs//

> 꿈과 같고 환술(幻術=māyā)과 같고
> 건달바성(乾闥婆城)[276]과 같은,
> 그와 같은 생기는 것[生]과 그와 같은 머무는 것[住], (그리고)
> 바로 그와 같은 사라지는 것[滅]에 (대해서는 이와 같이) 설명하였다.

||སྐྱེ་བ་དང་གནས་པ་དང་འཇིག་པ་བརྟགས་པ་ཞེས་བྱ་བ་སྟེ་རབ་ཏུ་བྱེད་པ་བདུན་པའོ།།

'생기는 것[生]과 머무는 것[住]과 사라지는 것[滅]을 살펴보는 것'이라 불리는 제7품

---

274. 도구격[Ins.]을 원인, 이유 등으로 보고 옮겼다.
275. 이 품의 첫 번째 게송에 대한 답에 해당한다.
276. [BD] 건달바성(乾闥婆城): 【범】 gandharva-nagara 또는 건달바성(乾達婆城)・건달박성(犍達縛城)・헌달박성(蠟達縛城). 번역하여 심향성(尋香城). 실체는 없이 공중에 나타나는 성곽. 바다 위나 사막 또는 열대지방에 있는 벌판의 상공(上空)에서 공기의 밀도와 광선의 굴절작용으로 일어나는 신기루(蜃氣樓)・해시(海市). 이것을 건달바성이라 하는 것은, 건달바는 항상 천상에 있다는 데서 생긴 것 또는 서역에서 악사(樂師)를 건달바라 부르고, 그 악사는 환술로써 교묘하게 누각을 나타내어 사람에게 보이므로 이와 같이 부른다.

제8품. 행위와 행위자에 대한 고찰[277]

[112. (8-1)]

བྱེད་པོ་ཡིན་པར་གྱུར་བ་དེ།། byed po yin par gyur ba de//
ལས་སུ་གྱུར་བ་མི་བྱེད་དོ།། las su gyur ba mi byed do//
བྱེད་པོ་མ་ཡིན་གྱུར་བ་ཡང་།། byed po ma yin gyur ba yang//
ལས་སུ་མ་གྱུར་མི་བྱེད་དོ།། las su ma gyur mi byed do//

실재하는[278] 행위자는
행위[279]를 하지 않는다.
실재하지 않는 행위자인 (그것도) 또한
행위가 아닌 것을 하지 않는다.

277. ༎བྱེད་པ་པོ་བརྟག་པ་ཞེས་བྱ་བ་སྟེ་རབ་ཏུ་བྱེད་པ་བརྒྱད་པའོ།།
//byed pa po brtaga pa zhes bya ba ste rab tu byed pa brgyad pa'o//

직역하면 '행위(와 행위)자를 살펴보는 것이라 불리는 제8'이다. 한역으로 「관작작자품(觀作作者品)」이라고 한다.

행위, 작용을 뜻하는 '제빼(byed pa)'와 '그런 행위를 하는 자'라는 뜻을 지닌 '제빠뽀(byed pa po)'를 축약하여 '쩨뽀'만 적혀 있으나, 산스끄리뜨어 '깔마까라까(karmakāraka)', 즉 행위와 그것을 행하는 자에 따라 옮겼다.

이 품의 전체적인 주제는 어떤 한 행위, 작용과 그것을 행하는 주체 사이에서의 독립적인 개념자는 성립하지 않는다는 것이다.

278. 티벳어 원문에서는 '실재하는'이라는 단어가 없으나 생략된 산스끄리뜨어 원문의 '삽부따(sadbhūta)', 즉 '참된, 실재하는'을 첨언하였다. 티벳역에서 이 단어가 생략된 것은 행위자의 수식어가 불필요하게 여겨졌기 때문일지 모르겠으나, 다음 2번 게송을 살펴보았을 때 이후에 따라 나오는 '인빨 귤와(yin par gyur ba)', '(그 무엇이) 있게 되는'에 이 뜻이 숨어 있다. 여기서만 등장하니 용례로 첨언할 필요가 있을 듯하다.

279. 일반적으로 업을 뜻하는 '깔마(karma)'의 티벳어인 '레(las)'가 쓰였다. 『회쟁론』을 통해 보면, 행위자와 행위는 '제빠뽀(byed pa po)'와 '쩨빠(byed pa)'다. 그러나 여기서는 행하다는 동사 '쩨빠(byed pa)'의 '쩨(byed)'가 뒤따라 나오기 때문에 이렇게 쓴 듯하다.

[113. (8-2)]

ཡིན་པར་གྱུར་ལ་བྱ་བ་མེད།། yin par gyur la bya ba med//
བྱེད་པོ་མེད་པའི་ལས་སུའང་འགྱུར།། byed po med pa'i las su'ang 'gyur//
ཡིན་པར་གྱུར་ལ་བྱ་བ་མེད།། yin par gyur la bya ba med//
ལས་མེད་བྱེད་པ་པོར་ཡང་འགྱུར།། las med byed pa por yang 'gyur//

> 실재하는 (행위자)에 행[行=작용-]²⁸⁰은 없다.
> (만약 그런 게 있다면) 행위자가 없는 행위도 또한 (존재하게) 되리라.
> 실재하는 (행위)에 행[行=작용-]은 없다.
> (만약 그런 게 있다면) 행위가 없는 행위자도 또한 (존재하게) 되리라.²⁸¹

[114. (8-3)]

གལ་ཏེ་བྱེད་པོར་མ་གྱུར་བ།། gal te byed por ma gyur ba//
ལས་སུ་མ་གྱུར་བྱེད་ན་ནི།། las su ma gyur byed na ni//
ལས་ལ་རྒྱུ་ནི་མེད་པར་འགྱུར།། las la rgyu ni med par 'gyur//
བྱེད་པ་པོ་ཡང་རྒྱུ་མེད་འགྱུར།། byed pa po yang rgyu med 'gyur//

> 만약 행위자로 되지 않았던 것이
> 행위로 되지 않았던 것을 한다면²⁸²
> 행위는²⁸³ 어떠한²⁸⁴ 원인이 없는 것[無因]으로(도) 되고

MK(T.K.)에서는 'existent action', 즉 '실재하는 행위'로 달리 쓰고 있다. MK(T.K.), p. 223 참조.
280. 일반적으로 행위, 행위하는 것을 뜻하는 '자와(bya ba)'가 쓰였으나 산스끄리뜨어 '끄리야(kriyā)'가 쓰였다. 이 '끄리야'는 일상생활에서 수행하는 '행(行) 딴뜨라(kriyā tantra)'에 등장한다. 『청목소』와 다른 역본에서는 작용으로 옮겼으나 여기서는 행위자와 행위의 관계로 보았다. MK(T.K.)에서는 'activity'로 옮겼다.
281. 이 게송의 요지는 매우 간단하다. 행위자와 행위가 상호 별개로 존재하는 것이라면 이 둘 사이에 관련이 없어도 행위자가 없는 행위가 존재할 수 있고 행위가 없는 행위자 또한 존재할 수 있다는 뜻이다.
282. 직역하였으나, 앞의 1, 2번 게송에서의 '인빠 귤와(yin gyur ba)'의 축약형으로 '마귤와

> 행위자도 또한 원인 없는 것으로(도) 된다.

[115. (8-4)]

རྒྱུ་མེད་ན་ནི་འབྲས་བུ་དང་།། rgyu med na ni 'bras bu dang//
རྒྱུ་ཡང་འཐད་པར་མི་འགྱུར་རོ།། rgyu yang 'thad par mi 'gyur ro//
དེ་མེད་ན་ནི་བྱ་བ་དང་།། de med na ni bya ba dang//
བྱེད་པ་པོ་དང་བྱེད་མི་རིགས།། byed pa po dang byed mi rigs//

> 바로 그 원인이 없다[無因]면 (그런 행위의) 결과와
> 그 원인도 또한 옳지 않게 된다.
> 그것이 없다면 행[行=작용]과
> 행위자와 도구[285]는 불합리하다.[286]

[116. (8-5)]

བྱ་བ་ལ་སོགས་མི་རིགས་ན།། bya ba la sogs mi rigs na//
ཆོས་དང་ཆོས་མིན་ཡོད་མ་ཡིན།། chos dang chos min yod ma yin//
ཆོས་དང་ཆོས་མིན་མེད་ན་ནི།། chos dang chos min med na ni//
དེ་ལས་བྱུང་བའི་འབྲས་བུ་མེད།། de las byung ba'i 'bras bu med//

> 행[行=작용] 등이 옳지 않다면

(ma gyur ba)'를 '실재하지 않는 것'으로 보면, '실재하지 않는 행위자로 실재하지 않는 행위를 한다면'이 되는데 산스끄리뜨어 원문 게송은 이와 같다. 1, 2번 게송과 달리 '티벳식'으로 읽기 위해서 이렇게 옮겼다.

283. '라둔(la 'dun)'을 주격[Nom.]으로 보고 옮겼다.
284. 강조사[Emp.] '니(ni)'를 '어떠한'으로 받았다.
285. 도구라고 옮긴 '제(byed)'는 MK(T.K.)의 'instrument'를 따른 것이다. 동사로서 '행하다'라는 뜻이 있으나 산스끄리뜨어 '까라나(karaṇa)'에 해당한다. MK(T.K.)에서는 물병(pot)을 만드는 옹기쟁이와 그가 필요한 외적 요소, 즉 도구 등을 예로 들고 있다.
286. 산스끄리뜨어로 읽으면 '존재하지 않는다.'이다.

법(法)과 법이 아닌 것[非法]²⁸⁷은 존재하지 않는다.
법(法)과 법이 아닌 것[非法]이 존재하지 않는다면
그로부터 발생한 과보는 존재하지 않는다.

[117. (8-6)]

འབྲས་བུ་མེད་ན་ཐར་བ་དང་།། 'bras bu med na thar ba dang//
མཐོ་རིས་འགྱུར་བའི་ལམ་མི་འཐད།། mtho ris 'gyur ba'i lam mi 'thad//
བྱ་བ་དག་ནི་ཐམས་ཅད་ཀྱང་།། bya ba dag ni thams cad kyang//
དོན་མེད་ཉིད་དུ་ཐལ་བར་འགྱུར།། don med nyid du thal bar 'gyur//

과보가 존재하지 않는다면 해탈과
선취(善趣)의 길[道]은 옳지 않(게 된다).
(또한) 바로 그 행[行=작용] 등 모든 것도
의미가 없는 것 자체로 (빠지는) 과실(過失)이 된다.²⁸⁸

[118. (8-7)]

བྱེད་པ་པོར་གྱུར་མ་གྱུར་བ།། byed pa por gyur ma gyur ba//
གྱུར་མ་གྱུར་དེ་མི་བྱེད་དེ།། gyur ma gyur de mi byed de//
ཡིན་དང་མ་ཡིན་གྱུར་གཅིག་ལ།། yin dang ma yin gyur gcig la//
ཕན་ཚུན་འགལ་བས་ག་ལ་ཡོད།། phan tshun 'gal bas ga la yod//

실재하거나 실재하지 않는²⁸⁹ 행위자는²⁹⁰
실재하거나 실재하지 않는 것을 하지 않는다.
존재하거나 존재하지 않는²⁹¹ 하나의 실재하는 것이라는²⁹²

---

287. 여기에 쓰인 '최(chos)'는 현상이나 부처님의 가르침이 아닌 선과 불선의 개념으로 MK(T.K.)에서는 'the virtuous nor the vicious'로 옮기고 있다.
288. 20번 게송 각주 참조

상호 모순적인 것[293]이 어떻게 존재할 수 있겠는가?

[119. (8-8)]

བྱེད་པ་པོར་ནི་གྱུར་པ་ཡིས།། byed pa por ni gyur pa yis//
མ་གྱུར་ལས་ནི་མི་བྱེད་དེ།། ma gyur las ni mi byed de//
མ་གྱུར་བས་ཀྱང་གྱུར་མི་བྱེད།། ma gyur bas kyang gyur mi byed//
འདིར་ཡང་སྐྱོན་དེར་ཐལ་བར་འགྱུར།། 'dir yang skyon der thal bar gyur//

실재하는 행위자에 의해서[294]
실재하지 않는 행위는 지어지지 않고
실재하지 않는 (행위자)에 의해서도 또한 실재하는 것은 지어지지 않는다.
이것 또한 그런[295] 오류로, 과실(過失)[296]이 된다.

[120. (8-9)]

བྱེད་པ་པོར་ནི་གྱུར་པ་དང་།། byed pa por ni gyur pa dang//
བཅས་པ་ལས་ནི་མ་གྱུར་དང་།། bcas pa las ni ma gyur dang//
གྱུར་མ་གྱུར་བ་མི་བྱེད་དེ།། gyur ma gyur ba mi byed de//
གཏན་ཚིགས་གོང་དུ་བསྟན་ཕྱིར་རོ།། gtan tshigs gong du bstan phyir ro//

---

289. '귤 마귤와(gyur ma gyur ba)'를 112번 게송처럼 '실재하거나 실재하지 않는'으로 옮겼다. 산스끄리뜨어 원문은 'sat(진실로)+asat(거짓으로)+bhūta(존재)'이다.
290. '라둔(la 'dun)'을 주격[Nom.]으로 보고 옮겼다.
291. 일반적으로 '인(yin)'은 '이다'로 쓰이고 '외(yod)'가 '존재한다, 있다'로 쓰이는데 여기서는 '인'이 쓰였다.
292. '라둔(la 'dun)'을 여기서는 상대방의 주장을 인용한 것으로 보고 옮겼다. MK(T.K.)에서는 이 3행을 '같이 있을 수 없다(cannot both be and not be so)'로 끊어서 의역하고 있다.
293. '펜춘 겔와(phan tshun 'gal ba)'에는 '상호 모순(mutual contradiction)'이라는 뜻이 있다.
294. 도구격[Ins.]으로 받아 수동형이 되게 했다.
295. 바로 앞 게송의 상호 모순을 가리킨다.
296. '텔왈귤(thal bar 'gyur)'의 자세한 내용은 「제2품. 가고 오는 것[去來]에 대한 고찰」, [20. (2-4)]번 게송 각주 참조.

> 실재하는 행위자에 의해서
> 실재하지 않는 행위나[297] 또는
> 실재하면서 실재하지 않는 것[=행위]은 지어지지 않는다.[298] 이것에 대해서는[299]
> 앞서 (그) 이유를 설명하였다.

[121. (8-10)]

བྱེད་པ་པོར་ནི་མ་གྱུར་བས།།	byed pa por ni ma gyur bas//
ལས་ནི་གྱུར་དང་བཅས་པ་དང་།།	las ni gyur dang bcas pa dang//
གྱུར་མ་གྱུར་པ་མི་བྱེད་དེ།།	gyur ma gyur pa mi byed de//
གཏན་ཚིགས་གོང་དུ་བསྟན་ཕྱིར་རོ།།	gtan tshigs gong du bstan phyir ro//

> 실재하지 않는 행위자에 의해서[300]
> 실재하는 행위나 또는
> 실재하면서 실재하지 않는 것[=행위]은 지어지지 않는다. 이것에 대해서는
> 앞서 (그) 이유를 설명하였다.[301]

---

297. 이 부분의 티벳역 게송은 매우 혼란스러운데 1, 2행의 '귤빠 당/ 쩨빠 레(gyur pa dang// bcas pa las)'를 같이 붙여서 읽으면 '실재하는 행위'가 된다. 바로 뒤따라 나오는 '마귤(ma gyur)'과 합치면 '실재하고 있는 행위가 실재하지 않는 것'으로 읽을 수 있다. MK(T.K.), p. 228 참조 『청목소』 산스끄리뜨어역은 '실재하지 않는 행위'로 되어 있다. 『청목소』, p. 167 참조 여기서는 1행의 '귤빠(gyur pa)'를 앞의 행위자를 수식하며 뒤따라 나오는 2행을 같이 받는 것으로 보고 옮긴 뒤 축약하였다.
298. 사구부정의 두 번째인 '~A'와 세 번째인 'A and ~A'의 경우에 대해서 설명하고 있다.
299. 4행 말미의 '칠로(phyir ro)'와 격을 맞춘 지시대명사 '데(de)'는 '왜냐하면 이것은 ~이기 때문이다'로 그 원인, 이유 등을 설명하는 관용어다.
300. 바로 앞 게송과 비슷하지만 도구격[Ins.]의 's'가 쓰여 있다.
301. 1행의 실재하는 행위자와 실재하지 않는 행위자만 대구를 이룰 뿐, 바로 앞의 게송과 동일한 구조로 되어 있다.

[122. (8-11)]

ཞེད་པ་པོར་གྱུར་མ་གྱུར་ནི། །
ལས་སུ་གྱུར་དང་མ་གྱུར་བ། །
མི་བྱེད་འདིར་ཡང་གཏན་ཚིགས་ནི། །
གོང་དུ་བསྟན་པས་ཤེས་པར་བྱ། །

byed ba por gyur ma gyur ni//
las su gyur dang ma gyur ba//
mi byed 'dir yang gtan tshigs ni//
gong du bstan pas shes par bya//

> 실재하거나 실재하지 않는 행위자에 의해서
> 실재하거나 실재하지 않는 행위는
> 지어지지 않는다. 이것 또한 그 이유는
> 앞에서 설명한 것처럼 이해해야 한다.[302]

[123. (8-12)]

བྱེད་པོ་ལས་བསྟེན་བྱས་ཤིང་། །
ལས་ཀྱང་བྱེད་པོ་དེ་ཉིད་ལ། །
བརྟེན་ནས་འབྱུང་བ་ལ་གཏོགས་པར། །
འགྲུབ་པའི་རྒྱུ་ནི་མ་མཐོང་ངོ་། །

byed po las bsten byas shing//
las kyang byed po de nyid la//
brten nas 'byung ba la gtogs par//
'grub pa'i rgyu ni ma mthong ngo//

> 행위자는 행위에 의지하고 그리고
> 행위도 그 행위자 자체에
> 의지하여 생겨나는 것[緣起]을 명확하게 (볼 수 있다.)
> (이 밖의 다른) 성립하는 원인[因]은 볼 수 없다.[303]

---

302. 행위자와 행위가 각각의 독립적인 개념으로 성립될 경우의 모순에 대한 결론에 해당한다.
303. 3행의 말미에 어어진 것으로, '똑빨/ 둡빼 뀨(gtogs par// 'grub pa'i rgyu)'를 직역하면 '명확하게 성립하는 원인'이라는 뜻이다. 연기법에 의한 상호 의존적인 개념자 이외에는 성립하지 않는다는 의미다. 다른 역본들처럼 축약된 것이 있다고 보고 풀어 썼다. 달리 풀면, 4행까지 이어 명확하게 성립한다. 그리고 소유격[Gen.] '이('i)'를 역접으로 보고 '그 밖의 (다른) 원인을 볼 수 없다'로 옮길 수 있다.

[124. (8-13)]

དེ་བཞིན་ཉེར་ལེན་ཤེས་པར་བྱ། །
ལས་དང་བྱེད་པོ་གསལ་ཕྱིར་རོ། །
བྱེད་པ་པོ་དང་ལས་དག་གིས། །
དངོས་པོ་ལྷག་མ་ཤེས་པར་བྱ། །

de bzhin nyer len shes par bya//
las dang byed po gsal phyir ro//
byed pa po dang las dag gis//
dngos po lhag ma shes par bya//

이와 같이 취(取)[304]도 이해해야 한다.
(왜냐하면) 행위와 행위자처럼 명확하기 때문이다.
행위자와 행위 등과 같이
다른 사태들도 이해해야 한다.[305]

||བྱེད་པོ་བརྟག་པ་ཞེས་བྱ་བ་སྟེ་རབ་ཏུ་བྱེད་པ་བརྒྱད་པའོ།།

'행위(와 행위)자를 살펴보는 것'이라 불리는 제8품

---

304. 여기서 말한 '취(取)'란 산스끄리뜨어 '우빠다나(upādāna)'로 다른 개념자의 예이다. 행위자와 행위처럼 '취'라는 개념자 또한 '취하는 자'와 '취하는 행위' 등을 나누어 분석해 보아도 마찬가지의 결론이라는 뜻이다.
305. 1, 2행의 '취(取)'뿐만 아니라 나머지 개념자들도 이와 같은 식으로 이해해야 된다는 뜻이다.

제9품. 선행 주체에 대한 고찰[306]

【문】

[125. (9-1)]

ལྟ་དང་ཉན་ལ་སོགས་པ་དང་།།	lta dang nyan la sogs pa dang//
ཚོར་སོགས་དང་ཡང་དབང་བྱས་པ།།	tshor sogs dang yang dbang byas pa//
གང་གི་ཡིན་པ་དེ་དག་གི།།	gang gi yin pa de dag gi//
སྔ་རོལ་དེ་ཡོད་ཁ་ཅིག་སྨྲ།།	snga rol de yod kha cig smra//

'보는 작용과 듣는 작용[307] 등과

또한 감수 작용[受][308] 등을 행했던[309]

무엇인가의 그것들이 있다고[310],

그 선행 주체가 존재한다'고 어떤 이는 말한다.

---

306. ||སྔ་རོལ་ན་གནས་པ་བརྟག་པ་ཞེས་བྱ་བ་སྟེ་རབ་ཏུ་བྱེད་པ་དགུ་པའོ།།
//snga rol na gnas pa brtag pa zhes bya ba ste rab tu byed pa dgu pa'o//

직역하면 '선행 주체를 살펴보는 것'이라 불리는 제9'이다. 한역으로 『관본주품(觀本住品)』이라고 한다.

여기서 '선행 주체'라고 옮긴 '나놀나 네빼(snga rol na gnas pa)'는 '(시간적으로) 이전에 머무는 것'이라는 뜻으로 산스끄리뜨어 '뿌르바(pūrva)'를 티벳어로 조어한 것이다. 그 뜻은 『청목소』에서 김성철이 언급하였듯, 연기, 무아, 무상과 대치되는 '선행되어 항상하며 불변하는 존재'라는 외도(外道)의 다양한 주체에 대한 논파를 위한 품이다. 그는 외도의 ātman, jīva, buddhi, puruṣa 등을 꼽고 있다.

『청목소』 한역은 본주(本住)라고 되어 있으나 여기서는 MK(T.K.)의 'Prior Entity'에 따라서 '선행 주체'라고 옮겼다.

307. 보는 것, 듣는 것 등으로 옮길 수 있으나 2행과 격을 맞추기 위해서 이렇게 옮겼다.
308. 오온(五蘊)의 두 번째인 산스끄리뜨어 '베다나(vedanā)로 '받아들임'을 뜻한다. 오온의

[126. (9-2)]

དངོས་པོ་ཡོད་པ་མ་ཡིན་ན།། dngos po yod pa ma yin na//
ལྟ་བ་ལ་སོགས་ཅི་ལྟར་འགྱུར།། lta ba la sogs ci ltar 'gyur//
དེ་ཕྱིར་དེ་དག་སྔ་རོལ་ན།། de phyir de dag snga rol na//
དངོས་གནས་པ་དེ་ཡོད་དོ།། dngos gnas pa de yod no//

> (이와 같은) 사태[311]가 존재하는 것이 아니라면
> 보는 작용 등과 같은 것이 어떻게 될 수 있겠는가?[312]
> 그러므로 그것들 이전에[313]
> 그 (어떤) 머무는[住] 사태가 존재한다.[314]

【답】

[127. (9-3)]

ལྟ་དང་ཉན་ལ་སོགས་པ་དང་།། lta dang nyan la sogs pa dang//
ཚོར་བ་ལ་སོགས་ཉིད་ཀྱིས་ནི།། tshor ba la sogs nyid kyis ni//
སྔ་རོལ་དངོས་པོ་གང་གནས་པ།། snga rol dngos po gang gnas pa//
དེ་ནི་གང་གིས་གདགས་པར་བྱ།། de ni gang gis gdags par bya//

다른 작용을 포함한다는 의미다.

309. '왕제빼(dbang byas pa)'의 관용적인 용법인 'to be used'에 따라 옮겼다. 해자해보면 '왕뽀 제빼(dbang po byas pa)'로도 볼 수 있는데 이때는 '행했던 감각 기관[根]' 정도 된다. 그러나 MK(T.K.)나 산스끄리뜨어 원문 등에는 이런 표현이 없어, 관용적인 용법에 따랐다.
310. '강기 ~ 기(gang gi ~ gi)'라고 소유격[Gen.] '기(gi)'가 두 차례 반복된 행으로, 첫 번째 것은 소유격으로 두 번째 것은 문장을 끊어 읽는 기능으로 보고 옮겼다.
311. 3번 게송 각주 참조
312. '귤('gyur)'을 수동의 의미로 받았다.
313. '선행 주체'라고 옮긴 '녜놀(snga rol)'이 쓰였으나 여기서는 MK(T.K.)에 따라 수식의 'prior to this'에 따라 옮겼다. 가정법의 '나(na)'를 여기서는 처격[Loc.]으로 보았다.
314. 이 게송의 3행의 '그것들'은 2행의 보는 작용을 가리키며, 4행의 '머무는[住] 사태'는 보는 작용을 하는 눈과 같은 감각 기관이 선행하여 존재해야 된다는 것을 가리킨다. 이 때문에 3행의 '녜놀'을 '선행 주체'가 아닌 '이전'이라고 옮겼다.

> 보는 작용과 듣는 작용 등과
> 감수 작용[受] 등이 바로 그 자체인
> 그 무엇인가로 사태 이전에 머무른다면[315]
> 바로 그것은 무엇으로 표시되겠는가?[316]

[128. (9-4)]

	lta ba la sogs med par yang//
	gal te de ni gnas gyur na//
	de med par yang de dag ni//
	yod par 'gyur bar the tshom med//

> 보는 작용 등이 존재하지 않아도
> 만약 그것들이 머문다면
> 그것들이 존재하지 않아도 바로 그것들이
> 존재하게 된다는 것에는 의심할 여지가 없다.[317]

[129. (9-5)]

	ci yis gang zhig gsal bar byed//
	gang gis ci zhig gsal bar byed//
	ci med gang zhig ga la yod//
	gang med ci zhig ga la yod//

---

315. 가정법의 '나(na)'를 첨언하여 읽었다. 모든 역본이 동일하다.
316. '데빠(gdags pa)'를 MK(T.K.)에서 '표시하다(designate)'로 되어 있어 이에 따랐다. '결합하다'는 뜻도 있다. 산스끄리뜨어 원문인 '쁘라갸뻐아떼(prajñapyate)'로 읽으면 '알게 되겠는가?' 정도 된다.
    고정된 실체를 가진 것은 존재하지 않는다는 의미다.
317. 산문 형식의 문장 구조에 따라 직역하였다.

> 어떤 것으로 누군가는 명백해지고[318]
> 누군가는 어떤 것으로 명백해진다.
> 어떤 것이 없는 누군가가 어떻게 존재할 수 있겠으며
> 누군가가 없는 어떤 것이 어떻게 존재할 수 있겠는가?[319]

[130. (9-6)]

ལྟ་ལ་སོགས་པ་ཐམས་ཅད་ཀྱི།།	lta la sogs pa thams cad kyi//
སྔ་རོལ་གང་ཞིག་ཡོད་པ་མིན།།	snga rol gang zhig yod pa min//
ལྟ་སོགས་ནང་ནས་གཞན་ཞིག་གིས།།	lta sogs nang nas gzhan zhig gis//
གཞན་གྱི་ཚེ་ན་གསལ་བར་བྱེད།།	gzhan gyi tshe na gsal bar byed//

> 보는 작용 등 모든 것의
> 선행 주체인 누군가는 존재하지 않는다.
> (이것은) 보는 작용 등의 내부로부터 다른 것이
> 다른 때[320] (분리된 경우)라면 명백해진다.[321]

[131. (9-7)]

ལྟ་ལ་སོགས་པ་ཐམས་ཅད་ཀྱི།།	lta la sogs pa thams cad kyi//
སྔ་རོལ་གལ་ཏེ་ཡོད་མིན་ན།།	snga rol gal te yod min na//
ལྟ་ལ་སོགས་པ་རེ་རེ་ཡི།།	lta la sogs pa re re yi//
སྔ་རོལ་དེ་ནི་ཇི་ལྟར་ཡོད།།	snga rol de ni ji ltar yod//

---

318. '명백해지다'로 옮긴 '쎌발 제(gsal bar byed)'를 직역하면 '명백하게 행하다'는 정도 되는데 MK(T.K.)에서는 'is disclosed'로 옮겼다.
319. 상호 연관성, 즉 연기성을 통해서만 존재자[自]와 다른 존재[他]는 정의된다는 의미다.
320. 하나의 특질을 가지고 있는 선행 주체와 그 성질, 예를 들어 눈과 보는 작용은 분리될 수 없어서, 1. 다른 것(선쇡, gzhan zhig), 2. 다른 때(선기 체, gzhan gyi tshe)에는 그와 같은 작용이 없다는 점을 통해서 명확하게 증명된다는 의미다.
321. MK(T.K.)에서는 이것을 논박자의 게송으로 보고 있으나 내용으로 본즉,『청목소』로 보든 중관파의 견해다. MK(T.K.), p. 240 참조

> 보는 작용 등 모든 것의
> 선행 주체가 만약 존재하지 않는다면
> 보는 작용 등 각각의
> 바로 그 선행 주체가 어떻게 존재할 수 있겠는가?[322]

[132. (9-8)]

བལྟ་པོ་དེ་ཉིད་ཉན་པོ་དེ།།	lta po de nyid nyan po de//
གལ་ཏེ་ཚོར་བོའང་དེ་ཉིད་ན།།	gal te tsher bo'ang de nyid na//
རེ་རེའི་སྔ་རོལ་ཡོད་འགྱུར་ན།།	re re'i snga rol yod 'gyur na//
དེ་ནི་དེ་ལྟར་མི་རིགས་སོ།།	de ni de ltar mi rigs so//

> 만약[323] 그 보는 자 자체가 그 듣는 자이고
> 감수 작용을 하는 자 그 자체라면
> (그래서) 각각의 선행 주체가 존재하게 된다면
> 바로 그것은 그와 같이 불합리한 것이다.[324]

[133. (9-9)]

གལ་ཏེ་ལྟ་བ་གཞན་ཉིད་ལ།།	gal te lta ba gzhan nyid la//
ཉན་པ་པོ་གཞན་ཚོར་གཞན་ན།།	nyan pa po gzhan tshor gzhan na//
ལྟ་བོ་ཡོད་ཚོ་ཉན་པོར་འགྱུར།།	lta bo yod tsho nyan por 'gyur//

---

322. 『청목소』에서는 이 게송이 논박자의 주장이다. 여기서는 용수의 이어지는 논파로 보고 옮겼다.
323. 2행의 가정법의 '겔떼 나(gal te)'를 위로 올려 옮겼다.
324. 작용과 그것에 대한 주체를 별도로 분리된 것이 아니라는 뜻이다.
　　4행의 문장 구조는 산스끄리뜨어 티벳어 직역으로, 『청목소』 산스끄리뜨어는 '그러나 그것은 그런 식으로' 옮겨져 있다. 이 게송의 독법은 산스끄리뜨어와 티벳어 독법에서 차이가 심하다. 산스끄리뜨어로 읽을 경우, '그것은 합당하지 않다' 앞을 끊어서 '만약 그렇게 각각의 선행 주체가 존재하게 된다. 그러나'로 받을 수 있다. 3행의 가정법의 '나(na)'를 살리면 '선행 주체가 존재하게 된다. 그렇다면'으로 옮길 수 있다.

བདག་ཀྱང་མང་པོ་ཉིད་དུ་འགྱུར།། bdag kyang mang po nyid du 'gyur//

> 만약 보는 자가 다른 것 자체이고[325]
> 듣는 자가 다르고 감수 작용하는 자가 다르다면
> 보는 자가 존재할 때 (다른) 듣는 자로 되어야 할 것이다.
> (그리고) 아[我=ātman][326]도 또한 (그만큼) 많은 것으로 되어야 할 것이다.

[134. (9-10)]

ལྟ་དང་ཉན་ལ་སོགས་པ་དང་།། lta dang nyan la sogs pa dang//
ཚོར་བ་དག་ལ་སོགས་པ་ཡང་།། tshor ba dag la sogs pa yang//
གང་ལས་འགྱུར་བའི་འབྱུང་དེ་ལའང་།། gang las 'gyur ba'i 'byung de la'ng//
དེ་ནི་ཡོད་པ་མ་ཡིན་ནོ།། de ni yod pa ma yin no//

> 보는 작용과 듣는 작용 등 그리고
> 감수 작용 등을 비롯한
> 그 무엇으로부터 비롯된 그 (4)대[大=근본 요소][327]에도[328]
> 바로 그런 것[329]은 존재하지 않는다.

---

325. '라둔(la 'dun)'의 희귀 용법인 '그리고(and)'의 뜻에 따랐다.
326. 항상하며 고정불변의 '근본 주체'를 여기서는 '아뜨만'으로 표현했다. 『청목소』 한역은 '神多'로 되어 있는데 여기서는 신아(神我), 즉 근본 주체가 많게 된다는 뜻이다. 이 품의 각주 참조
327. 일반적으로 지수화풍을 뜻하는 4대(Skt., bhūteṣu, '중와('byung ba)'로, 여기에 (허)공을 보태 5대라고 한다. 이것은 '모든 색법(色法)'을 이루고 있는 기본적인 원질(原質)'이라고 하는데 어떤 하나 이상의 속성을 지닌 물질은 이러한 속성을 갖추고 있다고 보는 게 불교적 형이상학인 구사론의 특징이다.
328. 1행부터 3행까지 문장 말미에, '그리고, ~도 또한'을 뜻하는 '당(dang), 양(yang), 앙('ng)' 등이 두루 쓰여 있는데 문장의 의미에 맞게 각색하였다.
329. 바로 앞의 게송에서 언급한 아뜨만, 즉 근본 주체를 가리킨다.

[135. (9-11)]

ལྟ་དང་ཉན་ལ་སོགས་པ་དང་༎
ཚོར་བ་དག་ལ་སོགས་པ་ཡང་༎
གང་གི་ཡིན་པ་གལ་ཏེ་མེད༎
དེ་དག་ཀྱང་ནི་ཡོད་མ་ཡིན༎

lta dang nyan la sogs pa dang//
tshor ba dag la sogs pa yang//
gang gi yin pa gal te med//
de dag kyang ni yod ma yin//

> 보는 작용과 듣는 작용 등 그리고
> 감수 작용 등을 비롯한
> 그 무엇의 '있음'[330]이 존재하지 않는다면
> 바로 그것들[331] 역시 존재하지 않는다.

[136. (9-12)]

གང་ཞིག་ལྟ་ལ་སོགས་པ་ཡི༎
སྔ་རོལ་ད་ལྟ་ཕྱ་ན་མེད༎
དེ་ལ་ཡོད་དོ་མེད་དོ་ཞེས༎
རྟོག་པ་དག་ནི་ལྡོག་པར་འགྱུར༎

gang zhig lta la sogs pa yi//
snga rol da lta phya na med//
de la yod do med do zhes//
rtog pa dag ni ldog par 'gyur//

> 누군가가 보는 작용 등의[332]
> 이전이나 현재나 미래에 존재하지 않는 (그것에 대한[333])
> "그것은 존재한다. 그것은 존재하지 않는다."는
> 바로 그와 같은 분별들은 (이렇게) 소멸된다.

---

330. '강기인(gang gi yin)'은 '무엇(강, gang)+소유격(기, gi)+이다(인, yin)'의 구조로, 여기서는 1, 2행 게송의 그런 작용을 있게 하는 근본 주체를 가리킨다.
331. 근본 주체가 존재하지 않으므로 그곳에서 비롯된 작용 또한 존재하지 않는다는 뜻이다.
332. 소유격[Gen.] '이(yi)'를 뒤따라오는 2행의 수식어로 보고 옮겼다.
333. 2행의 어두에 근본 주체, 또는 이전이라는 뜻을 가진 '나롤(snga rol)'이 쓰여 있어, 선행 주체라는 뜻을 지닌 '그것'을 첨언하였다.

༄༅། །སྔོན་རོལ་གཤེགས་པ་བརྟག་པ་ཞེས་བྱ་བ་སྟེ་རབ་ཏུ་བྱེད་པ་དགུ་པའོ།།

'선행 주체를 살펴보는 것'이라 불리는 제9품

제10품. 불과 연료에 대한 고찰[334]

[137. (10-1)]

བུད་ཤིང་གང་དེ་མེ་ཡིན་ན།།
བྱེད་པ་པོ་དང་ལས་གཅིག་འགྱུར།།
གལ་ཏེ་ཤིང་ལས་མེ་གཞན་ན།།
ཤིང་མེད་པར་ཡང་འབྱུང་བར་འགྱུར།།

bud shing gang de me yin na//
byed pa po dang las gcig 'gyur//
gal te shing las me gzhan na//
shing med par yang 'byung bar 'gyur//

> 어떤 연료라는 그것이 (곧) 불이라면
> 행위자와 행위[335]는 같은 것이 된다.
> 만약 연료[336]로부터 (생겨난) 불이 다른 것이라면
> 연료가 없어도 (불이) 발생하게 된다.[337]

[138. (10-2)]

རྟག་ཏུ་འབར་བ་ཉིད་དུ་འགྱུར།།
འབར་བྱེད་རྒྱུ་ལས་མི་འབྱུང་ཞིང་།།

rtag tu 'bar ba nyid du 'gyur//
'bar byed rgyu las mi 'byung zhing//

---

334. ||me dang bud shing brtag pa zhes bya na ste rab tu byed pa bcu ba'o//

　　직역하면 '불과 연료를 살펴보는 것이라 불리는 제10'이다. 한역으로 「관연가연품(觀燃可燃品)」이라고 한다.

　　『중론』 가운데 유명한 품으로, 여기서는 불이라는 작용과 그것을 있게 하는 연료의 상호 관계성을 떠난 개별적인 존재는 불가능하다는 것을 논파하고 있다.
　　연료라고 옮긴 '부셍(bud shing)'을 직역하면 '화목(火木)' 정도 되는데 산스끄리뜨어의 연료, 즉 불 재료라는 '인다나(indana)'의 티벳역이라 보고 '연료'로 옮겼다.

335. 행위에 대해서는 36번 게송 각주를 비롯해 「제8품. 행위와 행위자에 대한 고찰」 참조
336. 여기서는 '부셍(bud shing)'의 축약인 '셍'만 쓰고 있다.
337. 불과 연료가 1, 2행은 상호 연관성으로 인한 동일한 존재일 경우, 3, 4행은 상호 연관성이 없는 다른 존재일 경우에 대한 두 가지 다른 종류의 예를 들고 있다.

རྩོམ་པ་དོན་མེད་ཉིད་དུ་འགྱུར།། rtsom pa don med nyod du 'gyur//
དེ་ལྟ་ཡིན་ན་ལས་ཀྱང་མེད།། de lta yin na las kyang med//

> (만약 그렇다면) 불길은 그 자체로 항상 (타오르는 것이) 된다.[338]
> (그렇게 되면) 불꽃은 그 원인으로부터 생겨나지 않은 게 (된다.) 그리고 불을 붙이는 것[점화]은 무의미한 것 그 자체로 된다.
> 그와 같다면 (불을 붙이는) 행위[339]도 또한 존재하지 않는다.[340]

[139. (10-3)]

གཞན་ལ་ལྟོས་པ་མེད་པའི་ཕྱིར།། gzhan la ltos pa med pa'i phyir//
འབར་བ་བྱེད་རྒྱུ་ལས་མི་འབྱུང་།། 'bar ba byed rgyu las mi 'byuung//
རྟག་ཏུ་འབར་བ་ཉིད་ཡིན་ན།། rtag tu 'bar ba nyid yin na//
རྩོམ་པ་དོན་མེད་ཉིད་དུ་འགྱུར།། rtsom pa don med nyid du 'gyur//

> (만약 그렇다면) 다른 것에 의지하지 않기 때문에
> 불길[341]은 그 원인으로부터 발생하지 않는 (것이 된다.)
> 만약 항상 불길 그 자체로 존재한다면
> 불을 붙이는 것[점화]은 무의미한 것이 된다.[342]

---

338. 바로 앞 게송의 3, 4행의 불과 연료가 상호 의존적이지 않은 개별적인 존재일 경우 파생하는 문제점들에 대한 지적이다.
339. 3행의 이 '불을 붙이는 것'을 받는다.
340. 1행의 '불길', 2행의 '불꽃', 3행의 '불을 붙이는 것'은 그 원문이 각각 '발와('bar ba), 발제('bar byed), 쫌빠(rtsom pa)'로 달라 이에 따라 우리말로 옮겼다.
341. 원문은 '발빠('bar pa)'인데 앞 게송의 '발와('bar ba)'의 오자다.
342. 산스끄리뜨어 원문은 '쁘라사지아떼(prasajyate)'로 앞에서는 주로 '텔발 귤(thal bar gyur)'로 옮긴 것이다. 여기서는 바로 앞의 게송과 대구를 위해서 이렇게 옮긴 듯하다. '텔귤'에 대해서는 20번 게송 각주 참조.

[140. (10-4)]

де་ལ་གལ་ཏེ་འདི་སྙམ་དུ།། de la gal te 'di snyam du//
སྲེག་བཞིན་བུད་ཤིང་ཡིན་སེམས་ན།། sreg bzhin bud shing yin sems na//
གང་ཚེ་དེ་ཙམ་དེ་ཡིན་ན།། gang tshe de tsam de yin na//
གང་གིས་བུད་ཤིང་དེ་སྲེག་བྱེད།། gang gis bud shing de sreg byed//

> 이런 경우,[343] (즉) 만약 생각하여
> '불타는 중인 것이 연료이다'라고 여긴다면,
> (즉) 그때 바로 그것[불타는 중인 것]이 그것[연료]이라면,
> 무엇에 의해서 그 연료가 불탈 수 있겠는가?[344]

[141. (10-5)]

གཞན་ཕྱིར་མི་འཕྲད་ཕྲད་མེད་ན།། gzhan phyir mi 'phrad phrad med na//
སྲེག་བར་མི་འགྱུར་མི་སྲེག་ན།། sreg bar mi 'gyur mi sreg na//
འཆི་བར་མི་འགྱུར་མི་འཆི་ན།། 'chi bar mi 'gyur mi 'chi na//
རང་རྟགས་དང་ཡང་ལྡན་པར་གནས།། rang rtags dang yang ldan par gnas//

> 다른 것이기 때문에 접촉하지 않고 접촉하지 않으면[345]
> 불탈 수 없고 불탈 수 없으면
> 사라지지 않는다. 사라지지 않으면
> 자상(自相)[346]을 갖춘 채 (항상 그대로) 머물러야 한다.

---

343. 문장의 어두에 쓰인 '데라(de la)'는 하나의 주제를 마친 뒤, 즉 뒤따라 나오는 내용으로 주제를 옮긴다는 의미가 있어 이렇게 옮겼다. 산스끄리뜨어 '따뜨라(tatra, 거기서, 그런 경우)'를 직역하여 넣은 듯하다. 여기서는 뒤따라 나오는 예를 중심에 두고 '이런 경우'라고 옮겼다.
344. 이 게송의 특징은 용수의 논파에 종종 등장하는 (즉 논박자가 시간의 현재 지점을 세분하여 그것에 마치 특별한 의미가 숨어 있는 듯한 논의를 전개할 때) 것으로, 비록 이와 같은 시도를 할지라도 그 기본적인 개념자 자체는 소멸되거나 은폐되는 것이 아니라는 점을 지적하고 있는 것이다.

【문】³⁴⁷

[142. (10-6)]

ཅི་ལྟར་བུད་མེད་སྐྱེས་པ་དང་།། ci ltar bud med skyes pa dang//
སྐྱེས་པའང་བུད་མེད་ཕྲད་པ་བཞིན།། skyes pa'ang bud med phrad pa bzhin//
གལ་ཏེ་ཤིང་ལས་མེ་གཞན་ན།། gal te shing las me gzhan na//
ཤིང་དང་ཕྲད་དུ་རུང་བར་འགྱུར།། shing dang phrad du rung bar 'gyur//

> 마치 여자가 남자³⁴⁸에게 그리고
> 남자가 또한 여자에게 접촉하는 것처럼
> 만약 연료로부터 (전혀) 다른 불이 (있다)면
> (그것이) 연료와 접촉하는 것이 가능하게 된다.³⁴⁹

---

345. '만나다, 접촉하다'는 뜻을 지닌 '테빠('phrad pa)'의 시제만 달리 쓰여 있다. 여기서는 뒤따라 나오는 다른 연속적인 것들과 격을 맞추기 위해서 현재형으로 옮겼다.
346. '제 자신의 본래 고유한 그대로의 불변하는 모습'인 자상(自相)인 '랑딱(rang rtags)'의 산스끄리뜨어는 '스바링가(svaliṅga)'로 여기서는 소유격[Gen.] '바뜨(vat)'가 붙은 형태로 되어 있다. 이 상(相)을 뜻하는 '링가'는 주로 'sign'으로 옮기는데 MK(T.K.)에서는 'its own identity'로 옮기고 있다. 이 상(相)에 대한 자세한 주석은 60번 게송 각주 참조.
347. 이 게송에 대한 해석은 두 갈래로 갈리는데 MK(T.K.)에서는 당대 최신 역본인 쪽로팬[Cog ro klu yi gyel ntshan]에 따라 용수의 설명으로 되어 있으나 (1.1.1.2.1.2.2 Resoling the uncertainties, pp. 254-155 참조) 다른 역본들에서는 논박자의 주장으로 되어 있어 이에 따라 옮긴다.
    티벳역에서는 예와 주장이 뒤바뀌어져 있어 자세히 살펴본다.
348. 여기서는 '(일반적인) 사람'을 뜻하는 '께빠(skyes pa)'가 쓰였다.
349. 『청목소』 산스끄리뜨어역은 '만약 연료와 다른 불이 (있어서 그것이) 연료에 도달하는 것이라면 여자가 남자에 도달하고 또 남자가 여자에게 도달하는 것과 같다.' MK(T.K.)에서는 'Just as a man touches a woman/ And a woman touches a man,/ So if fire were different from fuel,/ Fire and fuel would have to be suited to touch.' 거칠게나마 우리말로 옮기면,

> 마치 남자가 여자와 접촉하고
> 그리고 여자가 남자와 접촉하는 것처럼,
> 그러니 만약 불이 연료로부터 다른 것이라면,
> 불과 연료가 접촉하는 것은 마땅하다.

제10품. 불과 연료에 대한 고찰 **117**

【답】

[143. (10-7)]

གལ་ཏེ་མེ་དང་ཤིང་དང་ནི། །
གཅིག་གིས་གཅིག་ནི་བསལ་གྱུར་ན། །
ཤིང་ལས་མེ་གཞན་ཉིད་ཡིན་ཡང་། །
ཤིང་དང་ཕྲད་པར་འདོད་ལ་རེག །

gal te me dang shing dang ni//
gcig gis gcig ni bsal gyur na//
shing las me gzhan nyid yin yang//
shing dang phrad par 'dod la reg//

> 만약 불과 연료가[350]
> 각각 분리되었다면
> 연료로부터 다른 불 자체가 존재해도
> 연료와 접촉하는 것을 확고하게 해야 한다.[351]

──────────

쪽로(Cog Ro)판에 따른 영역은 'Although fire is different from fuel/ It would have to be suited to touch fuel.' 옮기면,

> 비록 연료는 불로부터 다른 것일지라도
> 연료와 접촉하는 것은 마땅하다.

이와 같은 문답이 뒤바뀌는 문제가 생긴 것은 티벳역이 산스끄리뜨어역의 예를 앞에서 옮긴 것 때문에 비롯된 듯하다. 『쁘라산나빠다』에서는 이것을 다음과 같이 우리말로 옮겼다(p. 463 참조).

> 땔감과 다른 불은 땔감에 도달할 것이다.
> 만일 (불과 땔감이) 여자가 남자에 도달하고
> 남자가 여자에게 도달하는 것과 같다면.

350. '바로 그 ~와 함께'라는 뜻을 지닌 '당니(dang ni)'가 쓰여 있으나 첨언으로 보고 옮겼다.
351. 이 4행은 의역으로 '셩당 테빨 되라렉(shing dang phrad par 'dod la reg)'을 해자해 보면, '셩당(불과), 테빨(접촉을), 되라렉(욕망으로 접촉하다)' 정도 된다. '되빠'를 여기서는 '확고하게'로 옮겼으나 일반적으로 탐욕이나 욕망을 가리킬 때 쓴다.
　MK(T.K.)에서도 '그래도 그것들이 접촉하는 것은 확고해야 한다(It still must be asserted that they touch.)'라고 의역하고 있다. 다른 역본들의 차이도 매우 심한 게송이다.
　『청목소』는 실로 연료와 다른 불이 연료에 기꺼이 도달하리라. 만일 불과 연료가 서로 떨어져 있는 상황이라면… (p. 192 참조). 『쁘라산나빠다』는 만일 불과 땔감이 서로

[144. (10-8)]

གལ་ཏེ་ཤིང་ལྟོས་མེ་ཡིན་ལ།། gal te shing ltos me yin la//
གལ་ཏེ་མེད་ལྟོས་ཤིང་ཡིན་ན།། gal te med ltos shing yin na//
གང་ལྟོས་མེ་དང་ཤིང་འགྱུར་བ།། gang ltos me dang shing 'gyur ba//
དང་པོར་གྲུབ་པ་གང་ཞིག་ཡིན།། dang por grub pa gang zhig yin//

> 만약 연료에 의지한 것이 불이고 그리고[352]
> 만약 불에 의지한 것이 연료라면
> 무엇에 의지한 불[353]과 연료로 되어
> (그) 먼저 성립되었던 것은 다른 무엇으로 존재하겠는가?[354]

[145. (10-9)]

གལ་ཏེ་ཤིང་ལྟོས་མེ་ཡིན་ན།། gal te shing ltos me yin na//
མེ་གྲུབ་པ་ལ་སྒྲུབ་པར་འགྱུར།། me grub pa la sgrub par 'gyur//
བུད་པར་བྱ་བའི་ཤིང་ལ་ཡང་།། bud par bya ba'i shing la yang//
མེ་མེད་པར་ནི་འགྱུར་བ་ཡིན།། me med par ni 'gyur ba yin//

> 만약 연료에 의지한 불이라면
> 불에 의해 성립되었던 것에서 (다시) 성립하는 것이 된다.
> (그리고 불과) 분리되어 있는[355] 연료도 또한

....

분리되어 있는 존재라면, 땔감과 다른 불은 땔감에 마음대로 도달할 수 있을 것이다(p. 464 참조).
352. '라둔(la 'dun)'을 접속사로 보고 옮겼다.
353. 원문은 '메(med, 없다)'로 되어 있으나 다른 역본들이 모두 '메(me, 불)'로 되어 있어, '메(me)'의 오자로 보고 옮겼다.
354. 이 게송도 판본마다 의미가 약간씩 다르다. MK(T.K.)에서는 'Depending on what do fire and fuel exist?/ Which one exists first?'로 되어 있다. 우리말로 옮기면,

> 무엇으로 불과 연료는 의지한 것이겠는가? (그리고)
> 먼저 성립되었던 다른 무엇으로 존재하겠는가?

제10품. 불과 연료에 대한 고찰 **119**

| 바로 그 불이 없어도 존재하는 것이 된다.[356]

[146. (10-10)]

གལ་ཏེ་དངོས་པོ་གང་ལྟོས་འགྲུབ།། gal te dngos po gang ltos 'grub//
དེ་ཉིད་ལ་ཡང་ལྟོས་ནས་ནི།། de nyid la yang ltos nas ni//
ལྟོས་བྱ་གང་ཡིན་དེ་འགྲུབ་ན།། ltos bya gang yin de 'grub na//
གང་ལ་ལྟོས་ནས་གང་ཞིག་འགྲུབ།། gang la ltos nas gang zhig 'grub//

| 만약 어떤 사태[357]가 (다른 사태에) 의지하여 성립하고,

그것 자체[다른 사태]도 또한 바로 그 의지하는 것으로부터,

(즉) 그 어떤 의지하는 것[의지처]이 (상호) 존재하여, 그런 (관계가) 성립한다면,

그 어떤 것에 의지한 것으로부터 다른 어떤 것이 성립하겠는가?[358]

[147. (10-11)]

དངོས་པོ་ལྟོས་གྲུབ་གང་ཡིན་པ།། dngos po ltos grub gang yin pa//
དེ་མ་གྲུབ་ན་ཅི་ལྟར་ལྟོས།། de ma grub na ci ltar ltos//
ཅི་སྟེ་གྲུབ་པ་ལྟོས་ཤེ་ན།། ci ste grub pa ltos she na//
དེ་ནི་ལྟོས་པར་མི་རིགས་སོ།། de ni ltos par mi rigs so//

---

355. '부빠(bud pa)'에 '갈라지다, 떨어지다, 외출하다'는 뜻이 있어, '분리되어 있는'으로 옮겼다.
356. 이 게송의 1행을 대전제로 놓고 보았을 때, 2행은 대전제를 포함하고 있는 것에서 다시 발생하게 되는 반복의 모순을, 3, 4행은 불과 연료라는 상호 관계가 분리되어 있을 경우에도 정의할 수 없는 모순에 빠진다는 점을 지적하고 있다.
357. '사태'에 대해서는 3번 게송 각주 참조.
358. 문장 구조에 따라 직역하였다.
    이 게송의 의미는 어떤 한 개념, 일테면 불과 연료라는 개념이 '상호 의지성을 통해서 성립할 경우에 그것을 독자적인 개념으로 볼 수 있느냐?'에 대한 논파다. 연기라는 개념 그 자체의 상호 연관성과 연기의 다른 이름인 공성으로 보는 중관사상과의 차이가 드러나는 게송이다.

> 의지하여 성립하는 사태, 그 어떤 것이 존재하는 것(이라면),
> 만약 (그것이 먼저) 성립하지 않았다면 무엇에 의지하겠는가?
> 만약 (누군가가) '의지하는 것으로 성립한다'라고 주장한다면[359],
> 바로 그것에 의지한다는 것은 불합리하다.

[148. (10-12)]

ཤིང་ལ་ལྟོས་པའི་མེ་མེད་དེ།།	shing la ltos pa'i me med de//
ཤིང་ལ་མ་ལྟོས་མེ་ཡང་མེད།།	shing la ma ltos me yang med//
མེ་ལ་ལྟོས་པའི་ཤིང་མེད་དེ།།	me la ltos pa'i shing med de//
མེ་ལ་མ་ལྟོས་ཤིང་ཡང་མེད།།	le la ma ltos shing yang med//

> 연료에 의지하는 불은 존재하지 않고
> 연료에 의지하지 않는 불도 또한 존재하지 않는다.
> 불에 의지하는 연료는 존재하지 않고
> 불에 의지하지 않는 연료도 또한 존재하지 않는다.[360]

[149. (10-13)]

མེ་ནི་གཞན་ལས་མི་འོང་སྟེ།།	me ni gzhan las mi 'ong ste//
ཤིང་ལའང་མེ་ནི་ཡོང་མ་ཡིན།།	shing la'ang me ni yong ma yin//
དེ་བཞིན་ཤིང་གི་ལྷག་མ་ནི།།	de bzhin shing gi lhag ma ni//
སོང་དང་མ་སོང་བགོམ་པས་བསྟན།།	song dang ma song bgom bas bstan//

> 바로 그 불은 다른 것으로부터 오지 않고

---

359. 원문은 '셰나(she na)'로, 일반적으로 '(누군가가 그렇게) 말한다면'이라는 인용을 가리킨다. 여기서는 강조의 의미로 '주장한다'라고 옮겼다.
360. 1, 3행의 말미에 접속사 '데(de)'를, 2, 4행에 '메(med)'를 써서 대구와 운율을 맞추고 있다.

연료에서도 또한 바로 그 불이 생기지 않는다.
그와 같이 연료의 나머지 부분(들)은
가버린 것과 가지 않은 것, (그리고) 지금 가고 있는 중인 것[361]으로 설명된다.

[150. (10-14)]

ཤིང་ཉིད་མེ་ནི་མ་ཡིན་ཏེ།། shing nyid me ni ma yin te//
ཤིང་ལས་གཞན་ལ་མེ་ཡང་མེད།། shing las gzhan la me yang med//
མེ་ནི་ཤིང་དང་ལྡན་མ་ཡིན།། me ni shing dang ldan ma yin//
མེ་ལ་ཤིང་མེད་དེར་དེ་མེད།། me la shing med der de med//

연료 자체는 바로 그 불이 아니다. 그리고
연료가 아닌 것에서 불이 또한 (생겨나는 것도) 아니다.[362]
바로 그 불이 연료를 가진 것도 아니다.
불에 연료가 있는 것도 아니다. 그것[연료]에 그것[불]이 있는 것도 아니다.[363]

[151. (10-15)]

མེ་དང་ཤིང་གིས་བདག་དང་ནི།། me dang shing gis bdag dang ni//
ཉེ་བར་ལེན་པའི་རིམ་པ་ཀུན།། nye bar len ba'i rim ba kun//
བུམ་སྣམ་སོགས་དང་ལྷན་ཅིག་ཏུ།། bum snam sogs dang lhan cig tu//
མ་ལུས་པར་ནི་རྣམ་པར་བཤད།། ma lus par ni rnam par bshad//

---

361. 시간에 따른 논파는 「제2품. 가고 오는 것[去來]에 대한 고찰」과 같은 방식으로 이루어진다는 뜻이다.

362. MK(T.K.)에서는 'Fire is in nothing other than fuel.'이라고 1행과 대구를 이루게 의역하고 있다. 의역하면 '연료가 아닌 것이 불인 것도 아니다' 정도 되겠다.

363. 바로 앞의 불과 연료의 관계를 대치하여 연료와 불의 관계로 보았다.

> 불과 연료(의 관계)에 의해서 아[我=ātman]와
> 취(取)[364]의 모든 순서,
> (즉) 병과 옷가지 등 나머지도 다 함께
> 남김없이 자세히 설명되었다.[365]

[152. (10-16)]

གང་དག་བདག་དང་དངོས་པོ་རྣམས།།　gang dag bdag dang dngos po rnams//
དེ་བཅས་ཉིད་དང་ཐ་དད་པར།།　de bcas nyid dang tha dad par//
སྟོན་པ་དེ་དག་བསྟན་དོན་ལ།།　ston pa de dag bstan don la//
མཁས་སོ་སྙམ་དུ་མི་སེམས་སོ།།　mkhas so snyam du mi sems so//

> 어떤 이들은 아[我=ātman]와 사태[366]들의
> 동일성과 차이성[367]을
> 가르치는데 '(나는 그들이 부처님께서) 가르치신 그것들의 (진정한) 의미를
> 안다'라고[368] 생각하지 않는다.[369]

||མེ་དང་བུད་ཤིང་བརྟག་པ་ཞེས་བྱ་བ་སྟེ་རབ་ཏུ་བྱེད་པ་བཅུ་བོ།།

'불과 연료를 살펴보는 것'이라 불리는 제10품

---

364. 취(取)에 대해서는 49번과 124번 게송 각주 참조.
365. 상호 의지를 통해서 존재한다고 하는 개념자는 독립적으로 존재하지 않는다는 의미로, 행위자와 그 행위의 예로 병과 옷 등도 이와 같은 방법을 통해 논파할 수 있다는 뜻이다.
366. '사태'에 대해서는 3번 게송 각주 참조.
367. '동일성과 차이성'으로 옮긴 '데쩨 니당 타 데빠(de bcas nyid dang tha dad pa)'는 MK(T.K.)의 'identical and different'에 따른 것으로, 해자해보면 '그것이 포함하고 있는 것 자체와 다른 것' 정도 된다.
368. 문장의 한가운데 어떤 한 문장, 단락이 완전히 그칠 적에 사용되는 '랄두(slar bsdu)'가 사용된 매우 예외적인 경우다. 여기서는 인용으로 보고 옮겼다.
369. 『청목소』에 따르면 이 '동일성과 차이성을 이해하지 못하는 자들'은 소승의 독자부와 유부의 논사들로, 부처님의 가르침을 '구축적(constructive)'으로 이해하여 개념자들을 인정하는 경우에 해당한다. 중관사상의 특징은 이런 개념자들 자체가 연기실상을 끊어 희론(戱論)을 발생시키는 것을 지적한다는 것이다.

제11품. 시작과 끝에 대한 고찰[370]

[153. (11-1)]

སྔོན་མཐའ་མངོན་རྣམ་ཞེས་ཞུས་ཚེ། sngon mtha' mngon nam zhes zhus tshe//
ཐུབ་པ་ཆེན་པོས་མིན་ཞེས་གསུངས། thub pa chen pos min zhes gsungs//
འཁོར་བ་ཐོག་མ་ཐ་མེད་དེ། 'khor ba thog ma tha med de//
དེ་ལ་སྔོན་མེད་ཕྱི་མ་མེད། de la sngon med phyi ma med//

> (어떤 이가) "(윤회계의) 시작 (지점)[始][371]은 알려졌습니까?[372]"라고 물었을 때
> 대능인(大能仁)[373]께서는 "아니다."라고 말씀하셨다.
> 윤회계의 시작 지점과 끝 (지점)[374]은 존재하지 않는다. 왜냐하면[375] 그것에는 시작이 없고 끝이 없기 (때문이다.)[376]

---

370. ||sngon dang phyi ma'i mtha' brtag pa zhes bya ba ste rab tu byed pa bcu gcig pa'o//

    직역하면 '시작과 끝을 살펴보는 것이라 불리는 제11'이다. 한역으로 「관본제품(觀本際品)」이라고 한다.

    이 품의 주요 주제는 시간의 처음 시작과 중간 그리고 맨 마지막까지 나누어 볼 수 있느냐에 대한 문제를 다루는 것이다. 산스끄리뜨어 제목은 '뿌르바빠라꼬띠(pūrvaparakoṭi)'로, '궁극적인 시작과 끝'이라는 뜻이다.

371. '시작 지점'으로 옮긴 '뇐타(sngon mtha')'를 풀어보면 '시작이 끝나는 (지점)' 정도 된다.

372. '알려지다'라고 옮긴 것은 산스끄리뜨어 수동태인 '쁘라갸야떼(prajñāyate)'에 따른 것으로, 티벳어의 '뇐(mngon)'은 일반적으로 현량, 직접 지각을 뜻하는 '뇐쑴(mngon sum)'에 쓰인다. 여기서는 '직접 지각할 수 있겠습니까?'라는 의미로 쓰였다.

373. 부처님의 이명(異名)인 '툽빠 첸뽀(thub pa chen po)'가 쓰였다. 산스끄리뜨어 '마하무니(mahāmuni)'의 티벳어 직역으로 '큰 깨달음을 얻은 이'라는 뜻이다.

374. 원문은 '톡마 타(thog ma tha)'로 '타마(tha ma)', 즉 '끝 지점, 최종'이 축약되어 있는 형태다.

124

[154. (11-2)]

གང་ལ་ཐོག་མ་ཐ་མེད་པ།།
དེ་ལ་དབུས་ནི་ག་ལ་ཡོད།།
དེ་ཕྱིར་དེ་ལ་སྔ་ཕྱིར་དང་།།
ལྷན་ཅིག་རིམ་པ་མི་འཐད་དོ།།

gang la thog ma tha med pa//
de la dbus ni ga la yod//
de phyir de la snga phyir dang//
lhan cig rim pa mi 'thad do//

> 어떤 것에 시작도 없고 끝도 없는데
> 그것에 바로 그 중간이 어떻게 존재할 수 있겠는가?
> 그러므로 그것에 대한 시작, 끝과
> (그) 동시라는 순서는 옳지 않다.[377]

[155. (11-3)]

གལ་ཏེ་སྐྱེ་བ་སྔ་གྱུར་ལ།།
རྒ་ཤི་ཕྱི་མ་ཡིན་ན་ནི།།
སྐྱེ་བ་རྒ་ཤི་མེད་པ་དང་།།
མ་ཤི་བར་ཡང་སྐྱེ་བར་འགྱུར།།

gal te skye ba snga gyur la//
rga shi phyi ma yin na ni//
skye ba rga shi med pa dang//
ma shi bar yang skye bar 'gyur//

> 만약 생(生)이 먼저이고[378]
> 노사(老死)가 나중이라면
> (그) 생(에는) 노사가 없고[379] 그리고
> 죽지 않는 자[380]도 또한 생하게 되리라.

---

375. '학쩨(lhag bcas)' '데(de)'를 앞 문장의 이유, 원인을 받는 것으로 보고 옮겼다.
376. 이 게송을 부처님의 말씀을 직접 인용으로 보고 옮긴 것은 티벳어 『중론』의 특징이라 이에 따라서 옮겼다.
377. 『청목소』 등에 따르면, 이 게송은 바로 앞에서 이야기하는 시작과 끝이 존재하지 않아도 그 중간인 동시(simultaneous)는 존재할 것이라는 논박자에 대한 논파다.
378. '라둔(la 'dun)'을 시간의 전후로 보고 풀었다.
379. 이 게송은 전후생을 관통하는 윤회를 기본으로 설명하고 있다.

[156. (11-4)]

gal te skye ba 'phyi 'gyur la//
rga shi snga ma yin na ni//
skye ba med pa'i rga shi ni//
rgyu med par ni ci ltar 'gyur//

> 만약 생(生)이 나중이 되고
> 노사(老死)가 먼저라면
> 생기는 것이 없는[不生] 바로 그 노사는
> 원인 없는 것[無因]이니 어떻게 될 수 있겠는가?[381]

[157. (11-5)]

skye ba dang ni rga shi dag//
lhan cig rung ba ma yin te//
skye bzhin pa ni 'chi 'gyur zhing//
gnyis ka rgyu med can du 'gyur//

> 생과 노사들이
> 동시에 (존재하는 것은) 가능하지 않다. 왜냐하면
> 바로 그 생기는 과정 중에 죽게 된다. 또한
> 이 둘[382]은 원인 없는 것[無因]으로 되기 (때문이다.)

---

380. 『청목소』 산스끄리뜨어역에서 김성철은 '죽지도 않는 것'이라고 옮겼는데 MK(T.K.)에 따라 '죽지 않는 자'로 옮겼다.
381. 이 게송은 바로 앞의 생기는 것 이후의 노사를 언급한 것이 논파당하자 논박자가 그 순서를 뒤바꾸어 묻는 것에 대한 논파이다.
382. 생과 노사를 가리킨다.

[158. (11-6)]

གང་ལ་སྔ་ཕྱི་ལྷན་ཅིག་གི།
རིམ་པ་དེ་དག་མི་སྲིད་པའི།
སྐྱེ་བ་དེ་དང་རྒ་ཤི་དེ།
ཅི་ཡི་ཕྱིར་ན་སྤྲོས་པར་བྱེད།

gang la snga phyi lhan cig gi//
rim pa de dag mi srid pa'i//
skye ba de dang rga shi de//
ci yi phyir na spros par byed//

> 어떤 것이든 시작, 끝, 과정의
> 그 순서들이 가능하지 않는
> 그 생과 그 노사가
> 어떻게[383] 희론(戱論)[384]을 행하겠는가?

[159. (11-7)]

འཁོར་བ་འབའ་ཞིག་སྔོན་གྱི་མཐའ།
ཡོད་མ་ཡིན་པར་མ་ཟད་ཀྱི།
རྒྱུ་དང་འབྲས་བུ་ཉིད་དང་ནི།
མཚན་ཉིད་དང་ནི་མཚན་གཞི་ཉིད།

'khor ba 'ba' zhig sngon gyi mtha'//
yod ma yin par ma zad kyi//
rgyu dang 'bras bu nyid dang ni//
mtshan nyid dang ni mtshan gzhi nyid//

> 단지 윤회에 그 시작 (지점)의 끝만
> 존재하지 않는 것이 아니라[385]
> 원인[因]과 결과 그 자체와,
> (개념의) 정의와 그 정의의 대상 그 자체,[386/387]

---

383. '찌이 칠(ci yi phyir)'에 'why'라는 관용적 표현이 있어 이에 따랐다.
384. 희론(戱論)에 대해서는 귀경게 각주 참조.
385. '마제끼(ma zad kyi)'를 다음 게송 말미의 3행 '라양(la yang)'과 함께 보고, '~뿐만 아니라, ~도 또한'으로 옮겼다.
386. '첸니(mtshan nyid)'와 '첸쉬(mtshan gzhi)'는 티벳 인명(因明)에서 빠지지 않는 개념으로 정의와 그 정의의 대상이 되는 것을 가리킨다. 산스끄리뜨어 '라끄샤나(lakṣaṇa)'와 '라끄샤(lakṣya)'로, 『장한사전』의 상(相)과 사상(事相)에 해당한다. 대개 영어로는 defi-

[160. (11-8)]

ཚོར་དང་ཚོར་པོ་ཉིད་དང་ནི།། tshor dang tshor po nyid dang ni//
དོན་ཡོད་གང་དག་ཅི་ཡང་རུང་།། don yod gang dag ci yang rung//
དངོས་རྣམས་ཐམས་ཅད་ཉིད་ལ་ཡང་།། dngos rnams thams cad nyid la yang//
སྔོན་གྱི་མཐའ་ནི་ཡོད་མ་ཡིན།། sngon gyi mtha' ni yod ma yin//

> 감수[受]와 감수자 그 자체 등
> 대상이 존재하는 어떤 것들,[388] (그것들이) 무엇이 되었든
> 그 모든 사태들 자체에도 또한
> 그 시작 (지점)의 끝은 존재하지 않는다.

།།སྔོན་དང་ཕྱི་མའི་མཐར་བརྟག་པ་ཞེས་བྱ་བ་སྟེ་རབ་ཏུ་བྱེད་པ་བཅུ་གཅིག་པའོ།།

'시작과 끝을 살펴보는 것'이라 불리는 제11품

---

nition'과 'definiendum'이라고 하는데 MK(T.K.)에서는 'characteristic'과 'characterized'로 쓰고 있다.

387. 다음 계송과 이어져 있다.
388. 원문의 '돈외 강닥(don yod gang dag)'는 산스끄리뜨의 '산띠 아르타(santy arthā)'를 직역한 것으로 보이는데 MK(T.K.)에서는 'whatever there is'로 옮기고 있다. '일, 의미, 대상' 등으로 옮길 수 있는 '돈(don)'을 여기서는 앞에서 언급한 분석이 가능한 개념자로 보았다.

제12품. 자신이 짓는 것과 타인이 짓는 것에 대한 고찰[389]

[161. (12-1)]

ཁ་ཅིག་སྡུག་བསྔལ་བདག་གིས་བྱས།།　　kha cig sdug bsngal bdag gis byas//
གཞན་གྱིས་བྱས་དང་གཉིས་ཀས་བྱས།།　　gzhan gyis byas dang gnyis kas byas//
རྒྱུ་མེད་པ་ལས་བྱུང་བར་འདོད།།　　rgyu med pa las byung bar 'dod//
དེ་ནི་བྱ་བར་མི་རུང་ངོ་།།　　de ni bya bar mi rung ngo//

> 어떤 이는 '고(苦)'는 스스로 짓는다.
> 남이 짓는다. 또는 둘이 짓는다.
> 원인 없는 것[無因]으로부터 생겨난다.'라고 주장한다.
> (그러나) 바로 그와 같이 짓는 것은 불가능하다.

[162. (12-2)]

གལ་ཏེ་བདག་གིས་བྱས་གྱིར་ན།།　　gal te bdag gis byas gyir na//
དེ་ཕྱིར་བརྟེན་ནས་འབྱུང་མི་འགྱུར།།　　de phyir brten nas 'byung mi 'gyur//
གང་ཕྱིར་ཕུང་པོ་འདི་དག་ལ།།　　gang phyir phung po 'di dag la//

389.　།།བདག་གིས་བྱས་པ་དང་གཞན་གྱིས་བྱས་པ་བརྟག་པ་ཞེས་བྱ་བ་སྟེ་རབ་ཏུ་བྱེད་པ་བཅུ་གཉིས་པའོ།།
//bdag gis byas pa dang gzhan gyis byas pa brtag pa zhes bya ba ste rab tu byed pa bcu gnyis pa'o//

직역하면 '자신이 짓는 것과 타인이 짓는 것을 살펴보는 것이라 불리는 제12'이다. 한역으로 「관고품(觀苦品)」이라고 한다.

이 품의 주요 주제는 고(苦)에 대해서 살펴보는 것으로, 산스끄리뜨 제목은 고통[苦]을 뜻하는 '두카(duḥkha)'다. MK(T.K.)도 'Examination of Suffering'으로 되어 있다. [데게판]이 구판(舊版)이라서 그런지 여기서만 제목이 다르다.

བརྟེན་ནས་ཕུང་པོ་དེ་དག་འབྱུང་།། brten nas phung po de dag 'byung//

> 만약 스스로 짓는 것이라면
> 그것 때문에[390] 의지하여 발생하는 것이 아닌 것으로 된다.
> 왜냐하면[391] 이 (오)온들을
> 의지하여 저 (오)온들이 발생하기 (때문이다.)[392]

[163. (12-3)]

གལ་ཏེ་འདི་ལས་དེ་གཞན་ཞིང་།། gal te 'di las de gzhan zhing//
གལ་ཏེ་དེ་ལས་འདི་གཞན་ན།། gal te de las 'di gzhan na//
སྡུག་བསྔལ་གཞན་གྱིས་བྱས་འགྱུར་ཞིང་།། sdug bsngal gzhan gis byas 'gyur zhing//
གཞན་དེ་དག་གིས་དེ་བྱས་འགྱུར།། gzhan de dag gis de byas 'gyur//

> 만약 이것과 저것이 다르다면 또는
> 만약 저것과 이것이 다르다면,
> 고(苦)는 다른 것[타자]에 의해서 지어지게 될 것이다. 그리고
> 다른 이것들에 의해서 저것이 지어지게 될 것이다.[393]

---

390. MK(T.K.)에서는 그냥 '그러면(then)'으로 되어 있다. 여기서는 풀어 썼다.
391. 2행 어두의 '데칠(de phyir)'과 격을 이루는 '강칠(gang phyir)'이 쓰였다. 비슷한 의미인데 여기서는 1, 2행을 해석하는 의미로 보고 옮겼다.
392. 『청목소』에 따르면, 앞선 오온으로 즉 연으로 인하여 뒤의 오온, 즉 과가 생긴다는 뜻이고 『쁘라산나빠다』에 따르면, 죽음에 속한 오온으로 인해서 태어남이라는 오온이 발생한다는 뜻이다.
   앞의 게송과 이어보았을 때 '스스로 짓는' 고통은 존재하지 않는다는 의미다.
393. MK(T.K.)에서는 '이것들은 다른 저것들에 의해서 지어지게 될 것이다(These would be created by thoses others.)'로 되어 있다. TT '데닥 기(de dag gis)'의 용례에 'all these'가 있어 이에 따라 옮겼다.
   바로 앞 게송의 자기 스스로 짓지 않는 고(苦)에 대한 논파에 이어, '남이 짓는 것'에 대한 논파로, 상호 연관성이 존재하지 않을 경우, 즉 타자에 의해서 고(苦)를 짓는 것은 불가능하다는 이야기다.

[164. (12-4)]

གལ་ཏེ་གང་ཟག་བདག་གིས་ནི།།   gal te gang zag bdag gis ni//
སྡུག་བསྔལ་བྱས་ན་གང་བདག་གིས།།   sdug bsngal byas na gang bdag gis//
སྡུག་བསྔལ་བྱས་པའི་གང་ཟག་དེ།།   sdug bsngal byas pa'i gang zag de//
སྡུག་བསྔལ་མ་གཏོགས་གང་ཞིག་ཡིན།།   sdug bsngal ma gtogs gang zhig yin//

> 만약 어떤 사람 바로 그 자신[자기 개체아, svapudgala][394]이
> 고(苦)를 짓는다면, 자기 스스로[395]
> 고(苦)를 짓는 그 어떤 사람이
> 고(苦)로부터 벗어나는 누군가로 (어떻게) 존재하겠는가?[396]

[165. (12-5)]

གལ་ཏེ་གང་ཟག་གཞན་ལས་ནི།།   gal te gang zag gzhan las ni//
སྡུག་བསྔལ་འབྱུང་ན་གཞན་ཞིག་གིས།།   sdug bsngal 'byung na gzhan zhig gis//
སྡུག་བསྔལ་དེ་བྱས་གང་སྦྱིན་དེ།།   sdug bsngal de byas gang sbyin de//
སྡུག་བསྔལ་མ་གཏོགས་ཅི་ལྟར་རུང་།།   sdug bsngal ma gtogs ci ltar rung//

> 만약 다른 개체아[397]로부터

---

394. 일반적으로 '유정(有情)'을 뜻하는 산스끄리뜨어 '뿌드가라(pudgala)', 티벳어 '강삭(gang zag)'이 『중론』에서 맨 처음 등장하는 게송이다. '뿌드가라'를 다른 말로 개체아(個體我)라고도 한다. 산스끄리뜨어 '스바뿌드가라(svapudgala)'로, 이것을 둘로 나눠 티벳어 '강삭닥(gang zag bdag)'은 '자기 개체아'로 옮길 수 있으며, 이것은 산스끄리뜨어 '빠라뿌드가라(palapudgala)', 티벳어 '강삭센(gang zag gzhan)', 즉 '다른 개체아'와 명확히 대치를 이루는 개념이다.
395. 원문은 '강닥기(gang bdag gis)'로 해자해보면, '어떤 자기 스스로 의해서'이지만 다음 행과 어울리게 축약하였다.
396. 이 게송의 내용은 '한 개인이 고(苦)를 짓는다면, 고와 분리된 다른 개인이 존재하겠는가?' 라는 문제인데, 원문의 구조로 인해서 각 판본마다 번역이 약간씩 다르다. MK(T.K.)의 3, 4행은 '그 사람이 고에서 벗어나겠는가(That person/ Apart from suffering)?'로 되어 있다.

고(苦)가 발생한다면 다른 자에 의해서

그 고(苦)가 지어지고, 무엇이든 주는 그것이니[398]

(그) 고(苦)로부터 벗어나는 것이 어떻게 가능하겠는가?[399]

[166. (12-6)]

གལ་ཏེ་གང་ཟག་གཞན་སྡུག་བསྔལ།།	gal te gang zag bzhan sdug bsngal//
འབྱུང་ན་གང་གིས་དེ་བྱས་ནས།།	'byung na gang gis de byas nas//
གཞན་ལ་སྟེར་བའི་གང་ཟག་གཞན།།	gzhan la ster ba'i gang zag gzhan//
སྡུག་བསྔལ་མ་གཏོགས་གང་ཞིག་ཡིན།།	sdug bsngal ma gtogs gang zhig yin//

만약 다른 개체아가 고(苦)를 발생시킨다면 그가[400] 그것을 지어서[401]

다른 (쪽)에 주는[402] 다른 개체아로,

고(苦)로부터 벗어나는 누군가로 (어떻게) 존재하겠는가?[403]

[167. (12-7)]

| བདག་གིས་བྱས་པར་མ་གྲུབ་པས།། | bdag gis byas par ma grub pas// |
| སྡུག་བསྔལ་གཞན་གྱིས་ག་ལ་བྱས།། | sdug bsngal gzhan gyis ga la byas// |

397. '강삭닥(gang zag bdag)'을 '다른 개체아'로 옮겼다.
398. '무엇이든 주는 그것이니'로 옮긴 것은 '강진데(gang sbyin de)'를 직역한 것이다. MK(T.K.)에서는 과보(fruition)를 써서 과보를 받는 것에 강조점을 찍고 있으나, 원문의 '진빼(sbyin pa)'는 보시 바라밀다를 뜻할 때 쓰는 것이라 이에 따라 '주는 것'으로 옮겼다.
399. 바로 앞의 게송의 반대에 해당하는 '다른 개체아'도 고(苦)를 지을 수 없다는 뜻이다.
400. 원문의 '강기(gang gis)'를 바로 앞 행의 '다른 개체아'의 축약으로 보았다.
401. 탈격[Abl.] '네(nas)'가 쓰였다. 여기서는 시간의 전후, 원인으로 보고 옮겼다.
402. 앞의 게송에서는 '주는'이라고 옮긴 '진빼(sbyin pa)' 대신에 '뗄와(ster ba)'가 쓰였다. 의미상으로는 같다.
403. 두 번째 앞의 게송인 [164(12-4)]의 4행과 정확히 일치하고 있다. 이 게송에 대한 MK(T.K.)의 영역은 매우 불분명한데, 쫑카빠는 월칭의 주석에 따라서 천신이 고(苦)를 창출하여 다른 개체아에게 주는 것으로 보고 해석하고 있다. 청목소는 이에 비해서 다른 사람에 의해 지은 고(苦)로 보고 해석하고 있다.

གཞན་གྱིས་སྡུག་བསྔལ་གང་བྱེད་པ།། gzhan gyis sdug bsngal gang byed pa//
དེ་ནི་དེ་ཡི་བདག་བྱས་འགྱུར།། de ni de yi bdag byas 'gyur//

> 자신이 지어도[404] 성립하지 않는 것인
> 고(苦)를 다른 사람이 어떻게 지어질 수 있겠는가?
> (왜냐하면) 다른 사람이 어떤 고(苦)를 짓는 것,
> 바로 그것은 그 (사람에게) 자신의 (고를) 짓는 것이 되기 (때문이다.)[405]

[168. (12-8)]

རེ་ཞིག་སྡུག་བསྔལ་བདག་བྱས་མིན།། re zhig sdug bsngal bdag byas min//
དེ་ཉིད་ཀྱིས་ནི་དེ་མ་བྱས།། de nyid kyis ni de ma byas//
གལ་ཏེ་གཞན་བདག་མ་བྱས་ན།། gal te gzhan bdag ma byas na//
སྡུག་བསྔལ་གཞན་བྱས་ག་ལ་འགྱུར།། sdug bsngal gzhan byas ga la 'gyur//

> 무엇보다 먼저[406] 고(苦)는 스스로 짓는 것이 아니다.
> 바로 그 자체로는 그것을 짓지 못하기 (때문이다.)[407]
> 만약 다른 이[408]와 자신이 짓지 못하는 것이라면
> 고(苦)를 다른 이가 짓는 것이 어떻게 (가능하게) 되겠느냐?[409]

---

404. '짓는'으로 옮길 수 있는 '제빠(byas par)'의 '라둔(la 'dun)'인 'r'은 뒤따라 나오는 '성립하지 않는'을 수식하는데 여기서는 문맥에 맞게 강조의 의미를 부여했다.
405. MK(T.K.)에는 3, 4행의 '왜냐하면 ~ 때문이다'의 첨언은 없으나 산스끄리어본에 따라 의미를 명확하기 하기 위하여 첨언하였다.
406. '레쎽(re zhig)'에 'first of all'이라는 뜻이 있어, 이에 따라 옮겼다. MK(T.K.)에서는 누락되어 있다.
407. 티벳어 원문에는 이유를 설명하는 것이 나와 있지 않으나 첨언하였다. 산스끄리뜨어역들에서는 모두 '히(hi, 왜냐하면)'가 들어 있다. 티벳역 과정에 누락되거나 또는 첨언하지 않아도 의미상으로 통하는 것으로 보고 옮긴 듯하다. MK(T.K.)에서도 누락되어 있다.
408. '쎈(gzhan)'을 '타자'라고도 옮길 수 있으나, 월칭의 견해에 의하자면 천신도 포함되어 '다른 사람'으로 옮기는 데는 무리가 있다.

[169. (12-9)]

གལ་ཏེ་རེ་རེ་བྱས་གྱུར་ན།།	gal te re re byas gyur na//
སྡུག་བསྔལ་གཉིས་ཀས་བྱས་པར་འགྱུར།།	sdug bsngal gnyis kas byas par 'gyur//
བདག་གིས་མ་བྱས་གཞན་མ་བྱས།།	bdag gis ma byas gzhan ma byas//
སྡུག་བསྔལ་རྒྱུ་མེད་ག་ལ་འགྱུར།།	sdug bsngal rgyu med ga la 'gyur//

> 만약 (자신과 다른 이) 각각이 짓는다면[410]
> 고(苦)를 둘이 짓게 된다.[411]
> 자신이 짓지 않고 다른 이(도) 짓지 않는
> 고(苦)를 무인(無因)이 (짓는 것이) 어떻게 (가능하게) 되겠느냐?[412]

[170. (12-10)]

སྡུག་བསྔལ་འབའ་ཞིག་རྣམ་པ་བཞི།།	sdug bsngal 'ba' zhig rnam pa bzhi//
ཡོད་མ་ཡིན་པར་མ་ཟད་ཀྱི།།	yod ma yin par ma zad kyi//
ཕྱི་རོལ་དངོས་པོ་དག་ལ་ཡང་།།	phyi rol dngos po dag la yang//
རྣམ་པ་བཞི་པོ་ཡོད་མ་ཡིན།།	rnam pa bzhi po yod ma yin//

> 다만 고(苦)에 대해서 네 가지 종류[413]가
> 존재하지 않는 것일 뿐만 아니라[414]
> 외경의 사태들[415]에도 또한
> (이런) 네 가지 종류는 존재하지 않는다.

---

409. 『청목소』 주석에는 1, 2행에 '칼날이 자신을 자르지 못하는 것과 같다.'라는 비유를 들고 있다.
410. '귤와('gyur ba)'의 시제가 과거형인 '귤와(gyur ba)'로 되어 있다. 시간의 선후를 나타내기 위한 장치로 보이나 우리말의 수식어인 경우로 보고 옮겼다.
411. 자신과 다른 이가 짓는 것 다음인 세 번째인 둘이의 경우에 대한 논파. 자신도 남도 짓지 않는다는 것을 앞에서 논파한 것에 대한 결론에 해당한다.
412. 네 번째의 무인론(無因論)의 경우를 논파하는 부분이다. 이 품의 첫 번째 게송인 [161(12-1)]의 논박자의 주장의 마지막에 해당한다.

||བདག་གིས་བྱས་པ་དང་གཞན་གྱིས་བྱས་པ་བརྟག་པ་ཞེས་བྱ་བ་སྟེ་རབ་ཏུ་བྱེད་པ་བཅུ་གཉིས་པའོ||

'자신이 짓는 것과 타인이 짓는 것을 살펴보는 것'이라 불리는 제12품

---

413. 스스로 짓는 것[自作], 남이 짓는 것[他作], 스스로 그리고 남이 함께 짓는 것[共作], 원인 없이 짓는 것[無因作] 등 앞에서 논파한 네 가지 종류를 가리킨다.
414. 말미의 '마제끼(ma zad kyi)'를 '~일 뿐만 아니라'로 옮긴 것으로 소유격[Gen.] '끼(kyi)'는 문장을 끊어주는 것으로 보고 축약하였다.
415. 『청목소』에는 지수화풍 등 사대(四大)를 가리킨다고 나와 있으며 MK(T.K.)에서는 일체의 사태를 가리킨다고 나와 있다.

제13품. 형성 작용[行]에 대한 고찰[416]

[171. (13-1)]

བཅོམ་ལྡན་འདས་ཀྱིས་ཆོས་གང་ཞིག། bcom ldan 'das kyis chos gang zhig//
བསླུ་བ་དེ་ནི་བརྫུན་ཞེས་གསུངས།། bslu ba de ni brdzun zhes gsungs//
འདུ་བྱེད་ཐམས་ཅད་བསླུ་བའི་ཆོས།། 'du byed thams cad bslu ba'i chos//
དེས་ན་དེ་དག་བརྫུན་པ་ཡིན།། des na de dag brdzun pa yin//

> 세존[417]께서는 "어떤 현상[法][418]이든
> 바로 그 속이는 것은 거짓된 것이다."[419]라고 말씀하셨다.
> 일체의 속이는 형성 작용[行]의 현상[法](들도),

---

416. ||འདུ་བྱེད་བརྟག་པ་ཞེས་བྱ་བ་སྟེ་རབ་ཏུ་བྱེས་པ་བཅུ་གསུམ་པའོ།།
//'du byed brtag ba zhes bya ba ste rab tu byes pa bcu gsum pa'o//

직역하면 '형성 작용[行]을 살펴보는 것이라 불리는 제13'이다. 한역으로 「관행품(觀行品)」이라고 한다.

이 품의 주요 주제는 행(行)에 대해서 살펴보는 것으로, 산스끄리뜨 제목은 행(行)을 뜻하는 '삼스까라(saṁskāra)'이다. MK(T.K.)는 'Examination of Compounded Phenomena'로 되어 있으며 우리말로 옮기면 '형성된 현상들에 대한 고찰' 정도 된다.

『청목소』에서 김성철이 지적하였듯(p. 223 참조), 한역으로 간단하게 행(行)으로 옮겨진 산스끄리뜨어 '삼스까라(saṁskāra)'는 여러 논란이 생길 만한 어휘다. 티벳어의 경우는 '두세('du byed)'라고 하는데 해자해보면 '함께 행한다'는 뜻이다. 즉 무엇이 어떤 것과 결합되는 작용을 뜻하는데 이것은 산스끄리뜨어 '삼(saṁ)+스(변화 첨언)+까라(kāra, 행하다의 명사형)'와 정확히 일치한다.

색수상행식의 오온(五蘊)의 체계에서 이것은 외경인 색(色)과 의식[識] 가운데 식(識)이 반응하기 직전의 행위를 가리킨다.

본문의 게송들을 살펴보았을 때, 이것은 오온의 행(行)이라는 의식이 형성되는 과정을 논하는 것이 아니라 말 그대로 사물, 사태들이 어떤 과정을 통해서 형성된다는 것 자체를 두고 논파하고 있으며 공(空)에 대한 구체적인 언급이 나오는 품이다. 그 이유는 바로 앞품에서 언급한 네 가지 종류의 '짓는 것[作]'과 이어져 있기 때문인 것으로 보인다.

『청목소』한역은 총 9게송으로 한 개가 더 많다. 여기서는 티벳역만 다루도록 하겠다.

417. 붓다의 이명인 세존(世尊), 즉 '쫌덴데(bcom ldan 'das)'가 쓰였다. 산스끄리뜨어 '바가반

> 그러므로 (바로) 그것들도 거짓된 것이다.[420]

[172. (13-2)]

གལ་ཏེ་བསླུ་ཆོས་གང་ཡིན་པ།།　　gal te bslu chos gang yin pa//
དེ་བརྫུན་དེ་ལ་ཅི་ཞིག་བསླུ།།　　de brdzun de la ci zhig bslu//
བཅོམ་ལྡན་འདས་ཀྱིས་དེ་བསུངས་པ།།　bcom ldan 'das kyis de bsungs pa//
སྟོང་ཉིད་ཡོངས་སུ་བསྟན་པ་ཡིན།།　stong nyid yongs su bstan pa yin//

> 만약 무엇이든 속이는 현상[法]이 존재할 때
> 그것이 거짓된 것이라면, (그러면) 무엇이 속이는 것이겠는가?[421]
> 세존께서 그것을 말씀하신 것은
> 공성(空性)을 완전히 가르치기 위해서였다.[422]

　　　　(bhagavān)'으로 주로 불경을 인용할 때, '세상에서 존귀한 자'라는 뜻을 지닌 이 어휘를 쓴다.

418. '법(法)'을 뜻하는 '최(chos)'가 쓰였다. 불교 인식론에서는 대개 현상을 뜻한다. 그런데 티벳역 게송과 달리 산스끄리뜨어 게송에서는 '헛된, 거짓의, 가짜'를 뜻하는 '므르샤(mṛṣa)'가 '달마(dharma)'와 붙어 있다. 티벳 역경사는 이것을 따로 떼어내어 운자에 맞게 옮긴 듯하다.

419. '바로 그 속이는 것은 거짓된 것이다'로 옮긴 '루와 데니 쥰(bslu ba de ni brdzun)'은 본질이 드러난 것 자체가 고정된 실체인 것처럼 보여 사람들을 속이는 거짓되다는 의미인데, 여기에 사용된 '루와((bslu ba)와 '쥰(brdzun)' 모두 '거짓이다, 속이다'는 뜻이 있다. 달리 말해 '거짓된 것이 속인다'라도 옮길 수 있는 셈이다. 여기서는 MK(T.K.)처럼 '속이는 것(deceive)'과 '거짓된 것(false)' 구조에 따라 옮겼다. 전자는 인식 주체의 활동, 그 능력에 따라 달리 보이는 현상 자체가 가진 문제이지만 후자일 경우는 논리적으로 참(T)과 거짓(F)의 문제로 해석하는 게 좋을 듯하다.

420. 이 게송에 대해서 『청목소』 한역은 논박자의 의견인 【문】이라고 되어 있으나, 문맥상의 의미나 다른 역본들을 살펴보아도 용수가 직접 부처님 말씀을 인용한 것으로 보인다. 아마도 이것은 꾸마라지바가 『청목소』를 한역하는 과정에서 생긴 오류인 듯하다. 한역에 따라 읽어 보아도 이것은 올바르지 않아 보인다. 왜냐하면 '최고로 진실된 것은 소위 <열반>으로, 허망하게 취해진 형상(妄取相)이 아니다.'라고 되어 있으나, 「제25품. 열반(涅槃)에 대한 고찰」을 보면, 용수는 열반도 또한 논파하고 있기 때문이다. 자세한 내용은 『청목소』, pp. 223-224 참조.

　　문장의 구조는 1, 2행의 '속이는 것은 거짓된 것이다'와 3, 4행의 '형성 작용[行]도 그 중의 하나다'로 정리할 수 있다.

[173. (13-3)]

དངོས་རྣམས་དེ་བོ་ཉིད་མེད་དེ།། dngos rnams ngo bo nyid med de//
གཞན་དུ་འགྱུར་བ་སྣང་ཕྱིར་རོ།། gzhan du 'gyur ba snang phyir ro//
དངོས་པོ་དེ་བོ་ཉིད་མེད་མེད།། dngos po ngo bo nyid med med//
གང་ཕྱིར་དངོས་རྣམས་སྟོང་བ་ཉིད།། gang phyir dngos rnams stong ba nyid//

사태들은 무자성이다. 왜냐하면
다른 것으로 변하는 것[423]이 (사태들에) 나타나기 때문이다.[424]
무자성인 사태(들)은 (자성을 띤 것으로) 존재하지 않는다.[425]
왜냐하면 사태들은 공[426]하기 때문이다.[427]

---

421. MK(T.K.)에 따라 옮겼으나, 산스끄리뜨어의 원문을 통해 보면, '거짓된 속성을 지닌 것이 거짓된 것이라면, 무엇이 거짓된 것인가?'라고 읽을 수 있다. 『쁘라산나빠다 II』, p. 541 참조.
422. 이 게송에 대한 『청목소』의 해석은 오온(五蘊)의 구조에 따라 장구한데, 특히 행(行)에는 다음과 같은 구절이 나온다.
   '(오온 중의 네 번째 것인) 여러 가지 행들(諸行)도 마찬가지이다. … 다만 세속 언설(言說)의 차원에서 존재하는 것이다.
   세속제(世俗諦)를 연(緣)하므로 제일의제(第一義諦)를 볼 수 있다.'
   이 언급은 중기 중관파의 세속제와 제일의제를 둘로 나누어 생각하는 방법과는 매우 다른 것이다.
   게송의 요지는 언설로 표현되는 것 자체는 자성(自性, svabhāva)을 갖추어야 되지만 사물, 사태는 무자성(無自性, niḥsvabhāva)을 띤 것으로, 부처님의 가르침은 이 무자성, 즉 연기실상의 다른 이름인 공성으로 총화, 수렴되기에 그와 같이 논파하였다는 뜻이다. 자세한 내용은 바로 다음 게송부터 나온다.
423. 일반적으로 보조 동사로 사용되는 '귤와('gyur ba)', 즉 '~이 되다'의 명사형이 이 품 전체에 두루 등장하는데 의미를 명확하게 하기 위하여 주로 '변하는 것'으로 옮겼다.
424. 『청목소』에서는 어린아이가 자성을 띠지 않으므로 어른으로 변할 수 있다는 예를 들고 있다. p. 231 참조
425. 이 3행의 '뇌뽀 노보 니메메(dngos po ngo bo nyid med med)'에 대해서는 해석이 분분하다. 『청목소』 산스끄리뜨어역에서 김성철은 '(그렇다고) 무자성인 존재가 있는 것은 아니다 (II, p. 543).'로 옮겼고(p. 231), 『쁘라산나빠다』에서는 '자성(自性)이 없는 존재는 존재하지 않는다.'로, MK(T.K.)에서는 '모든 사태는 무자성이 결여되어 있다(All entities lack naturelessness).'로 되어 있다. MK(T.K.)도 『쁘라산나빠다』를 따라서 3, 4행의 비유에 '석녀(石女)는 존재하지 않는다. 그러므로 그 아들의 푸른 색깔을 논하는 것은 합당하지 않다.'고 언급하고 있다. 『쁘라산나빠다』에서는 검은 색깔의 피부라고 적혀 있다(p.

[174. (13-4)]

གལ་ཏེ་ངོ་བོ་ཉིད་མེད་ན།། gal te ngo bo nyid med na//
གཞན་དུ་འགྱུར་བ་གང་གི་ཡིན།། gzhan du 'gyur ba gang gi yin//
གལ་ཏེ་ངོ་བོ་ཉིད་ཡོད་ན།། gal te ngo bo nyid yod na//
གཞན་དུ་འགྱུར་བར་ཇི་ལྟར་རུང་།། gzhan du 'gyur bar ji ltar rung//

【문】만약 무자성이라면
다른 것으로 변하는 것이 무엇이겠느냐?
【답】만약 자성이 존재한다면
다른 것으로 변하는 것이 어떻게 가능하겠느냐!⁴²⁸

---

293 참조).

즉, 이 독법에 따르면, '자성을 띤 것은 존재하지 않고(1, 2행) 무자성인 것도 존재하지 않는다(3, 4행).' 이와 같은 독법으로 인해서 『쁘라산나빠다』와 MK(T.K.)의 '그러므로 존재들의 자성(svabhāva)은 존재한다.'와 'Therefore, all entities exist essentially'가 등장할 수 있는 셈이다.

이와 같은 독법의 가장 큰 특징은 '1. 자성이 있는 것은 존재하지 않는다. 2. 자성이 없는 것도 존재하지 않는다. 그러므로 3. 모두 공이다.'로 읽을 수 있다는 점이다. 『청목소』도 이에 따라 이루어져 있는데 이 3, 4행을 따로 해제하기 위하여 '자성이 있는 것도 논파하는데 자성이 없는 것을 어떻게 논할 수 있느냐?', 즉 '무자성인 것은 그 근본이 존재하지 않는다.'로 읽고 있다.

이와 달리 개인적으로 '무자성인 사태는 (자성을 띤 것으로) 존재하지 않는다.'로 읽은 것은 『쁘라산나빠다』의 '자성이 없는 존재는 존재하지 않는다. 그리고 공성(空性, śūnyatā)이라고 불리는 존재들의 속성(dharma, 法)이 인정된다.'에 착안하여 읽은 것이다(p. 544 참조). 그 이유는 바로 그 다음 행이 인식 작용에 의해 포착된 대상인 사태들이 상호 연관된 공성을 띤 존재이기 때문이다. 만약 '(자성을 띤 것으로)'를 빼면 게송이 가진 중의성으로 말미암아 두 독법 차이는 없어진다.

결론적으로 말해, 기존의 독법에서는 이것을 자성/무자성의 대구로 읽었으나, 여기서는 '무자성=공성'의 가능성을 열어두고 읽은 게 차이라면 차이다.

426. 원문은 '똥빠니(stong ba nyid)'로 '공성(空性, emptiness)'을 뜻한다.
427. 어두의 '왜냐하면 ~하기 때문이다'를 뜻하는 '강칠(gang phyir)'이 나와 있어 이에 따라 옮겼다.
428. 이 게송의 3, 4행의 경우, 실체가 고정되어 있는 것, 즉 자성을 가진 것이라면 변화해서는 안 되는 것으로 읽으면 쉽게 이해된다. 그러나 1, 2행의 경우를 누구의 논의인지에 대해서 『청목소』는 명확하게 밝혀져 있지 않다. 이 게송을 『청목소』의 '문답' 구조로 읽었다.

[175. (13-5)]

དེ་ཉིད་ལ་ནི་གཞན་འགྱུར་མེད།། de nyid la ni gzhan 'gyur med//
གཞན་ཉིད་ལ་ཡང་ཡོད་མ་ཡིན།། gzhan nyid la yang yod ma yin//
གང་ཕྱིར་གཞོན་ནུ་མི་རྒ་སྟེ།། gang phyir gzhon nu mi rga ste//
གང་ཕྱིར་རྒས་པའང་མི་རྒའོ།། gang phyir rgas pa'ang mi rga'o//

> 바로 그것 자체에는 다른 것으로 변하는 것은 존재하지 않는다.
> 다른 것 자체에도 또한 (변하는 것은) 존재하지 않는다.
> 왜냐하면 젊은이는 늙지 않기 때문이고 그리고[429]
> 늙은이 또한 늙지 않기 때문이다.[430]

[176. (13-6)]

གལ་ཏེ་དེ་ཉིད་གཞན་འགྱུར་ན།། gal te de nyid gzhan 'gyur na//
འོ་མ་ཉིད་ནི་ཞོར་འགྱུར་རོ།། 'o ma nyid ni zhor 'gyur ro//
འོ་མ་ལས་གཞན་གང་ཞིག་ནི།། 'o ma las gzhan gang zhig ni//

『쁘라산나빠다』의 월칭소와 MK(T.K.)는 이와 같은 구조로 되어 있다. 즉 1, 2행의 논박자의 주장인 사물, 사태는 무자성일 경우에 대한 논파로 3, 4행을 언급하고 있는 것이다. 이와 같은 독법에 대해서 『청목소』에서 김성철은 『무외소(無畏疏, 용수의 중론 自註로 알려져 있다)』, 『불호소(佛護疏, Buddhapālitavṛtti)』, 『반야등론(般若燈論, Prajñāpradīpa)』과 같은 독법임을 살펴본 바 있다(p. 232 참조).

티벳역 게송에는 명확하게 대구를 이루고 있지 않지만 산스끄리뜨어 게송의 경우, 전반부의 '만약 ~이 아니라면(쩨뜨 나, cet na)'과 후반부의 '만약 ~이라면(야디, yadi)'만 바꾸어 있을 뿐, 게송 전체가 논박자의 논의를 '비트는 것'으로 되어 있는데 이와 같은 작법은 용수의 대표적인 논파 가운데 하나다. 즉, 논박자 논의 자체에 오류가 있음을 지적하고 있는 것이다. 한역도 같은 구조로 되어 있다.

429. '학쩨(lhag ncas)'인 '떼(ste)'를 병렬 접속부사로 보고 옮겼다.
430. 티벳어 원문에는 4행 어두에, 3행과의 반복 운율을 위해서 '왜냐하면'을 뜻하는 '강칠(gang phyir)'이 반복적으로 사용되어 있으나, 우리말과는 어울리지 않아 생략하였다.

1, 2행의 예를 3, 4행에서 받는 경우로, 젊은이라는 자기 자신 자체에는 늙음이라는 것이 존재하지 않고 (3행의 예), 늙은이라는 다른 것에도 늙음이라는 것이 존재하지 않는다는 뜻이다. (4행의 예)

앞에서 이어진 이 게송의 예는 3행의 경우 젊은이, 늙은이라는 한 개념자가 고정되어 있으면 그것에는 변화라는 것이 배제된 상태임을 뜻하고, 4행의 경우 '늙은이가 늙는다'는 것은 동어반복에 빠지게 된다.

ཞོ་ཡི་དངོས་པོ་ཡིན་པར་འགྱུར།།   zho yi dngos po yin par 'gyur//

> 만약 바로 그것 자체가 다른 것으로 변하는 것이라면
> 우유 그 자체가 (곧장) 요구르트로 변해야 할 것이다.
> 우유로부터 다른 어떤 것이 (있어)[431]
> 요구르트의 상태[432]인 것으로 변하겠는가?[433]

[177. (13-7)]

གལ་ཏེ་སྟོང་མིན་ཅུང་ཟད་ཡོད།།   gal te stong min cung zad yod//
སྟོང་བའང་ཅུང་ཟད་ཡོད་པར་འགྱུར།།   stong ba'ang cung zad yod par 'gyur//
མི་སྟོང་ཅུང་ཟད་ཡོད་མིན་ན།།   mi stong cung zad yod min na//
སྟོང་པ་ཡོད་པར་ག་ལ་འགྱུར།།   stong pa yod par ga la 'gyur//

> 만약 공(空)이 아닌 것[非空][434]이 약간이나마[435] 존재한다면
> 공(空) 또한 약간이나마 존재하는 것으로 될 것이다.
> (그러나) 공(空)이 아닌 것이 약간이나마 존재하지 않으면[436]
> 공(空)이 존재하는 것으로 어떻게 되겠는가?[437]

---

431. 3행 말미의 강조사[Emp.] '니(ni)'를 생략하고 옮겼다.
432. 원문에는 지금까지 '사태'라고 통일적으로 옮긴 '뇌보(dngos po, event)'가 쓰였으나, 우리말의 의미를 명확하게 하기 위해서 여기서는 '상태(state)'로 옮겼다. MK(T.K.)에서는 'the entity'로 통일되어 있다.
433. 『청목소』에 따르면, 젊은이가 늙은이가 되는 것처럼 '시간상'의 문제를 두고 논의를 펼치는 반박자의 견해에 대한 논파다. 젊은이뿐만 아니라 우유에서 요구르트가 되는 것은 시간상의 문제일 뿐만 아니라 인연 화합의 문제임에도 이것이 배제되어 있을 경우의 문제일 뿐만 아니라(예를 들자면 부패), 이 둘은 서로 다른 개념자라는 뜻이다.
434. 티벳어 원문에는 '공이 아닌 것[非空]'이라는 표현이 1행의 '똥민(stong min)'과 3행의 '미똥(mi stong)'으로 달리 쓰여 있으나, 산스끄리뜨어 '아슈냐(aśūnya)'로 일치하고, MK(T.K.)에서도 'nonempty'라고 옮겨져 있어 통일하여 옮겼다.
435. 티벳역 게송에서만 '약간, 조금'을 뜻하는 '쭝셰(cung zad)'가 반복적으로 사용되고 있다. 의미를 강조하며 운율을 맞추기 위한 첨언인 셈이다.

제13품. 형성 작용에 대한 고찰 **141**

[178. (13-8)]

རྒྱལ་བ་རྣམས་ཀྱིས་སྟོང་བ་ཉིད།། rgyal ba rnams kyis stong ba nyis//
ལྟ་ཀུན་ངེས་པར་འབྱུང་བར་གསུངས།། lta kun nges par 'byung bar gsungs//
གང་དག་སྟོང་བ་ཉིད་ལྟ་བ།། gang dag stong ba nyid lta ba//
དེ་དག་བསྒྲུབ་ཏུ་མེད་པར་གསུངས།། de dag bsgrub tu med par gsungs//

> 승자(勝者)들[438]께서는 "공성(空性)은[439] 일체의 견해에서 완전히 벗어나게[出離][440] 한다."라고 말씀하셨다. (그러나) 어떤 이들이 "공성(空性)이라는 견해를 (가진다면)[441] 그들은 (그 어떤 것도) 성취할 수 없다."라고 말씀하셨다.[442]

----

436. MK(T.K.)에서는 가정법의 '니(ni)'를 시간의 개념인 '때(when)'로 보고 있다.
437. 이 게송은 논박자의 견해는 '모든 것은 자성을 띠고 있지 않은 공한 것이다'에 대한 대전제에서 벗어난 일례가 있을 수도 있다는 것에 대한 강조에 대한 논파다. 일체가 공한 즉 연기적일 경우, 공이 아닌 것, 즉 비연기적이며 자성을 띤 실체가 존재하게 되는데 결코 그럴 수 없다는 뜻이다.

    여기서 중요한 점은 공은 실재, 실체, 존재자의 개념이 아닌 '연기의 다른 이름'인 하나의 이름[名]일 뿐이므로 이것에 대한 반대적 개념을 가질 수 없다는 점이다. 이것은 엄밀한 의미에서 언어를 초월한 것으로, '언어의 한계'를 두고 생각해보면 자체적으로 딜레마, 모순을 가지고 있는 것이다. 이에 대한 논의는 다른 품에서 논의되고 있다.
438. 여기서는 부처님의 이명인 '겔와(rgyal ba)'가 사용되었다. 일반적으로 왕(王)을 '겔와'라고 쓰는데 산스끄리뜨어 '지나(jina)'에서 왔다. 『능가경』에서는 '최승자(最勝者)'라고 나와 있으나 같은 뜻이다. 영어로는 'Victor' 또는 'Victorious one'이라고 쓴다. '욕망이라는 대적을 정복한 왕'이라는 뜻이다.

    여기서 중요한 것은 단수가 아닌 복수형으로, 이것은 사꺄무니 부처님뿐만 아니라 세간에 오간 모든 부처님들이 연기법을 가르쳤다는 의미에서 일부러 복수형을 쓴 듯하다.
439. 말미의 '니(nyis)'는 문법적으로 매우 특이한 구조로, 이것은 공성(空性)의 '똥와니(stong ba nyid)'의 '니(nyid)'와 도구격[Ins.]의 '끼(kyis)'의 's'가 합성된 것으로 운자를 맞추기 위해서 이렇게 축약한 것이다. 운자를 항상 맞추는 게송에서도 좀처럼 보기 힘든 형태이다.
440. '벗어나다'라는 뜻으로 쓰이는 '네빨 중와(nges par 'byung ba)'의 축약인 '네중(nges 'byung)'은 일반적으로 '출리심(出離心)'을 뜻한다. 쫑카빠의 『근본삼도(根本三道)』에서는 이 '세간의 이익과 욕망을 버리는' 이 출리심을 수행의 가장 기본이 되는 근간으로 삼고 있다.
441. 악취공자(惡趣空者)를 가리킨다. 악취공에 대해서는 『청목소』, pp. 236-237 참조
442. 아마도 『중론』을 통틀어 가장 유명한 게송일 것이다. MK(T.K.)에서는 악취공자(惡趣空者), 즉 '공성에 대한 견해를 가진 자'를 '구제불능(incorrigible)'이라고 옮기고 있으나 여기서는

༄༅། །འདུ་བྱེད་བརྟག་པ་ཞེས་བྱ་བ་སྟེ་རབ་ཏུ་བྱེད་པ་བཅུ་གསུམ་པའོ། །

'형성 작용[行]을 살펴보는 것'이라 불리는 제13품

'톱뚜 메빠(bsgrub tu med pa)'를 직역하여 옮겼다.

제14품. 결합[合]에 대한 고찰[443]

[179. (14-1)]

བལྟ་བྱ་ལྟ་བ་ལྟ་བ་པོ།།
གསུམ་པོ་དེ་དག་གཉིས་གཉིས་དང་།།
ཐམས་ཅད་ཀྱང་ནི་ཕན་ཚུན་དུ།།
ཕྲད་པར་འགྱུར་བར་ཡོད་མ་ཡིན།།

blta bya lta ba lta ba po//
gsum po de dag gnyis gnyis dang//
thams cad kyang ni phan tshun du//
phrad par 'gyur bar yod ma yin//

> 보이는 대상, 보는 작용, 보는 자[444]
> 그 셋들은 둘씩 쌍을 (이루거나)[445]
> 전체라도 서로
> 결합[合]하지[446] 않는다.

---

443. ||ཕྲད་པ་བརྟག་པ་ཞེས་བྱ་བ་སྟེ་རབ་ཏུ་བྱེད་པ་བཅུ་བཞི་བའོ།།
//phrad pa brtag pa zhes bya ba ste rab tu byed pa bcu bzhi ba'o//

직역하면 '결합[合]을 살펴보는 것'이라 불리는 제14이다. 한역으로 「관합품(觀合品)」이라고 한다.

이 품의 주요 주제는 인식 주체와 대상 그리고 그 반영 사이에서의 결합[合]에 대한 논파다. 『청목소』에 따르면 「제3품. (육)근(根)에 대한 고찰」에 등장한 '보는 작용'과 그것의 주체와 대상이 결합하는 것은 불가능하다는 것에 대한 구체적인 논파라고 한다. 『청목소』, p. 239 참조.

444. 이것은 인식 주체와 대상 그리고 그 사이에서의 작용 등의 세 가지에 대한 일반적인 설명을 뜻한다.

445. '둘씩 쌍을 이룬다'는 말은 보는 작용과 보이는 대상, 보는 작용과 보는 자, 보이는 대상과 보는 자 등 둘만 상정하는 경우를 가리킨다.

446. 원문의 '페와(phrad ba)'는 '페빠(phrad pa)'의 오자가 확실하여 '페빠'로 고쳤다. 원문을 직역하면 '결합되다'가 올바르겠으나 우리말에 친숙한 '결합하다'로 고쳤다.

[180. (14-2)]

དེ་བཞིན་འདོད་ཆགས་ཆགས་དང་།། de bzhin 'dod chags chags dang//
ཆགས་པར་བྱ་བ་ཉོན་མོངས་པ།། chags par bya ba nyon mongs pa//
ལྷག་མ་རྣམས་དང་སྐྱེ་མཆེད་ཀྱི།། lhag ma rnams dang skye mched kyi//
ལྷག་མའང་རྣམ་པ་གསུམ་ཉིད་ཀྱིས།། lhag ma'ang rnam pa gsum nyid kyis//

> 그와 같이 탐욕, 탐욕(에 물든 자)과
> 탐욕의 대상 (그리고 다른) 번뇌(煩惱)[447](의)[448]
> 나머지[449]들과 (육)처(處)의
> (다른) 나머지들[450]도 또한 (그) 세 가지 자체로 (결합하지 않는다.)[451]

[181. (14-3)]

གཞན་དང་གཞན་དུ་ཕྲད་འགྱུར་ན།། gzhan dang gzhan du phrad 'gyur na//
གང་ཕྱིར་བལྟ་བྱ་ལ་སོགས་ལ།། gang phyir blta bya la sogs la//
གཞན་དེ་ཡོད་པ་མ་ཡིན་པ།། gzhan de yod pa ma yin pa//
དེ་ཕྱིར་ཕྲད་པར་མི་འགྱུར་རོ།། de phyir phrad par mi 'gyur ro//

> 다른 것과 다른 것이[452] 결합하는 것이기 때문에[453]
> 그렇기 때문에 보이는 대상[454] 등[455]에는
> 그 다른 것[상이성(相異性)][456]이 존재하지 않는다.
> 그렇기 때문에 결합하지 않는다.

---

447. [BD] 번뇌(煩惱): 마음이 시달려서 괴로운 것. 중생의 몸이나 마음을 번거롭게 하고 괴롭히고 어지럽히고 미혹하게 하고 더럽히게 하는 정신작용의 총칭.
448. 다음 3행과 같은 구조를 띠고 있어 소유격[Gen.]을 첨언하여 옮겼다.
449. 『쁘라산나빠다』에서는 3독(毒)의 나머지인 성냄과 무지라고 적혀 있으나 다른 불선(不善)을 가리킨다고 볼 수도 있다.
450. 바로 앞 게송에서 예를 든 보는 작용이 있게 하는 입처, 즉 눈[眼]에 의한 세 가지 작용처럼 안이비설신의(眼耳鼻舌身意)의 나머지를 가리킨다.
451. 바로 앞 게송에서 반복되는 부분의 나머지가 생략된 것으로 보고 첨언하였다.

제14품. 결합에 대한 고찰 **145**

[182. (14-4)]

བལྟ་བྱ་ལ་སོགས་འབའ་ཞིག་ལ།། blta bya la sogs 'ba' zhig la//
གཞན་ཉིད་མེད་པར་མ་ཟད་ཀྱི།། gzhan nyid med par ma zad kyi//
གང་ཡང་གང་དང་ལྷན་ཅིག་ཏུ།། gang yang gang dang lhan cig tu//
གཞན་པ་ཉིད་དུ་མི་འཐད་དོ།། gzhan pa nyid du mi 'thad do//

보이는 대상 등에만
상이성이 존재하지 않는 것이 아니다.[457][458]
그 어떤 것과 (다른) 어떤 것이[459] 함께 (할) 때
상이성(相異性)은[460] 옳지 않다.

....

452. '라둔(la 'dun)'의 '두(du)'를 직역으로 옮기면 '다른 것에'가 적당하겠으나 접속부사 '당(dang)'이 앞에 나와서 이렇게 옮겼다.
453. 가정법을 뜻하는 '나(na)'가 말미에 쓰였으나 2행의 어두에 뒤따라 나오는 원인, 이유 등을 뜻하는 '강칠(gang phyir)'과 격을 맞추기 위해서 옮겼다.
454. MK(T.K.)에서 '보이는 대상'으로 옮긴 '따자(blta bya)'를 'seeing', 즉 '보는 작용'으로 옮긴 원문과 산스끄리뜨어를 비교해 보아도 '보이는 대상'이 맞으며, MK(T.K.)식으로 옮기면 'seen'이 되는 게 맞다. 다음 게송에서는 'seen'으로 옮기고 있다.
455. 앞에서 언급한 인식 주체와 대상, 그리고 그 사이에서의 작용 가운데 여기서 직접 언급하지 않은 인식 주체와 인식 작용을 보는 주체와 그 작용을 축약하여 표현한 것이다.
456. 원문은 '다른 것'이지만 MK(T.K.)에서 'difference'를 사용하여, '상이성'을 첨언하였다. 만약 다른 것만을 뜻한다면 'different thing'이라고 적어도 무방하였을 것이다. 『쁘라산나빠다』도 이와 같은 방식이다. 다음 게송의 2행에는 '셴니(gzhan nyid)'가 사용되었는데 '다른 것 자체'를 뜻하는 여기서부터는 본격적으로 상이성을 뜻한다고 볼 수 있다.
　　　산스끄리뜨어 원문을 살펴보았을 때, '다른 것'은 '아냐(anya)'로, 그리고 '상이성'은 '아냐뜨바(anyatva)'라는 각기 다른 단어를 사용하고 있다. 일반적으로 '뜨바(tva)'가 붙을 경우, '~하는 성격(性格)'을 뜻한다. '다르다는 성격'을 '상이성(相異性)'으로 옮겼다.
457. 바로 앞 게송에서 논파한 상이성이 존재하지 않는다는 것, 즉 '보이는 대상'과 '보는 자', '보는 작용'의 경우에 한정된 것을 가리키는 것이 아니라 전체에 걸쳐 작용한다는 뜻이다.
458. 문장의 말미에 소유격[Gen.] '끼(kyi)'가 쓰였다. 매우 예외적인 용법으로 한 문장 전체를 마칠 경우에 사용된 경우다.
459. 바로 앞 게송 1행의 '다른 것과 다른 것이'라고 옮긴 '셴당 셴두(gzhan dang gzhan du)'를 확대한 '강양 강당(gang yang gang dang)'으로 운자를 이루고 있다.
460. '라둔(la 'dun)'의 '두(du)'를 주격[Nom.]으로 의역하여 옮겼다. 직역으로 옮기면 '다른 것 자체가 (존재한다는 것은)' 정도 된다.

[183. (14-5)]

གཞན་ནི་གཞན་ལ་བརྟེན་ཏེ་གཞན།།
གཞན་མེད་པར་གཞན་གཞན་མི་འགྱུར།།
གང་ལ་བརྟེན་ཏེ་གང་ཡིན་པ།།
དེ་ནི་དེ་ལས་གཞན་མི་འཐད།།

gzhan ni gzhan la brten te gzhan//
gzhan med par gzhan gzhan mi 'gyur//
gang la brten te gang yin pa//
de ni de las gzhan mi 'thad//

> 다른 것[a][461]은 다른 것[b]에 의지[緣]하기에 다른 것이다.
> 다른 것[상이성]이 없으면 다른 것[a]은 다른 것[b]이 되지 않는다.
> 어떤 것[B]에 의지[緣]하는 어떤 것[A]이라면[462]
> 바로 그것[A]이 그것[B]과 (비교하여)[463] 다른 것이라는 것은 옳지 않다.[464]

461. 본문에는 강조사[Emp.] '니(ni)'가 쓰였으나 생략하는 대신에 어떤 하나의 다른 것임을 표시하기 위하여 『쁘라산나빠다』의 '갑(甲), 을(乙)'처럼 하나의 다른 것은 소문자 'a, b'로, 보편적인 것은 대문자 'A, B'로 표시하였다.
462. 본문에 가정법이 생략된 것으로 보고 옮겼다. 『쁘라산나빠다』는 '어떤 것(甲)이 어떤 것(乙)에 연(緣)하여 존재한다면'으로 옮기고 있다. 여기서는 문법의 구조에 따라 [B]와 [A]의 순서가 바꾸어 두었다.
463. 탈격[Abl.] '레(las)'를 비교격[Comp.]으로 보고 옮겼다. 탈격으로 보았을 경우, '다른 것으로부터'도 옮길 수 있다.
464. 이 게송에 대한 비유는 『청목소』와 『쁘라산나빠다』를 따르는 MK(T.K.)와 크게 둘로 나누어진다. 『청목소』에서는 '대들보와 서까래'의 인연으로 집이 되는 경우로 비유하고 있으며(pp. 244-245), 『쁘라산나빠다』에서는 '물병과 옷'이라는 다른 사물로 예를 들고 있다(pp. 568-569). 그리고 그에 대한 예로 '씨앗과 싹처럼, 짧은 것과 긴 것처럼'이라는 예를 들고 있으나 둘의 예가 같아 보이지 않는다. 왜냐하면 후자의 경우는 내재적인 원인이기 때문이다. 이와 같은 문제 때문에 MK(T.K.)에서는 이 비유를 제외한 채 설명하고 있다(pp. 306-307).
　이 두 비유 가운데 '대들보와 서까래', '씨앗과 싹'은 내재적인 연[결합]의 관계에 대한 설명이지만, 본 게송의 내용은 『쁘라산나빠다』에서처럼 '물병과 옷'과 같은 전혀 다른 사물이 상호 의존하여 그 다름으로 명칭이 부여된다고 확장하여 보는 것이 더 나아 보인다. 왜냐하면 이 품 전체에서 다루는 내용 자체가 인식 과정 전체에서 다루어지는 각기 다른 것들, 즉 인식 주체와 대상 그리고 그 사이의 반영이기 때문이다.
　이와 같은 관점에서 보았을 때, 3, 4행에서 언급하는 바는 각기 다른 것이 의존하여 그 명칭이 부여되었을 경우에는 그 의존성을 배제하는 옳지 않다는 것이 된다는 점을 날카롭게 지적했다고 볼 수 있다.

[184. (14-6)]

གལ་ཏེ་གཞན་ནི་གཞན་ལས་གཞན།། gal te gzhan ni gzhan las gzhan//
དེ་ཚེ་གཞན་མེད་པར་གཞན་འགྱུར།། de tshe gzhan med par gzhan 'gyur//
གཞན་མེད་པར་ནི་གཞན་འགྱུར་བ།། gzhan med par ni gzhan 'gyur ba//
ཡོད་མིན་དེ་ཡི་ཕྱིར་ན་མེད།། yod min de yi phyir na med//

> 만약 바로 그 다른 것[a]이 다른 것[b]과 (비교하여) 다른 것이라면
> 그때[465] (b는) 다른 것이 없는[~a] 다른 것[b]이 된다.[466]
> (그러나) 다른 것이 없는[~a] 가운데 다른 것[b]으로 되는 것은
> 존재하지 않는다. 그러므로[467] (이와 같은 경우는) (있을 수) 없다.

[185. (14-7)]

གཞན་ཉིད་གཞན་ལ་ཡོད་མ་ཡིན།། gzhan nyid gzhan la yod ma yin//
གཞན་མ་ཡིན་ལའང་ཡོད་མ་ཡིན།། gzhan ma yin la'ang yod ma yin//
གཞན་ཉིད་ཡོད་པ་མ་ཡོན་ན།། gzhan nyid yod pa ma yon na//
གཞན་ནམ་དེ་ཉིད་ཡོད་མ་ཡིན།། gzhan nam de nyid yod ma yin//

> 상이성[468]은 다른 것에 존재하지 않는다.
> (그리고) 다른 것이 아닌 것에도 존재하지 않는다.
> 상이성이 존재하지 않으면
> 다른 것이거나 같은 것[469]은 존재하지 않는다.

---

465. 원문은 '데체(de tshe)'로, 일반적으로 '그때'를 뜻한다. 의미를 명확하게 하기 위해서 '그 경우'로 옮길 수도 있다.
466. 바로 앞의 게송에 대한 해설에 해당한다. '왜냐하면 ~하기 때문이다'를 넣고 생각하면 의미가 좀 더 선명하다.
467. '데이 칠나(de yi phyir na)'가 사용되었는데 관용적으로 'therefore'라는 뜻이 있어 MK(T.K.)와 같이 이처럼 옮겼다.
468. 상이성에 대해서는 [181(14-3)]번 게송 각주 참조.

[186. (14-8)]

དེ་ནི་དེ་དང་ཕྲད་པ་མེད།། 　　de ni de dang phrad pa med//
གཞན་དང་གཞན་ཡང་ཕྲད་མི་འགྱུར།། 　　gzhan dang gzhan yang phrad mi 'gyur//
ཕྲད་བཞིན་པ་དང་ཕྲད་པ་དང་།། 　　phrad bzhin pa dang phrad pa dang//
ཕྲད་པ་པོ་ཡང་ཡོད་མ་ཡིན།། 　　phrad pa po yang yod ma yin//

> 그 (같은 것)[470]은 그 (같은 것)과 결합[合]하지 않는다.
> 다른 것과 다른 것도 또한 결합하지 않는다.
> (지금) 결합 중인 것과 (이미) 결합한 것과
> 결합하는 자 또한 존재하지 않는다.[471]

||ཕྲད་པ་བརྟག་པ་ཞེས་བྱ་བ་སྟེ་རབ་ཏུ་བྱེད་པ་བཅུ་བཞི་པའོ།།

'결합[合]을 살펴보는 것'이라 불리는 제14품

---

469. '다른 것'의 반대되는 것을 뜻하며 원문은 '그것 자체'를 뜻하는 '데 니(de nyid)'가 쓰였다. 이것은 상이성과 대립된 항은 동일성을 뜻하는 게 아니다. 왜냐하면 원문을 의역하기보다 다른 것/같은 것의 근거가 되는 상이성의 문제를 중점적으로 다룰 뿐만 아니라 다음 게송에서 상이성이 존재하지 않을 경우, 자/타의 구분이 없어진다는 것을 명확하게 언급하고 있기 때문이다.
470. 바로 앞 게송의 '데 니(de nyid)'를 받는 것으로 보고 옮겼다.
471. 3, 4행의 경우 3행에서는 시제의 현재와 과거를, 4행에서는 그와 같은 행위자 또한 존재하지 않는다는 것을 축약하여 언급하고 있다.

제15품. 자성自性에 대한 고찰[472]

[187. (15-1)]

རང་བཞིན་རྒྱུ་དང་སྐྱེན་ལས་ནི།།
འབྱུང་བར་རིགས་པ་མ་ཡིན་ནོ།།
རྒྱུ་དང་སྐྱེན་ལས་བྱུང་བ་ཡི།།
རང་བཞིན་བྱས་པ་ཅན་དུ་འགྱུར།།

rang bzhin rgyu dang skyen las ni//
'byung bar rigs pa ma yin no//
rgyu dang rkyen las byung ba yi//
rang bzhin byas pa can du 'gyur//

> 자성(自性)이 인(因)과 연(緣)[473]으로부터
> 발생한다는 것은 옳지 않다.
> 인(因)과 연(緣)으로부터 발생한
> 자성(은) '만들어진 것[爲作法]'[474]이 된다.[475]

---

472. ༎རང་བཞིན་བརྟག་པ་ཞེས་བྱ་བ་སྟེ་རབ་ཏུ་བྱེད་པ་བཅོ་ལྔ་པའོ༎
//rang bzhin brtag pa zhes bya ba ste rab tu byed pa bco lnga pa'o//

직역하면 '자성(自性)을 살펴보는 것이라 불리는 제15'이다. 한역으로 「관유무품(觀有無品)」이라고 한다.

이 품의 주요 주제는 불교에서 빠질 수 없는 무자성을 강조하기 위한 자성(自性)이 존재하지 않음을 살펴보는 것이다. 『청목소』의 제목은 '유무(有無)'에 대한 고찰'인데, 자성과 무자성을 존재[有]와 무(無)라고 옮긴 것은 자성이라는 하나의 성격, 상태를 존재론적인 문제로 환원시킬 수 있다. 산스끄리뜨어 '스와바바(svabhāva)'를 약간이나마 해자해보면, '그 자체(sva)의 (성격을 가진) 존재(bhāva)' 정도 된다. MK(T.K.)에서는 이것을 'essence'로 적고 있다. 개인적으로 자성을 영역할 때는 'the self (characterized) existence'라고 산스끄리뜨어를 직역하여 그 의미가 선명하게 드러나는 것을 선호한다.

473. 연(緣)에 대해서는 「제1품. 연(緣)에 대한 고찰」 참조.
474. 『청목소』 한문에 따라 '위작법(爲作法)'으로 옮긴 '제빠쩬(byas pa can)'은 '갖춘(having)' 또는 '갖춘 자(a person)'를 뜻하는데 여기서는 바로 앞의 '자성'과 격이 맞게 '것'으로 옮겼다. 이때 한역의 법(法)은 현상 등으로 볼 수 있다. 한역 위작법에는 부정적인 의미가 섞여 있으나, '제바쩬'에는 긍정/부정의 뜻이 없다. 이때 자성은 '본래 고유한 성품'을

[188. (15-2)]

རང་བཞིན་བྱས་པ་ཅན་ཞེས་བྱར།།   rang bzhin byas pa can zhes byar//
ཅི་ལྟ་བུར་ན་རུང་བར་འགྱུར།།   ci lta bur na rung bar 'gyur//
རང་བཞིན་དག་ནི་བཅོས་མིན་དང་།།   rang bzhin dag ni bcos min dang//
གཞན་ལ་ལྟོས་པ་མེད་པ་ཡིན།།   gzhan la ltos pa med pa yin//

> "자성(自性)은 만들어진 것이다."는 것이
> 어떻게 가능하겠는가?
> 바로 그 자성이란[476] 만들어지지 않고
> 다른 것에 의지하지 않는다(는 뜻인데).[477]

[189. (15-3)]

རང་བཞིན་ཡོད་པ་མ་ཡིན་ན།།   rang bzhin yod pa ma yin na//
གཞན་གྱི་དངོས་པོ་ག་ལ་ཡོད།།   gzhan gyi dngos po ga la yod//
གཞན་གྱི་དངོས་པོའི་རང་བཞིན་ནི།།   gzhan gyi dngos po'i rang bzhin ni//
གཞན་གྱི་དངོས་པོ་ཡིན་ཞེས་བརྗོད།།   gzhan gyi dngos po yin zhes brjod//

> 자성이 존재하지 않는다면

가진 것이기 때문에 바뀔 수 없음[항상]에도 불구하고 이와 같은 정의에 위배된다는 뜻을 내포하고 있다.

475. 4행의 말미에 '라귤(du 'gyur)'은 '라둔(la 'dun)'의 '두(du)는 '~으로(into)'로, 그리고 '귤('gyur)'은 '된다'로도 옮길 수 있다. 이 경우, '자성은 만들어진 것으로 되리라'라 옮길 수 있다. 『청목소』에서 김성철도 이렇게 옮기고 있다. '왜냐하면 ~되기 때문이다.' 또는 '만약 그렇다면' 등을 첨언하면 1, 2행의 정의에 대한 설명으로 3, 4행이 등장하여 대구를 이루는 형식이 된다.
476. 본문에 쓰인 '닥니(dag ni)'의 '닥(dag)'은 일반적으로 복수형을 뜻하는데 여기서는 뒤따라 오는 강조사[Emp.] '니(ni)'와 함께 쓰이고 있다. 매우 예외적인 용법이다.
477. 의미를 명확하게 드러내기 위해서 첨언하였다. '다른 것에 의존하지 않는 고유한 성격을 가진 것'이 곧 자성의 정의이므로 인과 연에 의해서 생긴 것이라는 주장에 배치된다는 것을 명확하게 드러낸 게송이다.

다른 사태[478]가 어떻게 존재할 수 있겠는가?

"다른 사태의 자성, 바로 그 (때문에)[479]

다른 사태[480]이다."라고 불리는데.[481]

[190. (15-4)]

རང་བཞིན་དང་ནི་གཞན་དངོས་དག། rang bzhin dang ni gzhan dngos dag//
མ་གཏོགས་དངོས་པོ་ག་ལ་ཡོད།། ma gtogs dngos po ga la yod//
རང་བཞིན་དང་ནི་དངོས་པོ་དང་།། rang bzhin dang ni dngos po dang//
ཡོད་ན་དངོས་པོ་འགྲུབ་པར་འགྱུར།། yod na dngos po 'grub par 'gyur//

자성과 타성(他性)들을[482]

배제한 사태가 어떻게 존재할 수 있겠는가?

자성과 (다른) 사태의 (자성)이[483]

존재할 때만[484] 사태는 성립하게 된다.

---

478. '사태'에 대해서는 3번 게송 각주 참조
479. 3행의 말미에, 강조사[Emp.] '니(ni)'가 쓰여 있다. 여기서는 문장을 끊어주며, 앞 문장이 원인, 이유 등을 가리키고 그 뒤의 문장이 그것에 대해 해석하는 용법으로 보고 옮겼다.
480. '다른 사태'라고 옮긴 '센기 뇌뽀(gzhan gyi dngos po)'를 『청목소』나 『쁘라산나빠다』에서는 '타성'으로 옮기고 있다. 이것은 산스끄리뜨어 '쁘라바바(prabhāva)'를 옮긴 것이다. 이것은 '타성'뿐만 아니라 '다른 존재'라는 의미도 있다. 그래서인지 MK(T.K.)에서는 자성에 해당하는 '랑쉰(rang bzhin)'을 'essence', '센기 뇌뽀(gzhan gyi dngos po)' 또는 이것의 축약인 '센뇌(gzhan dngos)'를 'nature of being other'로 옮기고 있다. 『청목소』에서 김성철은 '다른 사태의 자성'을 '다른 존재에 있어서의 자성'으로, 그리고 그것이 곧 '타성'이라고 옮기고 있다.

여기서는 '다른 사태의 자성'과 타성을 설명적인 경우와 대구의 경우 등 게송의 내용에 따라 옮기도록 하겠다.
481. 바로 앞의 [188. (15-2)]번 게송과 같은 구조로 이루어져 있다. 자성이 존재하지 않을 경우, 다른 사태/현상 등의 자성, 즉 타성(他性)도 존재할 수 없다는 의미다.
482. 양수(兩數, dual)를 뜻하는 '닥(dag)'이 말미에 쓰였다.
483. 축약된 부분을 첨언하여 직역하였으나 '타성'으로 옮겨도 선명하게 대구가 드러난다. 이 축약의 문제에 대해서 '센뇌(gzhan dngos)'라고 MK(T.K.) 각주에서 첨언하고 있다(p. 331 각주 10번 참조).

[191. (15-5)]

གལ་ཏེ་དངོས་པོ་མ་གྲུབ་ན།། gal te dngos po ma grub na//
དངོས་མེད་འགྲུབ་པར་མི་འགྱུར་རོ།། dngos med 'grub par mi 'gyur ro//
དངོས་པོ་གཞན་དུ་འགྱུར་བ་ནི།། dngos po gzhan du 'gyur ba ni//
དངོས་མེད་ཡིན་པར་སྐྱེ་བོ་སྒྲ།། dngos med yin par skye bo sgra//

> 만약 사태[A]⁴⁸⁵가 성립하지 않는다면
> 사태가 아닌 것[~A]도 성립하지 않게 된다.
> '다른 사태로 변하는 것, 바로 그것은⁴⁸⁶
> 사태가 아닌 것이다.'라고 사람들은 말한다.⁴⁸⁷

[192. (15-6)]

གང་དག་རང་བཞིན་གཞན་དངོས་དང་།། gang dag rang bzhin gzhan dngos dang//
དངོས་དང་དངོས་མེད་ཉིད་ལྟ་བ།། dngos dang dngos med nyid lta ba//
དེ་དག་སངས་རྒྱས་བསྟན་པ་ལ།། de dag sangs rgyas bstan pa la//
དེ་ཉིད་མཐོང་བ་མ་ཡིན་ནོ།། de nyid mthong ba ma yin no//

> 어떤 (사태의) 자성(과) 다른 사태의 (자성) 그리고
> 사태와 사태가 아닌 것 자체가 (존재한다고) 간주하는 자(들)⁴⁸⁸은

---

484. 원문에서는 가정법의 '나(na)'가 쓰였다.
485. '사태'라고 통일하여 옮긴 '뇌뽀(dngos po)'는 여기서 '실체'를 뜻한다. 『청목소』에서 김성철은 '존재'라고 옮겼고, 『쁘라산나빠다』에서는 '성(性)'으로 옮기고 있는데 후자는 좀 심하다 싶다. MK(T.K.)에서는 'entity'로 통일하여 옮기고 있다.
486. 강조사[Emp.] '니(ni)'가 쓰였다. 여기서는 바로 앞의 내용 전체를 강조한 것으로 보고 옮겼다.
487. 이 게송의 전체적인 내용을 이해하기 위해서는 용수 특유의 사구부정에 등장하는 1항과 2항의 논파법을 숙지할 필요가 있다. 첫 번째 항인 A가 논파될 경우, 두 번째 항인 ~A는 더 이상 논파할 '거리'가 아니게 된다. 여기서는 '고유한 성품으로 변화할 수 없는 것'이기에 자성(自性, svabhāva)을 갖춘 어떤 사태(실체, substance)가 성립하지 않으면, 사구부정의 두 번째 항인, 즉 1항의 부정항도 역시 성립하지 않는다는 뜻이다.

그들은 부처님의 가르침을,
그 자체⁴⁸⁹를 보지 못한다.⁴⁹⁰

[193. (15-7)]

བཅོམ་ལྡན་དངོས་དང་དངོས་མེད་པ།། bcom ldan dngos dang dngos med pa//
མཁྱེན་པས་ཀ་ཏྱཱ་ཡ་ན་ཡི།། mkhyen pas kwa tya ya na yi//
གདམས་ངག་ལས་ནི་ཡོད་པ་དང་།། gdams ngag las ni yod pa dang//
མེད་པ་གཉི་ག་འང་དགག་པར་མཛད།། med pa gnyi ga'ang dgag par mdzad//

세존께서는⁴⁹¹ 사태와 사태가 아닌 것⁴⁹²을
통달하셨기에⁴⁹³ 까띠야나 (존자)에 대한
가르침[迦旃延經]에서⁴⁹⁴ 존재하는 것[有]과
존재하지 않는 것[無], 이 둘 역시 (모두) 부정하셨다.⁴⁹⁵

....
488. 원문은 '따와(lta ba)'로, 이것은 의도적으로 본다는 뜻일 때 사용한다. 산스끄리뜨어는 '빠스(√paś)'인데, 티벳역에서는 여기에 쓰인 '따와'와 함께, 4행에서는 '통와(mthong ba)'가 쓰이고 있다. 후자는 일반적으로 의도하지 않아도, 저절로 그렇게 보인다는 뜻으로 보인다. 자세한 내용은 「제3품. (육)근(根)에 대한 고찰」, [47. (3-6)]번 게송 각주 참조.
489. '그 자체'로 가급적 통일하여 옮긴 '데니(de nyid)'는 바로 앞에 등장하는 문장이나 단어를 강조할 때 주로 쓰인다. 여기서는 부처님의 가르침을 강조한 것으로 보고 옮겼으나 산스끄리뜨 원문의 경우 '따뜨바(tattva)'가 쓰였다. 해자(解字)해보면 '바로 그 자체인 성품'으로 대개 '실재, 그 자체의 성품'인 여실(如實)'을 뜻한다. MK(T.K.)에서는 'reality'로 옮기고 있다.
490. 앞 게송들에 등장하는 여러 축약들이 사용된 『중론』에서 매우 유명한 게송이다.
　　의역하면,

　　　　자성과 타성,
　　　　실체와 비실체가 존재한다고 여기는
　　　　이들은 부처님의 가르침을
　　　　그 여실함을 알지 못한다.
491. '세존(世尊)'을 뜻하는 '쫌땐(bcom ldan)'이 사용되었다. 산스끄리뜨어 원문은 도구격[Ins.]이 사용되었으나, 티벳어 원문에는 축약되어 있다. 도구격을 주격[Nom.]으로 사용하는 티벳어 특성상 주격으로 옮겼다.

[194. (15-8)]

གལ་ཏེ་རང་བཞིན་གྱིས་ཡོད་ན།། gal te rang bzhin gyis yod na//
དེ་ནི་མེད་ཉིད་མི་འགྱུར་རོ།། de ni med nyid mi 'gyur ro//
རང་བཞིན་གཞན་དུ་འགྱུར་བ་ནི།། rang bzhin gzhan du 'gyur ba ni//
ནམ་ཡང་འཐད་པར་མི་འགྱུར་རོ།། nam yang 'thad par mi 'gyur ro//

만약 자성[496]이 존재한다면
바로 그것은 (그것이) 없는 것 자체로 변하지 않아야 한다.
자성이 다른 것으로 변하는 것, 그것은[497]

492. 바로 앞 게송의 자성이 있고, 없고 그리고 그와 같은 자성을 가진 사태에 대한 정리 부분에 해당한다. 산스끄리뜨어에서는 '있다'를 뜻하는 '아스($\sqrt{aś}$)'를 사용하였는데 『중론』 전체를 통틀어 보아도 매우 희귀한 경우다. 3, 4행의 '존재(bhāva)'와 구분하여 쓰기 위해서 이렇게 '비튼' 듯하다.

493. '제대로 안다', '지혜'를 뜻하는 '케빠(mkhyen pa)'에 도구격(instrumental) 's'가 붙었다. 티벳어의 도구격[Ins.]이 원인과 시간의 전후를 나타내는 경우가 있는데 여기서는 원인으로 보고 옮겼다.

494. '까띠야냐 존자의 가르침'은 청목의 주석에 따르면 『산타가전연경(刪陀迦旃延經)』이라고 한다. 『쁘라산나빠다』에서는 『상윳따 니까야』(S, ii 17, iii 135) 그리고 『잡아함경』(大正藏 66c-67a, 85c-86a)의 원문을 수록해 두고 있다(pp. 603-605).

"가전연이여, 세간 사람들은 대체로 존재[有]와 비존재[無]라는 두 가지 견해에 의존한다. 그러나 세계의 발생을 바른 지혜에 의하여 여실지견(如實知見)하는 사람에게 세계의 비존재성(natthitā)이라는 생각은 일어나지 않습니다. 또한 세계의 소멸을 여실지견하는 사람에게 세계의 존재성(atthitā)이라는 생각은 일어나지 않습니다. ···"

탈격[Abl.] '레(las)'가 쓰였다. 경전을 인용하며 '~경에 의하자면'을 표현할 때도 이와 같이 탈격을 사용한다.

495. 문법적으로 『중론』에서 매우 난해한 게송이라 해자하면서 직역하였다. 우리말 역본들마다 차이가 심한데, 그것은 어근 '아스($\sqrt{aś}$)'와 '바바(bhāva)'를 어떻게 옮길 것인가에서 갈라진 듯하다. 여기서는 티벳어 원문에 따라 '뇌(dngos)'와 '외빠(yod pa)'를 달리 사용하여 옮겼다. 즉 바로 앞 게송까지 논하였던 자성과 사태, 그리고 이에 대한 자성이 아닌 것과 사태가 아닌 것을 정리하면서, 그 근거가 되는 존재의 유무(有無), 그것의 단초를 붓다의 원래 가르침에서 비롯된 것이라는 것을 인용하여 적용한 것임을 드러내는 게송이다.

당대의 티벳 역경사들이 '사태', 즉 '뇌뽀(dngos po)'라는 개념을 사용하여 사물, 사태, 존재, 실재, 실체[bhāva]라는 객관적 대상이 아닌 인식 주체에 포획, 반영된 대상, 즉 '형상(形象, ākāra)'이라는 점을 명확하게 구분하여 적용한 예라 할 수 있다.

결코 옳지 않다.⁴⁹⁸

[195. (15-9)]

རང་བཞིན་ཡོད་པ་མ་ཡིན་ན།། rang bzhin yod pa ma yin na//
གཞན་དུ་འགྱུར་བ་གང་གི་ཡིན།། gzhan du 'gyur ba gang gi yin//
རང་བཞིན་ཡོད་པ་ཡིན་ན་ཡང་།། rang bzhin yod pa yin na yang//
གཞན་དུ་འགྱུར་བ་ཇི་ལྟར་རུང་།། gzhan du 'gyur ba ji ltar rung//

자성이 존재하지 않는다면
다른 것으로 변하는 것은 무엇이겠는가?
자성이 존재한다면 마찬가지로⁴⁹⁹
다른 것으로 변하는 것이 어떻게 가능하겠는가?⁵⁰⁰

[196. (15-10)]

ཡོད་ཅེས་བྱ་བ་རྟག་པར་འཛིན།། yod ces bya ba rtag par 'dzin//
མེད་ཅེས་བྱ་བ་ཆད་པར་ལྟ།། med ces bya ba chad par lta//
དེ་ཕྱིར་ཡོད་དང་མེད་པ་ལ།། de phyir yod dang med pa la//

....
496. MK(T.K.)에서는 자성을 'essentially'로 옮겼는데 이것은 산스끄리뜨어 '쁘라끄르띠아 (prakṛtyā)', 즉 '근본 물질' 등을 티벳어로 옮기면서 '랑쉰(rang bzhin)'으로 통일해서 옮긴 결과로 보고 있다(p. 323). 『청목소』 산스끄리뜨어역이나 『쁘라산나빠다』는 본성(本性)으로 옮기고 있으나 여기서는 티벳역에 따라 자성으로 통일해서 옮긴다.
497. 강조사[Emp.] '니(ni)'가 쓰였다. 3행 앞부분을 받는 것으로 보았다.
498. 이 게송의 요지는 '근본 물질'의 존재를 인정하는 유부나 경량부의 근본 물질의 변화는 있을 수 없다는 의미다. 왜냐하면 '변화하지 않는 것'이기에 '근본 물질'이라고 부르는 것이기 때문이다. 의미상으로는 '자성'의 성격과 '근본 물질'의 정의와 배치되지 않아, 티벳역에서는 '자성'으로 옮긴 듯하다.
499. 말미에 쓰인 '또한, ~도'를 뜻하는 '양(yang)'을 '마찬가지'로 옮겼다.
500. 산스끄리뜨어역에서는 2, 4행의 말미가 '무엇이 존재겠는가?'로 통일할 수 있다. 이것은 '자성이 있다, 없다.'에 대한 논파로 바로 다음에 나오는 게송의 양변(兩邊)인 단견(斷見)과 상견(常見)에 대한 논파를 위한 예비 작업이다. '자성이 있다.'는 주장에 대한 논파는 쉬우나, '자성이 없다.'는 주장에 대한 논파는 놓치기 쉬운 부분이다.

གལ་བ་གནས་པར་མི་པའོ།། mkhas pa gnas par mi pa'o//

> "존재한다."는 것은 상주(론)에 대한 집착이고
> "존재하지 않는다."는 것은 단멸(적)인 견해다.[501]
> 그러므로 '존재한다'와 '존재하지 않는다'에 대해서
> 현자는 의지하지[502] 않는다.

[197. (15-11)]

གང་ཞིག་རང་བཞིན་གྱིས་ཡོད་པ།། gang zhig rang bzhin gyis yod pa//
དེ་ནི་མེད་པ་མིན་བས་རྟག། de ni med pa min bas rtag//
སྔོན་བྱུང་ད་ལྟར་མེད་ཅེས་པ།། sngon byung da ltar med ces pa//
དེས་ན་ཆད་པར་ཐལ་བར་འགྱུར།། des na chad par thal bar 'gyur//

> 그와 같은 이유로[503] 무엇이든 자성에 의해서 존재하는 것[有]이
> 바로 그것이 존재하지 않는 것[無]으로 (되는 것이) 아니라는 것[504]은
> 상(견의),
> "이전에 생겨났으나[有] 지금은 존재하지 않는다[無]."는 것은
> 단(견)의 과실(過失)이 된다.[505]

---

501. 존재와 비존재에 대한 상견과 단견에 대한 견해를 이와 같이 적었다.
502. '네빠(gnas pa)'가 쓰였는데 이것은 '머문다'는 뜻이다. 불경에서 '의지(依止)'를 뜻할 때도 이 단어를 써서 이에 따라 옮겼다. 전체적으로 '머물지 않는다'도 괜찮은 듯하다. 『청목소』에서 김성철은 '의거하지 않는다.'로 옮겼다.
503. 운자 때문에 일반적으로 '그러므로'를 뜻하는 '데나(des na)'가 4행에 위치해 있으나 이 품의 마지막 게송이므로 1행의 어두로 옮겨왔다. 용례에 'for that reason'이 있어 이에 따라 옮겼다. MK(T.K.)에서는 생략하고 있다.
504. '메빠 민와(med pa min ba)'를 풀어서 썼는데 『청목소』에서 김성철은 '존재하지 않게 되지 않는다.'로, 『쁘라산나빠다』에서는 '존재하는 것은 존재하지 않는 일이 없다.'로 옮기고 있다.
505. 구조를 살펴보면 상견은 유(有)가 무(無)로 '변하지 않을 경우'에, 단견은 유(有)가 무(無)로

༄༅། །རང་བཞིན་བརྟག་པ་ཞེས་བྱ་བ་སྟེ་རབ་ཏུ་བྱེད་པ་བཅོ་ལྔ་པའོ། །

'자성(自性)을 살펴보는 것'이라 불리는 제15품

'변할 경우'를 뜻한다. 연기실상을 이와 같이 끊을 경우에 상견, 단견의 오류에 빠지는 셈이다.

'텔왈귤(thal bar 'gyur)'의 자세한 내용은 「제2품. 가고 오는 것[去來]에 대한 고찰」, [20. (2-4)]번 게송 각주 참조.

제16품. 속박과 해탈에 대한 고찰[506]

[198. (16-1)]

གལ་ཏེ་འདུ་བྱེད་འཁོར་ཞེ་ན།། gal te 'du byed 'khor zhe na//
དེ་དག་རྟག་ན་མི་འཁོར་ཏེ།། de dag rtag na mi 'khor te//
མི་རྟག་ན་ཡང་འཁོར་མི་འགྱུར།། mi rtag na yang 'khor mi 'gyur//
སེམས་ཅན་ལ་ཡང་རིམ་འདི་མཚུངས།། sems can la yang rim 'di mtshungs//

> 만약 (누군가가) '(제)행(行)[507]은 윤회한다'고 (주장해도)[508]
> 그것들[제행]이 항상하는 것이라면 윤회하지 않을 것이다. 그리고
> 항상하지 않은 것[무상]도 또한[509] 윤회하지 않을 것이다.
> 유정(有情)[510](의 윤회)에 대한 (논파)도 그 방법[511]은 이와 같다.[512]

---

506. ‖བཅིངས་པ་དང་ཐར་པ་བརྟག་པ་ཞེས་བྱ་བ་སྟེ་རབ་ཏུ་བྱེད་པ་བཅུ་དྲུག་པའོ།།
//bcings pa dang thar ba brtag pa zhes bya ba ste rab tu byed pa bcu drug pa'o//
직역하면 '속박과 해탈을 살펴보는 것이라 불리는 제16'이다. 한역으로 「관박해품(觀縛解品)」이라고 한다.

이 품의 주제는 속박과 그것에서 벗어나는 것, 즉 해탈에 대한 논파인데, 티벳어로도 속박을 뜻하는 '찡빠(bcings pa)'와 해탈을 뜻하는 '탈와(thar ba)'가 제목에 쓰였다. 그런데 MK(T.K.)는 'Examination of Bondage'라 하여, 해탈에 해당하는 부분을 누락한 채 제목을 달고 있다. 한편으로 속박에서 벗어나는 것, 즉 해탈이 존재하지 않는다는 것이니, 이렇게 생각하면 MK(T.K.)의 제목도 이해가 된다.

「제25품. 열반(涅槃)에 대한 고찰」에서는 '열반도 또한 존재하지 않는다.'는 것을 보여주고 있는데 이 품에서는 속박에서의 벗어남을 강조하는 해탈, 그리고 25품에서는 '열반'이라는 개념자를 따로 상정하고 논파하는 것으로 볼 수 있다.

507. '행(行)'으로 옮긴 '두셰('du byed)'에 대한 자세한 내용은 「제13품. 형성 작용[行]에 대한 고찰」참조. 여기서도 '두셰'는 '사물, 사태들이 어떤 과정을 통해서 형성된다는 것'을 뜻하는데 즉 일반적으로 변화하는 것을 뜻한다.

508. 말미에 '셰나(zhe na)'가 쓰였는데 이것은 매우 희귀한 경우다. 어두의 '겔떼(gal te)'와 어울려 '만약 ~한다면'으로 쓸 경우, '셰(zhe)'를 쓸 필요가 없으나 군이 이것을 첨언한

[199. (16-2)]

གལ་ཏེ་གང་ཟག་འཁོར་ཞེ་ན།། gal te gang zag 'khor zhe na//
ཕུང་པོ་སྐྱེ་མཆེད་ཁམས་རྣམས་ལ།། phung po skye mched khams rnams la//
དེ་ནི་རྣམ་པ་ལྔས་བཙལ་ན།། de ni rnam ba lngas btsal na//
མེད་ན་གང་ཞིག་འཁོར་བར་འགྱུར།། med na gang zhig 'khor bar 'gyur//

> 만약 (누군가가) '사람[513]은 (그래도) 윤회한다.'고 (주장해도)[514]
> (오)온, (십이)처, (십팔)계[515]들을,
> 바로 그것(들)을 다섯 가지 방법[516]으로 살펴보아도[517]
> 존재하지 않는다면, 무엇이[518] 윤회하겠는가?

것은 문맥상 논박자의 주장을 직접 인용하기 위한 장치로 보인다. 문장 구조에 따라 첨언하여 옮겼다.

509. 3, 4행에 '또한, 마찬가지로, ~도'를 뜻하는 '양(yang)'이 반복적으로 사용되어 운율을 맞추고 있다.
510. '유정'으로 옮긴 '쎔쩬(sems can)'을 해자해보면, '마음을 가진 것(자)'으로 일반적으로 3계 6도의 중생을 통칭한다. 산스끄리뜨어 '사뜨바(sattva)'는 '존재'를 뜻하는데 여기서는 바로 다음의 게송에 나오는 '강삭(gang zag)', 즉 '뿌드갈라(pudgala)'와 맞물려 있다. '쎔쩬'과 '강삭'의 일반적인 차이는 전자는 식(識)을 갖춘 모든 존재로, 후자는 '윤회하는 주체로서의 인간'을 뜻한다. 즉, 이 게송에서는 '유정'은 인간뿐만 아니라 6도 중생을 가리킨다고 볼 수 있다.
511. '방법'으로 옮긴 '림(rim)'은 '순서, 계차'를 뜻한다. '보리도차제'를 축약하여 부르는 '람림(lam rim)'에도 이 단어가 사용된 것을 통해 보듯이, '순서대로'라는 뜻이다. 여기서는 앞의 제행에 대한 항상/무상의 논파와 같은 방법이라는 뜻으로 보았다.
512. 이 게송의 1행은 논박자의 주장, 그리고 그 이하는 이에 대한 논파로 되어 있다. 원래의 게송 자체의 축약이 심해서 첨언, 윤문하여 옮겼다.
513. '강삭(gang zag)'에 대해서는 바로 앞의 게송의 '유정'에 대한 각주 참조. 여기서는 그냥 '사람'으로 옮겼다.
514. 바로 앞의 게송 1행과 같은 구조로 되어 있다.
515. 오온, 십이처, 십팔계는 불교 인식론의 근간이 되는 것이다. 오온에 대해서는 「제4품. (오)온(蘊)에 대한 고찰」 참조.
    [BD] 십이처(十二處): 여섯 가지의 감각 기관인 6근(根)과 이 기관의 각각에 대응하는 여섯 가지의 대상인 6경(境)을 모두 일컫는 말. 지각이 생기는 12종의 장소 또는 조건. 세계의 성립 조건을 주관과 객관의 대립 관계에서 열거할 때의 눈(眼)과 색(色), 귀(耳)와 소리(聲), 코(鼻)와 향(香), 혀(舌)와 맛(味), 피부(身)와 접촉되는 것(觸), 마음(意)과 생각되는 것(法). 안이비설신의(眼耳鼻舌身意)라는 6근을 6내처(內處)라고 칭하며, 색성향미촉법

(色聲香味觸法)이라는 6경(境)을 6외처(外處)라고 칭하므로, 12처는 6근과 6경을 총칭한 것이다. 따라서 주관의 면이요 내적인 여섯 조건(6근)과 객관의 면이요 외적인 여섯 조건(6경)에는 그 각각이 서로 대응 관계가 있음을 묶어 표현한 것이 12처이다. 즉 눈은 색깔과 형체에, 귀는 소리에, 코는 향기에, 혀는 맛에, 피부는 접촉되는 것에, 마음은 생각되는 것에 각기 대응한다. 원시불교에서 12처는 세계의 모든 것인 일체를 의미하는 것으로 설명된다. 대상 세계를 인식하는 감각 기관인 6근은 곧 인간이라는 존재를 가리키고, 6경은 인간을 둘러싼 자연 환경을 가리킨다고 이해된다.

[BD] 십팔계(十八界): 인간 존재의 18가지 구성 요소, 주관과 객관의 모든 세계. 6근(根)과 6경(境)으로 이루어지는 12처(處)에 6식(識)을 추가한 것.
　이것은 감각적이거나 지각적인 인식을 감각 기관인 근과 대상 세계인 경(객관)과 식별 작용인 식(주관)이라는 세 범주로 분류하고, 다시 그 각각을 6종의 요소로 분석한 것이며, 무상과 무아의 교리에 근거하여 인식 작용을 고찰한 것이다. 즉 인식은 근과 경과 식에 의해 성립된다. 12처 중의 여섯 내적 영역(6근)에서 식별 작용을 각각 6식으로 따로 분류하고, 6근과 6경과 6식의 대응 관계를 명시한다. 이 대응 관계에 따라 색깔과 형체(色境)는 눈(眼根)을 거쳐 시각(眼識)에 의해, 소리(聲境)는 귀(耳根)를 거쳐 청각(耳識)에 의해, 향기(香境)는 코(鼻根)를 거쳐 후각(鼻識)에 의해, 맛(味境)은 혀(舌根)를 거쳐 미각(舌識)에 의해, 접촉되는 것(觸境)은 피부(身根)를 거쳐 촉각(身識)에 의해, 생각되는 것(法境)은 마음(意根)을 거쳐 마음의 식별 작용(意識)에 의해 인식된다. 육근(六根): 안(眼), 이(耳), 비(鼻), 설(舌), 신(身), 의(意)라는 여섯 가지 감관. 안은 색깔과 형체를 보는 눈, 이는 소리를 듣는 귀, 비는 냄새를 맡는 코, 설은 맛을 느끼는 혀, 신은 닿음을 느끼는 피부, 의는 생각하는 마음. 또는 이 감관의 기능이나 능력으로서 시각, 청각, 후각, 미각, 촉각, 인식하여 생각함. 이것들은 6경(境)이라는 객관을 감지하는 주관이며, 한편으로는 6식(識)의 대상이 된다. 육입처(六入處). 육경(六境): 색(色), 성(聲), 향(香), 미(味), 촉(觸), 법(法)이라는 여섯 가지 대상. 색은 색깔과 형체, 성은 소리, 향은 향기, 미는 맛, 촉은 접촉되는 것, 법은 생각되는 것. 이것들은 객관 세계를 구성하는 요소로서 각각 눈(眼), 귀(耳), 코(鼻), 혀(舌), 피부(身), 마음(意)이라는 6근(根)의 대상이다.
　육식(六識): 여섯 가지 인식 작용. 안(眼), 이(耳), 비(鼻), 설(舌), 신(身), 의(意)라는 6근(根)에 의존하여 각각 색(色), 성(聲), 향(香), 미(味), 촉(觸), 법(法)이라는 6경(境)을 지각하는 안식(眼識), 이식(耳識), 비식(鼻識), 설식(舌識), 신식(身識), 의식(意識). 인식이 이루어지기 위해서는 감관인 근(根)과 대상인 경(境)과 인식 주체인 식(識)이 동시에 존재할 필요가 있다. 그런데 아비달마에서는 6식이 마음 작용의 활동이고 그 본체가 유일한 마음이므로 6식이 동시에 작용하는 것은 아니라고 한다. 한편 유식학에서는 6식 이외에 근본적인 정신 작용으로서 2식을 추가하여, 이것들이 모두 작용함을 인정한다.
　십이처(十二處): 여섯 가지의 감각 기관인 6근(根)과 이 기관의 각각에 대응하는 여섯 가지의 대상인 6경(境)을 모두 일컫는 말. 지각이 생기는 12종의 장소 또는 조건. 세계의 성립 조건을 주관과 객관의 대립 관계에서 열거할 때의 눈(眼)과 색(色), 귀(耳)와 소리(聲), 코(鼻)와 향(香), 혀(舌)와 맛(味), 피부(身)와 접촉되는 것(觸), 마음(意)과 생각되는 것(法). 안이비설신의(眼耳鼻舌身意)라는 6근을 6내처(內處)라고 칭하며, 색성향미촉법(色聲香味觸法)이라는 6경(境)을 6외처(外處)라고 칭하므로, 12처는 6근과 6경을 총칭한 것이다. 따라서 주관의 면이요 내적인 여섯 조건(6근)과 객관의 면이요 외적인 여섯 조건(6경)에는 그 각각이 서로 대응 관계가 있음을 묶어 표현한 것이 12처이다. 즉 눈은 색깔과 형체에, 귀는 소리에, 코는 향기에, 혀는 맛에, 피부는 접촉되는 것에, 마음은 생각되는 것에

[200. (16-3)]

ཉེ་བར་ལེན་ནས་ཉེར་ལེན་པར།།
འཁོར་ན་སྲིད་པ་མེད་པར་འགྱུར།།
སྲིད་མེད་ཉེ་བར་ལེན་མེད་ན།།
དེ་གང་ཅི་ཞིག་འཁོར་བར་འགྱུར།།

nye bar len nas nyer len par//
'khor na srid pa med par 'gyur//
srid med nye bar len med na//
de gang ci zhig 'khor bar 'gyur//

> (몸을) 취하는 것[取][519]에서 (몸을) 취하는 것[取]으로
> 윤회한다면 (그 중간) 생(生)[520]은 없게 된다.
> (그 중간) 생이 없고 (몸을) 취하는 것[取]이 없다면
> 그 무엇이[521] 윤회하겠는가?[522]

각기 대응한다. 원시불교에서 12처는 세계의 모든 것인 일체를 의미하는 것으로 설명된다. 대상 세계를 인식하는 감각 기관인 6근은 곧 인간이라는 존재를 가리키고, 6경은 인간을 둘러싼 자연 환경을 가리킨다고 이해된다. 12처는 원시불교 이래 불교를 대표하는 존재 체계의 하나로 간주되며, 5온, 12처, 18계를 열거하여 3과(科)라고 칭한다. 십이입(十二入), 십이입처(十二入處). →십팔계(十八界).

516. '다섯 가지 방법'으로 옮긴 '남와 나첼(rnam ba lngas btsal)'의 자세한 내용은 『쁘라산나빠다』에 나와 있다(pp. 632-633). 이에 따르면, '유신견(有身見)'에 대한 5가지 주장에 대한 방식은 초기경전의 4가지 명제(동일성, 소유, 상호내재)에 상이성이 추가된 것이라고 한다. 동일성과 상이성을 먼저 놓고 풀어보면,

  1. 동일성: A와 B는 같다.
  2. 상이성: A는 B와 다르다.
  3. 소유성: A는 B를 소유하고 있다.
  4. 상호내재 1: A는 B 속에 있다.
  5. 상호내재 2: B는 A 속에 있다.

이에 대한 자세한 내용은 「제22품. 여래(如來)에 대한 고찰」의 1, 8번 게송에 나와 있으며 (『청목소』, p. 262 참조), 간추린 언급은 「제23품. 전도(顚倒)에 대한 고찰」의 [324. (23-5)]번 게송에도 등장한다. 『쁘라산나빠다』에 이것은 pp. 632-633에 나와 있다.

517. 가정법을 뜻하는 '나(na)'가 쓰였다. 여기서는 '비록 ~할지라도', 즉 'even though'로 보고 옮겼다.

518. 『청목소』와 『쁘라산나빠다』는 모두 '누가 윤회하겠는가?'로 되어 있으나 MK(T.K.)의 '무엇이 윤회하겠는가(what cycles)?'에 따라 옮겼다.

519. '네발 렌(nye bar len)'과 '녤렌빼(nyer len pa)'가 쓰였으나 축약형은 '녤렌(nyer len)'으로 같다. 산스끄리뜨어 '우빠다나(upādāna)'로, 다양한 해석이 있으나 여기서는 윤회를 이루

[201. (16-4)]

འདུ་བྱེད་མྱ་ངན་འདའ་བར་ནི།། 'du byed mya ngan 'da' bar ni//
ཅི་ལྟ་བུར་ཡང་མི་འཐད་དོ།། ci lta bur yang mi 'thad do//
སེམས་ཅན་མྱ་ངན་འདའ་བར་ཡང་།། sems can mya ngan 'da' bar yang//
ཅི་ལྟ་བུར་ཡང་འཐད་མི་འགྱུར།། ci lta bur yang 'thad mi 'gyur//

> (제)행(行)이 열반한다는 것은
> 어떤 방식으로도 옳지 않다.
> 유정이 열반한다는 것도 마찬가지로
> 어떤 방식으로도 옳지 않다.[523]

[202. (16-5)]

སྐྱེ་འཇིག་ཆོས་ཅན་འདུ་བྱེད་རྣམས།། skye 'jig chos can 'du byed rnams//
མི་འཆིང་གྲོལ་བར་མི་འགྱུར་ཏེ།། mi 'ching grol bar mi 'gyur te//
སྔ་མ་བཞིན་དུ་སེམས་ཅན་ཡང་།། snga ma bzhin du sems can yang//
མི་འཆིང་གྲོལ་བར་མི་འགྱུར་རོ།། mi 'ching grol bar mi 'gyur ro//

게 하는 업을 지어 몸을 받는 것을 가리켜서 '몸을 취하는 것'이라고 풀어서 썼다. 『청목소』에서 김성철은 이것을 '오온신(五蘊身)'의 구역인 '오음신(五陰身)'으로 보고 있다(p. 264). 여기서는 '오온신'으로 통일했다.

    [BD] 취(趣): 중생이 번뇌로 말미암아 말·행동·생각 등으로 악업을 짓고, 그 업인(業因)으로 인하여 가게 되는 국토. 5취·6취의 구별이 있음.

520. 『청목소』에서 김성철은 '신체'로 옮겼는데 여기서는 MK(T.K.)의 'life'에 따라 '생(生, life)'으로 옮겼다.
521. 원문에는 '데당 찌쉭(de gang ci zhig)'으로 네 자로 늘어져 있으나 MK(T.K.)에 따라 옮겼다. '그것이 무엇, 무엇'이란 뜻이다.
522. 이 게송의 요지는 스스로 지은 업에 의해서 지옥 중생에서부터 천신까지 오갈 경우, 즉 그와 같이 유정이 몸을 취하는[取] 사이에는 몸도 없고, 달리 취하는 것도 없다는 뜻이다. 하나의 개념자 연속성을 이야기할 때 그 사이의 전변은 드러나지 않는다는 것을 생각해보면, 게송의 내용은 명확하다. 『청목소』에서 청목은 육도를 오가는 '그 중간 단계에는 무엇이 있겠는가?'라고 날카롭게 지적하고 있다.
523. [198. (16-1)]번 게송에서 (제)행(行)과 윤회의 문제를 다룬 것이라면, 여기서는 (제)행(行) 열반의 문제에 대해서 다루고 있다. 게송의 구성이 완벽한 대구를 이루어 운율을 맞추고 있다.

> 생멸(生滅)의 속성을 지닌[524] (제)행(行)들은
> 속박되지도 해탈하지도 않는다. 그리고[525]
> 앞에서 (설명한) 것처럼 유정도 마찬가지로
> 속박되지도 해탈하지도 않는다.

[203. (16-6)]

གལ་ཏེ་ཉེ་བར་ལེན་འཆིང་ན།།　　　gal te nye bar len 'ching na//
ཉེ་བར་ལེན་བཅས་འཆིང་མི་འགྱུར།།　　nye bar len bcas 'ching mi 'gyur//
ཉེ་བར་ལེན་མེད་མི་འཆིང་སྟེ།།　　　nye bar len med mi 'ching ste//
གནས་སྐབས་གང་ཞིག་འཆིང་བར་འགྱུར།།　gnas skabs gang zhig 'ching bar 'gyur//

> 만약 (몸을) 취하는 것[取]이 속박이라면
> (이미 몸을) 취한 자[526]는 (지금) 속박되지 않는다.
> (또한) (몸을) 취하지 않는 자도 속박되지 않는다. 그렇다면[527]
> 어떤 상태(에 있는) 누가[528] 속박되겠는가?

[204. (16-7)]

གལ་ཏེ་བཅིང་བྱའི་སྔ་རོལ་ན།།　　　gal te bcing bya'i snga rol na//
འཆིང་བ་ཡོད་ན་འཆིང་ལ་རག　　　　'ching ba yod na 'ching la rag//

---

524. '속성을 지닌'이라고 옮긴 '최쩬(chos can)'을 해자해보면, '법(法)을 갖춘 것(자)' 정도 되는데 여기서 법은 현상을 뜻한다. 『청목소』에서 김성철은 '성질'이라고 옮겼다.
525. 2행의 말미에 쓰인 '학쩨(lhag bcas)'인 '떼(te)'를 여기서는 대구를 위한 접속사로 보았다.
526. [200. (16-3)]번 게송에서 '(몸을) 취하는 것'으로 옮김 '네왈 렌(nye bar len)'에 '쩨(bcas)'가 붙어 '~을 갖춘 자'가 된 경우다. 『청목소』에서 청목은 만약 '오온신(五蘊身)', 즉 (몸을) 취하는 것이 속박이라면 한 사람이 원래의 오온과 나중의 오온으로 나누어지는 모순에 빠지는 것을 지적하고 있다.
527. '학쩨(lhag bcas)'인 '떼(ste)'가 쓰여 있어 MK(T.K.)에서는 'so'로 되어 있으나 여기서는 원인, 조건을 뜻하는 경우로 보고 옮겼다.
528. '네꿉 강싁(gnas skabs gang zhig)'을 직역하였는데 '어떤 상태에 있는 (또는 놓인) 자'로 옮겨도 좋을 듯하다.

དེ་ཡང་མེད་དེ་ལྷག་མ་ནི།།
སོང་དང་མ་སོང་བགོམ་པས་བསྟན།།

de yang med de lhag ma ni//
song dang ma song bgom pas bstan//

> 만약 속박되는 대상[529] 이전에[530] 속박이 존재한다면 속박을 얻을[取] 것이다.[531]
> (그러나) 그와 같은 것은 존재하지 않는다. 그 나머지는 (앞에서) 가버린 것(과) 가지 않은 것, (그리고) 지금 가고 있는 중인 것으로 설명하였다.[532]

[205. (16-8)]

རེ་ཞིག་བཅིངས་པ་མི་གྲོལ་ཏེ།།
མ་བཅིངས་པ་ཡང་གྲོལ་མི་འགྱུར།།
བཅིངས་པ་གྲོལ་བཞིན་ཡིན་འགྱུར་ན།།
བཅིངས་དང་གྲོལ་བ་དུས་གཅིག་འགྱུར།།

re shig bcings pa mi grol te//
ma bcings pa yang grol mi 'gyur//
bcings pa grol bzhin yin 'gyur na//
bcings dang grol ba dus gcig 'gyur//

> 누군가[533] (이미) 속박된 자[534]는 해탈하지 않는다. 그리고 (아직) 속박되지 않는 자도 또한 해탈하지 않는다.[535]
> (만약) 속박된 자가 해탈하는 중이라면 속박과 해탈이 동시에 (이루어지는 것이) 된다.[536]

---

529. '속박되는 대상'으로 옮긴 '칭자(bcing bya)'는 '속박'을 뜻하는 '칭(bcing)'과 '논의의 대상'을 뜻하는 '자와(bya ba)'가 붙은 경우로 『청목소』에서 김성철은 '속박되는 것'으로 옮겼다.
530. 가정법을 나타내는 '나(na)'가 1행의 말미에 쓰였으나, 여기서는 처격[Loc.]으로 쓰이고 있다. 2행의 중간에도 '나(na)'가 쓰여 있어, 변화와 반복을 주고 있다.
531. 동사로 '락(rag)'이 쓰였는데 TT에 'to get, gain, obtain'라는 뜻이 있어 이에 따라 옮겼다.
532. 「제2품. 가고 오는 것[去來]에 대한 고찰」에서 설명한 바 있는 시간에 따라 달라지는 경우에 대해서는 이미 설명하였다는 뜻이다.
533. MK(T.K.)의 'whoever'에 따라 '레식(re shig)'을 '누군가'로 옮겼는데 '~하는 동안(for a while)'으로도 쓰인다. '(이미) 속박 중인 자'로도 옮길 수 있지만 이럴 경우 다음의

[206. (16-9)]

བདག་ནི་ལེན་མེད་མྱ་ངན་འདའ།། bdag ni len med mya ngan 'da'//
མྱང་འདས་བདག་གིར་འགྱུར་རོ་ཞེས།། myang 'das bdag gir 'gyur ro zhes//
དེ་ལྟར་གང་དག་འཛིན་དེ་ཡི།། de ltar gang dag 'dzin de yi//
ཉེར་ལེན་འཛིན་པ་ཆེན་པོ་ཡིན།། nyer len 'dzin pa chen po yin//

> "바로 (내) 자신이 (몸을) 취하는 것[取]이 없는 열반(에 들었다고)
> 열반은 나의 것이 되었다."[537]고
> 그와 같이 (말하며) 집착하는 (자들은) 누구라도[538] 그
> (몸을) 취하는 것[取]에 대한 집착이 큰 자(들)이다.[539]

[207. (16-10)]

གང་ལ་མྱ་ངན་འདས་བསྐྱེད་མེད།། gang la mya ngan 'das bskyed med//
འཁོར་བ་བསལ་བའང་ཡོད་མིན་པ།། 'khor ba bsal ba'ng yod min pa//
དེ་ལ་འཁོར་བ་ཅི་ཞིག་ཡིན།། de la 'khor ba ci zhig yin//
མྱ་ངན་འདས་པའང་ཅི་ཞིག་བརྟག།། mya ngan 'das pa'ang ci zhig brtag//

....

'칭빠'와 격이 맞지 않고 격을 맞추기 위해서는 속박을 뜻하는 '칭빠('ching pa)'의 현재형을 써서 '~하는 자'로 만들어야 되는데 이럴 경우 행위와 행위자가 명확하게 구분되지 않는 난점에 빠진다. 아무래도 이 때문에 MK(T.K.)에서 'whoever'로 옮긴 듯하다.

534. '속박된 자'로 옮긴 '칭빠(bcings pa)'는 속박을 뜻하는 '칭빠('ching pa)'의 과거형으로 행위의 주체인 명사로 만든 경우다. MK(T.K.)에서는 'a bound one'이라고 옮기고 있다. 속박이라는 행위/반영은 '칭빠('ching pa)', 그 대상은 '쩡자(bcing bya)', 그리고 그 주체는 수동형인 '칭빠(bcings pa)'인 경우다.

535. '가는 것'과 '가는 자'의 경우처럼 상태와 분리된 그런 행위자를 언급할 경우에 발생하는 모순에 대한 지적이다. 또한 여기서는 '속박된 자'라는 수동적인 주체가 그것에서 벗어나는 행위인 해탈이라는 반대적인 개념과 같이 존재할 수 없는 경우를 가리키고 있다.

536. 시간의 단위로 나눌 경우 무한 소급을 해도 속박과 해탈이라는 개념을 나눌 수 없는 오류에 빠져드는 경우다.

537. 열반과 세속을 구분하고 '고통에서 벗어난 상태'인 열반과 윤회의 주체로서 몸을 받는 '오음신'에 대한 분별, 망상을 가진 채 이와 같이 주장하는 자들을 가리킨다.

538. '누구라도'를 뜻하는 '강닥(gang dag)'를 살리기 위해서 첨언하였다.

539. '속박된 자' 또는 '속박에서 벗어나지 못한 자'라는 뜻이다. 세칭 '깨달았다'고 주장하는 이들에게 들려주는 비판인 셈이다.

> 어딘가에서[540] 열반이 생겨나는 것도 아니다.
> (그렇다고) 윤회가 (어딘가로) 사라지는 것도 아니다.
> 그것[열반]에서 윤회란 무엇인가?
> 열반 또한 무엇으로 (윤회와) 분별하겠는가?[541]

༎བཅིངས་པ་དང་ཐར་བ་བརྟག་པ་ཞེས་བྱ་བ་སྟེ་རབ་ཏུ་བྱེད་པ་བཅུ་དྲུག་པའོ༎

'속박과 해탈을 살펴보는 것'이라 불리는 제16품

---

540. 3행의 어두 '데라(de la)'라 격을 맞춘 '라둔(la 'dun)'의 '라(la)'를 모두 처격[Loc.]으로 보고 옮겼다.
541. 문장 구조에 따라 직역하였다. 다른 한글본(本)들과 차이가 조금 있고, 지시대명사를 축약한 MK(T.K.)와도 차이가 조금 있다.

제17품. 업業과 과보果報에 대한 고찰[542]

【문】[543]

[208. (17-1)]

བདག་ཉིད་ལེགས་པར་སྡོམ་པ་དང་།།　bdag nyid legs par sdom pa dang//
གཞན་ལ་ཕན་འདོགས་བྱམས་སེམས་གང་།།　gzhan la phan 'dogs byams sems gang//
དེ་ཆོས་དེ་ནི་འདི་གཞན་དུ།།　de chos de ni 'di gzhan du//
འབྲས་བུ་དག་གི་ས་བོན་ཡིན།།　'bras bu dag gi sa bon yin//

자기 자신[本性]을 (계율에 따라) 잘 다스리고[544]
다른 사람을 돕고자 하는 자비심, (좋든 나쁘든) 무엇이든
그(와 같은 것이) 법(法)[545]이다.[546] 바로 그것이 금생과 다른 생[後生]에서 (받는)

---

542. ༈ །ལས་བརྟག་པ་ཞེས་བྱ་བ་སྟེ་རབ་ཏུ་བྱེད་པ་བཅུ་བདུན་པའོ།།
//las brtag pa zhes bya ba ste rab tu byed pa bcu bdun pa'o//

직역하면 '업과 과보를 살펴보는 것'이라 불리는 제17'이다. 한역으로 「관업품(觀業品)」이라고 한다.

총 33게송으로 『중론』 가운데 세 번째로 게송 수가 많은 이 품에는 대부분의 질문들을 통해서 구사론자들이 주장하는 업과 과보에 대한 이론이 잘 드러나 있다. MK(T.K.)는 'Examination of Action'이라고 하여, 과보에 대한 부분을 제외한 채 제목을 달고 있다. 산스끄리뜨어 제목인 '깔마빠라(karmaphala)'는 '업과 이에 따른 과보'라는 뜻으로 이에 따라 옮겼다.

업(業)을 뜻하는 '깔마(karma)'에 대해서 이렇게 많은 양을 할애하여 설명한 것은 그만큼 중요하고 논쟁적인 요소가 많다는 반증일 것이지만, 달리 말하자면 사변적인 구사론자들의 업 이론에 대한 구체적인 바를 엿볼 수 있는 품이기도 하다.

543. 게송 수가 많은 품(品)답게 총 16개의 비중관적인 구축적인 질문들로 채워져 있는데 도입부에 총 5개의 게송들을 통해서 구사론자들의 업에 대한 이론을 설명하고 있다.

과보(果報)들의 종자이다.⁵⁴⁷

[209. (17-2)]

དང་སྲོང་མཆོག་གིས་ལས་རྣམས་ནི།།   drang srong mchog gis las rnams ni//
སེམས་པ་དང་ནི་བསམས་པར་གསུངས།།   sems pa dang ni bsams par gsungs//
ལས་དེ་དག་གི་བྱེ་བྲག་ནི།།   las de dag gi bye brag ni//
རྣམ་པ་དུ་མར་ཡོངས་སུ་བསྒྲགས།།   rnam pa du mar yongs su bsgrags//

대선인(大仙人)⁵⁴⁸께서는 바로 그 업(業)들에는
생각으로 (짓는) 것[思業]과 생각했던 (것으로 짓는) 것(들이 있다)[思已業]⁵⁴⁹
고 말씀하셨다.
(그리고) 그 업들의 바로 그 각자(에 대한)⁵⁵⁰
여러 가지 종류⁵⁵¹를 완벽하게 교시하셨다.⁵⁵²

----

544. '잘 다스리다'라고 본 '렉빠 돔빼(legs par sdom pa)'의 '돔빠'는 일반적으로 '율(律)'을 뜻한다. 사전적인 정의는 '타인에게 손해 주는 일을 근본적으로 하지 않고 악한 것을 소멸할 수 있는 선량한 계율'을 뜻한다.
545. 『청목소』에서 김성철은 '업(業)'을 '법도(法道)'로 옮기고 있고 MK(T.K.)에서는 'Dharma'로 옮기고 있다. 여기서는 '달마'가 '현상'을 뜻하는 것이 아니라 선인선과(善因善果), 악인악과(惡因惡果) 등 업의 이론을 설명하는 것이라서 이렇게 '법(法)'으로 옮겼다. 내용상으로 '바로 이와 같은 법이다'라는 뜻이다.
546. 직역하면 '그것이 법이다.'인데 첨언, 윤문하여 옮겼다.
547. 문장 구조에 따라 직역하였다. 게송의 내용은 자신을 잘 돌보며 타인을 이롭게 하는 자비심을 갖추거나 혹은 그렇지 않은지에 따라서, 즉 그와 같은 법에 따라서 업의 과보를 받는다는 뜻이다.
548. 대선인(大仙人), 즉 부처님의 이명(異名)인 '당송 촉(drang srong mchog)'이 쓰였다. 산스끄리뜨어로는 '마하리쉬(maharṣi)' 또는 '빠라마리쉬(paramarṣi)'라고 하는데 여기서는 후자가 쓰였다.
549. 일반적으로 '마음(心)'을 뜻하는 '쌤빠(sems pa)'와 이 '쌤빠'의 과거형인 '쌤빠(bsams pa)'가 쓰였다. 한역에 등장하는 사업(思業)과 사이업(思已業)에 해당한다.
    [BD] 사업(思業): 2업(業)의 하나. 마음속의 작업. 곧 마음 가운데 여러 가지로 생각하는 것.
    사이업(思已業): ↔ 사업(思業). 마음속으로 여러 가지 분별 사유(思惟)하는 사고(思考)가

[210. (17-3)]

དེ་ལ་ལས་གང་སེམས་པ་ཞེས།།   de la las gang sems pa zhes//
གསུངས་པ་དེ་ནི་ཡིད་ཀྱིར་འདོད།།   gsungs pa de ni yid kyir 'dod//
བསམས་པ་ཞེས་ནི་གང་གསུངས་པ།།   bsams pa zhes ni gang gsungs pa//
དེ་ནི་ལུས་དང་ངག་གིར་འདོད།།   de ni lus dang ngag gir 'dod//

> 그 가운데 "어떤 업(業)이 사(업, 思業)인가?"에 대해서[553] (어떻게) 말씀하셨는가 하면, '바로 그 의업(意業)이다'라고[554] 주장하셨다.[555]
>
> (그리고) "사이(업, 思已業)?"에 대해서 어떻게 말씀하셨는가 하면, 바로 그것이 신(업, 身業)과 구(업, 口業)라고 주장하셨다.[556]

        외면으로 나타나, 동작·언어 등의 발동이 되는 것. 이에 신업(身業)과 어업(語業)이 있으니, 의업(意業)과 합하여 3업이라 함.

550. '제탁(bye brag)'을 직역하였는데 사업(思業)과 사이업(思已業)의 각각을 다시 나누는 것을 뜻한다. 이때 사업(思業)은 3업, 즉 신·구·의에서 의업(意業)을 뜻한다.

551. '남빠·두마(rnam pa du ma)'를 '여러 가지 종류'라고 옮겼다. '남빠(rnam pa)'는 여기서 종류, 구분, 차이, 구별 등을 뜻한다.

        2행부터 '사업(思業)과 사이업(思已業)의 각각을 여러 가지 종류로 나눈 것'은 구사론자들이 주장하는 12종의 업에 대한 세세한 구분을 뜻하지만, 이것이 용수의 재세시에 확정되어 있었는지는 의문이다.

        이에 대해서 『청목소』에서 김성철은 자세한 분석 도표를 실어두고 있다(p. 275). 『쁘라산나빠다』에서는 '그러나 초기경전은 둘을 구별하지 않는다(p. 678).'라고 적고 있다. 용수의 또 다른 저작인 『회쟁론』을 통해서 유추해보았을 때(pp. 53-61), 구사론자들의 정확한 구분법이 확정되기 이전에 사업과 사이업을 나누는 것 정도는 이미 확정되어 있었을 듯하다.

        그러나 이와 같은 업의 구분법 이외에도 사업(思業), 사이업(思已業), 공업(共業), 불공업(不共業), 인업(引業) 등으로 나누는 이론도 있다. 즉, 여기서는 이와 같은 다양한 업 이론 전체를 가리킨다고 볼 수 있는 셈이다.

552. '교시하다'로 옮긴 '닥빠(bsgrags pa)'는 '독빠(sgrog pa)'의 과거형으로 2행 말미의 '말하다'의 존칭어인 '쑹빠(gsungs pa)'와 거의 같은 의미로, '선언하다, 큰소리로 외치다, 불경을 독송하다' 등의 뜻이 있다.

553. 직접 인용을 뜻하는 '셰(zhes)'가 쓰여 있어 이에 따라 옮겼다. MK(T.K.)도 이와 같은 방법으로 옮겼다.

554. '낄(kyir)'이 쓰였는데 이것은 소유격[Gen.] '끼(kyir)'와 '~라는' 인용을 표시할 때 쓰는

[211. (17-4)]

དག་དང་བསྐྱོད་དང་མི་སྤོང་བའི།། ngag dang bskyod dang mi spong ba'i//
རྣམ་རིག་བྱེད་མིན་ཞེས་བྱ་གང་།། rnam rig byed min zhes bya gang//
སྤོང་བའི་རྣམ་རིག་བྱེད་མིན་པ།། spong pa'i rnam rig byed min pa//
གཞན་དག་ཀྱང་ནི་དེ་བཞིན་འདོད།། gzhan dag kyang ni de bzhin 'dod//

> (1) 말과 (2) 행위와 (3) 그리고 '(아직) 버리지 못하는 (그릇된) 생각 (때문에) 표시나지 않는 것'[557]이라 불리는 것[558][不律儀 無表][559](과)
>
> (4) (이미) 버린 생각(이라지만 지금) 표시나지 않는 것[律儀 無表][560](과) 다른 것들도 또한 그와 같이 주장하셨다.[561]

....
'라둔(la 'dun)'의 '라(ra)'가 합성된 것이다. 매우 보기 드문 용례로 4행에서도 반복적으로 사용되어 대구를 이루고 있다. 해자해보면 '의업(意業)'에서 업이 생략된 가운데 '~이라고'를 뜻하는 라둔의 '라(ra)'가 합성된 것이다. 이 용법은 매우 희귀한 경우라 간접 인용으로 옮겼다.

555. '주장하다'로 옮긴 '되빼('dod pa)'는 명사형으로 사용될 때 3독의 '탐(貪)'에 해당한다. 동사로는 'accept, assert, wish, desire, consider' 등의 뜻이 있는데 여기서는 '주장하다(asert)'로 보고 옮겼다. MK(T.K.)에서는 '주장하다(maintain)'와 '구성하다(comprise)' 등 둘로 나누어 옮기고 있다.
556. 구사론자들이 부처님의 말씀을 직접 인용하여 논쟁에서 우위를 점하기 위한 게송으로 보았기 때문에 존칭어를 사용하여 직역으로 옮겼다. 의업(意業)이 곧 의업(意業)이고, 사이업(思已業)이 곧 신업(身業)과 구업(口業)으로, 즉 2종 구분에서 3종 구분으로 세세하게 나뉘는 경우로 업의 이론을 세분화하는 방법을 취하고 있다.
557. '제민(byed min)'을 직역하면 '행하지 않은 것' 정도 된다.
558. 앞서 직접 인용으로 표시하였던 '셰(zhes)'에 '~라는 것'을 뜻하는 '자강(bya gang)'이 뒤따라오면서 하나의 개념을 언급하는 것으로 보고 풀어서 옮겼다.
559. 7종의 업에 대해서 언급하면서 '불율의 무표업(不律儀 無表業)'이라는 하나의 개념을 정리하기 위해서 이렇게 풀어서 쓴 것으로 보았다. 불율의와 무표업 또는 무표색(無表色)에 대한 사전적 정의는 다음과 같다.
　　[BD] 불율의(不律儀): 3종 율의(律儀)의 하나. 악률의(惡律儀)・악계(惡戒)라고도 함. 서원을 세우고 살생 등의 악업을 짓는 것.
　　무표색(無表色): 3색(色)의 하나. 색법 중에서 다른 이에게 표시할 수 없는 것. 우리들이 몸과 입의 2업을 일으킬 때에, 다음에 그 업의 과보를 받을 원인을 동시에 자기 몸 안에 훈발(熏發)한다. 이 훈발한 원인은 볼 수도, 들을 수도, 감촉할 수도 없는 무형무상(無形

[212. (17-5)]

ལོངས་སྤྱོད་ལས་བྱུང་བསོད་ནམས་དང་།། longs sbyod las byung bsod nams dang//
བསོད་ནམས་མ་ཡིན་ཚུལ་དེ་བཞིན།། bsod nams ma yin tshul de bzhin//
སེམས་པ་དང་ནི་ཆོས་དེ་བདུན།། sems pa dang ni chos de bdun//
ལས་སུ་མངོན་པར་འདོད་པ་ཡིན།། las su mngon par 'dod pa yin//

(5) 기쁨[562]으로부터 생겨나는 복덕인 것[563]과
(6) 복덕이 없이 (짓는) 방법, 그와 같은 (것과)
(7) 생각(으로 짓는 것, 思)[564] 등, 바로 그와 같이 일곱 (종류로) 업(業)을 자세히 주장하셨던 것이다.[565]

無象)한 사물로서, 다른 이에게 표시할 수 없는 색이란 뜻으로 이같이 말한다.

560. [BD] 율의(律儀): 악행 또는 과실에 빠지는 것을 방지하기 위해서 세운 규제. 사람으로 해서는 안 될 것에 관한 규제.

561. 『청목소』 한역에 따르면 이것은 신구의(身口意) 3업 가운데 신업과 구업의 과정 중인 업, 즉 불선과 선의 업의 진행 중인 것으로 작업(作業)과 무작업(無作業)에 해당한다. '즉 <짓고 있는 것>과 <짓고 있지 않은 것>이다. 지금 짓고 있는 중일 때는 <짓는 業(作業)>이라고 부른다. 짓고 난 후에도 항상 수반되어 있다가 生하는 것을 <지음이 없는 業(無作業)>이라고 있다. 이 두 가지 종류의 업에는 善과 不善의 차이가 있다. 不善은 惡을 그치지 못하는 것이라 부르고 善은 악을 그치는 것이라고 부른다(p. 277).'
그러나 불율의 무표업과 율의 무표업으로 설명한 『쁘라산나빠다』에 따르면 이것은 어떤 마음으로 짓는 업이 드러나는 시간상의 과정 중에 일어나는 것으로 그 예를 들고 있다.
불율의 무표업은 '오늘부터 나는 생물을 죽이고, 도둑질을 하여 생계를 세우겠다고 분별을 세우고 악업을 인정한 순간에, 그것이 아직 행하지 않았을지라도 불선업을 짓기로 인정한 것이 인이 되어 무표는 즉시 그에게 발생한다(p. 682).'
율의 무표업은 '오늘부터 나는 살생 등을 그만두겠다.'라고 하는 몸과 말의 유표(有表)가 행해진 순간에, 그 이후 (술을 마치고) 취한 상태에 있을지라도 선(善)을 쌓는 것을 자성으로 지닌 무표는 즉시 그에게 발생한다(p. 683).'
이와 같이 작업과 무작업 그리고 불율의 무표업과 율의 무표업으로 옮기는 어휘에 따라 달라지지만 이것은 의업(意業)과 신구업(身口業) 사이의 '작용' 또는 그 과정을 설명하려는 데에서는 일치하고 있다.

562. 원문의 '롱쬐(longs sbyod)'는 '롱쬐(longs spyod)'의 실수다. '롱쬐'는 일반적으로 재물을 뜻하는데 MK(T.K.)에서는 'enjoyment'로 옮기고 있고 TT에도 'enjoyment, pleasure'라는 뜻이 있어 이에 따랐다. 『쁘라산나빠다』에서는 일반적인 의미인 공물(供物)로 옮겼다.

563. 선업으로 쌓는 복덕을 뜻하는 '쏘남(bsod nams)'이 쓰였다. 『청목소』에 따르면 이것은

복덕을 짓는 둘 사이의 관계에서 발생하는 업을 가리킨다.

'예를 들어 베푸는 사람이 받는 사람에게 베풀 경우에 받는 사람이 그 작용을 받는 경우 베푼 사람은 두 가지 복을 얻게 된다. 첫째는 베품(의 행위)에서 발생하는 것이고 둘째는 (그 받는) 작용에서 생하는 것이다. 또 어떤 사람이 화살로 다른 사람을 쏘았을 경우 그 화살이 사람을 죽였다면 두 가지 죄가 있게 되는 것과 같다. 첫째는 (그 화살을) 쏨에서 생기는 것이고 둘째는 (화살 맞은 사람을) 죽임에서 생기는 것이다. 만약 쏘기는 했지만 죽이지는 못했다면 쏜 사람은 단지 쏜 죄만 있지 (그 작용에서 生하는 죽인 죄는 없다(pp. 278-279).'

'기쁨'을 '공물'로 옮긴 『쁘라산나빠다』에서는 그 예를 다음과 같이 들고 있다.

'또한 (게송에서) '공물을 따라가는 복은 선한 (업)을 의미한다. '공물에 따라가는'은 공물에 의하여 그에게 발생하는 것을 뜻한다. … 같은 종류의 비복(非福)은 공물에 따라가는 (비복을) 의미한다. 예컨대, 살생이 행해지는 장소인 천신의 사당 등의 건립이다(pp. 683-684).'

이 두 주석에서 『청목소』는 의업에서 악한 것이 신구업에 어떻게 드러나는 과정을 살펴본 것이고, 『쁘라산나빠다』는 선한 의도라 할지라고 그 과가 선과 불선으로 나누기 때문에 '공물에 따라가는 선과 불선'으로 나눈 것이다.

564. 2번 게송에 나오는 '생각으로 짓는 업'을 가리킨다.
565. 구사론자들이 부처님 말씀을 직접 인용하여 업의 이론을 설명하는 마지막 게송이다. 『청목소』와 『쁘라산나빠다』라는 위대한 두 주석서에 나타나는 이 7종의 업은 각자 조금씩 차이가 난다. 『청목소』를 정리하자면(괄호 안은 김성철의 산스끄리뜨어 해석을 정리한 것이다.),

1. 신업(말)
2. 구업(동작)
3. 작업(번뇌에서 아직 떠나지 않은 無表)
4. 무작업(번뇌에서 떠난 無表)
5. 그 작용에서 복덕이 생기는 것(수용과 결합된 복)
6. 그 작용에서 죄가 생기는 것(수용과 결합된 비복)
7. 의업(생각)

『쁘라산나빠다』의 7종의 업은 '(1) 선하고 불선한 말, (2) 선하고 불선한 동작, (3) 선한 무표의 상을 지닌 것, (4) 불선한 무표의 상(相)을 지닌 것, (5) 공물에 따라가는 복, (6) 공물에 따라가는 비복, (7) 사(思)'로 정리할 수 있다(pp. 684-685).

용수의 작법과 구사론자들의 논리 진행 방법을 통해서 살펴보면 2번 게송부터 이어져온 업의 이론을 확충한 것으로 그것을 정리하면 다음과 같다.

2종 업은 (1) 사업(思業)과 사이업(思已業)으로 나뉘고 3종 업은 (2) 신업과 (3) 구업의 2종으로 다시 나뉘고, 7종업은 사이업의 2종의 업이 다시 사업과 관계를 맺는 과정으로 4개로 나뉘는데 그중 (4) 불율의 무표업과 (5) 율의 무표업은 업을 행하는 주체의 과정 중에 나뉘고, 그리고 그 대상에 영향을 끼치는 것은 (6) 기쁨으로부터 생겨나는 복덕인 것과 (7) 복덕이 없이 (짓는) 업으로 나뉜다는 것이다.

즉 고정된 개념의 신구의 3업 가운데 밖으로 드러나는 업, 또는 드러나는 과정을 겪는 것이자 대상에 영향을 끼치는 사이업(思已業)을 6종으로 세분화하여 나눈 것으로 볼 수 있다.

【답】[566]

[213. (17-6)]

གལ་ཏེ་སྨིན་པའི་དུས་བར་དུ།།	gal te smin pa'i dus bar du//
གནས་ན་ལས་དེ་རྟག་བར་འགྱུར།།	gnas na las de rtag bar 'gyur//
གལ་ཏེ་འགགས་ན་འགག་གྱུར་པ།།	gal te 'gags na 'gag gyur pa//
ཅི་ལྟར་འབྲས་བུ་སྐྱེད་པར་འགྱུར།།	ci ltar 'bras bu skyed par 'gyur//

> 만약 이숙(異熟)[567]하는 동안
> (그대로) 머무른다면 그것은 항상하는 것으로 된다.
> 만약 사라지는 것[滅]이라면 사라지는 것으로 되는데
> 어떻게 그 과보가 발생하겠는가?[568]

【문】[569]

---

566. 구사론자들의 업에 대한 이론을 논파하는 용수의 답변이다.
567. '이숙(異熟)'으로 옮긴 '민빠(smin pa)'는 과일이 익듯 어떤 원인과 조건으로부터 다른 것으로 변할 때 쓴다.
　　[BD] 이숙(異熟): 행위의 결과. 업이 성숙하여 결과를 낳는 것. 업력이 그 원인과는 성질과 기능이 다른 결과로 성숙하는 것. 비파가(毘播伽), 과보(果報), 응보(應報). 선업을 즐거움을 낳고 악업은 고통을 낳지만, 결과인 즐거움과 고통 자체는 선도 아니고 악도 아닌 무기(無記)이므로, 원인과는 다른 성질이다. 한편 즐거움이나 고통이라는 무기 자체는 과보를 초래하지 않으므로, 원인인 선악과는 기능이 다르다. 원인인 선이나 악을 이숙인(異熟因), 결과인 즐거움이나 고통을 이숙과(異熟果)라고 한다. '원인은 선악이지만, 결과는 무기(因是善惡 果是無記)'라는 것이 곧 이숙인과 이숙과의 관계이다.
568. 7종의 업이 그대로 고정되어 있다면 변화할 수 없다는 것에 대한 지적이다. 개념자의 운동을 다루던 헤겔의 정신현상학과 변증법적 논리에 대한 비판도 이와 동일한 방법으로 할 수 있다.
569. 구사론자들은 업의 과보, 즉 열매가 있을 수 없다는 것에 대해서 논파하자 그 주제를 종자, 즉 씨앗으로 가져간다. 총 4개의 게송으로 되어 있다. 『쁘라산나빠다』에 따르면, 이와 같은 논리는 '찰나생 찰나멸(刹那生 刹那滅)'을 주장하는 경량부의 논의라고 한다.

[214. (17-7)]

སྨྱུ་གུ་ལ་སོགས་རྒྱུན་གང་ནི།།	myu gu la sogs rgyun gang ni//
ས་བོན་ལས་ནི་མངོན་པར་འབྱུང་།།	sa bon las ni mngon par 'byung//
དེ་ལས་འབྲས་བུ་ས་བོན་ནི།།	de las 'bras bu sa bon ni//
མེད་ན་དེ་ཡང་འབྱུང་མི་འགྱུར།།	med na de yang 'byung mi 'gyur//

> 싹을 비롯해서[570] 상속(相續)[571]하는 것은 무엇이든
> 바로 그 씨앗으로부터 분명하게[572] 생겨난다.
> 그로부터 열매도 생겨난다. (만약) 바로 그 종자가
> 없다면, 그 (열매) 또한 생겨나지 않는다.[573]

[215. (17-8)]

གང་ཕྱིར་ས་བོན་ལས་རྒྱུན་དང་།།	gang phyir sa bon las rgyun dang//
རྒྱུན་ལས་འབྲས་བུ་འབྱུང་འགྱུར་ཞིང་།།	rgyun las 'bras bu 'byung 'gyur zhing//
ས་བོན་འབྲས་བུའི་སྔོན་འགྲོ་བ།།	sa bon 'bras bu'i sngon 'gro ba//
དེ་ཕྱིར་ཆད་མིན་རྟག་མ་ཡིན།།	de phyir chad min rtag ma yin//

> 왜냐하면[574] 씨앗으로부터 상속하는 것과
> (그) 상속하는 것으로부터 열매는 생겨난다. 그리고

---

570. '비롯한'으로 '라쏙(la sogs)'은 '등(etc)', '그와 같은 것'을 뜻한다. 여기서는 싹뿐만 아니라 가지, 뿌리, 잎 등을 모두 포함하고 있다.
571. [BD] 상속(相續): 연속된 흐름. 연속하여 존재하는 것. 개체의 연속. 항상 변화하는 연속적 개체. 서로 연결된 사실들의 흐름. 서로 이어지는 것. 결합. 18계로 대표되는 것들이 서로 결합하여 연결된 흐름을 낳는다. 결합이 유지되는 요소들의 이 흐름은 현생에만 한정되지 않고 과거의 존재에서 유래하여 미래의 존재에서도 지속된다.
572. '뇐빨 쭝(mngon par 'byung)'에서 '분명하게'를 생략해도 되는데 이것은 산스끄리뜨어 '아비(abhi-)'에 해당하는 것으로 영어의 'toward'에 해당한다. '법을 향한 (분석)'을 뜻하는 『구사론(abhidharmakośa)』에서처럼, 무언가를 구체적으로 지칭할 때 사용하는 접두어다.
573. 싹, 씨앗, 열매라고 옮겼는데 씨앗을 종자로, 열매를 과보로 옮길 수도 있다. 여기서는 업의 이숙을 비유를 통해서 설명하는 것으로 보고 이와 같이 옮겼다.

> 씨앗은 열매 이전에 선행한다.
> 그러므로 (이 씨앗과 열매는) 단절된 것도 아니고 항상된 것도[575] 아니다.[576]

[216. (17-9)]

སེམས་ཀྱི་རྒྱུན་ནི་གང་ཡིན་པ།།	sems kyi rgyun ni gang yin pa//
སེམས་ལས་མངོན་པར་འབྱུང་བར་འགྱུར།།	sems las mngon par 'byung bar 'gyur//
དེ་ལས་འབྲས་བུ་སེམས་ལྟ་ཞིག།	de las 'bras bu sems lta zhig//
མེད་ན་དེ་ཡང་འབྱུང་མི་འགྱུར།།	med na de yang 'byung mi 'gyur//

> (그렇게)[577] 바로 그 마음의 상속은 무엇이든
> (선행하는) 마음으로부터 분명하게 생겨난다.[578]
> 그로부터 (상속하는) 과보[579](가 되는) 마음도 마찬가지다.[580]
> (만약 그 마음의 상속이) 없다면, 그것[581] 또한 생겨나지 않는다.[582]

[217. (17-10)]

གང་ཕྱིར་སེམས་ལས་རྒྱུན་དང་ནི།།	gang phyir sems las rgyun dang ni//

574. '왜냐하면 ~, 그러므로 ~'의 뜻을 지닌 '강칠 ~, 데칠 ~(gang phyir ~, de phyir ~)'이 1, 4행의 어두에 사용되어 있다. 산스끄리뜨어 '야드 ~, 다드 ~(yad ~, dad ~)'의 용법에 해당한다.
575. '항상하는 것'으로 옮겨야 되겠으나 바로 앞의 '단절한 것도'가 아닌 '단절된 것', 즉 수동형으로 되어 있어 운조를 맞추기 위해서 수동형으로 받았다.
576. 씨앗과 열매 사이의 '상속'이라는 '찰나생 찰나멸'인 '그 무엇'이 존재하기 때문에 '이 둘의 관계가 끊긴 것도 아니고 항상하는 것도 아니다.'라는 주장이다.
577. MK(T.K.)에서는 'so'를 첨언하여 옮겼는데 이에 따랐다.
578. [214. (17-7)]번 게송의 1, 2행의 경우를 마음에 적용시키고 있다.
579. 마음을 대상으로 한 게송이라 앞에서 연이어 '열매'로 옮긴 '데부('bras bu)'를 '과보(果報)'로 옮겼다.
580. '따쇡(lta zhig)'이 사용되었는데 TT에 관용적인 용법으로 'like that, in the same way'이 있어 이를 참고하여 옮겼다.
581. 바로 앞 행의 '과보(가 되는) 마음'을 가리킨다.
582. 씨앗과 열매, 그리고 그 사이의 상속의 과정을 마음에 적용시킨 게송이다.

རྒྱུན་ལས་འབྲས་བུ་འབྱུང་འགྱུར་ཞིང་།། rgyun las 'bras bu 'byung 'gyur zhing//
ལས་ནི་འབྲས་བུའི་སྔོན་འགྲོ་བ།། las ni 'bras bu'i sngon 'gro ba//
དེ་ཕྱིར་ཆད་མིན་རྟག་མ་ཡིན།། de phyir chad min rtag ma yin//

> 왜냐하면 마음으로부터 상속하는 것과
> (그) 상속하는 것으로부터 과보는 생겨난다. 그리고
> 바로 그 (원인이 되는) 업은 과보 이전에 선행한다.
> 그러므로 (업은) 단절된 것도 아니고 항상된 것도 아니다.[583]

[218. (17-11)]

དཀར་བོའི་ལས་ཀྱི་ལམ་བཅུ་བོ།། dkar bo'i las kyi lam bcu bo//
ཆོས་སྒྲུབ་པ་ཡི་ཐབས་ཡིན་ཏེ།། chos sgrub pa yi thabs yin te//
ཆོས་ཀྱི་འབྲས་བུ་འདི་གཞན་དུ།། chos kyi 'bras bu 'di gzhan du//
འདོད་པའི་ཡོན་ཏན་རྣམ་ལྔ་བོ།། 'dod pa'i yon tan rnam lnga bo//

> 청정한[584] 업의 십도(道)[585]는
> 법을 성취하는 방법이다. 그리고
> (그) 법의 과보는 금생과 다른 생[後生]에서 (받는)
> 오욕락(五慾樂)[586]이다.

---

583. [215. (17-8)]번 게송의 씨앗과 열매 사이의 '상속'을 마음에 적용시킨 경우로 게송의 구조는 정확히 같다. 인(因)과 과(果)가 되는 업은 단절된 것도 아니고 항상하는 것도 아니다는 뜻이다.
584. 원문은 흰색을 뜻하는 '깔보(dkar bo)'로 일반적으로 '순수'를 뜻하기도 한다.
585. 10선업을 뜻한다.
    [BD] 십선(十善): ↔ 십악(十惡). 십선도(十善道) 또는 십선계(十善戒)라고도 함. 몸[動作]·입[言語]·뜻[意念]으로 10악을 범치 않는 계제(制戒)·불살생(不殺生)·불투도(不偸盜)·불사음(不邪婬)·불망어(不妄語)·불양설(不兩舌)·불악구(不惡口)·불기어(不綺語)·불탐욕(不貪欲)·불진에(不瞋恚)·불사견(不邪見).
586. MK(T.K.)에서는 'the five sensual pleasures'로 옮기고 있다. 『쁘라산나빠다』에서는 '그리

【답】[587]

[219. (17-12)]

གལ་ཏེ་བརྟག་པ་དེར་གྱུར་ན།། gal te brtag pa der gyur na//
ཉེས་པ་ཆེན་པོ་མང་པོར་འགྱུར།། nyes pa chen po mang por 'gyur//
དེ་ལྟ་བས་ན་བརྟག་པ་དེ།། de lta bas na brtag pa de//
འདིར་ནི་འཐད་པ་མ་ཡིན་ནོ།། 'dir ni 'thad pa ma yin no//

> (그러나) 만약 그렇게 관찰하였다면[588]
> 크나큰 오류[589]가 많다.
> 그러므로 그와 같이 관찰하였던 것,
> 바로 이런 것은 옳지 않다.[590]

【문】[591]

[220. (17-13)]

སངས་རྒྱས་རྣམས་དང་རང་རྒྱལ་དང་།། sangs rgyas rnams dang rang rgyal dang//
ཉན་ཐོས་རྣམས་ཀྱིས་གང་གསུངས་པའི།། nyan thos rnams kyis gang gsungs pa'i//

고 색성향미촉(色聲香味觸)의 상(相)을 지닌 오욕락(五慾樂)은 법은 과보다(p. 695).'라고 언급하고 있다. 『청목소』에서는 '몸이나 입이나 생각으로 이런 과보를 생하는 사람은 금세에는 명예와 이익을 얻고 후세에는 天上이나 人間界의 고귀한 곳에 태어나게 된다(p. 282).'라고 되어 있어 명확하지 않다.

587. 다시 용수의 논파다.
588. '딱빠(brtag pa)'가 쓰였다. '딱빠'에 대해서는 「제1품. 연(緣)에 대한 고찰」의 각주 참조.
589. 과실(過失), 오류, 실수, 그릇됨을 뜻하는 '녜빠(nyes pa)'가 쓰였다.
590. 전체적으로 앞의 구사론자들의 주장에 대한 논파를 선언적으로 한 것이라서 우리말로 직역하기에 문장 속에 쓰인 '라둔(la 'dun)'의 '라(ra)'가 보조 동사에 선행하는 경우(1, 2행)과 4행의 '바로 이것은'이라고 옮긴 '딜니('dir ni)'가 매끄럽지 않다.
 축약하면, 그 방법론 자체가 틀렸기 때문에 오류가 발생한다는 뜻이다.
591. 다시 총 8개에 달하는 구사론자들의 설명이 이어지는데 청목소는 7게송으로 보고 있다. 여기서 한역과 티벳역의 차이가 나는데 '부실법(不失法)'을 다루는 17-20번 게송을 티벳 전통에 따라 구사론자들의 논의라 보고 옮겼다. 자세한 내용은 17-20번 게송 각주 참조.

178

བརྟག་པ་གང་ཞིག་འདིར་འཐད་པ།།   brtag pa gang zhig 'dir 'thad pa//
དེ་ནི་རབ་ཏུ་བརྗོད་པར་བྱ།།   de ni rab tu brjoda par bya//

부처님들과 독각(獨覺)[592](들)과
성문(聲聞)[593]들이 무엇을 말씀하셨는지[594]
(즉) 관찰하였던 것이 무엇인지,[595] 바로 이것을 옳게 (이해하는) 것
바로 그것을 자세히 설명하겠다.[596]

[221. (17-14)]

དབང་རྒྱ་ཇི་ལྟར་དེ་བཞིན་ཆུད།།   dbang rgya ji ltar de bzhin chud//
མི་ཟ་ལས་ནི་བུ་ལོན་བཞིན།།   mi za las ni bu lon bzhin//
དེ་ནི་ཁམས་ལས་རྣམ་པ་བཞི།།   de ni khams las rnam pa bzhi//
དེ་ཡང་རང་བཞིན་ལུང་མ་བསྟན།།   de yang rang bzhin lung ma bstan//

예를 들자면,[597] 마치 차용 증서와도 같아
없어지지[598] 않기[不失] 때문에[599] 바로 그 업은 빚과 같다.[600]
바로 그 때문에 계(界)에는[601] 4종[602]이 (있으며),

---

592. [BD] 독각(獨覺): 【범】pratyekabuddha【팔】paccekabuddha 발랄예가불타(鉢剌翳伽佛陀)라 음역, 연각(緣覺)이라고도 번역. 부처님 없는 세상에 나서 다른 이의 가르침을 받지 않고 혼자 수행하여 깨달은 이를 말함.
593. [BD] 성문(聲聞): 【범】śrāvaka【팔】sāvaka 3승의 하나. 가장 원시적 해석으로는 석존의 음성을 들은 불제자를 말함.
594. '무엇을 말씀하셨는지'로 옮긴 '강쑹빼(gang gsungs pa'i)'는 '무엇(강, gang)+말씀(쑹빼, gsungs pa)+소유격(이, 'i)'의 구조로, '이('i)'의 구조로, 여기서 소유격은 다시 설명하기 위한 것인 '즉'으로 보고 옮겼다.
595. '딱빠 강쇡(brtag pa gang zhig)'을 이렇게 옮겼는데 '어떻게 관찰하였는지'로도 옮길 수 있다. 여기서는 문장 구조대로 읽었다.
596. 1, 2행에서 언급한 부처님, 성문 그리고 독각의 대치점에는 보살승, 즉 대승이 놓여 있다. 바로 앞의 게송처럼 운자를 맞추기 위한 것이라서 여러 첨언들이 나열되어 있다. MK(T.K.)와 달리 직역하였다.
597. '왕갸(dbang rgya)'는 사전에 용례가 없어 MK(T.K.)의 'apposite'의 용례를 따랐다. 굳이

| 또한 (그) 자성(自性)은 무기(無記)[603]이다.[604] |

[222. (17-15)]

སྤོང་བས་སྤོང་བ་མ་ཡིན་ཏེ།། spong bas spong ba ma yin te//
བགོམ་པས་སྤང་བ་ཉིད་ཀྱང་ཡིན།། bgom pas spang ba nyid kyang yin//
དེ་ཕྱིར་ཆུད་མི་ཟ་བ་ཡིས།། de phyir chud mi za ba yis//
ལས་ཀྱི་འབྲས་བུ་སྐྱེད་བར་འགྱུར།། las kyi 'bras bu skyed bar 'gyur//

해자하자면, '왕(dbang)'은 '광범위한', '가(rgya)'는 '범위' 정도로 볼 수 있겠으나, 하나의 단어로 사전에는 그 용례도 없다.

598. '미자(mi za)'를 '미자(mi zad)'의 오자로 보고 '없어지지 않는'이라고 옮겼다. TT의 '미자(mi zad)'에는 'inexhaustible'라는 용례가 있으며, MK(T.K.)에는 'indestructible'이라고 옮겨져 있다. 동사의 '자와(za ba)'로는 '소모하다(consume)'라는 뜻도 있어, 티벳인들에게 '제와(zad ba)'와 큰 차이가 없는 것으로 여겨졌을지도 모르겠다.
TT에는 바로 다음 게송에 나오는 '추미 자와(chud mi za ba)'에도 'inexhaustible'라는 뜻이 있다. 산스끄리뜨어의 '소멸되지 않는 것'이라는 뜻을 지닌 '아비쁘라나샤(avipraṇaśa)'를 티벳어로 옮기면서 여러 축약형을 쓰고 있는데 오직 이 부분에서만 등장하고 있으며, MK(T.K.)에서는 '부실법(不失法)'을 'the doctrine of the indestructibility'로 통일하여 사용하고 있다.

599. 업을 뜻하는 '레(las)' 앞에 원인, 이유 등을 뜻하는 탈격[Abl.] '레(las)'가 생략된 것으로 보고 옮겼다.

600. 이 부분은 각 판본들마다 그 해석이 다르다. MK(T.K.)에서는 바로 앞의 게송과 함께 옮기며, 'Which is apposite here.// Karma is indestructible, like a promissory note/And like debt(p. 355).'로 되어 있다. 우리말로 옮기면 '그것을 여기에 예를 들어보면.// 부서지지 않는 법은 어음과 같고/ 빚과 같다.' 정도로 된다. 『청목소』에서는 '예를 들어 <없어지지 않는 것>은 債券과 같고 행위는 債務와 같은 것이다(p. 285).'로 되어 있으며, 『쁘라산나빠다』에서는 '불실(不失)은 (차용) 증서와 같고, 업은 빚과 같다(p. 700).'라고 되어 있다.
'사라지지 않는 업'의 특징에 대해서 설명하는 부분인 만큼 큰 차이가 없어 보인다.

601. 업의 티벳어와 같은 탈격[Abl.] '레(las)'가 쓰였다. MK(T.K.)에서는 'Because of the realms'로 옮겨져 있다. '~을 나누면, 거기에는'을 가리킬 때도 이 탈격을 사용한다.

602. 욕계, 색계, 무색계, 그리고 남음이 없는 무루계(無漏界) 등 4종의 계를 가리킨다.

603. [BD] 무기(無記): 【범】 avyakṛta 3성(性)의 하나. 온갖 법의 도덕적 성질을 3종으로 나눈 가운데서 선도 악도 아닌 성질로서 선악 중의 어떤 결과도 끌어오지 않는 중간성(中間性)을 말한다. 이 무기에는 다 같이 선악의 결과를 끌어올 능력이 없으면서도 수행을 방해하는 유부(有覆)무기와 방해하지 않는 무부(無覆)무기가 있음.

604. 내용뿐만 아니라 문장 구조가 매우 독특한 게송이다. 업의 특성을 설명하면서 4종의 계를 오가지만 그 속성 자체가 무기이기 때문에 '연기적'임을 주장하는 것으로 보고 옮겼다.

> (업의 과보는) 끊는다[斷]고 해서[605] 끊어지는 것이 아니다. 그것은 오직[606] 수행[修道][607]에 의해서만 끊어진다. 왜냐하면 없어지지 않는 것[不失][608]에 의해서 업의 과보가 발생하기 (때문이다).[609]

[223. (17-16)]

གལ་ཏེ་སྤོང་བས་སྤང་བ་དང་།།   gal te spong bas spang ba dang//
ལས་འཕོ་བ་ཡིས་འཇིག་འགྱུར་ན།།   las 'pho ba yis 'jig 'gyur na//
དེ་ལ་ལས་འཇིག་ལ་སོགས་པའི།།   de la las 'jig la sogs pa'i//
སྐྱོན་རྣམས་སུ་ནི་ཐལ་བར་འགྱུར།།   skyon rnams su ni thal bar 'gyur//

> 만약 끊는다[斷]고 해서 끊겨지고

---

605. 도구격[Ins.]의 's'를 강조해서 옮겼다.
606. 문장의 가운데 나오는 '니꺙(nyid kyang)'을 어두로 가져와 옮겼다.
607. '수행'으로 옮긴 '곰빠(bgom pa)'는 일반적으로 '명상'을 뜻한다. MK(T.K.)에서는 'meditation'이라고 옮겼다. 『청목소』에서 김성철은 이것을 '수도(修道)'로 보고, 각주에 사향사과(四向四果)에 대해서 설명하고 있다. '아비달마에서 이야기하는 四向四果 중 預流果 이상의 聖人들의 수행 단계(p. 285).'
    [BD] 사향사과(四向四果): 소승불교에서 구분하는 성자의 네 단계. 향은 수행의 목표, 과는 그 목표에 도달한 경지. 예류(預流) 또는 수다원, 일래(一來) 또는 사다함, 불환(不還) 또는 아나함, 아라한이라는 네 단계에 향과 과를 붙여 4향 4과라고 한다. 4향은 예류향, 일래향, 불환향, 아라한향. 4과는 예류과, 일래과, 불환과, 아라한과. 욕계와 색계와 무색계의 견혹(見感)을 끊어 가고 있는 견도 15심(心)의 과정은 예류향, 마침내 견혹을 끊어 제16심인 수도(修道)의 단계에 들어가는 것은 예류과.(역자 강조) 욕계의 수혹(修惑)을 이루는 9품 중 6품까지의 수혹을 끊어 가고 있는 과정은 일래향, 마침내 이 수혹을 모두 끊은 경지는 일래과. 수혹의 나머지 3품을 끊어 가고 있는 과정은 불환향, 이것을 완전히 끊은 경지는 불환과. 이로부터 아라한이 되기까지의 과정은 아라한향, 아라한의 경지에 도달한 것은 아라한과. 아라한과를 얻으면 열반에 들어갈 수 있다.
608. MK(T.K.)에서는 '추미 자와(chud mi za ba)'를 'virtue of indestructibility'로 옮기고 있다. 바로 앞의 게송에 나오는 '미자와(mi za ba)'와 같은 뜻이다.
609. 이유, 원인을 설명하는 3행의 '데찔(de phyir)'에 격이 맞게 '때문이다'를 첨언하였다.
    업의 전변, 유전이 어떻게 발생하는가에 대한 구사론자들의 설명으로 보고 옮겼다. 바로 앞의 게송에 나오는 욕계, 색계, 무색계, 그리고 남음이 없는 무루계(無漏界) 등 4종의 계 가운데 무루계에 접어들어 업의 과보를 받아 윤회하지 않는 것은 무엇인지에 대해서 계속해서 설명하고 있는 게송이다.

업이 전변(轉變)⁶¹⁰에 의해서 사라진다[滅]면
그것에는 업의 사멸(死滅) 등과 같은
오류들, (즉 그와 같은)⁶¹¹ 과실(過失)이 (있게) 된다.⁶¹²

[224. (17-17)]

ཁམས་མཚུངས་ལས་ནི་ཆ་མཚུངས་དང་།།	khams mtshungs las ni cha mtshungs dang//
ཆ་མི་མཚུངས་པ་ཐམས་ཅད་ཀྱི།།	cha mi mtshungs pa thams cad kyi//
དེ་ནི་ཉིང་མཚམས་སྦྱོར་བའི་ཚེ།།	de ni nying mtshams sbyor ba'i tshe//
གཅིག་པུ་ཁོ་ན་སྐྱེ་བར་འགྱུར།།	gcig pu kho na skye bar 'gyur//

같은⁶¹³ 계(界)의 (다양한) 업으로부터⁶¹⁴ 같은 것[衆同分]⁶¹⁵과
같지 않은 것[彼同分]⁶¹⁶ (등) 일체의
바로 그것(들) 자체가 결합할 때⁶¹⁷
오직 하나만⁶¹⁸ 생겨난다.⁶¹⁹

---

610. '폴와('pho ba)'는 전변(轉變), 변화, 이전(移轉) 등을 뜻한다. MK(T.K.)에서는 'virtue of transformation'으로 옮겼다.
611. 강조된 첨언 '니(ni)'를 참조하여 끊어서 옮겼다.
612. '텔귤'에 대해서는 20번 게송 각주 참조
613. '같다'는 뜻을 지닌 '충(mtshungs)'이 총 3번에 걸쳐서 나오는데 나머지 둘은 구사론자들의 개념인 '동분'과 '피동분'에 해당한다. MK(T.K.)에서는 이것들을 'congruent or incongruent'로 옮겼다.
614. 여기서도 [221. (17-14)]번 게송에서처럼 업을 뜻하는 '레(las)' 앞에 원인, 이유 등을 뜻하는 탈격[Abl.] '레(las)'가 축약되어 사용되어 있다. MK(T.K.)의 'From all the karma'를 통해서도 이 용법을 유추할 수 있다.
615. [BD] 동분(同分): 모든 법으로 하여금 서로 비슷하고, 서로 같게 하는 물질도 아니고, 정신도 아닌 법을 말한다. 이를테면 사람은 사람끼리, 원숭이는 원숭이끼리 저절로 비슷하고 서로 같은 것은 모두 이 동분에 의한 것. 이것을 중생동분과 법동분의 2종으로 나눈다.
　　중동분(衆同分): 중생들이 똑같이 비슷한 과보를 얻게 되는 인(因)을 말함. 구사종에서는 이것을 하나의 작용있는 실법(實法)이라 인정하여, 이것이 있으므로 동등유사(同等類似)하게 된다 함.
616. [BD] 피동분(彼同分): ↔ 동분(同分). 근(根)·경(境)·식(識) 셋이 화합하지 않아 각각

[225. (17-18)]

མཐོང་བའི་ཆོས་ལ་རྣམ་གཉིས་པོ།།   mthong ba'i chos la rnam gnyis po//
ཀུན་གྱི་ལས་དང་ལས་ཀྱི་དེ།།   kun gyi las dang las kyi de//
ཐ་དད་པར་ནི་སྐྱེ་འགྱུར་ཞིང་།།   tha dad par ni skye 'gyur zhing//
རྣམ་པར་སྨིན་ཀྱང་གནས་པ་ཡིན།།   rnam par smin kyang gnas pa yin//

> 그리고 그 현법(現法)[620]에는 두 가지 종류가 있다.[621]
> (그것들) 모두 (각각의)[622] 업과 업의 그것이
> 다른 것으로 (연이어)[623] 생하는 것이다.[624] 그리고[625] (그 업들은)
> 이숙(異熟)[626]할지라도 머무른다.[627]

자기의 업작(業作)을 짓지 않는 것 동분은 아니나 동분과 종류가 일부분 같으므로 피동분이라 함.

617. '~일 때'를 뜻하는 '체(tshe)'가 쓰였다.
618. 없어지지 않는 것, 즉 불실법(不失法)을 가리킨다.
619. 업의 전변 과정 중에 다양한 원인으로부터 생겨날 때 오직 '없어지지 않는 것(不失)'만 나타난다는 뜻이다.
620. '현법(現法)'으로 옮긴 '통빼 최(mthong ba'i chos)'는 '보이는' 법, 즉 현상을 가리킨다. MK(T.K.)에서는 'In the here and now,/ Each karma', 즉 '지금 여기에서 각각의 업'이라고 풀어 쓰고 있다.
    [BD] 현실: 사물을 직접 눈으로 목격한 것. 불경에서는 견법, 현법이라고 한다.
621. [209. (17-2)]번 게송에서 등장한 사업(思業)과 사이업(思已業)의 2종업을 가리킨다.
622. MK(T.K.)의 'each'에 따라 첨언하였다. 사업과 사이업, 또는 여기서 파생된 업들 전체를 가리킨다.
623. 강조사[Emp.] '니(ni)'를 이렇게 첨언하여 옮겼다.
624. '께귤(skye 'gyur)'은 '생겨난다, 생겨나는 것으로 된다, 생하게 된다' 등으로 옮길 수 있는데 문장의 내용에 맞게 윤문하여 옮겼다.
625. 순접, 역접의 기능을 모두 가지고 있는 접속부사 '슁(zhing)'은 '또한'으로도 옮길 수 있다.
626. 업의 이숙(異熟)에 대해서는 [213(17-6)]번 게송 각주 참조.
627. 업이 익어 다른 것으로 변할지라도 머문다는 뜻으로 쓰였다. 즉 '지금 여기'에서 2종의 업인 사업(思業)과 사이업(思已業)이 드러나거나 혹은 드러나지 않더라도 그것이 결코 사라지는 것이 아니라 연속하여, 무릇익은 [이숙]한 후에라도 반드시 드러난다는 뜻이다.
    이 게송의 역본들은 모두 약간씩 차이가 있으나 현재의 업뿐만 아니라 다음에도 그 업이 지속된다는 의미에서는 같다.

제17품. 업과 과보에 대한 고찰 **183**

[226. (17-19)]

དེ་ནི་འབྲས་བུ་འཕོ་བ་དང་།།   de ni 'bras bu 'pho ba dang//
ཞི་བར་གྱུར་ན་འགག་བར་འགྱུར།།   shi bar gyur na 'gag bar 'gyur//
དེ་ཡི་རྣམ་དབྱེ་ཐག་མེད་དང་།།   de yi rnam dbye thag med dang//
ཟག་དང་བཅས་པར་ཤེས་བར་བྱ།།   zag dang bcas par shes bar bya//

> 바로 그 과보가 전변(轉變)[628]하거나[629]
> 멸(滅)했으면[630] (기존의 업은) 사라진다.
> (그리고) 그것의 구분에는 무루(無漏)[631]와
> 유루(有漏)[632](가 있음)을 알아야 한다.[633]

[227. (17-20)]

སྟོང་པ་ཉིད་དང་ཆད་མེད་དང་།།   stong pa nyid dang chad med dang//

'두 가지 종류의 모든 業 하나하나의 경우 현재 눈앞에서 그 법이 生하기도 하지만 또는 (과보가) 익을 때(까지) 존속하기도 한다.' 『청목소』, p. 287.

'그러나 그것은 두 종류의 모든 업 하나하나에 대하여 현법(現法)에서 발생한다. 그리고 이숙(異熟) 때까지 지속한다.' 『쁘라산나빠다』, p. 708.

'In the here and now, Each karma and that which pertains to that karma/ Of either of the two kinds, arises separately and/ Although they ripen, they endure.' MK(T.K.), p. 357.

628. 『청목소』나『쁘라산나빠다』에서는 '전변(轉變)'으로 옮긴 '포와('pho ba)'를 '초월, 떠나 감'으로 보고 옮겼다. 특히『청목소』에서는 사향사과(四向四果)를 통해서 이것을 설명하고 있다(p. 288). 그러나 MK(T.K.)에서는 'when one moves to a stage of fruition'으로 '과보의 단계로 움직일 때'라고, 즉 전변을 이야기하고 있다. 후자에 따라 옮겼다.

629. '~와, 그리고'를 뜻하는 '당(dang)'이 쓰였다. 여기서는 'or'로 보았다.

630. 가정법의 '나(na)'가 쓰였다.

631. [BD] 무루(無漏): 새어 나오는 것, 즉 부정(不淨)한 것, 불결한 것이 없음. 번뇌가 없게 된 경지.

632. [BD] 유루(有漏): 【범】sāsrava 【팔】sassava ↔ 무루(無漏). 루(漏)는 누설하는 뜻. 우리들의 6문(門)으로 누설하는 것 곧 번뇌. 이 번뇌를 따라 늘어나는 뜻을 가진 법, 곧 고제(苦諦)·집 제(集諦)를 유루라 함.『구사론(俱舍論)』에는 다른 이름이 많음. 취온(取蘊)·유쟁(有諍)· 고(苦)·집(集)·세간(世間)·견처(見處)·3유(有) 등. [2] 3루(漏)의 하나. 색계(色界)·무 색계(無色界)의 번뇌.

633. 구사론자들이 업에 대해서 설명하는 부분으로 업이 이숙, 전변하여 사라지는 경우에도 무루(無漏)와 유루(有漏), 두 종류가 있다는 뜻이다.

འཁོར་བ་དང་ནི་རྟག་པ་མིན།།　'khor ba dang ni rtag pa min//
ལས་རྣམས་ཆུད་མི་ཟ་བའི་ཆོས།།　las rnams chud mi za ba'i chos//
སངས་རྒྱས་ཀྱིས་ནི་བསྟན་པ་ཡིན།།　sangs rgyas kyis ni bstan pa yin//

> 공(空)[634]하지만 단멸(斷滅)하지 않고
> 윤회하지만 항상하지 않는[635]
> 업(業)들의 부실법(不失法)[636]은
> 부처님께서 가르치신 것이다.[637]

【답】[638]

---

634. '똥빠니(stong pa nyid)'는 일반적으로 '공성(空性)'을 뜻하지만 운자를 맞추기 위해서 '공'으로 옮겼다.
635. 1, 2행의 의미 없는 첨언 또는 순접, 역접의 기능이 있는 접속사 '당(dang)'과 '당니(dang ni)' 등이 첨언되어 있는데 『청목소』에 따라 옮겼다. MK(T.K.)에서는 '공성은 단멸이 아니다. 윤회는 상주가 아니다(Emptiness is not annihiliation;/ Cyclic existence is not permanent;)'로 되어 있다.
636. 앞서 [221(17-14)]과 [222(17-15)]번 게송에서 '없어지지 않는 것[不失]'이라고 옮겼던 '부실법(不失法)'의 완성형인 '추 미자왜 최(chud mi za ba'i chos)'가 쓰여져 있다.
637. 『청목소』 전통은 이 게송을 용수의 논파로 보고 있다. 공(空)이라는 단어가 사용되었기 때문에 이와 같은 해석이 가능한 듯하다. 그러나 『쁘라산나빠다』나 MK(T.K.)는 구사론자들의 마지막 주장에 해당하는 게송으로 보고 있다. 『청목소』의 전통에 따르면 '없어지지 않는 그 무엇'이라는 '현상(法)'에 대한 구사론자들과 용수의 고민이 다르다는 점을 엿볼 수 있는 대목이고 MK(T.K.)에 따르면 이 게송은 단견(斷見), 상견(常見)을 여위게 하는 부처님의 가르침과 업의 이론에는 상충하는 바가 없다는 결론에 해당한다. MK(T.K.)에서는 이 게송 앞에 'Concise dismissal of reification and nihilism(단견과 상견의 논파에 대한 축약)'으로 되어 있다(p. 358).
　　티벳 전통을 따른다는 입장이기도 하지만 이 게송이 구사론자들의 최종적인 주장일 가능성이 크다는 것은 공성을 단견 상견을 여읜 경지, 즉 연기실상의 다른 이름이 아닌 단견과 배치시키고 있다는 점과 그리고 '없어지지 않는 현상'이라는 부실법(不失法)에 대해서 용수가 다른 곳에서 주장한 적이 없기 때문이다. 그리고 이 품의 전체 주장이 '업과 과보 같은 개념'은 존재하지 않는데 부처님이 부실법에 대해서 주장했다고 용수가 강조했을 리는 없기 때문이다.
638. 총 7개의 게송으로 되어 있다. 용수의 본격적인 논파가 시작된다.

[228. (17-21)]

གང་ཕྱིར་ལས་ནི་སྐྱེ་བ་མེད།། gang phyir las ni skye ba med//
འདི་ལྟར་རང་བཞིན་མེད་དེའི་ཕྱིར།། 'di ltar rang bzhin med de'i phyir//
གང་ཕྱིར་དེ་ནི་མ་སྐྱེས་པ།། gang phyir de ni ma skyes pa//
དེ་ཕྱིར་ཆུད་ཟར་མི་འགྱུར་རོ།། de phyir chud zar mi 'gyur ro//

왜 바로 그 업은 생기지 않는 것[無生]⁶³⁹인가?
그것은 자성이 없는 것[無自性]이기 때문이다.
바로 그것은 생하지 않는 것[不生]이기 때문에,
그러므로 없어지지 않는 것[不失=不滅]이다.^{640/641}

[229. (17-22)]

གལ་ཏེ་ལས་ལ་རང་བཞིན་ཡོད།། gal te las la rang bzhin yod//
རྟག་པར་འགྱུར་བར་ཐེ་ཚོམ་མེད།། rtag bar 'gyur bar the tshom med//
ལས་ནི་བྱས་པ་མ་ཡིན་འགྱུར།། las ni byas pa ma yin 'gyur//
རྟག་ལ་བྱ་བ་མེད་ཕྱིར་རོ།། rtag la bya ba med phyir ro//

....

639. '생기지 않는 것[無生]'으로 옮긴 '꼐와(skye ba)'나 3행의 '생하지 않는 것[不生]'으로 옮긴 '마께빠(ma skyes pa)'는 의미상으로 같다.

640. 1행에 '강칠(gang phyir)', 2행에 '디딸('di ltar)', '대칠(de'i phyir)', 3행에 다시 '강칠(gang phyir)', 4행에 '데칠(de phyir)' 등이 총 4번 사용되어 있어 산스끄리뜨어 원문의 형식을 따르고 있는데 굳이 이렇게 첨언할 필요가 있었을까 싶을 정도로 난해한 게송이다. 2행의 '디딸 ~, 대칠 ~('di ltar ~, de'i phyir ~)'을 1행의 의문문에 대한 이유로 보았고 3, 4행의 '강칠 ~, 데칠 ~(gang phyir ~, de phyir ~)'을 '왜냐하면 ~, 그러므로 ~'로 보았다.

641. '공(空)하지만 단멸(斷滅)하지 않고 윤회하지만 항상하지 않는다.'라고 '없어지지 않는 것[不失]', 즉 부실법을 주장하는 바로 앞의 게송과의 차이는 불생불멸이기 때문에 업이라는 하나의 개념자는 '실재를 반영하지 않는다. 존재하지 않는 것이다.'라는 지점까지 밀고 나갔다는 점이다. 공(空)을 연기로 해석했을 경우, 불단불상(不斷不常)의 불단(不斷)에만 한정하지 않고 불생불멸이라는 대립적 개념자에도 적용시킬 수 있다.

앞 게송과의 가장 큰 차이는 공성=연기, 그래서 불생불멸, 부실(不失)=불멸(不滅)하다는 점이다.

186

> 만약 업(業)에 자성(自性)이 존재한다면
> 항상된 것[642]임에는 의심할 여지가 없다.
> (그러나) 바로 그런 업은 지어지지 않는다.
> (왜냐하면) 항상하는 것을 지을 수 없기 때문이다.[643]

[230. (17-23)]

ci ste las ni ma byas na//
ma byas pa dang phrad 'jigs 'gyur//
tshangs spyod gnas pa ma yin pa'ng//
de la skyon du thal bar 'gyur//

> 만약 바로 그 업이 지어지지 않는다면[644]
> 짓지도 않은 것과 결합해야 되는[645] 두려움이 (생겨나게) 된다.
> (또한) 범행(梵行)[646]에 머물지 않아도 (되니)[647]
> 그것에도 오류가 (되는) 과실(過失)이 (발생하게) 된다.[648]

642. '귤와('gyur ba)'를 동사로 만드는 'verbalizer'로 보고 '딱왈 귤와(rtag bar 'gyur ba)'를 옮겼는데 정확히 풀어보면 '항상하는 것으로 되는 것' 정도 된다.
643. 내용의 요지는 매우 간단하다. 자성은 변하지 않는 것이므로 지을 수 없다는 뜻이다. 4행을 MK(T.K.)에서는 '항상하는 것은 지을 수 없는 것이다(There can be no production of what is eternal)'라고 옮겼는데 여기서는 문법에 따라 옮겼다. 의미는 MK(T.K.)가 더욱 명확하다.
644. 『청목소』와 『쁘라산나빠다』는 '지어진 업이 존재하지 않는' 경우로 되어 있으나, 티벳역은 '업이 지어지지 않는' 경우로 보고 있어 MK(T.K.)에서는 'If action were not produced, (p. 362)'로 옮겨져 있다.
645. 『청목소』에서 김성철은 '업과 과보'의 관점에서 '과보'를 첨언하였고, 『쁘라산나빠다』는 '자타(自他)의 관점'에서 남이 짓는 업을 받아야 되는 두려움으로 보고 옮기고 있다. 여기서는 원문대로 옮겼는데 둘 다의 견해를 포함하고 있는 셈이다.
646. 범행(梵行): 【범】brahmacarya 범은 청정·적정의 뜻, 맑고 깨끗한 행실. 정행(淨行)과 같음. 더럽고 추한 음욕을 끊는 것을 범행이라 한다. 곧 범천의 행법이란 말.
647. '또한, ~도'의 지닌 3행 말미의 '앙('ng)'을 앞으로 가져오면서 첨언하였다.
648. '데라 꾠두 텔왈귤(de la skyon du thal bar 'gyur)'은 티벳인들에게 하나의 관용적인

[231. (17-24)]

ཐ་སྙད་ཐམས་ཅད་ཉིད་དང་ཡང་།། tha snyad thams cad nyid dang yang//
འགལ་བར་འགྱུར་བར་ཐེ་ཚོམ་མེད།། 'gal bar 'gyur bar the tshom med//
བསོད་ནམས་དང་ནི་སྡིག་བྱེད་པའི།། bsod nams dang ni sdig byed pa'i//
རྣམ་པར་དབྱེ་བའང་འཐད་མི་འགྱུར།། rnam bar dbye ba'ng 'thad mi 'gyur//

(그렇게 되면) 세간[649]의 모든 것들도
모순된다는 것에는 의심할 여지가 없다.
(또한) 복덕과 악행의
구분 또한 옳지 않게 된다.

[232. (17-25)]

དེ་ནི་རྣམ་སྨིན་སྨིན་གྱུར་བ།། de ni rnam smin smin gyur ba//
ཡང་དང་ཡང་དུ་རྣམ་སྨིན་འགྱུར།། yang dang yang du rnam smin 'gyur//
གལ་ཏེ་རང་བཞིན་ཡོད་ན་ནི།། gal te rang bzhin yod na ni//
གང་ཕྱིར་ལས་གནས་དེ་ཡི་ཕྱིར།། gang phyir las gnas de yi phyir//

바로 그 이숙(異熟)[650]은 (다시) 이숙하는 것,
(즉) 반복하는 이숙이 될 것이다.
만약 자성(自性)이 존재한다면.
왜냐하면 업이 (항상) 머무르는, (바로) 그런 이유 때문에.[651]

....

용법처럼 이해하기 쉬운 문장인데 우리말로 직역하는 데 한계가 있어 축약된 문법 구조에 따라 첨언하였다.

649. 『청목소』에서는 이것을 한역에 따라 '일체의 언어 관습' 또는 '세속제'로 보고 있으며, 『쁘라산나빠다』에서는 '세간 관습'으로 보고 있다. '타네(tha snyad)'에는 'verbal convention'이라는 뜻도 있으나 여기서는 MK(T.K.)처럼 'All conventions'에 따라 옮겼다. '세간의 언어'를 뜻하는 바는 주석의 내용 중에 나와 있다.

650. 이숙에 대해서는 [213. (17-6)]번 게송 각주 참조

[233. (17-26)]

ལས་འདི་ཉོན་མོངས་བདག་ཉིད་ལ།།
ཉོན་མོངས་དེ་དག་ཡང་དག་མིན།།
གལ་ཏེ་ཉོན་མོངས་ཡང་དག་མིན།།
ལས་ནི་ཡང་དག་ཅི་ལྟར་ཡིན།།

las 'di nyon mongs bdag nyid la//
nyon mongs de dag yang dag mid//
gal te nyon mongs yang dag min//
las ni yang dag ci ltar yin//

이 업은 번뇌(煩惱)[652]를 본성(本性)[653]으로 (한다.)
그 번뇌들은 진실된 것[654]이 아니다.
만약 번뇌들이 진실된 것이 아니라면
바로 그 업이 진실된 것이라고 어떻게 (말할 수) 있겠는가?[655]

[234. (17-27)]

ལས་དང་ཉོན་མོངས་པ་དག་ནི།།
ལུས་རྣམས་ཀྱི་ནི་རྐྱེན་དུ་བསྟན།།
གལ་ཏེ་ལས་དང་ཉོན་མོངས་པ།།
དེ་སྟོང་ལུས་ལ་ཅི་ལྟར་བརྗོད།།

las dang nyon mongs pa dag ni//
lus rnams kyi ni rkyen tu bstan//
gal te las dang nyon mongs pa//
de stong lus la ci ltar brjod//

바로 그 업과 번뇌들은
육신들의 연(緣)이라고 말씀하셨다.[656]

---

651. 게송 전체가 도치(倒置)되어 있는 특이한 구조를 갖추고 있다.
652. 번뇌에 대해서는 「제14품. 결합(合)에 대한 고찰」, [180(14-2)]번 게송 각주 참조.
653. '자기 자신'을 뜻하는 '닥니(bdag nyid)'가 처음으로 산스끄리뜨어 '아뜨마까(ātmaka)'를 옮긴 경우로, '스바아뜨만(svātāman)'과 같은 의미다. '스바아뜨만'에 대해서는 「제7품. 생기는 것[生]과 머무는 것[住]과 사라지는 것[滅]에 대한 고찰」, [90 (7-13)]번 게송 각주 참조.
654. '진실된 것'으로 옮긴 '양닥(yang dag)'은 산스끄리뜨어 '삼약(samyak)', '따탸(tathya)', 또는 '따뜨바(tattva)'에 해당하는데 여기서는 '따뜨바'를 받고 있다. '있는 그대로의 상태'를 뜻한다는 의미에서 '여실(如實)'에 가깝다.
655. 문장 구조에 따라 직역하는데 어순을 바꿔 '어떻게 그 업이 진실된 것이라고 할 수 있겠는가?'로도 옮길 수 있다.

> 만약 업과 번뇌가
> 공(空)하다면,[657] 육신에 대해서 무슨 말을 하랴?

[235. (17-28)][658]

མ་རིག་བསྒྲིབས་པའི་སྐྱེ་བོ་གང་༎	ma rig bsgribs pa'i skye bo gang//
སྲེད་ལྡན་དེ་ནི་ཟ་བ་པོ༎	sred ldan de ni za ba po//
དེ་ཡང་བྱེད་ལས་གཞན་མིན་ཞིང་༎	de yang byed las gzhan min zhing//
དེ་ཉིད་དེ་ཡང་མ་ཡིན་ནོ༎	de nyid de yang ma yin no//

> 무명(無明)에 덮인 중생은[659]
> 갈애에 묶여 있다.[660] 바로 그가 과보를 받는 자[661]이다.
> 그는 또한 업을 지었던 자[662]와 다른 자도 아니고
> 그 자신이 그와 (같은 자)도 아니다.[663]

---

656. 『청목소』는 '성현의 말씀으로', MK(T.K.)는 '경(經)에 나오는 이야기'라고 적고 있다.
657. 3행의 '만약 ~한다면'을 뜻하는 '겔떼(gal te)'가 4행까지 이어진 경우다.
658. 이 게송에 대해서 『청목소』는 논박자인 구사론자의 설명으로 보고 있으나 『쁘라산나빠다』나 MK(T.K.)는 용수의 설명으로 보고 있다. 경론을 인정하고 인용한다는 점에서 같지만 게송의 숫자로 봐서는 후자가 더 올바른 독법인 듯하다.
659. 문장의 말미에 '어떤, 무슨'을 뜻하는 '걍(gang)'이 나와 있으나, 우리말의 운조와 맞지 않아 생략하였다.
660. '갈애에 묶여 있다'라고 옮긴 '쎄덴(sred ldan)'에서 '덴(ldan)'은 일반적으로 'having, possession' 등을 가리킨다. 여기서는 부정적인 의미로 '묶여 있다'라고 옮겼다.
    [BD] 갈애(渴愛): 욕망, 또는 욕망을 추구하는 것. 중생이 5욕(欲)에 집착하는 것이 마치 목마른 이가 물을 갈구하는 것과 같기 때문에 갈애라 함. 애(愛).
661. '자와뽀(za ba po)'를 옮긴 것으로, 이것은 '먹는 자'라는 뜻이지만 TT에서는 'person'이라는 뜻이 있다. MK(T.K.)에는 '경험하는 자(experiencer)'라고 옮겨져 있다. 『청목소』에서는 '그는 (과보를) 받는 자이다.'라고 명확하게 나와 있으나 티벳역의 '자와뽀(za ba po)'는 이것을 명확하게 보여주지 못한다. 과보를 과일로 비유하자면 '과보를 받는 자'는 그 이숙된 업을 과일처럼 먹는다고 해석할 수 있겠다.
662. '업을 지었던 자'라고 옮긴 '제레(byed las)'는 '업(las)을 행하는 자(제빠뽀 레, byed pa po las)'의 축약된 것으로 보고 옮겼다. 모든 역본들이 동일하게 옮겨져 있다. 다만 MK(T.K.)에서는 'agent', 즉 행위자, 주체라고 되어 있으나 문맥과 주석의 내용상, 금생에

[236. (17-29)]

གང་གི་ཕྱིར་ན་ལས་འདི་ནི།། gang gi phyir na las 'di ni//
སྐྱེན་ལས་བྱུང་བ་མ་ཡིན་ཞིང་།། skyen las byung ba ma yin zhing//
རྐྱེན་མིན་ལས་བྱུང་ཡོད་མིན་པ།། rkyen min las byung yod min pa//
དེ་ཕྱིར་བྱེད་པ་པོ་ཡང་མེད།། de phyir byed pa po yang med//

> 왜냐하면[664] 바로 이 업은
> 연(緣)으로부터 생겨나는 것도 아니고[665]
> 비연(非緣)으로부터도 생겨나는 것도 아니기 때문이다.[666]
> 그러므로 (업을) 짓는 자[667] 또한 존재하지 않는다.[668]

[237. (17-30)]

གལ་ཏེ་ལས་དང་བྱེད་མེད་ན།། gal te las dang byed med na//
ལས་སྐྱེས་འབྲས་བྱ་ག་ལ་ཡོད།། las skyes 'bras bya ga la yod//
ཅི་སྟེ་འབྲས་བུ་ཡོད་མིན་ན།། ci ste 'bras bu yod min na//

··

서 '업의 과보를 받은 자가 전생에 지었던 업과 같지도 다르지도 않다는 뜻이기 때문에 과거형으로 옮겼다.

663. 무명에 덮인 중생이 갈애, 애착을 일으켰던 업의 과보를 받지만 그것이 전생에 업을 지었던 자와 같지도 다르지도 않다는 뜻이다. 이 부분은 업을 짓는 자와 과보를 받는 자라는, 즉 행위자의 관계가 전후생의 시간적인 축과의 관계에서도 상주와 단멸이라는 양견을 여읜 것, 즉 연기, 공성을 띤다는 것을 보여준다.

664. '왜냐하면'을 뜻하는 '강기칠(gang gi phyir)'이 문장의 맨 처음에 나와서 바로 앞의 게송과 격을 이루고 있는데『청목소』산스끄리뜨어역이나 한역은 이 부분이 누락되어 있다. 바로 이와 같이 보았기 때문에 티벳 전통에서는 바로 앞의 게송을 용수의 논파로 보고 있는 셈이다.

665. 「제1품. 연(緣)에 대한 고찰」에서 용수가 4연을 논파한 것처럼, 고정된 개념자로서 연은 존재하지 않는다는 뜻이다.

666. '업이 비연(非緣)에서 발생하는 것'은 무인론자(無因論者)의 견해이며, 이곳은 인과를 부정하는 단견론을 뜻한다.

667. '(업을) 지었던 자'라고 옮겼던 '행위자, 주체'를 뜻하는 '제빠뽀(byed pa po)'의 원형이 쓰여 있다.

668. 고정된 실체를 지닌 개념자를 논파하는 용수의 입장에서 '업'은 4연(緣)에 의해서도 무인론에 의해서도 발생하지 않는 것이라는 뜻이다.

ཟ་བ་པོ་ལྟ་ག་ལ་ཡོད།། za ba bo lta ga la yod//

> 만약 업과 (업을) 짓는 (자)가 존재하지 않는다면
> 업에서 생겨난 과보가 어떻게 존재하겠는가?
> 만약 과보가 존재하지 않는다면
> 과보를 받는 자[669]가 어떻게 존재하겠는가?

[238. (17-31)]

ཅི་ལྟར་སྟོན་པས་སྤྲུལ་པ་ནི།། ci ltar ston pas sprul pa ni//
རྫུ་འཕྲུལ་ཕུན་ཚོགས་ཀྱིས་སྤྲུལ་ཞིང་།། rdzu 'phrul phun tshogs kyis sprul zhing//
སྤྲུལ་པ་དེ་ཡང་སྤྲུལ་པ་ན།། sprul pa de yang sprul pa na//
སླར་ཡང་གཞན་ནི་སྤྲུལ་བ་ལྟར།། slar yang gzhan ni sprul ba ltar//

> 마치 스승님[670]께서 (이르신 것처럼) 바로 그 환술(幻術)[671]로,
> (즉) 그 빼어난[672] 신통으로 환술사(幻術士)를 짓고
> 그 환술사가 또 환술을 부린다면,
> (즉) 다시 바로 그 다른 (환술사)가 환술을 부리는 것처럼,[673]

[239. (17-32)]

དེ་བཞིན་བྱེད་པོ་དེས་ལས་གང་།། de bzhin byed po des las gang//

---

669. '과보를 받는 자'에 대해서는 [235. (17-28)]번 게송 각주 참조.
670. '스승'으로 옮긴 '뙨빠(ston pa)'는 여기에서 부처님을 가리킨다.
671. '환술(幻術)'로 옮긴 '툴빠(sprul pa)' 또는 '툴(sprul)'이 총 5차례 반복되고 있다. 이 가운데 몇 개는 '환술을 짓는 자' 또는 환술사(幻術士) 또는 마법사라고 옮길 수 있는 '툴빠뽀(sprul pa po)'가 축약된 것이다.
　『청목소』에서는 환술사를 '변화인(變化人)'으로, 『쁘라산나빠다』에서는 '화작인(化作人)'으로 옮겨져 있으나, 가명으로 '지어진 자'라는 뜻에서는 같다.
672. '빼어난'이라고 옮긴 '푼촉(phun tshogs)'에는 '원만한, 수승한' 등의 뜻이 있다.
673. 다음 게송과 이어져 있다.

བྱས་པའང་སྤྲུལ་བའི་རྣམ་པ་བཞིན།། byas pa'ng sprul ba'i rnam pa bzhin//
དཔེར་ན་སྤྲུལ་པས་སྤྲུལ་གཞན་ཞིག། dper na sprul pas sprul gzhan zhig//
སྤྲུལ་པ་མཛད་པ་དེ་བཞིན་ནོ།། sprul pa mdzad pa de bzhin no//

마치 그와 같이 그 (업을) 짓는 자에 의해서 어떤 업이든
지어지는 것도 또한 환술(幻術)로 지어진 것[674]과 같다.[675]
예를 들자면, 환술사에 의해서 다른 어떤
환술(幻術) 지어지는 것, 바로 그와 같다.[676]

[240. (17-33)]

ཉོན་མོངས་ལས་དང་ལུས་རྣམས་དང་།། nyon mongs las dang lus rnams dang//
བྱེད་པ་པོ་དང་འབྲས་བུ་དག། byed pa bo dang 'bras bu dag//
དྲི་ཟའི་གྲོང་ཁྱེར་ལྟ་བུ་དང་།། dri za'i grong khyer lta bu dang//
སྨིག་རྒྱུ་རྨི་ལམ་འདྲ་བ་ཡིན།། smig rgyu rmi lam 'dra ba yin//

번뇌들(과) 업들과 육신들과
(업을) 짓는 자들과 과보들은[677]
건달바성[678]과 같고
신기루나 꿈과 같다.

---

674. '것'으로 옮긴 '남빠(rnam pa)'에는 '모양, 행상'이라는 뜻이 있다.
675. 이 비유는 부처님에 의해 방편으로 교시된 업과 과보라는 개념자 자체가 환술(幻術), 즉 가립(假立)된 것이라는 뜻임에도 구사론자들이 이에 매몰되어 연기실상의 깊은 뜻을 이해하지 못한 것을 논파하기 위한 것으로 볼 수 있다.
676. 문장의 구조는 매우 간단한 비유격이다. 환술사에 의해서 환술이 지어지는 것처럼, 실재가 아닌 것이 실재인 것처럼 보인다는 게 바로 업과 과보와 같은 '개념자'와 그 개념자의 운동이라는 뜻이다.
677. 1, 2행의 말미에 복수나 양수를 뜻하는 '남(rnams)'과 '닥(dag)'이 앞의 나열된 것들을 모두 받는 것으로 보고 옮겼다.
678. 건달바성에 대한 이 비유는 [111. (7-34)]번 게송에도 나오는데 자세한 내용은 해당

། །ལས་བརྟག་པ་ཞེས་བྱ་བ་སྟེ་རབ་ཏུ་བྱེད་པ་བཅུ་བདུན་པའོ།།

'업(業)과 과보(果報)를 살펴보는 것이'라 불리는 제17품

각주 참조

제18품. 아我와 법法에 대한 고찰[679]

[241. (18-1)]

གལ་ཏེ་ཕུང་པོ་བདག་ཡིན་ན།། gal te phung po bdag yin na//
སྐྱེ་དང་འཇིགས་པ་ཅན་དུ་འགྱུར།། skye dang 'jigs pa can du 'gyur//
གལ་ཏེ་ཕུང་པོ་རྣམས་ལས་གཞན།། gal te phung po rnams las gzhan//
ཕུང་པོའི་མཚན་ཉིད་མེད་པར་འགྱུར།། phung po'i mtshan nyid med par 'gyur//

만약 (오)온(蘊)이 아(我)라면[680]

(그것은)[681] 생(生)하는 것과 멸(滅)하는 것이 된다.[682]

만약 (그것이) (오)온들과 다르다(면)

(오)온의 정의[683]는 존재하지 않게 된다.

---

679. ༎བདག་དང་ཆོས་བརྟག་པ་ཞེས་བྱ་བ་སྟེ་རབ་ཏུ་བྱེད་པ་བཅོ་བརྒྱད་པའོ༎
//bdag dang chos brtag pa zhes bya ba ste rab tu byed pa bco brgyad pa'o//

직역하면 '아(我)와 법(法)을 살펴보는 것이라 불리는 제18'이다. 한역으로 「관법품(觀法品)」이라고 한다.

티벳어 제목은 '닥당최(bdag dang chos)', 즉 '아(我)와 법(法)'으로 되어 있으나 산스끄리뜨어 원문과 한역의 제목은 「아(我, ātma)에 대한 고찰」로 '법(法, dharma)'이 빠져 있다. 여기서 법(法)은 MK(T.K.)에서처럼 'phenomena'를 뜻하며 불법을 뜻하지 않는다. 총 12개 게송인데 『청목소』에서는 긴 주석을 달아 사구부정의 마지막인 '있음[有]도 부정하는데 없음[無]을 어찌 부정하지 않을 수 있겠는가?'라며 양견에 대한 비판을 하고 있다.

외도(外道)와 내도(內道), 즉 비불교도와 불교도를 나누는 경계가 되는 아(我)와 무아(無我)를 다루는 매우 중요한 품이다.

680. 티벳어 원문이나 MK(T.K.)는 '오온이 아(我)라면'으로 되어 있으나 『청목소』나 『쁘라산나빠다』는 '아(我)가 오온이라면'이라고 되어 있다. 산스끄리뜨어 원문을 보면 후자가 더 올바르지만 티벳 독법에 따랐다.

681. '아(我)'를 가리킨다. 3행의 '(그것이)'도 마찬가지다.

682. 불변의 존재인 아뜨만, 즉 '항상하는 아(我)'는 존재하지 않게 된다.

[242. (18-2)]

བདག་ཉིད་ཡོད་པ་མ་ཡིན་ན།། bdag nyid yod pa ma yin na//
བདག་གི་ཡོད་པ་ག་ལ་འགྱུར།། bdag gi yod pa ga la 'gyur//
བདག་དང་བདག་གི་ཞི་བའི་ཕྱིར།། bdag dang bdag gi zhi ba'i phyir//
ངར་འཛིན་ང་ཡིར་འཛིན་མེད་འགྱུར།། ngar 'dzin nga yir 'dzin med 'gyur//

아(我)가 존재하는 것이 아니라면
나의 것[我所][684]이 어떻게 존재하겠는가?
나[我]와 나의 [것=我所]이 적멸(寂滅)[685](에 들었기) 때문에
'나에 대한 집착[我執]', '나의 (것)에 대한 집착[我所執]'은 존재하지 않게

---

683. MK(T.K.)의 'It would not have the characteristics of the aggregates'를 따라 옮겼으나 불교 논리학인 인명(因明)에서 쓰는 '체니(mtshan nyid)'를 정의, 즉 'definition'으로 보고 옮겼다. 산스끄리뜨어 '락샤나(lakṣaṇa)'와 '락샤(lakṣya)'를 티벳어로 옮기면서 '체니'와 '첸자(mtshon bya)'의 개념이 정립되었는데 이것은 티벳 인명에서 '(개념의) 정의'와 '그 대상'에 해당된다.

그런데 한문 경전권에서 사용된 '능상(能相)/소상(所相)'의 개념으로 옮긴다면 문제가 발생한다. 왜냐하면 전통적으로 한문 경전권에서는 '능전(能詮)/소전(所詮)'의 개념이 존재할 뿐, 여기에 대한 논의가 충분하지 않았기 때문이다.

[BD] 능상(能相): 특질, 특질지어진 것. Skt., lakṣaṇa
소상(所相): 유위법의 모습을 보여주는 작용. 수상(隨相). Skt., lakṣaṇa karma, lakṣya
능전(能詮): ↔ 소전(所詮). 말로써 나타낼 의리(義理)에 대하여, 능히 나타내는 문구(文句)나 언어를 능전이라 함.
소전(所詮): ↔ 능전(能詮). 나타낼 바란 뜻 이를테면 경문(經文)은 능전, 경문으로 말하여 나타내는 문구 속의 뜻은 소전.

'락샤나 까르마((lakṣaṇa karma)'를 '소상' 또는 '수상(隨相)'으로 옮긴 것처럼, 한문 경전권에서는 이와 같이 명확한 대치가 이루어지지 않았던 셈이다.

만약 '체니'를 '상(相)', 즉 '능상/소상'의 개념자가 발달하기 이전의 것으로 보고 옮기면, 『청목소』나 『쁘라산나빠다』에서처럼, '모습'이나 '상(相)'으로 옮길 수 있다. 한 가지 이채로운 점은 『쁘라산나빠다』에서 처음으로 '아까라(ākāra)'가 등장했는데 '행상(行相)'으로 옮겨져 있다. 『쁘라산나빠다』, p. 747 참조.

이 '아까라'는 유식파나 후기 중관파가 유식파와 결합하면서 논의하였던 '형상(形相)'을 논의할 때, '인식 주체에 의해서 반영된 대상'을 뜻할 때 등장하는 개념이다. 아직 자세히 살펴보지는 않았으나 이 개념이 처음으로 중관파 내부에 등장한 것은 『쁘라산나빠다』가 처음이다.

된다.⁶⁸⁶

[243. (18-3)]

ངར་འཛིན་ང་ཡིར་འཛིན་མེད་དང་།	ngar 'dzin nga yir 'dzin med dang//
དེ་ཡང་ཡོད་པ་མ་ཡིན་ཏེ།	de yang yod pa ma yin te//
ངར་འཛིན་ང་ཡིར་འཛིན་མེད་པར།	ngar 'dzin nga yir 'dzin med par//
གང་གིས་མཐོང་བས་མི་མཐོང་ངོ་།	gang gis mthong bas mi mthong ngo//

'나에 대한 집착[我執]', '나의 (것)에 대한 집착[我所執]'이 존재하지 않는 것,⁶⁸⁷

그것 또한 (진실로) 존재하는 것이 아니다. 그러므로⁶⁸⁸

'나에 대한 집착[我執]', '나의 (것)에 대한 집착[我所執]'이 존재하지 않는 것을

누군가가 본다는 것[觀]⁶⁸⁹은 (올바르게) 보는 것이 아니다.⁶⁹⁰

---

684. '나의 것'을 뜻하는 '아소(我所)'라는 뜻인데, 티벳어 원문은 '닥기 외빠(bdag gi yod pa)'로 '나의 존재, 나의 있음' 정도 된다. MK(T.K.)에서는 'being mine'으로 옮겨져 있다.
685. '열반적정(涅槃寂靜)'에서 적정을 뜻하는 '쉬와(zhi ba)'가 사용되었다. 이것은 '유무(有無)'를 떠난 '그침'의 상태를 뜻한다.
686. 아(我)와 아소(我所)가 그치면 그에 대한 집착도 그친다는 뜻이다. 아(我)를 뜻하는 '닥니(bdag nyid)'와 1인칭 대명사인 '나(nga)'가 쓰여 있어, 이에 따라 옮겼다.
687. 말미에 '~와, 그리고'를 뜻하는 '당(dang)'이 쓰였는데 의미 없는 첨언으로 보고 생략하였다.
688. MK(T.K.)에서는 2행 말미의 '떼(te)'를 생략하고 있으나 여기서는 원인과 결과를 받을 때 쓰는 접속사로 보고 옮겼다.
689. '보다'라는 뜻을 지닌 '통와(mthong ba)'가 사용되었는데 산스끄리뜨어 어원 '파스(√paś)'에서 온 것이기에 '관(觀)'을 첨언하였다.
690. 문장의 구성을 보면 만약 A가 존재하지 않으면 (~A), 그것을 볼 수 없다는 구조다. 즉, 아집과 아소집이 존재하지 않는 것이므로 그것을 볼 수 없다는 뜻이다.
『청목소』는 '無我의 지혜를 터득한 사람은 바로 진실을 보는 자라고 말할 수 있는데 無我의 지혜를 터득한 者, 그런 사람은 드물다.'라고 '내놓고' 의역하고 있다(p. 302). 이 게송을 전후하여 『쁘라산나빠다』에서는 논파의 주요 대상자를 요가 수행자, 즉 관법(灌

[244. (18-4)]

ནང་དང་ཕྱི་རོལ་ཉིད་དག་ལ།།   nang dang phyi rol nyid dag la//
བདག་དང་བདག་གི་སྙམ་ཟད་ན།།   bdag dang bdag gi snyam zad na//
ཉེ་བར་ལེན་པ་འགག་འགྱུར་ཞིང་།།   nye bar len pa 'gag 'gyur zhing//
དེ་ཟད་བས་ན་སྐྱེ་བ་ཟད།།   de zad bas na skye ba zad//

안과 밖에[691]

'나에 대한 집착[我執]', '나의 (것)에 대한 집착[我所執]'이 없어지면[滅][692]

취하는 것[取]이 사멸(謝滅)[693]하고

그것이 없어지면[694] 생기는 것[生]도 없어진다.[695]

[245. (18-5)]

ལས་དང་ཉོན་མོངས་ཟད་བས་ཐར།།   las dang nyon mongs zad bas thar//
ལས་དང་ཉོན་མོངས་རྣམ་རྟོག་ལས།།   las dang nyon mongs rnam rtog las//

法)을 수행하는 자들을 대상으로 한 논의임을 보여주는데『삼매왕경』을 빌어 설명하고 있다.

 '공(空)한 법(法)들을 (자성을 소유한 존자로서) 생각하는 자는 나쁜 길을 가는 어리석은 자이다. 공한 법들은 언어로 표현되지만, 언어로 표현될 수 없는 것들이 언어로 표현된 것이다. 적멸하고 적정한 법들을 생각하는 사람과 그의 마음은 결코 진실한 존재가 아니다. 모든 희론은 (대상에 대한) 마음의 심(尋)이다. 너희들은 제법(諸法)이 불사의(不思議)함을 깨달아야 한다(p. 764).'

691. 축약하여 우리말과 어울리게 옮겼는데 '낭당 치롤 니당라(nang dang phyi rol nyid dag la)'를 직역하면 '안과 바깥쪽 자체들에'이다. '~들에'로 옮긴 '닥라(dag la)'는 양수(兩數, dual)에 처격[Loc.]이 따라온 경우다.
692. '없어지다'로 옮긴 '제와(zad ba)'가 4행에 두 번 반복되고 있다.
693. '각빠('gag pa)'를 '사멸(謝滅)하다'로 보고 옮겼는데 사(謝)에는 '물리치다, 없애다, 쇠퇴(衰退)하다'라는 뜻이 있다. 의미상으로 소멸과 큰 차이가 없어 보인다.
694. 도구격[Ins.]의 's'가 사용되었는데 여기서는 원인과 결과로 보고 옮겼다.
695. 이 게송에서 '사라지다, 없어지다'는 뜻을 지닌 '제빠('dzad pa)'의 과거형인 '제와(zad ba)'와 '각빠('gag pa)'의 용법을 MK(T.K.)에서는 'extinguish, cease, eliminate' 등을 써서 옮기고 있으나, 의미상의 큰 차이는 없어 보인다.『쁘라산나빠다』는 모두 '소멸하다'로 옮기고 있다.『청목소』에서 김성철은 '소멸할 때 억제된다'라고 옮기고 있으나 '억제'보다는 '없어진다'로 보는 게 나을 듯하다.

དེ་དག་སྤྲོས་ལས་སྤྲོས་བ་ནི།།
སྟོང་བ་ཉིད་ཀྱིས་འགག་པར་འགྱུར།།

de dag spros las spros ba ni//
stong ba nyid kyis 'gag bar 'gyur//

> 업과 번뇌가 없어지는 것이 해탈[696](이다).
> 업과 번뇌는 분별로부터, (그리고)
> 그것들은 희론(戱論)[697]으로부터 (생겨나는 것이다). (이) 희론은 오직[698]
> 공성에 의해서 사멸(謝滅)된다.

[246. (18-6)]

བདག་གོ་ཞེས་ཀྱང་བཏགས་གྱུར་ཅིང་།།
བདག་མེད་ཅེས་ཀྱང་བསྟན་པར་འགྱུར།།
སངས་རྒྱས་རྣམས་ཀྱིས་བདག་དང་ནི།།
བདག་མེད་འགའ་མེད་ཅེས་ཀྱང་བསྟན།།

bdag go zhes kyang btags gyur cing//
bdag med ces kyang bstan par 'gyur//
sangs rgya rnams kyis bdag dang ni//
bdag med 'ga' med ces kyang bstan//

> (부처님들에 의해서) "(이것이) 아(我)다."는 것도 시설(施說)[699]되었고
> "(이것이) 무아(無我)다."는 것도 교시(敎示)되었다.
> (또한) 부처님들에 의해서 "아(我)와[700]
> 무아(無我)인 어떤 것도 아니다."는 것도 교시(敎示)되었다.[701]

---

696. '해탈'을 뜻하는 '텔와(thar ba)'의 '텔'만 쓰여 있다. 여기서는 '해탈의 정의란 무엇인가?'에 해당한다.
697. 희론(戱論)에 대해서는 귀경게 각주 참조.
698. 강조사[Emp.] '니(ni)'를 '오직'으로 옮겼다.
699. [BD] 시설(施說): 임시로 설치하는 수단, 안립의 다른 이름. 건립·발기의 뜻. 경론·좌선·공안 등의 모든 수단을 말함.
700. 우리말과 맞게 강조사[Emp.] '니(ni)'를 운자의 자수를 맞추기 위한 첨언으로 보고 옮기지 않았다.
701. 이 게송을 반대로 해석하면 아를 주장하면 상견론, 무아를 주장하면 단견론, 그리고 아와 무아를 주장하면, '어정쩡한' 회의론, 즉 A, ~A, 그리고 ~(A and ~A)의 경우에 대한 논파가 된다. 그러나 게송에서는 '모든 깨달은 분들, 즉 부처님들에 의해서' 이와

[247. (18-7)]

བརྗོད་པར་བྱ་བ་ལྡོག་པ་སྟེ།།　　brjod par bya ba ldog pa ste//
སེམས་ཀྱི་སྤྱོད་ཡུལ་ལྡོག་པས་སོ།།　sems kyi spyod yul ldog pas so//
མ་སྐྱེས་པ་དང་མ་འགགས་པ།།　　ma skyes pa dang ma 'gags pa//
ཆོས་ཉིད་མྱང་ན་འདས་དང་མཚུངས།།　chos nyid myang na 'das dang mtshungs//

> 말로 표현되는[言表] 대상은 끊겨진 것[止滅][702]이다. 왜냐하면[703]
> 사유[心]의 작용 대상[704]이 끊겨진 것이기 때문이다.
> 생겨나지 않고[不生] 사라지지 않는[不滅][705]
> 법성(法性)은[706] 마치 열반과 같다.[707]

....

같은 것이 가르쳐졌다고 되어 있다. 그 이유는 『쁘라산나빠다』에 자세히 나와 있다.
　'교화를 받을 만한 사람들의 근기가 이와 같이 열등하거나 평범하거나 수승하기 때문에 불세존들은 (그들의 근기에 맞춰서) 아(我)의 (긍정), 무아의 (긍정) 그리고 그 둘의 부정을 설하신다. 그러므로 중관론은 성전(聖典)을 논박하지 않는다(p. 786).' 바로 이렇기 때문에 중관파는 경(經)에 대한 해석에서 구체적인 분석을 지향한 구사론자들과 차이가 있는 셈이다.
　이후 게송들은 용수 특유의 불법에 대한 해석에 해당되는데 그 요지는 연기법에 대한 정의 그리고 대기설법(對機說法)이다.

702. '끊겨진 것'이라고 옮긴 '독빼(ldog pa)'를 MK(T.K.)에서는 '절연된 것'이라는 뜻을 지닌 'repudiated'로, 『쁘라산나빠다』에서는 '지멸(止滅)'이라고, 그리고 『청목소』에서 김성철은 '사라진다.'라고 옮기고 있다.
703. MK(T.K.)에 따라서 말미의 '학쩨(lhag bcas)'인 '떼(ste)'를 앞선 문장의 이유를 설명하는 것으로 보았다.
704. '사유의 작용 대상'으로 옮긴 '쎔끼 쬐율(sems kyi spyod yul)'은 '마음이 행하는 그 대상'을 가리킨다. 여기서 일반적으로 마음을 뜻하는 '쎔(sems)'은 심의식(心意識)의 유식의 3단계를 가리키는 것이라기보다는 'thought'로 옮긴 MK(T.K.)처럼 정신, 사유 작용으로 보았다. '작용 대상'으로 옮긴 '쬐율(spyod yul)'을 MK(T.K.)에서는 'domain'으로 옮기고 있다.
705. 귀경게 8불의 불생불멸(不生不滅)에 해당한다. 『청목소』에서는 불생불멸 대신에 '무생무멸(無生無滅)'로 적고 있는데 산스끄리뜨어 원문이나 티벳역을 보아도 같다. 아마도 꾸마라지바의 한역에서 불(不)과 무(無)의 무작위적으로 사용된 용례에 해당한다.
706. 다른 역본들이 모두 법성(法性)으로 옮겨져 있으나, 원문인 '최니 먕나(chos nyid myang na)'를 직역해보면 '법성(chos nyid)'을 '경험한다면(myang na)'으로 되어 있다. 여기서는 MK(T.K.)에 따라 옮겼다. 여기에 사용된 동사 '먕(myang)'은 경험하다의 '묭(myang)'의 미래형인 '먕(myangs)'에서 's'가 누락된 것으로 보았다. TT에 그 용례가 나와 있다.

[248. (18-8)]

ཐམས་ཅད་ཡང་དག་ཡང་དག་མིན།། thams cad yang dag yang dag min//
ཡང་དག་ཡང་དག་མ་ཡིན་ཉིད།། yang dag yang dag ma yin nyid//
ཡང་དག་མིན་མིན་ཡང་དག་མིན།། yang dag min min yang dag min//
དེ་ནི་སངས་རྒྱས་རྗེས་བསྟན་པའོ།། de ni sangs rgyas rjes bstan pa'o//

> (1) 모든 것은 진실[708]하다. (2) (모든 것은) 진실하지 않다.
> (3) (모든 것은) 진실하거나 진실하지 않은 것 자체다.
> (4) 모든 것은 진실하지 않은 것이 아니거나 진실한 것이 아니다.
> 바로 그것이 부처님께서 자세히[709] 교시하신 것이다.[710]

[249. (18-9)]

གཞན་ལས་ཤེས་མིན་ཞི་བ་དང་།། gzhan las shes min zhi ba dang//

707. 이 게송에 대한 역본들의 차이는 매우 심한 편이다. 『청목소』에서 김성철은 '마음이 작용하는 영역이 사라지면 언어의 대상이 사라진다. 실로 발생하지도 않고 사라지지도 않는 법성(法性)은 열반과 마찬가지다.'라고 옮기고 있다(p. 305).
『쁘라산나빠다』는 '마음의 경계가 지멸할 때, 언표의 대상은 지멸한다. 실로, 법성은 열반처럼 무생무멸(無生無滅)이다.'라고 옮겨져 있다(p. 793). 이와 같은 차이가 나는 것은 티벳역에 '왜냐하면'이라고 그 이유가 들어가 있기 때문인 듯하다. 티벳역의 3, 4행을 직역하며 풀어보면, '불생불멸하는 법 자체를 경험하게 된다면 그것은 곧 열반을 경험한 것과 같다.' 정도 된다.
내용의 요지는 그침 없는 상태인 즉 불생불멸을 비롯한 8불의 성격을 지닌 연기, 즉 법성(法性)이 표현될 때는 그것을 다루는 사유 작용에서부터 이미 연기실상을 끊고 시작하기 때문에 문제가 발생한다는 점이다.
『쁘라산나빠다』에는 이 게송을 다루는 라다끄리쉬난이나 무르띠 등 우빠니샤드 전통에 충실한 힌두 학자들의 견해에 대한 비판이 실려 있다. 내용의 요지는 상견과 단견을 여읜 불교적 견해와 아뜨만의 편재, 상주를 주장하는 힌두교도와의 견해차다. 『쁘라산나빠다』, p. 795 참조.
708. '양닥(yang dag)'을 '진실'로 옮겼는데 산스끄리뜨어는 '따뜨야(tathya)'로 한역에는 '실(實)'로 되어 있다. 'being really so'라는 뜻에서 알 수 있듯이, '실재로 그렇게 존재하는 것처럼'이라는 뜻답게, 'real' 또는 'true'라는 뜻으로 쓰인다.
709. '제(rjes)'를 이렇게 옮겼는데 '제수(rjes su)'는 때로 의미 없는 첨언의 기능을 하기도 한다.
710. 대기설법의 내용을 4구에 따른 것으로, 「제25품. 열반(涅槃)에 대한 고찰」의 사구부정에 따라 정리하면 'neither ~A nor ~(~A)'에 해당한다.

སྤྲོས་པ་རྣམས་ཀྱིས་མ་སྤྲོས་པ།། spros pa rnams kyis ma spros pa//
རྣམ་རྟོག་མེད་དོན་ཐ་དད་མིན།། rnam rtog med don tha dad min//
དེ་ནི་དེ་ཉིད་མཚན་ཉིད་དོ།། de ni de nyid mtshan nyid do//

(1) 다른 것[他者]으로부터 알 수 있는 것도 아니고[711] (2) 적정(寂靜)하고
(3) 희론(戲論)들로 희론되지 않는
(4) 분별이 없고[無分別] (5) 차별이 없는[無差別] (그 어떤) 것,[712]
바로 그것이 진실[713]의 모습[相][714]이다.

[250. (18-10)]

གང་ལ་བརྟེན་ཏེ་གང་འབྱུང་བ།། gang la brten te gang 'byung ba//
དེ་ནི་རེ་ཞིག་དེ་ཉིད་མིན།། de ni re shig de nyid min//
དེ་ལས་གཞན་པའང་མ་ཡིན་ཕྱིར།། de las gzhan pa'ng ma yin phyir//
དེ་ཕྱིར་ཆད་མིན་རྟག་མ་ཡིན།། de phyir chad min rtag ma yin//

어떤 것[A]에 의지하여[緣] (다른) 어떤 것[B]이 발생한다면[起][715]
바로 그 어떤 것[A]은 그것 자체[A][716]가 아니다.[717]
그로부터 (발생한) 다른 것[B]도 또한 (그것 자체[A]가) 아니다.[718]
그러므로 끊어진 것도 아니고[不斷] 항상하는 것도 아니다[不常].[719]

---

711. MK(T.K.)를 비롯해 다른 역본들은 모두 이 부분을 '다른 것으로부터 연(緣)하지 않는다.'고 되어 있으나, 동사 '셰빠(shes pa)'는 안다는 뜻과 관련된 것만 있지, 연한다는 뜻은 그 용례에도 찾아볼 수 없어 직역하였다. 『쁘라산나빠다』에는 '즉, 진리란 타자의 가르침에 의해서 이해되는 대상이 아니라 자기 자신에 의하여 이해되는 대상을 뜻한다.'고 나와 있다(p. 817).
712. MK(T.K.)에서는 '된(don)'을 옮기지 않았으나, 여기서는 분별, 무차별하는 여실상(如實相)을 수식하는 것으로 보고 옮겼다.
713. 바로 앞 게송의 '양닥(yang dag)'으로 옮긴 '따뜨야(tathya)'를 여기서는 '데니(de nyid)'로 옮기고 있다. MK(T.K.)에서는 'as they really are'로 풀어 쓰고 있다.
714. '모습[相]'으로 옮긴 '체니(mtshan nyid)'는 인명에서 '정의'를 뜻한다.

[251. (18-11)]

སངས་རྒྱས་འཇིག་རྟེན་མགོན་རྣམས་ཀྱི།།	sangs rgyas 'jig rten mgon rnams kyi//
བསྟན་པ་བདུད་རྩིར་གྱུར་པ་དེ།།	bstan pa bdud rtsir gyur pa de//
དོན་གཅིག་མ་ཡིན་ཐ་དད་མིན།།	don gcig ma yin tha dad min//
ཆད་པ་མ་ཡིན་རྟག་མ་ཡིན།།	chad pa ma yin rtag ma yin//

> 부처님들, (즉) 세간의 보호자들의
> 가르침 (가운데) 감로(甘露)인 그것은[720]
> 같은 의미도 아니고[不一] 다른 의미도 아닌 것이고[不異]
> 끊어진 것도 아니고[不斷] 항상하는 것도 아니다[不常](는 것이다).[721]

[252. (18-12)]

རྫོགས་སངས་རྒྱས་རྣམས་མ་བྱུང་ཞིང་།།	rdzogs sangs rgyas rnams ma byung zhing//
ཉན་ཐོས་རྣམས་ནི་ཟད་གྱུར་ཀྱང་།།	nyan thos rnams ni zad gyur kyang//
རང་སངས་རྒྱས་ཀྱི་ཡེ་ཤེས་ནི།།	rang sangs rgyas kyi ye shes ni//
བརྟེན་པ་མེད་ལས་རབ་ཏུ་སྐྱེ།།	brten pa med las rab tu skye//

> 원만한 부처님들이 (더 이상) 나타나지 않고
> 성문(聲聞)[722]들(의 맥)이 그칠지라도

---

715. 의미에 따라서 조건의 '~한다면'을 첨언하였다.
716. 바로 앞 게송에서 '진실'로 옮긴 '데니(de nyid)'를 풀어서 썼다.
717. 예를 들어 만약 A에서 B가 발생했다면 A는 더 이상 A가 아니라는 뜻이다.
718. A에서 발생한 B도 A가 아니라는 뜻이다. 말미에 '이유, 원인, 왜냐하면'을 뜻하는 '칠(phyir)'이 쓰여 있는데 다음 행의 어두에 반복적으로 사용되어 있어 생략하였다.
719. 귀경게 8불의 불상불단(不常不斷)에 해당한다.
720. '감로인 그것'이라고 옮긴 '뒤쩔 귤와데(bdud rtsir gyur pa de)'를 직역하면, '감로로 되었던 그것'으로 과거형 시제가 쓰였다. 용수에게 '감로의 가르침이었던 그것은'으로 볼 수 있다.
721. 3, 4행에서 3행은 8불게의 불이불일(不異不一)에 해당하고, 4행의 불상불단은 바로 앞의 게송에 나온 것이 반복된 것이다.

> 독각[723]의 바로 그 지혜는
> (스승에게) 의지하지 않는 것으로부터 올곧게[724] 생겨난다.[725]

||བདག་དང་ཆོས་བརྟག་པ་ཞེས་བྱ་བ་སྟེ་རབ་ཏུ་བྱེད་པ་བཅོ་བརྒྱད་པའོ||

'아(我)와 법(法)을 살펴보는 것'이라 불리는 제18품

722. [BD] 성문(聲聞):【범】śrāvaka【팔】sāvaka 3승의 하나. 가장 원시적 해석으로는 석존의 음성을 들은 불제자를 말함. 3승의 하나. 성문 지위에 있는 이가 증과(證果)에 이르기 위하여 닦는 교법. 곧 고·집·멸·도의 4제법(諦法). 뒤에는 변해져서 성문의 기류(機類)도 성문승이라 함.

723. [BD] 독각(獨覺):【범】pratyekabuddha【팔】paccekabuddha 발랄예가불타(鉢剌翳伽佛陀)라 음역, 연각(緣覺)이라고도 번역. 부처님 없는 세상에 나서 다른 이의 가르침을 받지 않고 혼자 수행하여 깨달은 이를 말함.

724. '매우'를 뜻하는 '랍뚜(rab tu)'를 넣어 윤문하여 옮겼다.

725. 다른 역본들에는 '독각승의 지혜가 원리행(遠離行)으로부터 생겨난다.'고 되어 있지만 MK(T.K.)에서는 '스승이 없어도(without a teacher)'로 되어 있다(p. 388). 『쁘라산나빠다』에는 세속의 번잡스러움에서 벗어나 홀로 수행하는 원리행에 대해서 설명하고 있다(p. 830).

독각승의 생활양식과 깨달음의 방법에 대한 이야기에서 차이가 나는데 '의존하다'라는 뜻을 지닌 '뗀빠(rten pa)'에는 '거주하다'라는 뜻도 있다. 여기서는 과거형과 미래형으로 쓰이는 '뗀빠(brten pa)'가 쓰였다.

바로 앞의 게송과 이 게송을 이어서 생각해보면 8불의 내용이 부처님의 가르침의 정수인데 이것을 스승에게 배운 것이 아니라 스스로 깨쳤다는 내용으로도 해석된다.

제19품. 시간에 대한 고찰[726]

[253. (19-1)]

ད་ལྟར་བྱུང་དང་མ་འོངས་པ།།   da ltar byung dang ma 'ongs pa//
གལ་ཏེ་འདས་ལ་ལྟོས་གྱུར་ན།།   gal te 'das la ltos gyur na//

---

726. ||དུས་བརྟག་པ་ཞེས་བྱ་བ་སྟེ་རབ་ཏུ་བྱེད་པ་བཅུ་དགུ་པའོ།།
//dus brtag pa zhes bya ba ste rab tu byed pa bcu dgu pa'o//

직역하면 '시간을 살펴보는 것이라 불리는 제19'이다. 한역으로 「관시관(觀時品)」이라고 한다.

총 6게송으로 『중론』 가운데 가장 게송 수가 작은 이 품은 '시간이라는 개념이 항상하는가?' 의 문제에 대해서 다루고 있다. 단 하나의 독립적 개념이 존재할 수 없다는 용수의 비판주의에 입각해서 보자면 당연히 '시간'이라는 개념 또한 존재할 수 없다. 이 품의 각 게송들의 역본들에 따라서 조금씩 차이가 나는데 원문을 어떻게 해석할 것인가에서 그 차이가 나는 듯하다.

『중론』을 인무아와 법무아로 나누는 2종 무아의 인도-티벳 전통에서 이 품은 인무아에 포함된다. 그러나 이와 같은 체계적인 2종 무아에 따른 비판적 입장보다는 용수의 자유사상 가적인 기질이 담긴 『중론』으로 보는 게 올바를 듯하다.

졸저, 『용수의 사유』에서 이 문제에 대해서 다음과 같이 적었다.

이처럼 법무아(3-15품), 인무아(16-21품)로 나누어 설명하고 있지만 청목소에는 이와 같은 구분이 전혀 없다. 청목소 『중론』으로 MK를 읽는 것이 워낙 뼈 속 깊이 박혀 있어서 그런지 몰라도, 이 전통을 전적으로 인정하기는 어렵다. 예를 들어 2종 무아의 구분에 따르면, 시간(kāla)을 다루는 고작 6개의 게송들로 이루어진 『제19관시(觀時)품』 은 인무아에 들어가게 된다. '어떻게 『중론』을 읽느냐?'는 전통적인 독법의 뿐만 아니라 현대 학자들의 해석에 따라 달라질 수밖에 없겠지만, 이 2종 무아를 통해 『중론』을 읽는 독해법은 용수를 체계적인 논사로 간주한다.

'시간은 법무아에서 또는 인무아에서 다루어야 할 문제인가?'

만약 시간이 인무아에 포함된다면, 의식 밖에 존재하는 대상(색, rūpa)을 촬영·묘사·반영하여 인식한다는 불교의 기본적인 오온·십팔계의 인식론적인 체계에서 '존재의 집'인 시간과 공간은 '일체유심조(一切唯心造)'를 강조하는 유심론적 견해로 곧장 빠져들 게 된다. 이 주제는 유식학에서 다룰 문제이지 중관사상에서 다룰 문제가 아니라고 본다. 그리고 장담컨대 당대의 『구사론』 또는 더 나아가 당대의 힌두 논리학에 정통했던 용수가 시간을 인무아에 포함시켰을 리는 절대로 없었을 것이다(p. 136).'

དལྟར་བྱུང་དང་མ་འོངས་པ།། da ltar bung dang ma 'ongs pa//
འདས་པའི་དུས་ན་ཡོད་པར་འགྱུར།། 'das pa'i dus na yod par 'gyur//

> 현재를 생기게 하는 것,[727] 그리고 미래(를 생기게 하는 것이)
> 만약 과거(라는 시간)에 의지한 것[728]이라면
> 현재를 생기게 하는 것, 그리고 미래(를 생기게 하는 것은)
> 과거라는[729] 시간 속에[730] 존재해야(만) 된다.[731]

[254. (19-2)]

དལྟར་བྱུང་དང་མ་འོངས་པ།། da ltar byung dang ma 'ongs pa//
གལ་ཏེ་དེ་ན་མེད་གྱུར་ན།། gal te de na med gyur na//
དལྟར་བྱུང་དང་མ་འོངས་པ།། da ltar byung dang ma 'ongs pa//
ཅི་ལྟར་དེ་ལ་ལྟོས་པར་འགྱུར།། ci ltar de la ltos par 'gyur//

> 현재를 생기게 하는 것, 그리고 미래(를 생기게 하는 것이)
> 만약 그것[=과거]에 의지한 것이 아니라면
> 현재를 생기게 하는 것, 그리고 미래(를 생기게 하는 것이)
> 어떻게 그것[=과거]에 의지한 것이겠는가?[732]

---

727. '생기다, 발생하다'의 뜻을 지닌 '중와(byung ba)'가 쓰였다. 여기서는 수동태로 보고 옮겼다.
728. '의지하다'로 옮긴 동사 '되빼(ltos pa)'에는 '(상호) 의존하다'라는 뜻이 있다.
729. 소유격[Gen.] '이('i)'가 쓰였으나 윤문하여 옮겼다.
730. 예외적으로 처격[Loc.]의 '나(na)'가 쓰였다.
731. 과거, 현재, 미래를 나눌 때 현재의 '요소'가 과거에 존재해야만 된다는 뜻이다. 즉 과거의 시간 속에 현재와 미래는 들어 있지 않다는 의미다. 다음 게송에서는 그 반대의 논파를 하고 있다.
732. 과거, 현재, 미래를 나눌 때 현재의 '요소'가 과거에 존재하지 않을 경우 그것을 과거에 의존한 것이라고 말할 수 없다는 뜻이다. 바로 앞의 게송에 대한 반론에 해당하며 만약 과거, 현재, 미래의 연속선상에서 과거라고 부를 수 없다면 현재와 미래도 그와 같다는

[255. (19-3)]

འདས་པ་ལ་ནི་མ་བལྟོས་པར།། 'das pa la ni ma ltos par//
དེ་གཉིས་གྲུབ་པ་ཡོད་མ་ཡིན།། de gnyis grub pa yod ma yin//
དེ་ཕྱིར་ད་ལྟར་བྱུང་བ་དང་།། de phyir da ltar byung ba dang//
མ་འོངས་དུས་ཀྱང་ཡོད་མ་ཡིན།། ma 'ongs dus kyang yod ma yin//

> 바로 그 과거에 의지하지 않는
> 그 (현재와 미래라는) 두 가지 (시간)은 성립하지 않는다.
> 그러므로 현재를 생기게 하는 것과
> 미래(를 생기게 하는) 시간도 또한 존재하지 않는다.[733]

[256. (19-4)]

རིམ་པའི་ཚུལ་ནི་འདི་ཉིད་ཀྱིས།། rim pa'i tshul ni 'di nyid kyis//
ལྷག་མ་གཉིས་པོ་བསྣོར་བ་དང་།། lhag ma gnyis po bsnor ba dang//
མཆོག་དང་ཐ་མ་འབྲིང་ལ་སོགས།། mchog dang tha ma 'bring la sogs//
གཅིག་ལ་སོགས་པའང་ཤེས་པ་བྱ།། gcig la sogs pa'ng shes pa bya//

> 바로 이런 순서에 따르는 방법으로
> (현재와 미래라는) 나머지 두 개도 바꾸어[換置][734] (논파할 수 있고)
> 상(上)과 하(下) 그리고 그 중간[中] 등,
> 동일성[735] 등도 또한 (논파할 수 있음을) 이해해야 한다.[736]

---

733. 바로 앞의 게송의 결론에 해당한다. 과거가 성립하지 않는 이상, 현재와 미래라는 시간도 존재할 수 없다는 뜻이다.
734. '순서를 바꾸다, 바꿔치다, 교란하다'라는 뜻을 지닌 '놀와(bsnor ba)'가 쓰였다. 과거, 현재, 미래라는 시간의 선행과 후행을 뒤바꾸어 보면 그 정의, 즉 자체의 성품을 지닌 것은 존재하지 않는다는 것을 간단하게 정리한 것이다.
735. 원문은 하나를 뜻하는 '찍(gcig)'만 쓰여 있다. 여기서는 동일성(同一性)과 차이성(差異性)

[257. (19-5)]

མི་གནས་དུས་ནི་འཛིན་མི་བྱེད།།   mi gnas dus ni 'dzin mi byed//
གང་ཞིག་གཟུང་བར་བྱ་བའི་དུས།།   gang zhig gzung bar bya ba'i dus//
གནས་པ་ཡོད་པ་མ་ཡིན་པས།།   gnas pa yod pa ma yin pas//
མ་བཟུང་དུ་ནི་ཇི་ལྟར་གདགས།།   ma bzung du ni ji ltar gdags//

> 머물지 않는 바로 그 시간을 (결코) 붙잡을 수 없다.
> 무엇으로든[737] 붙잡을 수 있는 대상이란 시간은
> (결코) 머무는 존재가 아니다. 그러므로[738] (시간은)
> 붙잡히지 않는 것이다. (그런데) 바로 그것을[739] 어떻게 잡을 수 있겠는가?[740]

[258. (19-6)]

གལ་ཏེ་དུས་ནི་དངོས་བརྟེན་ཏེ།།   gal te dus ni dngos brten te//
དངོས་མེད་དུས་ནི་ག་ལ་ཡོད།།   dngos med dus ni ga la yod//
དངོས་པོ་འགའ་ཡང་ཡོད་མིན་ན།།   dngos po 'ga' yang yod min na//
དུས་ཏེ་ཡོད་པར་ག་ལ་འགྱུར།།   dus te yod par ga la 'gyur//

또는 같음[一]과 다름[異]의 축약으로 보고 옮겼다.

736. 이 게송에 대한 다른 역본들은 '설명할 수 있다(『쁘라산나빠다』, p. 844).', '관찰할 것이다(『청목소』, p. 323).' 등으로 되어 있으나, 티벳역에서는 '셰빠자(shes pa bya)', 즉 '이해해야 한다.'로 되어 있으며 MK(T.K.)에서도 'should be understood.'로 옮겨져 있다.

737. '무엇으로든'이라고 옮긴 '강쉭(gang zhig)'을 '누군가'라고도 볼 수 있다.

738. 도구격[Ins.] 's'가 마지막에 쓰였는데 이것을 원인, 이유 등으로 보고 옮겼다.

739. 강조사[Emp.] '니(ni)'가 쓰였는데 여기서는 문장을 끊는 기능도 같이 한 것으로 보고 옮겼다.

740. '붙잡다'로 옮긴 '진뻬('dzin pa)'는 '포착하다, 파악하다, 인지하다'라는 뜻이 있다. 1행에서는 현재형이, 2행에서는 미래형인 '중와(gzung ba)'가, 4행에서는 과거형인 '중와(bzung ba)'가 쓰였다.

다른 역본들은 모두 '파악되겠는가?'로 되어 있으나, 동사 '닥뻬(gdags pa)'는 일반적으로 '가립하다, 시설하다'를 뜻하는 동사 '독뻬('dogs pa)'의 미래형으로, '가립할 수 있겠는가?' 정도로 옮길 수 있으나 여기서는 풀어서 썼다.

> 만약 바로 그 시간이 (다른) 사태[741]에 연(緣)한 것이라면
> 사태가 존재하지 않는 바로 그 시간이 어떻게 존재하겠는가?
> 어떤 사태도 또한 존재하지 않는다면
> 바로 그 시간이[742] 존재한다고 어떻게 (말할 수) 있겠는가?[743]

༄༄།།དུས་བརྟག་པ་ཞེས་བྱ་བ་སྟེ་རབ་ཏུ་བྱེད་པ་བཅུ་དགུ་པའོ།།

'시간을 살펴보는 것'이라 불리는 제19품

---

741. '사태(事態)'에 대한 자세한 내용은 「제1품. 연(緣)에 대한 고찰」, [3. (1-1)]번 각주 및 3권 「해제」 참조.
742. 다른 역본들에는 '보다, 관찰하다'는 뜻을 지닌 '따와(lta ba)'가 생략되어 있어 '학쩨(lhag bcas)'인 '떼(te)'의 오자로 보고 옮겼으나, 게송의 배열에서 '학쩨'의 위치와 어울리지 않는 것도 사실이다. 만약 원문처럼 '따(lta)'로 보고 옮기면, '시간을 관찰하여 존재한다고'로 된다.
743. 내용의 요지는 존재의 집인 시간과 공간을 떠난 어떤 사물, 사태도 있을 수 없다는 것이다.

제20품. (인과 연의) 결합에 대한 고찰[744]

[259. (20-1)]

གལ་ཏེ་རྒྱུ་དང་རྐྱེན་རྣམས་ཀྱི། །
ཚོགས་པ་ཉིད་ལས་སྐྱེ་འགྱུར་ཞིང་། །
ཚོགས་ལ་འབྲས་བུ་ཡོད་ན་ནི། །
ཅི་ལྟར་ཚོགས་པ་ཉིད་ལས་སྐྱེ། །

gal te rgyu dang rkyen rnams kyi//
tshogs pa nyid las skye 'gyur zhing//
tshogs la 'bras bu yod na ni//
ci ltar tshogs pa nyid las skye//

> 만약 인(因)과 연(緣)들의
> 결합으로부터[745] (결과가) 생겨나고
> (바로 그) 화합에 결과[果]가 (이미) 존재한다면
> 어떻게 (그) 화합으로부터 (새로운 결과가) 생겨나겠는가?[746]

---

744. ༼ཚོགས་པ་བརྟག་པ་ཞེས་བྱ་བ་སྟེ་རབ་ཏུ་བྱེད་པ་ཉི་ཤུ་བའོ།།
//tshogs pa brtag pa zhes bya ba ste rab tu byed pa nyi shu ba'o//

직역하면 '(인과 연의) 결합을 살펴보는 것이라 불리는 제20'이다. 한역으로 「관인과품(觀因果品)」이라고 한다.

총 24게송으로 된 이 품의 이름은 역본들마다 차이가 심하다. MK(T.K.)는 'Examination of Assemblage'라고 되어 있으며, 『청목소』에서 김성철은 산스끄리뜨어역에서 '집합(集合)'이라고 옮겼고, 『쁘라산나빠다』는 '인과 연의 집합'이라고 되어 있다.
산스끄리뜨어의 원명은 '사마그리(sāmagrī)'로 여기에는 'a complete collection, assemblage'라는 뜻이 있다.
전체적인 내용은 인과 연이 결합, 화합하는 것에 대한 논파다.
원인과 결과라는 상호 의존적인 개념이 독립적으로 존재할 수 없기 때문에, 그와 같은 개념자는 오류에 빠질 수밖에 없다는 지적과 그러므로 이것의 결합, 화합 따위도 마찬가지라는 논파가 주된 내용이다. 이와 같은 논리는 서구철학에서 개념자의 운동성을 강조하는 독일 관념 철학, 즉 변증법적인 방법이기도 하다. 아마도 이 때문에 초기 중관 연구자들은 중관사상과 변증법과의 유사성에 주목했을지 모른다.
『청목소』에는 대부분의 게송들 앞에 【문】을 넣어놓고, 그것에 대한 논파로 이와 같은 게송들의 의미를 해석하고 있다. 질문과 그 답의 관계가 이해하기 어려운 부분은 게송의 각주에서 처리했다.

[260. (20-2)]

གལ་ཏེ་རྒྱུ་དང་རྐྱེན་རྣམས་ཀྱི།། gal te rgyu dang rkyen rnams kyi//
ཚོགས་པ་ཉིད་ལས་སྐྱེ་འགྱུར་ཞིང་།། tshogs pa nyid las skye 'gyur zhing//
ཚོགས་ལ་འབྲས་བུ་མེད་ན་ནི།། tshogs la 'bras bya med na ni//
ཅི་ལྟར་ཚོགས་པ་ཉིད་ལས་སྐྱེ།། ci ltar tsogs pa nyid las skye//

> 만약 인(因)과 연(緣)들의
> 결합으로부터 (결과가) 생겨나고
> (바로 그) 결합에 결과[果]가 존재하지 않는다면
> 어떻게 (그) 결합으로부터 (결과가) 생겨나겠는가?[747]

[261. (20-3)]

གལ་ཏེ་རྒྱུ་དང་རྐྱེན་རྣམས་ཀྱི།། gal te rkyu dang rkyen rnams kyi//
ཚོགས་ལ་འབྲས་བུ་ཡོད་ན་ནི།། tshogs la 'bras bu yod na ni//
ཚོགས་ལ་གཟུང་དུ་ཡོད་རིགས་ན།། tshogs la gzung du yod rigs na//
ཚོགས་པ་ཉིད་ལ་གཟུང་དུ་མེད།། tshogs pa nyid la gzung du med//

> 만약 인(因)과 연(緣)들의
> 결합에 결과[果]가 존재한다면
> (그) 결합 속에서 파악되어야 한다.[748] (그러나) 논리적으로 (살펴보아도)[749]
> (그) 결합 속에서 (결과는) 파악되지 않는다.[750]

----

745. '촉빠니(tshogs pa nyid)'를 직역하면 '결합 자체', 또는 '결합성(性)'이 되지만 의미상의 큰 차이가 없어 결합으로 옮겼다. 탈격[Abl.] '레(las)'가 쓰였는데 여기서는 원인을 뜻한다.
746. 의미에 맞게 시제를 첨언하였다.
747. 바로 앞의 계송의 3행의 '존재하다'를 뜻하는 '외(yod)'는 '존재하지 않는다'를 뜻하는 '메(med)'로 바뀌었을 뿐이다. 원인과 연에서 발생하는 결과와의 직접적 관련성에 대한 논파다.
748. '파악되어야 한다'로 옮긴 '중두외(gzung du yod)'를 해자해보면 '붙잡고 있는 것[集]으로 존재한다' 정도 되는데 '중와(gzung ba)'의 현재형인 '진빠('dzin pa)'에는 'comprehend,

[262. (20-4)]

གལ་ཏེ་རྒྱུ་དང་རྐྱེན་རྣམས་ཀྱི།། gal te rgyu dang rkyen rnams kyi//
ཚོགས་ལ་འབྲས་བུ་མེད་ན་ནི།། tshogs la 'bras bu med na ni//
རྒྱུ་རྣམས་དང་ནི་རྐྱེན་དག་ཀྱང་།། rgyu rnams dang ni rkyen dag kyang//
རྒྱུ་རྐྱེན་མ་ཡིན་མཚུངས་པར་འགྱུར།། rgyu rkyen ma yin mtshungs par 'gyur//

> 만약 원인[因]과 연(緣)들의
> 결합에 결과[果]가 존재하지 않는다면
> (그) 원인[因]들과 연(緣)들은[751] 또한
> 인연이 아닌 것[非因緣][752]과 같아진다.[753]

[263. (20-5)]

གལ་ཏེ་རྒྱུས་ནི་འབྲས་བུ་ལ།། gal te rgyus ni 'bras bu la//
རྒྱུ་བྱིན་ནས་ནི་འགག་འགྱུར་ན།། rgyu byin nas ni 'gag 'gyur na//
གང་བྱིན་པ་དང་གང་འགགས་པའི།། gang byin pa dang gang 'gags pa'i//
རྒྱུ་ཡི་བདག་ཉིད་གཉིས་སུ་འགྱུར།། rgyu yi bdag nyid gnyis su 'gyur//

....

capture' 등의 뜻이 있어 이에 따라 옮겼다. '중와'에는 '지각(recognition)'이라는 뜻도 있다.

749. '논리적으로 (살펴보아도)'로 옮긴 '릭나(rigs na)'는 '(그) 체계, 계차 속에서'라고 옮길 수도 있다. MK(T.K.)에서는 이 부분을 누락하고 옮겼다. '릭(rigs)'은 논리를 뜻할 뿐만 아니라 '도리, 이유, 원인'이라는 뜻도 있다. 가정법으로 쓰이는 '나(na)'를 여기서는 'even though'로 보고 옮겼다. 만약 '그 체계 속에서'라고 옮기면, 처격[Loc.]으로 볼 수 있다.

750. 이 게송 2행 말미의 '나(na)'는 가정법이 확실하지만, 3행은 두 개의 문장의 전후로 나뉜 것으로 보고 옮겼다. 내용의 요지는 인과 연들과 그 결과의 과정을 아무리 나누어도 딱히 무엇이라고 꼬집을 수 있는 결과라는 것은 파악되지 않는다는 뜻이다.

751. 원인[因]에는 복수형을 연(緣)에는 양수(兩數, dual)를 쓰고 있다.

752. 앞의 게송들에서 인과 연을 나누었던 것을 '규켄 마인(rgyu rkyen ma yin)', 즉 '인연이 아닌 것이다'로 축약하여 운자를 맞추고 있다.

753. 원인과 결과 사이에 상호 관계가 존재하지 않을 경우, 그것을 원인[因]과 연이라고 부를 수 없다는 것을 보여주는 게송이다.

> 만약 바로 그 원인이 결과에
> 원인(이 되는 것)을 주고[754] 소멸한다면
> 어떤 주는 것과 (다른) 어떤 소멸하는
> 원인의 (그) 자기 자신[svātmān, 本性][755]은 두 가지로 된다.[756]

[264. (20-6)]

གལ་ཏེ་རྒྱུས་ནི་འབྲས་བུ་ལ།།
རྒྱུ་མ་བྱིན་པར་འགག་འགྱུར་ན།།
རྒྱུ་འགགས་ནས་ནི་སྐྱེས་པ་ཡི།།
འབྲས་བུ་དེ་དག་རྒྱུ་མེད་འགྱུར།།

gal te rgyus ni 'bras bu la//
rgyu ma byin par 'gag 'gyur na//
rgyu 'gags nas ni skyes pa yi//
'bras bu de dag rgyu med 'gyur//

> 만약 바로 그 원인이 결과에
> 원인(이 되는 것)을 주지 않고 소멸한다면
> 원인이 소멸하는 것으로부터 생겨난
> 그 결과들은 원인이 없는 것[無因]이 된다.[757]

[265. (20-7)]

གལ་ཏེ་ཚོགས་དང་ལྷན་ཅིག་ཏུ།།
འབྲས་བུ་ཡང་ནི་སྐྱེ་འགྱུར་ན།།
སྐྱེད་པར་བྱེད་དང་སྐྱེ་བྱ་གང་།།
དུས་གཅིག་བར་ནི་ཐལ་བར་འགྱུར།།

gal te tshogs dang lhan cig tu//
'bras bu yang ni skye 'gyur na//
skyed bar byed dang skye bya gang//
dus gcig bar ni thal bar 'gyur//

---

754. '주다'라는 뜻을 지는 '진빠(sbyin pa)'의 과거형인 '진빠(byin pa)'가 쓰였다. 시간의 전후를 나타내기 위해서 과거형으로 썼다.
755. '닥니(bdag nyid)'는 자성, 본성 등으로 옮길 수 있다. 자세한 내용은 [90. (7-13)]번 게송 각주 참조.
756. 앞에서도 수차례 언급되었듯 과정 중에 나눌 수 있다는 논박자의 주장에 대한 논파다.
757. 게송의 요지는 원인과 결과의 상호 관계성이 성립하지 않으면, 전자를 원인이라고 부를 수 없다는 것이다.

> 만약 결합과 함께
> 결과도 역시 생긴다면
> 발생을 행하는 것과 (그) 어떤 발생 대상이
> 같은 시간[同時]에 (존재하는) 과실(過失)이 된다.[758]

[266. (20-8)]

གལ་ཏེ་ཚོགས་པའི་སྔ་རོལ་ཏུ།།   gal te tshogs ba'i snga rol tu//
འབྲས་བུ་སྐྱེས་པར་གྱུར་ན་ནི།།   'bras bu skyes par gyur na ni//
རྒྱུ་དང་རྐྱེན་རྣམས་མེད་པ་ཡི།།   rgyu dang rkyen rnams med pa yi//
འབྲས་བུ་རྒྱུ་མེད་འབྱུང་བར་འགྱུར།།   'bras bu rgyu med 'byung bar 'gyur//

> 만약 결합 이전에
> 결과가 생겨났다면
> 원인[因]과 연(緣)들이 존재하지 않는
> 결과로, (그것은) 원인 없이[無因] 발생하는 것이 된다.[759]

[267. (20-9)]

གལ་ཏེ་རྒྱུ་འགགས་འབྲས་བུ་ན།།   gal te rgyu 'gags 'bras bu na//
རྒྱུ་ནི་ཀུན་ཏུ་འཕོ་བར་འགྱུར།།   rgyu ni kun tu 'pho bar 'gyur//
སྔོན་སྐྱེས་པ་ཡི་རྒྱུ་ཡང་ནི།།   sngon skyes pa yi rgyu yang ni//
ཡང་སྐྱེ་བར་ནི་ཐལ་བར་འགྱུར།།   yang skye bar ni thal bar 'gyur//

---

758. 앞의 여러 품들에서 언급된 동시에 발생할 경우, 그것을 옹호하는 논박자의 주장에 대한 논파다. 비록 동시에 발생할지라도 그것의 원인과 결과라는 이름을 바꿀 수는 없는 법이다.
759. 결합 이전에 그 결과가 생겨날 수 없다는 것은 매우 자명한 이치다. 4행의 '원인 없이[無因] 발생하는 것이 된다'를 『청목소』에서 김성철은 '원인 없는 것이 될 것이다'로 옮겼고, 『쁘라산나빠다』에서는 '무원인이 될 것이다'로 되어 있는데 티벳어 원문에는 '발생하다, 생겨나다, 일어나다'는 뜻을 지닌 '중와(byung ba)'가 쓰여 있다.

> 만약 원인[因]이 소멸되어 결과(로 된다)면
> 바로 그 원인[因]은 모두 (결과로) 이전(移轉)된 것이리라.
> (그렇다면) 이전에 생겼던 것[760]의 바로 그 원인[因]이 또
> 다시[761] 생기는 과실(過失)이 된다.[762]

[268. (20-10)]

འགགས་པ་ནུབ་པར་གྱུར་བ་ཡིས།།	'gags pa nub par gyur ba yis//
འབྲས་བུ་སྐྱེས་པ་ཅི་ལྟར་སྐྱེད།།	'bras bu skyes pa ci ltar skyed//
འབྲས་བུ་དང་ནི་འབྲེལ་བའི་རྒྱུ།།	'bras bu dang ni 'brel ba'i rgyu//
གནས་པས་ཀྱང་ནི་ཅི་ལྟར་སྐྱེད།།	gnas pas kyang ni ci ltar skyed//

> (이미) 소멸하여 사라짐[763]으로써[764]
> 결과를 생기게 하는 것이 어떻게 (다시 결과를) 발생하겠는가?[765]
> 결과와 (그것이 있게 했던) 그 결과의 원인[因]이 (소멸하여 사라지지 않고)
> 머물러 있어도[766] 마찬가지로 어떻게 (다시 결과를) 발생하겠는가?[767]

---

760. '생기다'의 '께와(skye ba)'의 과거형인 '께와(skyes ba)'가 쓰여 시간의 전후를 나타내고 있다.
761. 3행 말미의 '양니(yang ni)'와 4행 어두의 '양(yang)'은 의미보다 운자를 맞추기 위해서 반복 첨언한 경우에 해당한다. 여기서는 의미에 맞게 배치하는 것으로 풀어 썼다.
762. 이 게송의 요지는 불변의 성품을 가진, 즉 (自性)을 띤 원인이 비록 결과로 이전되더라도 그것이 자성을 띠고 있는 한 또 다른 결과의 원인이 될 수 있으므로 옳지 않다는 뜻이다. 『쁘라산나빠다』에서는 이 점에 대해서 날카롭게 지적하고 있다.
 '그리고 "이전에 발생하였던 인(因)이 다시 발생한다."라고 그대들은 분별하는가? 그러나 이미 발생한 것이 다시 (발생하는 것도) 타당하지 않다. 왜냐하면 아무 필요가 없기 때문이다. 또한 무한 소급의 오류가 따라붙기 때문이다(p. 875).'
763. 원문의 '눕와(nub ba)'는 '눕빠(nub pa)'의 오자가 명확하여 '눕빠'로 보고 옮겼다.
764. 일반적으로 우리말의 주격[Nom.]으로 옮길 수 있는 도구격[Ins.] '이(yis)'를 살려 옮겼다. MK(T.K.)에서는 소멸과 사라짐을 병렬로 보고 'ceased and dissolved'로 옮기고 있다.
765. '께빠(skyes pa)'와 '께빠(skyed pa)'에 대해서는 [78. (7-1)]번 게송 각주 참조. 여기서는 '께빠(skyes pa)'를 시간의 전후를 포함하고 있다.

[269. (20-11)]

ཅི་སྟེ་རྒྱུ་འབྲས་མ་འབྲེལ་ན།། ci ste rgyu 'bras ma 'brel na//
འབྲས་བུ་གང་ཞིག་སྐྱེད་པར་བྱེད།། 'bras bu gang zhig skyed par byed//
རྒྱུས་ནི་མཐོང་དང་མ་མཐོང་བར།། rgyus ni mthong dang ma mthong bar//
འབྲས་བུ་སྐྱེད་བར་མི་བྱེད་དོ།། 'bras bu skyed bar mi byed do//

> 만약[768] 원인[因]이 결과와 관련[769]이 없다면
> 어떻게 (그것이) 결과를 발생하겠는가?[770]
> 바로 그 원인[因]은 볼 수 있거나[見][771] 또는 볼 수 없는
> 결과를 발생할 수 없다.[772]

[270. (20-12)]

འབྲས་བུ་འདས་པ་རྒྱུ་འདས་དང་།། 'bras bu 'das pa rgyu 'das dang//
མ་སྐྱེས་པ་དང་སྐྱེས་པ་དང་།། ma skyes pa dang skyes pa dang//
ལྷན་ཅིག་ཕྲད་པར་འགྱུར་པ་ནི།། lhan cig phrad par 'gyur pa ni//
ནམ་ཡང་ཡོད་པ་མ་ཡིན་ནོ།། nam yang yod pa ma yin no//

---

766. 원문의 '남빠(gnam pa)'는 '네빠(gnas pa)'의 오자가 확실하여 '네빠'로 보고 옮겼다.
767. 원인이 사라지고 결과가 생기는 경우에 대한 논파에 해당한다. 1, 2행의 경우, 이미 원인 자체에 결과를 포함하고 있다는 것에 대한 논파에 해당하고 3, 4행의 경우, 원인 자체가 지속한다는 것에 대한 논파에 해당한다.
768. 일반적으로 '어떻게, 무엇이'로 옮겨지는 '찌떼(ci ste)'가 여기서는 말미의 '나(na)'와 함께 격을 이루어 '만약 ~라면'으로 쓰이고 있다.
769. 다른 한글역들은 '덮여 있다, 가려져 있다'로 되어 있으나 티벳역의 '델와('brel ba)'는 '관련이 있다(related, joined, connected)'는 뜻만 있다.
770. '발생하겠는가?'라고 옮긴 '께빨 제(skyed par byed)'를 직역하면 '발생하는 것으로 만들 수 있겠는가?, 행할 수 있겠는가?' 정도 된다.
771. 『청목소』한역에서는 '견(見)'으로 되어 있다. 여기서 '본다'는 뜻은 '지각하다'를 뜻한다. 『쁘라산나빠다』, p. 881 참조.
772. MK(T.K.)에서는 1, 2행과 3, 4행을 끊어서 읽고 있다. 3, 4행에 대해서는 '원인에 근거한 결과라는 것은 인식할 수 없다.'라고 정리하고 있다.

> (이미 발생한) 과거의 결과가[773] (이미 발생한) 과거의 원인[因]과
> (아직) 발생하지 않은 (미래의 원인[因])과 (현재의) 발생한 (원인[因])과
> 동시에[774] 접촉하는 것은
> 결코 존재하지 않는다.[775]

[271. (20-13)]

འབྲས་བུ་སྐྱེས་པ་རྒྱུ་མ་སྐྱེས།།   'bras bu skyes pa rgyu ma skyes//
འདས་པ་དང་ནི་སྐྱེས་པ་དང་།།   'das pa dang ni skyes pa dang//
ལྷན་ཅིག་ཕྲད་པར་འགྱུར་བ་ནི།།   lhan cig phrad par 'gyur ba ni//
ནམ་ཡང་ཡོད་པ་མ་ཡིན་ནོ།།   nam yang yod pa ma yid no//

> (현재의) 발생한 결과가[776] (아직) 발생하지 않은 (미래의) 원인[因]과
> (이미 발생한) 과거(의 원인[因])과 (현재의) 발생한 (원인[因])과[777]
> 동시에 접촉하는 것은
> 결코 존재하지 않는다.[778]

[272. (20-14)]

འབྲས་བུ་མ་སྐྱེས་རྒྱུ་སྐྱེས་དང་།།   'bras bu ma skyes rgyu skyes dang//
མ་སྐྱེས་པ་དང་འདས་པ་དང་།།   ma skyes pa dang 'das pa dang//
ལྷན་ཅིག་ཕྲད་པར་འགྱུར་བ་ནི།།   lhan cig phrad par gyur ba ni//
ནམ་ཡང་ཡོད་པ་མ་ཡིན་ནོ།།   nam yang yod pa ma yin no//

773. 원문에는 '~와'를 뜻하는 '당(dang)'이 쓰여 있으나 모든 역본들이 주격[Nom.]으로 받고 있어 이에 따라 옮겼다. 과거의 결과와 과거, 현재, 미래의 시제와의 관계에 대한 논파다.
774. 일반적으로 '함께'를 뜻하는 '헨찍(lhan cig)'이 여기서는 '동시에(simultaneous)'로 쓰이고 있다. MK(T.K.)에서는 'simultaneous contact'라고 옮기고 있다.
775. '결과는 원인과 접촉하여 발생한다'는 주장에 대한 논파다.
776. 현재의 결과와 과거, 현재, 미래의 시제와의 관계에 대한 논파다.
777. 과거, 현재, 미래의 원인이 축약되어 있어 첨언하여 옮겼다. 모든 역본들이 동일한 내용이다.
778. 바로 앞 게송의 3, 4행이 그대로 반복되고 있다.

(아직) 발생하지 않은 (미래의) 결과가[779] (현재의) 발생한 원인과
(아직) 발생하지 않은 (미래의) 원인[因]과 (이미 발생한) 과거(의 원인[因])와
동시에 접촉하는 것은
결코 존재하지 않는다.[780]

[273. (20-15)]

ཕྲད་པ་ཡོད་པ་མ་ཡིན་ན།།	phrad pa yod pa ma yin na//
རྒྱུས་ནི་འབྲས་བུ་ཅི་ལྟར་སྐྱེད།།	rgyus ni 'bras bu ci ltar skyed//
ཕྲད་པ་ཡོད་པ་ཡིན་ན་ཡང་།།	phrad pa yod pa yin na yang//
རྒྱུས་ནི་འབྲས་བུ་ཅི་ལྟར་སྐྱེད།།	rgyus ni 'bras bu ci ltar skyed//

접촉하는 것이 존재하지 않는다면
바로 그 원인[因]에 의해서 결과가 어떻게 발생하겠는가?[781]
접촉하는 것이 존재할지라도 또한
바로 그 원인[因]에 의해서 결과가 어떻게 발생하겠는가?[782]

[274. (20-16)]

གལ་ཏེ་འབྲས་བུས་སྟོང་བའི་རྒྱུས།།	gal te 'bras bus stong ba'i rgyus//
ཅི་ལྟར་འབྲས་བུ་སྐྱེད་པར་བྱེད།།	ci ltar 'bras bu skyed bar byed//
གལ་ཏེ་འབྲས་བུ་མི་སྟོང་རྒྱུས།།	gal te 'bras bu mi stong rgyus//
ཅི་ལྟར་འབྲས་བུ་སྐྱེད་པར་བྱེད།།	ci ltar 'bras bu skyed par byed//

---

779. 미래의 결과와 과거, 현재, 미래의 시제와의 관계에 대한 논파다.
780. 바로 앞 게송의 3, 4행이 여기서도 그대로 반복되고 있다.
781. 이 부분의 내용은 매우 쉬운데 상호 접촉이 없으면 원인과 결과라는 것이 성립할 수 없다.
782. 앞의 세 게송에서 살펴본 것처럼, 자성을 갖춘 원인과 결과가 '동시에 접촉하는 것'은 성립하지 않는 경우의 결론에 해당한다. 다음 게송은 이에 대한 해설에 해당한다.

> 만약 결과에 의해서[783] 공(空)한[784] 원인[因]이라면
> 어떻게 (그것이) 결과를 발생한 것이라 할 수 있겠는가?[785]
> 만약 결과에 의해서 공(空)하지 않은 원인이라면
> 어떻게 (그것이) 발생한 것이라 할 수 있겠는가?[786]

[275. (20-17)]

འབྲས་བུ་མི་སྟོང་སྐྱེ་མི་འགྱུར།།
མི་སྟོང་འགག་པར་མི་འགྱུར་རོ།།

'bras bu mi stong skye mi 'gyur//
mi stong 'gag par mi 'gyur ro//

783. 일반적으로 티벳어에서 주격[Nom.]으로 쓰이는 도구격[Ins.]이 원래의 용법대로 쓰인 경우다.
784. 소유격[Gen.] '이'('i)'가 수식어로 쓰인 경우다. '공(空)'으로 옮긴 '똥와(stong ba)'가 여기서는 공허(空虛)를 뜻한다고 『청목소』에서 김성철은 첨언하고 있다(p. 340).
785. 이 1, 2행에 대한 예를 『청목소』에서는 다음과 같이 예를 들고 있다.
　'만일 원인이 결과에 존재하지 않는다면 결과에 존재하지 않기 때문에 원인은 공(空)한데 어떻게 그런 원인이 결과를 생하겠는가? <임신도 하지 않는 사람이 어떻게 자식을 낳겠는가?>라는 의문과 같다(p. 340).'
786. 1, 3행의 원인과 결과에 대한 관계에서 티벳어 원문에서는 '결과와 공하거나 공하지 않은 원인'에 대한 관계인데, MK(T.K.)에서는 '원인과 공하거나 공하지 않은 결과'로 옮겨져 있다. MK(T.K.)에 따라 옮기면, '만약 원인이 결과의 공한 것이라면(If a cause is empty of an effect)'과 '만약 원인이 결과의 공한 것이 아니라면(If a cause is not empty of an effect)'이지만 문장 구조로 보면 전자가 맞다.
　『청목소』에서 김성철은 '만일 원인이 결과에 대해서 공하다면(p. 340)'으로, 『쁘라산나빠다』에서는 '만일 인(因)이 결과에 의하여 공(空)하다면(p. 889)'으로 옮기고 있다. 티벳어 구조에 따라 직역하여 문장 구조가 다르지만, 산스끄리뜨어 원문 내용의 요지는 '결과와 공하거나 공하지 않은 원인'과의 관계로 MK(T.K.)와 다르다.
　『쁘라산나빠다』의 이 게송에 대한 설명은 다음과 같다.

　'그대여, 인(因)이 결과를 발생시키는 자라고 (그대에 의하여) 주장된다면, 그것(결과)에 의하여 공(空)한 그것(因)이 결과를 발생시키든지 또는 그것(결과)에 의하여 공(空)하지 않은 그것(因)이 결과를 발생시킬 것이다. 이 경우에, 결과에 의하여 공(空)한 인(因), 즉 결과가 없는 인(因)은 결과를 발생시키지 않는다. 왜냐하면 (그것은) 무인(無因)처럼 결과가 공(空)하기 때문이다(p. 889).'

　여기에 등장한 '공하거나 공하지 않은 원인'은 원인과 조건을 포함하는 좀 더 포괄적인 '상태'를 뜻한다고 볼 수 있다. 이와 같이 해석할 경우, 『청목소』의 김성철이 생각한 '공허'를 뜻하는 것이 아니라 다음 게송에 나오는 불생불멸의 상태를 뜻하는 연기의 다른 이름인 공성과 마주치게 된다.

མི་སྟོང་དེ་ནི་མ་འགགས་དང་།།   mi stong de ni ma 'gags dang//
མ་སྐྱེས་པར་ཡང་འགྱུར་པ་ཡིན།།   ma skyes par yang 'gyur pa yin//

> 공(空)하지 않은 결과는 생겨나지 않고[不生]
> 공(空)하지 않은 (그것은) 사라지지도 않는다[不滅].
> (그러므로)[787] 바로 그 공(空)하지 않는 것[결과]은 사라지지[788] 않고[不滅] 그리고
> 발생하지 않는[不生] 것으로도 될 것이다.

[276. (20-18)]

སྟོང་བ་ཅི་ལྟར་སྐྱེ་འགྱུར་ཞིང་།།   stong ba ci ltar skye 'gyur zhing//
སྟོང་བ་ཅི་ལྟར་འགགས་པར་འགྱུར།།   stong ba ci ltar 'gags par 'gyur//
སྟོང་བ་དེ་ཡང་མ་འགགས་དང་།།   stong ba de yang ma 'gags dang//
མ་སྐྱེས་པར་ཡང་ཐལ་བར་འགྱུར།།   ma skyes par yang thal bar 'gyur//

> (그러나)[789] 공(空)한 것이 어떻게 생겨나고[生]
> 공(空)한 것이 어떻게 사라지겠는가[滅]?
> (그러므로)[790] 공한 그것[결과]이 또한 사라지지 않고[不滅] 그리고
> 발생하지 않는다는[不生] 것도 또한 과실(過失)이 된다.[791]

[277. (20-19)]

རྒྱུ་དང་འབྲས་བུ་གཅིག་ཉིད་དུ།།   rgyu dang 'bras bu gcig nyid du//

---

787. MK(T.K.)에 'hence'가 첨언되어 있어 이에 따랐다.
788. 2행 '각빼('gag pa)'의 미래형인 '각빼('gags pa)'가 쓰였다.
789. 바로 앞 게송과 이어진 것으로 보고 첨언하였다.
790. 바로 앞 게송처럼 MK(T.K.)에 'hence'가 첨언되어 있어 이에 따랐다.
791. 앞의 게송에서 '공한 원인'을, 그리고 바로 앞의 게송과 함께 여기서는 '공한 결과'를 논파하고 있다.

ནམ་ཡང་འཐད་པར་མི་འགྱུར་རོ།།   nam yang 'thad par mi 'gyur ro//

རྒྱུ་དང་འབྲས་བུ་གཞན་ཉིད་དུ།།   rgyu dang 'bras bu gzhan nyid du//

ནམ་ཡང་འཐད་པར་མི་འགྱུར་རོ།།   nam yang 'thad par mi 'gyur ro//

'원인[因]과 결과가 같다[동일성[792]]'는 것은[793]
결코[794] 옳지 않다.
'원인[因]과 결과가 다르다[상이성[795]]'는 것은
결코 옳지 않다.[796]

[278. (20-20)]

རྒྱུ་དང་འབྲས་བུ་གཅིག་ཉིད་ན།།   rgyu dang 'bras bu gcig nyid na//

བསྐྱེད་བྱ་སྐྱེད་བྱེད་གཅིག་ཏུ་འགྱུར།།   bskyed bya skyed byed gcig tu 'gyur//

རྒྱུ་དང་འབྲས་བུ་གཞན་ཉིད་ན།།   rgyu dang 'bras bu gzhan nyid na//

རྒྱུ་དང་རྒྱུ་མི་མཚུངས་པར་འགྱུར།།   rgyu dang rgyu mi mtshungs par 'gyur//

'원인[因]과 결과가 같다[동일성]'면
발생하는 대상과 발생하는 작용[797]이 하나로[798] 된다.
'원인[因]과 결과가 다르다[상이성]'면
(그) 원인[因]과 원인이 아닌 것[非因]이 같아지게[799] 된다.[800]

---

792. '찍니(gcig nyid)'를 직역하면, 같은 것 자체[性], 즉 동일성[identity]이 되는데 풀어서 썼다. 『청목소』 한역에서는 '일자(一者)'로 되어 있다.
793. 여기서는 '라둔(la 'dun)'의 '두(du)'를 간접 인용을 나타내는 것으로 보고 옮겼다.
794. '남양(nam yang)'은 부정문에서 '결코, never'라는 뜻이 있다.
795. '셴니(gzhan nyid)'를 직역하면, 다른 것 자체[性], 즉 상이성[difference]이 되는데 풀어서 썼다. 『청목소』 한역에서는 '이자(異者)'로 되어 있다.
796. 이 게송부터 동일성과 상이성이라는 대립적인 개념자 또한 옳지 않다는 점을 논파한다.
797. '발생'을 뜻하는 '께빠(skyed pa)'의 과거형, 미래형인 '께빠(bskyed pa)'에, '께빠(skyed pa)'에 어떤 대상을 뜻하는 '자와(bya ba)'와 작용을 뜻하는 '제빠(byed pa)'가 쓰여 발생 대상과 발생 작용을 가리키고 있다.
798. '찍두(gcig tu)'를 직역하였는데 '동일하게'로도 옮길 수 있다.

[279. (20-21)]

འབྲས་བུ་རོ་བོ་ཉིད་ཡོད་ན།།	'bras bu ngo bo nyid yod na//
རྒྱུས་ནི་ཅི་ཞིག་བསྐྱེད་པར་བྱེད།།	rgyus ni ci zhig bskyed par byed//
འབྲས་བུ་རོ་བོ་ཉིད་མེད་ན།།	'bras bu ngo bo nyid med na//
རྒྱུས་ནི་ཅི་ཞིག་བསྐྱེད་པར་བྱེད།།	rgyus ni ci zhig bskyed par byed//

> 결과에 자성(自性)이 존재한다면
> 바로 그 원인[因]이 어떻게 발생을 행할 수 있겠는가?
> 결과에 자성(自性)이 존재하지 않는다면
> 바로 그 원인[因]이 어떻게 발생을 행할 수 있겠는가?[801]

[280. (20-22)]

སྐྱེད་པར་བྱེད་པ་མ་ཡིན་ན།།	skyed par byed pa ma yin na//
རྒྱུ་ཉིད་འཐད་པར་མི་འགྱུར་རོ།།	rgyu nyid 'thad par mi 'gyur ro//
རྒྱུ་ཉིད་འཐད་པ་ཡོང་མིན་ན།།	rgyu nyid 'thad pa yong min na//
འབྲས་བུ་གང་གི་ཡིན་པར་འགྱུར།།	'bras bu gang gi yin par 'gyur//

---

799. '충뻬(mtshungs pa)'를 직역하였는데 '동일하게'로 옮길 수 있다. 『쁘라산나빠다』는 '동일'로 통일해서 옮기고 있으나, 산스끄리뜨어 원문을 보면 '아이캬(aikya)'와 '뚜리야(tulya)'로, 같거나 유사한 의미라 할지라도 다른 단어를 쓰고 있다. 의미상으로는 큰 차이가 없어 보인다.

800. 원인과 결과에 대한 동일성과 상이성을 논파하는 두 번째 게송으로, 동일하다면 발생 작용과 그 대상이 같아지게 되고, 상이하다면 발생과 발생이 아닌 것의 관계성, 즉 차이가 없어지게 된다는 뜻이다.

801. MK(T.K.)에서는 이 게송에 대한 '삽째(소제목)'에서 '자성을 갖춘 존재인 결과'와 '자성을 갖추지 않은 존재인 결과와 원인과의 관계에 대한 논파'라고 적고 있다. 즉, 변하지 않은 고유한 성품을 뜻하는 자성을 띤 존재라면 결과와 원인의 상호 관계성은 성립할 수 없고, 자성을 띠지 않는 존재라면 원인을 통해서 결과라는 자성 자체를 발생시킬 수 없다는 뜻이다.

이와 같이 자성을 띤, 즉 독립적인 개념자의 상호 관계성에 대한 논파는 『중론』 전체에 흐르는 기본적인 기조이기도 하다.

> (지금)⁸⁰² 발생을 행하고 있는 것이 아니라면
> '(바로 그) 원인[因] 자체'라는 것은⁸⁰³ 옳지 않다.
> (바로 그) 원인[因] 자체가 옳지⁸⁰⁴ 않다면
> (그것이 어떻게) 그 어떤 결과의 (원인[因])이 되겠는가?⁸⁰⁵

[281. (20-23)]

རྒྱུ་རྣམས་དང་ནི་རྐྱེན་དག་ནི།།   rgyu rnams dang ni rkyen dag ni//
ཚོགས་པ་གང་ཡིན་དེ་ཡིས་ནི།།   tshogs pa gang yin de yis ni//
བདག་གིས་བདག་ཉིད་མི་སྐྱེད་ན།།   bdag gis bdag nyid mi skyed na//
འབྲས་བུ་ཅི་ལྟར་སྐྱེད་པར་བྱེད།།   'bras bu ci ltar skyed par byed//

> 바로 그 원인[因]들과 연(緣)들의⁸⁰⁶
> 어떤 결합이 있어, 바로 그것[결합]에 의해서, 즉⁸⁰⁷
> 자기 자신에 의해서 자기 자신이 발생하지 않는다면
> 어떻게 (그것이) 결과를⁸⁰⁸ 발생시키겠는가?⁸⁰⁹

---

802. 『청목소』에서 김성철은 '발생하다'는 뜻을 지닌 '잔(√jan)'의 현재분사인 '자나마나(janamāna)'를 강조하여 옮겼고, MK(T.K.)에서는 현재진행형을 쓰고 있어 이에 따라서 첨언하였다.
803. '라둔(la 'dun)'의 '루(ru)'를 간접 인용을 나타내는 것으로 보고 옮겼다.
804. 티벳어 원문에는 '오다, 발생하다, 변화하다'는 뜻을 지닌 '용와(yong ba)'가 들어 있으나 보조 동사로 보고 생략했다.
805. 『청목소』에서 김성철은 현재라는 시간을 주목해서 옮겼으나, 『쁘라산나빠다』에서는 원인의 성립이 불가능하다는 것에 주목하고 있다. 4행은 문장 구조에 맞게 첨언하여 옮겼다.
806. [262. (20-4)]번 게송의 3행 각주 참조
807. 말미의 강조를 뜻하는 '니(ni)'를 문장의 가운데를 끊어 읽는 기능으로 보고 옮겼다.
808. 문장 구조에 따르면 '결과를 어떻게'라고 옮겨야 되지만 결합을 강조하기 위해서 이렇게 옮겼다.
809. 직역하는데 MK(T.K.)의 의역이 훨씬 명확하다(p. 418).

      If the assemblage

[282. (20-24)]

དེའི་ཕྱིར་ཚོགས་པས་བྱས་པ་མེད།།   de'i phyir tshogs pas byas pa med//
ཚོགས་མིན་བྱས་པའི་འབྲས་བུ་མེད།།   tshogs min byas pa'i 'bras bu med//
འབྲས་བུ་ཡོད་པ་མ་ཡིན་ན།།   'bras bu yod pa ma yin na//
རྐྱེན་གྱི་ཚོགས་པ་ག་ལ་ཡོད།།   rkyen gyi tshogs pa ga la yod//

> 그러므로 결합이 짓는 것[결과]은 존재하지 않는다.
> 결합이 짓지 않는 결과도 (또한) 존재하지 않는다.[810]
> 결과가 존재하지 않는다면
> (원인[因]과)[811] 연(緣)의 결합이 어떻게 존재하겠는가?[812]

།།ཚོགས་པ་བརྟག་པ་ཞེས་བྱ་བ་སྟེ་རབ་ཏུ་བྱེད་པ་ཉི་ཤུ་པའོ།།

'(인과 연의) 결합을 살펴보는 것'이라 불리는 제20품

> Of causes and conditions
> Does not give rise to itself,
> How does it give rise to effect?

우리말로 옮기면, '만약 원인들과 연들의 결합이 자기 자신을 발생시키지 않는다면, 어떻게 그것이 결과를 발생시키겠는가?'

『청목소』에서 김성철은 '緣과 因들의 결합은 스스로 자신을 발생시키지 않는다. 그것이 어떻게 결과를 발생시키겠는가?'로 옮기고 있다(p. 344). 『쁘라산나빠다』에는 '본체에 의하여 본체를 발생시키지 못하는/ 연과 인의 결합이/ 어떻게 결과를 발생시킬 수 있는가?'로 옮겨져 있다(p. 901).

이 게송에서 중요한 것은 원인과 결과라는 결합, 작용에서 이미 상호 관계성이 논파된 다음에 남은, 결합 그 자체의 작용에 대한 논파로 볼 수 있다는 점이다. 티벳역에 따르면 다음 게송의 어두에 등장하는 '그러므로'가 이 게송에 대한 명확한 설명이다.

810. MK(T.K.)는 1, 2행을 함께 옮기며 '그러므로 결합에 의해서 지어지는 것뿐만 아니라 결과도 존재하지 않는다(Therefore, there is no effect, either/ Created by an assemblage).'라고 옮기고 있다. 여기서는 문장 구조에 따라 직역하면서 2행에 '~도 또한'을 첨언하였다.
811. 다른 역본들은 모두 연(緣)에 대해서만 언급하고 있으나, 이 품의 결론에 해당하므로 소제목과 앞서 반복되어온 '원인[因]'을 첨언하였다.
812. 원인과 결과의 상호 연관성은 그것의 결합을 통해서 나타나는데 앞선 게송들에서 보여준 논파에 따르면, 독립된 자성을 지닌 개념들은 바로 그 개념들의 '정의'에 의해서 모순을 일으키므로 원인과 연의 결합에 의한 결과의 발생이라는 것은 불가능하다는 뜻이다.

제21품. 발생과 소멸에 대한 고찰[813]

[283. (21-1)]

འཇིག་པ་འབྱུང་བ་མེད་པར་རམ།། 'jig pa 'byung ba med par ram//
ལྷན་ཅིག་ཡོད་པ་ཉིད་མ་ཡིན།། lhan cig yod pa nyid ma yin//
འབྱུང་བ་འཇིག་པ་མེད་པར་རམ།། 'byung ba 'jig pa med par ram//
ལྷན་ཅིག་ཡོད་པ་ཉིད་མ་ཡིན།། lhan cig yod pa nyid ma yin//

> 소멸은 발생이 없든[814]
> (발생과) 함께 (있든) 존재하는 것이[815] 아니다.
> 발생은 소멸이 없든
> (소멸과) 함께 (있든) 존재하는 것이 아니다.[816]

---

813. ।།འབྱུང་བ་དང་འཇིག་པ་བརྟག་པ་ཞེས་བྱ་བ་སྟེ་རབ་ཏུ་བྱེད་པ་ཉི་ཤུ་གཅིག་པའོ།།
//'byung ba dang 'jig pa brtag pa zhes bya ba ste rab tu byed pa nyi shu gcig pa'o//

직역하면 '발생과 소멸을 살펴보는 것이라 불리는 제21'이다. 한역으로 「관성괴품(觀成壞品)」이라고 한다.

한역은 총 20 게송으로 되어 있으나 산스끄리뜨어나 티벳어는 총 21 게송으로 되어 있다. 이것은 '발생과 소멸', 즉 '생겨나는 것과 사라지는 것'에 대해서 다루고 있다는 뜻이다.

산스끄리뜨어 제목인 '삼바바비바바(saṁbhavavibhava)'를 해자해보면 '함께(saṁ)+ 되는 것 또는 존재(bhava)'와 '부정어(vi)+ 되는 것 또는 존재(bhava)'로, 생겨나는 것과 사라지는 것이라는 대립되는 개념자에 대한 것임을 '바바(bhava)', 즉 존재를 통해서 명확하게 알 수 있다. 티벳어 제목의 경우, 연기(緣起)에서 '일어남, 발생'을 뜻할 때 사용하는 '즁와('byung ba)'가 사용되었고 없어짐, '사라지는 것, 없어지는 것, 멸(滅)'을 뜻하는 '직빠('jig pa)'가 사용되어 있다. 제목만으로 보았을 때, 산스끄리뜨어의 명확한 대립이 눈에 띄는 품이다.

『청목소』와 『쁘라산나빠다』의 공통점은 '발생과 소멸'이라는 시간의 전후 관계에 대한 논파이며 차이점은 『쁘라산나빠다』에서는 이 품의 주요 논박자가 경량부 논사라고 강조하고 있다는 것이다. 바로 앞의 「제20품. (인과 연의) 결합에 대한 고찰」처럼, 대립적인 개념자에 대한 논파와 『청목소』의 【문】【답】 구조에서 유사성이 있다.

[284. (21-2)]

འཇིག་པ་འབྱུང་བ་མེད་པར་ནི།། 'jig pa 'byung ba med par ni//
ཅི་ལྟར་བུར་ན་ཡོད་པར་འགྱུར།། ci ltar bur na yod par 'gyur//
སྐྱེ་བ་མེད་པར་འཆི་བར་འགྱུར།། skye ba med par 'chi bar 'gyur//
འཇིག་པ་འབྱུང་བ་མེད་པར་མེད།། 'jig pa 'byung ba med par med//

> 소멸, 발생이 존재하지 않는 바로 그것이[817]
> 도대체 어떻게[818] 존재할 수 있겠는가?
> (그것은 마치) 태어나지도 않는 것이 죽는 것과 (같다).[819]
> (그러므로) 발생이 존재하지 않는 소멸은[820] 존재하지 않는다.

[285. (21-3)]

འཇིག་པ་འབྱུང་དང་ལྷན་ཅིག་ཏུ།། 'jig pa 'byung dang lhan cig tu//
ཅི་ལྟར་ཡོད་པ་ཉིད་དུ་འགྱུར།། ci ltar yod pa nyid du 'gyur//
འཆི་བ་སྐྱེ་དང་དུས་གཅིག་དུ།། 'chi ba skye dang dus gcig du//

---

814. '~이거나, 또는'을 뜻하는 '람(ram)'이 쓰였다.
815. '존재'라고 옮긴 '외빠 니빼(yod pa nyid pa)'를 직역하면 '존재 그 자체' 또는 '존재성(存在性)'으로 옮길 수 있다. '그 자체'를 뜻하는 '니빼(nyid pa)'에 해당하는 산스끄리뜨어는 없으나 티벳 역경사가 운자를 맞추고 강조하기 위해 첨언한 것으로 보고 옮겼다.
816. 이 품의 첫 게송인데 발생과 소멸이라는 대립항인 개념자 그 자체는 존재하지 않는다는 것을 대전제로 두고 있다. 『청목소』나 『쁘라산나빠다』의 내용과 달리 MK(T.K.)는 '발생 없이(without becoming)', 그리고 '그것(발생)과 동시에(simultaneously with it)' '생겨나는 것이 아니다(does not occur)'라고 옮기고 있는데 원문을 보면 '외빠 니마인(yod pa nyid ma yin)'으로, '생겨나다'는 뜻 대신에 '존재하다'는 뜻만 있다(p. 423).
817. 강조사[Emp.] '니(ni)'가 사용된 경우로 문장 구조에 따라 직역하였다. '직빠 중와 메빨 니('jig pa 'byung ba med par ni)'를 윤문하면, '바로 그 발생이 존재하지 않는 소멸'로 옮길 수 있다.
818. '찌딸 불나(ci ltar bur na)'라고 적혀 있으나, 이것은 '지달 불나(ji ltar bur na)'의 오자다. [데게판]에 따라 '지달 불나'로 보고 옮겼다. 산스끄리뜨어 '까탐 나마(katham nāma)'에 해당하는 부분이다.
819. 인도 논리학파인 니야야 학파의 논증법처럼 실례를 들어 설명하는 방식이다.
820. 1행과 같이 '직빠 중와 메빨('jig pa 'byung ba med par)'이 반복적으로 사용되고 있다. 여기서는 '발생이 존재하지 않는 소멸'로 옮겼다.

ཡོད་པ་ཉིད་ནི་མ་ཡིན་ནོ།། yod pa nyid ni ma yin no//

> 소멸이 발생과 함께
> 어떻게 존재하겠는가?[821]
> (왜냐하면) 죽음은 태어남과 동시에[822]
> 존재하는 것이 아니(기 때문이다.)[823]

[286. (21-4)]

འབྱུང་བ་འཇིག་པ་མེད་པ་ནི།། 'byung ba 'jig pa med pa ni//
ཅི་ལྟར་ཡོད་པ་ཉིད་དུ་འགྱུར།། ci ltar yod pa nyid du 'gyur//
དངོས་པོ་རྣམས་ལ་མི་རྟག་ཉིད།། dngos po rnams la mi rtag nyid//
ནམ་ཡང་མེད་པ་མ་ཡིན་ནོ།། nam yang med pa ma yin no//

> 발생, 소멸이 존재하지 않는 바로 그것이[824]
> 어떻게 존재할 수 있겠는가?
> (왜냐하면) 사태[825]들에게[826] 무상함은
> 결코 존재하지 않는 것이 아니(기 때문이다).[827]

---

821. '왜빠 니두귤(yod pa nyid du 'gyur)'을 직역하면 '존재하는 것 자체로 되겠는가?'이다.
822. '라둔(la 'dun)'의 '두(du)'를 시간의 특정 장소를 나타내는 경우로 보고 옮겼다. '함께'라고 옮긴 '헨찍(lhan cig)'과 '동시에'라고 옮긴 '뒤찍두(dus gcig du)'에는 '함께, 동시에'라는 뜻이 있다. 산스끄리뜨어에서는 일반적으로 '함께'를 뜻하는 '사하(saha)'가, 그리고 시간적으로 '함께, 동시에'를 뜻하는 '뚜리아 까라(tulya kāla)'가 주로 쓰인다. 『청목소』에서 김성철만 이것을 명확하게 구분하여 옮겼는데 산스끄리뜨어 게송의 운자(韻字)를 맞추기 위한 것으로 보면 의미상의 큰 차이는 없다.
823. 의미를 명확하게 하기 위해서 『청목소』와 『쁘라산나빠다』에 따라 첨언하였는데 MK(T.K.)에는 첨언이 들어 있지 않다.
824. [284. (21-2)]번 게송의 소멸과 발생이 바뀌었다.
825. '사태(事態)'에 대한 자세한 내용은 『제1품. 연(緣)에 대한 고찰』, [3. (1-1)]번 각주 및 3권 「해제」 참조.
826. '라둔(la 'dun)'의 '라(la)'를 MK(T.K.)에 따라 여격[Dat.]으로 보고 옮겼는데 산스끄리뜨어

[287. (21-5)]

འབྱུང་བ་འཇིག་དང་ལྷན་ཅིག་ཏུ། །
ཅི་ལྟར་ཡོད་པ་ཉིད་དུ་འགྱུར། །
སྐྱེ་བ་འཆི་དང་དུས་གཅིག་ཏུ། །
ཡོད་པ་ཉིད་ནི་མ་ཡིན་ནོ། །

'byung ba 'jig dang lhan cig tu//
ci ltar yod pa nyid du 'gyur//
skye ba 'chi dang dus gcig tu//
yod pa nyid ni ma yin no//

> 발생이 소멸과 함께
> 어떻게 존재할 수 있겠는가?
> (왜냐하면) 태어남은 죽음과 동시에
> 존재하는 것이 아니(기 때문이다).[828]

[288. (21-6)]

གང་དག་ཕན་ཚུན་ལྷན་ཅིག་གམ། །
ཕན་ཚུན་ལྷན་ཅིག་མ་ཡིན་པར། །
གྲུབ་པ་ཡོད་པ་མ་ཡིན་པ། །
དེ་དག་གྲུབ་པ་ཅི་ལྟར་ཡོད། །

gang dag phan tshun lhan cig gam//
phan tshun lhan cog ma yin bar//
grub pa yod pa ma yin pa//
de dag grub pa ci ltar yod//

> 어떤 것이 서로 함께[829] 또는
> 서로 함께 (하는 것이) 아닐 때[830]
> 성립이 존재하는 것이 아니었는데
> 그 둘의[831] 성립이 어떻게 존재하겠는가?[832]

에 따라 처격[Loc.]으로 보고 옮기면 '사태들에'로 옮길 수 있다. 이 같은 차이는 티벳어 '라둔'의 다양한 용법 때문이다.

827. 3, 4행의 이중부정을 직역하였는데 의역하면 '왜냐하면 사태들은 무상하기 때문이다.'라는 뜻이다. 첨언의 경우는 바로 앞 게송과 같다.
828. [285. (21-3)]번 게송의 소멸과 발생이 바뀌었다. 『청목소』에는 이 게송이 들어 있지 않다.
829. '펜춘 헨찍(phan tshun lhan cig)'을 직역하였는데 '서로'는 생성과 소멸이라는 개념자를,

228

[289. (21-7)]

ཟད་ལ་འབྱུང་བ་ཡོད་མ་ཡིན།།
མ་ཟད་པ་ལའང་འབྱུང་བ་མེད།།
ཟད་ལ་འཇིག་པ་ཡོད་མ་ཡིན།།
མ་ཟད་པ་ལའང་འཇིག་པ་མེད།།

zad la 'byung ba yod ma yin//
ma zad pa la'ang 'byung ba med//
zad la 'jig pa yod ma yin//
ma zad pa la'ang 'jig pa med//

영원히 다하는 것[永盡]의[833] 발생은 존재하지 않는다.
영원히 다하지 않는 것[不盡]의 발생도 존재하지 않는다.
영원히 다하는 것[永盡]의 소멸은 존재하지 않는다.
영원히 다하지 않는 것의 소멸도 존재하지 않는다.[834]

'함께'는 동일한 시간대를 가리킨다.
830. '라둔(la 'dun)'의 'r'을 MK(T.K.)의 'as'처럼 특정한 조건일 때로 보았다.
831. 발생과 소멸을 가리킨다. 여기서는 양수(兩數, dual)를 뜻하는 '닥(dag)'에 소유격[Gen.]이 생략된 것으로 보고 옮겼다.
832. 앞의 게송들에서 살펴본 것처럼 생성과 소멸이 함께 하지 않았을 때는 둘이 성립하지 않았고 둘이 함께 했을 특정한 시간에도 성립하지 않았으므로 성립하지 않는다는 것을 정리하는 게송이다.
833. '제빼(zad pa)'가 사용되었는데 이 단어는 '끝났다, 극도에 이르다'는 뜻으로『청목소』한역에는 '진(盡)'으로 옮겨져 있다. 산스끄리뜨어 '끄샤야(kṣaya)'에는 'the destruction of the universe'라는 뜻이 있다. MK(T.K.)에서는 '제빼'를 'exhausted'로 '존재하지 않게 된 것, 소멸'을 뜻하는 '비바바(vibhava)'를 'destruction'으로 구분하여 쓰고 있다.『쁘라산나빠다』는 '끄샤야'와 '비바바'를 모두 소멸로 옮기고 있는데 원래 게송이 뜻하는 의미와 맞지 않다.
MK(T.K.)에 따라 소유격[Gen.]을 첨언하여 옮겼다.
834.『청목소』에 따르면 이 게송은 논박자의 주장인 '지금 눈앞에서 사라져 없어지는 法이 存在한다. 사라져 없어졌다고도 말하고 없어지지 않았다고도 말한다. 그러니 응당 생성과 괴멸이 存在해야 한다.'에 대한 논파다(pp. 351-532).
『쁘라산나빠다』에 따르면 이 게송의 주제는 존재(bhava)와 그것의 현상(dharma), 그리고 그것의 상(相, lakṣaṇa)의 관계에 대한 문제다. 항상하는 시공의 축 속에서나 '영원히 다하지 않는' 시공의 축 속에서도 발생과 소멸은 결코 존재할 수 없다는 뜻이다.
'이 경우 영원히 다하는 것(kṣaya, 의미를 명확하게 하기 위해서 '소멸을 영원히 다하는 것으로 바꾸었다.'), 즉 그 영원히 다하는 상(相, lakṣaṇa)을 지닌 존재(bhava)의 발생(saṃbhava)은 타당하지 않다. 왜냐하면 (영원히 다하는 것에는 발생과) 모순되는 법(法, dharma: 속성)이 실재하기 때문이다, 예컨대 당나귀의 뿔처럼(pp. 921-922). '역자는' 락사나(lakṣaṇa)와 다르마(dharma)를 상(相)과 법(法)으로 옮겼는데 상을 속성으로 법을

[290. (21-8)]

དངོས་པོ་ཡོད་པ་མ་ཡིན་པར།། dngos po yod pa ma yin bar//
འབྱུང་དང་འཇིག་པ་ཡོད་མ་ཡིན།། 'byung dang 'jig pa yod ma yin//
འབྱུང་དང་འཇིག་པ་མེད་པ་ནི།། 'byung dang 'jig pa med pa ni//
དངོས་པོ་ཡོད་པ་མ་ཡིན་ནོ།། dngos po yod pa ma yin no//

> 사태가 존재하지 않는
> 발생과 소멸은 존재하지 않는다.
> 바로 그[835] 발생과 소멸이 존재하지 않는
> 사태는 존재하지 않는다.[836]

[291. (21-9)]

སྟོང་ལ་འབྱུང་དང་འཇིག་པ་དག། stong la 'byung dang 'jig pa dag//
འཐད་པ་ཉིད་ནི་མ་ཡིན་ནོ།། 'thad pa nyid ni ma yin no//
མི་སྟོང་པ་ལའང་འབྱུང་འཇིག་དག། mi stong pa la'ang 'byung 'jig dag//
འཐད་པ་ཉིད་ནི་མ་ཡིན་ནོ།། 'thad ba nyid ni ma yin no//

> 공(空)한 것에 있어서[837] 발생과 소멸들은[838]
> 옳은 것 자체가 아니다.
> 공(空)하지 않은 것[不空]에 있어서도 발생과 소멸들은
> 옳은 것 자체가 아니다.[839]

현상으로 보면, '궁극적으로 소멸하는 속성을 지닌 존재'와 그것의 '현상'과의 문제로 볼 수 있다. 이 경우, 소승의 유부나 경량부가 인정하는 객관적 실재라는 존재와 그것의 변화하는 현상 사이에서의 모순을 지적하는 것이 된다.

835. 3행 말미의 강조사[Emp.] '니(ni)'를 옮긴 것이다.
836. 이 게송의 '사태'에 대해서 『청목소』는 '법(法)', 즉 '현상'을 뜻하지만 산스끄리뜨어 원문은 '바바(bhava)', 즉 '존재'다. 즉, 존재를 떠난 발생과 소멸은 없다는 뜻인데, '뇌보'를 강조하면 '인식 작용에 의해서 감각 기관에 포착된 대상으로의 존재'는 '발생과 소멸'이라는 상을 띠지 않을 수 없다는 뜻이다.

[292. (21-10)]

འབྱུང་བ་དང་ནི་འཇིག་པ་དག། 'byung ba dang ni 'jig pa dag//
གཅིག་པ་ཉིད་ནི་མི་འཐད་དོ།། gcig pa nyid ni mi 'thad do//
འབྱུང་བ་དང་ནི་འཇིག་པ་དག། 'byung ba dang ni 'jig pa dag//
གཞན་པ་ཉིད་དུའང་མི་འཐད་དོ།། gzhan pa nyid du'ang mi 'thad do//

> 바로 그 발생과 소멸들이
> 동일한 것 자체[同一性]라는 것은 옳지 않다.
> 바로 그 발생과 소멸들이
> 상이한 것 자체[相異性]라는 것도 옳지 않다.[840]

[293. (21-11)]

འབྱུང་བ་དང་ནི་འཇིག་པ་དག། 'byung ba dang ni 'jig pa dag//
མཐོང་ངོ་སྙམ་དུ་ཁྱོད་སེམས་ན།། mthong ngo snyam du khyod sems na//
འབྱུང་བ་དང་ནི་འཇིག་པ་དག། 'byung ba dang ni 'jig pa dag//
གཏི་མུག་ཉིད་ཀྱིས་མཐོང་བ་ཡིན།། gti mug nyid kyis mthong ba yin//

> 바로 그 발생과 소멸들이[841]
> 보인다라는[842] 생각을 그대가 마음속에 품는다면[843]
> (그것은) 바로 그 발생과 소멸들이
> (그대의) 어리석음[痴, 迷妄][844] 때문에 (그렇게) 보이는 것이다.[845]

837. 산스끄리뜨어 원문은 소유격[Gen.]으로 받고 있으나 티벳어는 '라둔(la 'dun)'의 '라(la)'로 되어 있으며 MK(T.K.)에서는 'for'로 받고 있다.
838. 원문에는 양수(兩數, dual)의 '닥(dag)'이 쓰였으나 MK(T.K.)에서는 생략되어 있다.
839. 공(空)의 다른 이름인 연기로 보았을 때, 발생과 소멸, 즉 그침이 있는 작용은 그침 없는 작용을 뜻하는 연기의 정의와 모순된다. 그리고 공이 아니라고 하는 것은 곧 연기가 아니라는 뜻이기 때문에 결코 존재할 수 없다.
840. 『쁘라산나빠다』에서는 동일성은 발생과 소멸이 빛과 어둠처럼 다르다는 것을 통해서, 그리고 상이성은 '서로 떠나서 존재할 수 없다'는 것을 통해서 설명하고 있다(p. 927).

[294. (21-12)]

དངོས་པོ་དངོས་ལས་མི་སྐྱེ་སྟེ།།　　dngos po dngos las mi skye ste//
དངོས་པོ་བདག་མེད་ལས་མི་སྐྱེ།།　　dngos po bdag med las mi skye//
དངོས་མེད་དངོས་མེད་མི་སྐྱེ་སྟེ།།　　dngos med dngos med mi skye ste//
དངོས་མེད་དངོས་ལས་མི་སྐྱེའོ།།　　dngos med dngos las mi skye'o//

> 사태[846]는 사태로부터 생겨나지 않는다.[847]
>
> 사태는 사태가 아닌 것[非事態]으로부터 생겨나지 않는다.
>
> 사태가 아닌 것은 사태가 아닌 것으로부터 생겨나지 않는다.
>
> 사태가 아닌 것은 사태로부터 생겨나지 않는다.[848]

[295. (21-13)]

དངོས་པོ་བདག་ལས་མི་སྐྱེ་སྟེ།།　　dngos po bdag las mi skye ste//
གཞན་ལས་སྐྱེ་བ་ཉིད་མ་ཡིན།།　　gzhan las skye ba nyid ma yin//
བདག་དང་གཞན་ལས་སྐྱེ་བ་ནི།།　　bdag dang gzhan las skye ba ni//

....

841. MK(T.K.)에서는 양수(兩數, dual)의 '닥(dag)'을 'both'로 옮기고 있다.
842. '(자연스럽게) 보다, (무의식적으로) 보이다'라는 뜻을 지닌 '통와(mthong ba)'에 '랄두(slar bsdu)'가 사용된 경우다. '랄두'의 이 같은 용법에 대해서는 [152. (10-16)]번 게송 각주 참조.
843. '쎔니(sems na)'를 MK(T.K.)처럼 '생각한다면'으로 옮길 수도 있으나, 바로 앞에 '생각하다'는 뜻을 지닌 '냠빼(snyam pa)'가 선행하여 이렇게 옮겼다.
844. 여기서 '어리석음'으로 옮긴 '띠묵(gti mug)'은 산스끄리뜨어 '모하(moha)'에서 왔는데 '알지 못함', 즉 '무명(無明)'을 뜻하는 '마릭빼(ma rig pa)'는 산스끄리뜨어 '아비드야(avidyā)'에 왔다.
845. 그침 없는 작용이 행해지는 연기실상에서 그것의 변화를 끊은 발생과 소멸을 고정적으로 파악하는 것은 오류를 발생시킬 수밖에 없다는 뜻으로 해석된다.
846. 앞에서 가급적이면 '사태'로 옮긴 '뇌뾔(dngos po)'를 '존재'로도 옮길 수 있지만 티벳역의 특징을 명확하게 하기 위해서 '사태'를 적용하여 옮겼다. '우리의 감각 기관에 포착되지 않는 존재'라는 뜻이다. 존재로 옮겨도 게송의 구조는 같다.
847. 1, 3행의 말미에 쓰인 '학쩨(lhag bcas)'인 '떼(ste)'를 '그리고'로도 옮길 수 있으나, 다른 역본들처럼 종결형으로 옮겼다.
848. 기호를 쓰면, 'A NO A, A NO ~A, ~A NO ~A, ~A NO A' 정도 된다. NO=does not occure.

ཡོད་མིན་ཇི་ལྟར་སྐྱེ་བར་འགྱུར།།   yod min ji ltar skye bar 'gyur//

> 사태는 자신으로부터 생겨[自生]나지 않고
> 다른 것으로부터 생겨[他生]나지 않는다.[849]
> 자신과 다른 것으로부터 생겨나는 것이
> 아니라면,[850] (도대체) 어떻게 (그것들이) 생겨나겠는가?[851]

[296. (21-14)]

དངོས་པོ་ཡོད་པར་ཁས་བླངས་ན།།   dngos po yod par khas blangs na//
རྟག་དང་ཆད་པར་ལྟ་བར་ནི།།   rtag dang chad par lta bar ni//
ཐལ་བར་འགྱུར་ཏེ་དངོས་དེ་ནི།།   thal bar 'gyur te dngos de ni//
རྟག་དང་མི་རྟག་འགྱུར་ཕྱིར་རོ།།   rtag dang mi rtag 'gyur phyir ro//

> 사태가 존재한다고[852] 인정하면[853]
> 바로 그것은 상견(常見)과 단견(斷見)으로[854] (빠지는)
> 과실(過失)이 된다.[855] 왜냐하면 바로 그 사태가
> 항상하거나 무상한 것으로 되기 때문이다.[856]

---

849. '자생(自生)과 타생(他生)은 불가능하다'는 것을 가리킨다.
850. MK(T.K.)에서 'Since'로 받았는데『청목소』에서 김성철은 '~라면'을 첨언하여 이에 따랐다.
851. MK(T.K.)에서는 'How can they arise?', 즉 '어떻게 그것들이 발생할 수 있겠는가?'로 되어 있다.
852. '라둔(la 'dun)'의 'r'을 인용으로 보고 옮겼다.
853. 이 게송에 대해서 MK(T.K.)나 『쁘라산나빠다』는 1행을 '주장하는 자'로 보고 있으나 굳이 첨언하지 않아도 되어 '인정하면'으로 문장 구조에 따라 옮겼다.
854. 원문인 '딱당 체빨 따와(rtag dang chad par lta ba)'를 항상하는 것과 단절된 것으로 보는 것으로 '상(견)과 단견'을 뜻한다. 말미의 강조사[Emp.] '니(ni)'는 첨언이고 바로 그 앞의 산스끄리뜨어 원문은 소유격[Gen.]으로 되어 있으나 티벳어는 '라둔(la 'dun)'의 'r'이 쓰여 있어 이렇게 옮겼다.
855. '텔왈귤(thal bar 'gyur)'의 자세한 내용은 「제2품. 가고 오는 것[去來]에 대한 고찰」,

제21품. 발생과 소멸에 대한 고찰 **233**

【문】[857]

[297. (21-15)]

དངོས་པོ་ཡོད་པར་ཁས་བླངས་ཀྱང་།། dngos po yod par khas blangs kyang//
ཆད་པར་མི་འགྱུར་རྟག་མི་འགྱུར།། chad par mi 'gyur rtag mi 'gyur//
འབྲས་བུ་རྒྱུ་ཡི་འབྱུང་འཇིག་གི། 'bras bu rgyu yi 'byung 'jig gi//
རྒྱུན་དེ་སྲིད་པ་ཡིན་ཕྱིར་རོ།། rgyun de srid pa yin phyir ro//

> 사태가 존재한다고 인정해도[858]
> 단(견)이 되는 것도 아니고 상(견)이 되는 것도 아니다.
> (왜냐하면) 결과는 원인[因]의 발생과 소멸의
> 그 상속(相續)[859]이 계속되는 것[輪回][860]이기 때문이다.[861]

【답】[862]

[298. (21-16)]

འབྲས་བུ་རྒྱུ་ཡི་འབྱུང་འཇིག་གི། 'bras bu rgyu yi 'byung 'jig gi//

....
      [20. (2-4)]번 게송 각주 참조.
856. 상견 단견을 여읜 길이 곧 중도의 길이고 그것이 곧 연기, 공성임을 설명하는 게송이다.
857. 이 게송은 상주와 단멸을 주장하는 것이 옳다는 논박자의 게송이다.
858. '~도 또한'을 뜻하는 '깡(kyang)'이 역접으로 사용된 경우다.
859. '상속(相續)'이라고 옮긴 '균(rgyun)'은 일반적으로 '연속'을 뜻한다. [BD] 상속(相續): 인(因)은 과(果)를 내고, 과는 또 인이 되어 다른 과(果)를 내어 이렇게 인과가 차례로 계속하여 끊어지지 않는 것.
860. '쉬빠(srid pa)'에는 '가능하다, 유(有), 윤회(업과 번뇌의 영향으로 다음 몸을 받아 삼계에 나는 것)'라는 뜻이 있다. 여기서는 연속되는 것이라는 뜻이다. 이 단어에 대해서『청목소』의 김성철은 '생존'으로,『쁘라산나빠다』에서는 '유(有)'로, MK(T.K.)에서는 '윤회(cyclic existence), 생(life)' 등 역본들마다 매우 다른 용어를 사용하는데 그것은 존재, 즉 '바바(bhāva)'의 다양한 뜻 때문이다. 티벳역은 주로 '쉬빠'로 통일되어 있다.
861. 논박자는 원인과 결과의 연속되는 작용, 즉 윤회하는 것을 강조하고 있다.
862. 용수의 논파다.

རྒྱུན་དེ་སྲིད་པ་ཡིན་གྱུར་ན།། rgyun de sred pa yin gyur na//
འཇིག་ལ་ཡང་སྐྱེ་མེད་པའི་ཕྱིར།། 'jig la yang skye med pa'i phyir//
རྒྱུ་ནི་ཆད་པར་ཐལ་བར་འགྱུར།། rgyu ni chad par thal bar 'gyur//

> 결과가 원인[因]의 발생과 소멸의
> 그 상속(相續)이 계속되는 것[輪回]이라면
> (이미) 소멸한 것에는 다시[863] 발생이 없기 때문에[864]
> 바로 그 원인[因]이 (결과와) 끊기는[斷滅] 과실(過失)이 된다.

[299. (21-17)]

དངོས་པོ་དེ་བོ་ཉིད་ཡོད་ན།། dngos po ngo bo nyid yod na//
དངོས་མེད་འགྱུར་བར་མི་རིགས་སོ།། dngos med 'gyur bar mi rigs so//
མྱ་ངན་འདས་པའི་དུས་ན་ཆད།། mya ngan 'das pa'i dus na chad//
སྲིད་རྒྱུན་རབ་ཏུ་ཞི་ཕྱིར་རོ།། srid rgyun rab tu zhi phyir ro//

> 사태[865]에 자성(自性)이 존재한다면
> 사태가 존재하지 않게 되는 것은 불합리하다.[866]
> 또한 열반[867]에 들 때면 소멸이, (즉)
> 계속되는 것[輪回]의 상속이 완전히 그치기[寂靜] 때문에 (불합리하다.)[868]

---

863. '양(yang)'은 일반적으로 '~도 또한'으로 주로 쓰인다. 여기서는 부사로 '다시, 또'라는 뜻으로 쓰였다.
864. 소멸에서 발생이 생겨난다면 그것은 소멸의 정의와 모순된다는 뜻이다.
865. 산스끄리뜨어 원문은 '사드바바(sadbhāva)'로 '진실된 존재'라는 뜻이지만 티벳어에는 '뇌뽀'로 되어 있어 이에 따라 '사태'로 옮겼다.
866. 자성, 즉 '스바바바(svabhāva)'는 변하지 않는 성질, 성품을 뜻한다. 이것이 변한다는 것은 자성의 정의 그 자체와 모순을 일으킨다. 이 1, 2행에서 대해서 『청목소』나 『쁘라산나빠다』는 상견론에 대한 논파로 보고 있다.
867. 원문의 '멘나 데빼(myang na 'das pa)'는 '먀녠 데빼(mya ngan 'das pa)'의 오자라 고쳐서 옮겼다.

제21품. 발생과 소멸에 대한 고찰 235

[300. (21-18)]

ཐ་མ་འགགས་བར་གྱུར་པ་ན།།	tha ma 'gags bar gyur pa na//
སྲིད་པ་དང་པོ་རིགས་མི་འགྱུར།།	srid pa dang po rigs mi 'gyur//
ཐ་མ་འགགས་པར་མ་གྱུར་ཚེ།།	tha ma 'gags par ma gyur tshe//
སྲིད་པ་དང་པོ་རིགས་མི་འགྱུར།།	srid pa dang po rigs mi 'gyur//

> (생이)[869] 궁극적으로 소멸되었다면
> 맨 처음의 계속되는 것[輪回]은 옳지 않게 된다.
> (생이) 궁극적으로 소멸되지 않았을 때
> 맨 처음의 계속되는 것[輪回]은 옳지 않게 된다.[870]

[301. (21-19)]

གལ་ཏེ་ཐ་མ་འགག་བཞིན་ན།།	gal te tha ma 'gag bzhin na//
དང་པོ་སྐྱེ་བར་འགྱུར་ན་ནི།།	dang po skye bar 'gyur na ni//

---

868. 이 3, 4행에 대해서 『청목소』에서는 열반에 들 때 단멸이 발생한다는 이유로 논파하고 있으며(pp. 361-362), 『쁘라산나빠다』에서도 '열반에 있어서 반드시 단멸론에 빠진다.'라고 옮기고 있다(pp. 942-943). MK(T.K.)는 바로 앞 게송과 함께 '상속을 인정하더라도 상견 단견에 빠지는 경우에 대한 논파'로 되어 있다(pp. 433-434).
869. 다음 게송에서 '생'으로 받는 '꼐와(skye ba)'를 MK(T.K.)에 따라 첨언하였다.
870. 티벳역 게송은 그 의미가 명확하지만 『청목소』나 『쁘라산나빠다』는 '번역 용어'로 인해서 약간씩 다르게 읽힌다. 『청목소』는 다음과 같다.

> '최후의 것이 소멸한다면 최초의 생존(이 있다는 것)은 타당하지 않다. 최후의 것이 소멸하지 않는다고 해도 최초의 생존(이 있다는 것)은 타당하지 않다(p. 362).'

티벳역에서는 '소멸했다면'으로 과거형 시제로 옮겨져 있다. 『쁘라산나빠다』는 다음과 같다.

> '최후의 유(有)가 소멸하였을 때,/ 최초의 유(有)는 타당하지 않다./ 최후의 유(有)가 소멸하지 않았을 때,/ 최초의 유(有)는 타당하지 않다(p. 944).

이것에 대한 비유로 MK(T.K.)와 『쁘라산나빠다』는 씨앗의 소멸과 싹의 발생을 그 예로 들고 있다. 이것은 앞에서도 여러 번 살펴보았던 시간의 전후를 인과의 전후의 관계로 살펴보았을 경우 개념자의 상호 연관성이 성립하지 않는 경우에 해당한다.

འགག་བཞིན་པ་ནི་ཅིག་འགྱུར་ཞིང་།། 'gag bzhin pa ni cig 'gyur zhing//
སྐྱེ་བཞིན་པ་ཡང་གཞན་དུ་འགྱུར།། skye bzhin pa yang gzhin du 'gyur//

> (만약 생이) 소멸하는 동안[871]
> 바로 그 맨 처음의 생이 발생한다면[872]
> 바로 그 소멸하는 동안의 어떤 (생)이 되는 것과
> 발생 동안의 (생)은 또한 다른 것이 된다.[873]

[302. (21-20)]

གལ་ཏེ་འགག་བཞིན་སྐྱེ་བཞིན་དག། gal te 'gag bzhin skye bzhin dag//
ལྷན་ཅིག་ཏུ་ཡང་རིགས་མིན་ན།། lhan cig tu yang rigs min na//
ཕུང་པོ་གང་ལ་འཆི་འགྱུར་བ།། phung po gang la 'chi 'gyur ba//
དེ་ལ་སྐྱེ་བའང་འབྱུང་འགྱུར་རམ།། de la skye ba'ang 'byung 'gyur ram//

> 만약 소멸 중인 (것과) 발생 중인 것들이[874]
> 동시에 (있는 것)도 또한 합당한 것이 아닐 때[875]
> 어떤 (오)온(蘊)에서 죽게 되는 것과
> 그것에서 생하는 것이 또한 발생하겠는가?[876]

....
871. 가정법을 뜻하는 '나(na)'가 쓰였으나 여기서는 '~할 때, ~하는 동안'을 받고 있다.
872. 여기서는 가정법을 뜻하는 '나(na)'로 쓰였다.
873. 바로 앞 게송에서 논박자가 시간의 전후에 대해서 주장하였다면 이것은 발생과 소멸이 동시에 이루어지는 경우에 대한 논파다. 즉, (1) 소멸 중에 발생하는 생과 (2) 발생 중에 발생하는 생으로 두 가지 생이 되는 모순이 생긴다는 뜻이다.
874. 양수(兩數, dual)의 '닥(dag)'이 쓰였다.
875. 말미의 가정법의 '나(na)'를 특정한 조건으로 보고 옮겼다.
876. 의문문을 나타내는 '제두('byed sdud)'가 쓰였다.
  티벳역 게송에서는 2행 말미에 부정형이 들어있으나 다른 한글역 게송에는 문장 말미에 들어 있는 차이가 있다. 만약 발생과 소멸이 함께 존재하는 것이라면, 삶과 죽음이 동시에 존재해야 되지만 그것은 모순이라는 뜻이다.

[303. (21-21)]

དེ་ལྟར་དུས་གསུམ་དག་ཏུ་ཡང་།	de ltar dus gsum dag tu yang//
སྲིད་པའི་རྒྱུན་ནི་མི་རིགས་ན།	srid pa'i rgyun ni mi rigs na//
དུས་གསུམ་དག་ཏུ་གང་མེད་པ།	dus gsum dag tu gang med pa//
དེ་ནི་ཅི་ལྟར་སྲིད་པའི་རྒྱུན།	de ni ci ltar srid pa'i rgyun//

그와 같이 삼세(三世)[877]들[878]에도
바로 그 계속되는 것[輪回]의 상속이 불합리하다면
삼세(三世)들에 존재하지 않는 어떤 것이, (즉)
바로 그것이 어떻게 계속되는 것[輪回]의 상속이겠는가?[879]

||འབྱུང་བ་དང་འཇིག་པ་བརྟག་པ་ཞེས་བྱ་བ་སྟེ་རབ་ཏུ་བྱེད་པ་ཉི་ཤུ་གཅིག་པའོ།།

'발생과 소멸을 살펴보는 것'이라 불리는 제21품

---

877. 과거, 현재, 미래를 뜻한다.
878. 양수(兩數, dual)의 '닥(dag)'이 일반적인 복수(pl.)를 나타내는 경우다.
879. 문장 구조에 따라 직역하였는데 1, 2행에서는 삼세에도 '계속되는 것[輪回]의 상속' 즉, '윤회의 상속'이 불합리하므로 삼세에 존재하지 않는 것에 대해서는 말할 필요도 없다는 뜻이다.

제22품. 여래^{如來}에 대한 고찰[880]

[304. (22-1)]

ཕུང་མིན་ཕུང་པོ་ལས་གཞན་མིན།། phung min phung po las gzhan min//
དེ་ལ་ཕུང་མེད་དེར་དེ་མེད།། de la phung med der de med//
དེ་བཞིན་གཤེགས་པ་ཕུང་ལྡན་མིན།། de bzhin gshegs pa phung ldan min//
དེ་བཞིན་གཤེགས་པ་གང་ཞིག་ཡིན།། de bzhin gshegs pa gang zhig yin//

> (1) (여래는) (오)온(蘊)[881]이 아니고 (2) (오)온과 다른 것도 아니다.
> (3) 그것(여래)에는 (오)온이 존재하지 않고 (4) 그것(오온)에는 그것(여래)이 존재하지 않는다.
> (5) 여래는 (오)온을 갖지 않는다.[882] (이와 같은데)
> 무엇이[883] 여래이겠는가?[884]

---

880. ༎དེ་བཞིན་གཤེགས་པ་བརྟག་པ་ཞེས་བྱ་བ་སྟ་རབ་ཏུ་བྱད་པ་ཉི་ཤུ་གཉིས་པའོ༎
//de bzhin gshegs pa brtag pa zhes bya ba sta rab tu byad pa nyi shu gnyis pa'o//
직역하면 '여래(如來)을 살펴보는 것이라 불리는 제22'이다. 한역으로 「관여래품(觀如來品)」이라고 한다.

총 16게송으로 되어 있는 이 품의 주제는 붓다의 이명인 여래, 즉 '따타가따(tathāgata)'에는 '고유의 성품[自性]이 있느냐?'에 대한 논파다. 티벳어의 '데쉰 셰빠(de bzhin gshegs pa)'는 '따타가따'를 직역한 것인데 '따타가따'를 해자해보면, '그대로 오는 것(tathā+agata, 如來)'과 '그대로 가는 것(tathā+gata, 如去)'이 모두 된다. 이것은 산스끄리뜨어의 '따타가따'에 대한 묘미이기도 하다. 인도에서 이 여래를 붓다의 이명(異名)으로 사용할 때 이와 같은 '그대로 오고 가는' 또는 '오고 감에 그침이 없는 그대로[如]'의 상태인 분'이라는 점을 염두에 두었음만 하다.
즉, 이 품에서 논의하는 주제는 어떤 하나의 고정된 실체, 성품을 지닌 여래가 아니라 무자성한 성품을 지닌 것이 여래라는 뜻이다. 즉 이와 같은 여래의 성품을 한정짓는 희론(戲論)을 배격하는 것이 그 요지다. 여러 게송들이 「제25품. 열반(涅槃)에 대한 고찰」의 요지와 유사하다.

[305. (22-2)]

གལ་ཏེ་སངས་རྒྱས་ཕུང་པོ་ལ།།	gal te sangs rgyas phung po la//
བརྟེན་ནས་རང་བཞིན་ལས་ཡོད་མིན།།	brten nas rang bzhin las yod min//
རང་བཞིན་ལས་ནི་གང་མེད་པ།།	rang bzhin las ni gang med pa//
དེ་གཞན་དངོས་ལས་ག་ལ་ཡོད།།	de gzhan dngos las ga la yod//

> 만약 부처님께서 (오)온에
> 의지한다면[885] (바로 그) 자성 때문에[886] 존재하지 않게 된다.[887]
> 바로 그 자성 때문에 존재하지 않는 것이
> 어떻게 존재하겠는가?[888]

---

881. [BD] 오온(五蘊): 다섯 가지 집합. 5종의 군집. 존재의 다섯 가지 구성 요소. 물질과 정신을 다섯 가지로 분류한 것. 환경을 포함하여 중생의 심신을 5종으로 분석한 것.
  물질 일반 또는 신체인 색온(色蘊),
  감각 또는 단순한 감정인 수온(受蘊),
  마음에 어떤 모양을 떠올리는 표상 작용인 상온(想蘊),
  의지 또는 잠재적 형성력인 행온(行蘊),
  의식 자체로서 구별하여 아는 인식 또는 식별 작용인 식온(識蘊).
  색온은 신체, 나머지는 마음에 관한 것. 이 다섯 가지 이외에 독립된 실체로서의 자아는 없다는 생각이 여기에 깔려 있다. 오음(五陰), 오중(五衆), 오취온(五取蘊).
882. 총 5가지의 경우로 이것에 대해서는 [311. (22-8)]번 게송에서 다시 언급하고 있다. 자세한 내용은 [199. (16-2)]번 게송 각주 참조.
883. '무엇을, 어떻게, 누군가'를 뜻하는 '강쉭(gang zhig)'이 '여래'와 도치된 경우로 보고 옮겼다.
884. 구사론자들뿐만 아니라 불교 (형이상학)에서는 '오온을 떠난 것은 존재하지 않는다'로 규정하고 있다. 즉, 이와 같은 규정, '언설로 표현된 것이 과연 여래의 성품을 표현할 수 있는가?'가 이 품의 주제이다.
885. 탈격[Abl.] '네(nas)'가 쓰였다. 여기서는 원인, 이유, 조건 가운데 조건을 뜻한다.
886. 탈격[Abl.] '레(las)'가 쓰였다. 여기서는 원인, 이유, 조건 가운데 원인, 이유를 뜻하는 것으로 보았다. MK(T.K.)에서는 'through'로 옮겼다.
887. '존재하지 않는다'로 옮길 수도 있으나 의미를 명확하게 하기 위해서 이렇게 옮겼다.
888. 여래, 즉 '따타가따'는 '오온'을 떠났기에 '오고 감에 그침이 없는 분'이라는 뜻이다. 만약 이런 여래가 오온과 관계를 맺고 자성을 띠면 여래라는 그 뜻과 모순이 발생된다.

[306. (22-3)]

གང་ཞིག་གཞན་གྱི་དངོས་བརྟེན་ནས།། gang zhig gzhan gyi dngos brten nas//
དེ་བདག་ཉིད་དུ་མི་འཐད་དོ།། de bdag nyid du mi 'thad do//
གང་ཞིག་བདག་ཉིད་མེད་པ་དེ།། gang zhig bdag nyid med pa de//
ཅི་ལྟར་དེ་བཞིན་གཤེགས་པར་འགྱུར།། ci ltar de bzhin gshegs bar 'gyur//

> 무엇이든 다른 사태[889]에 의지하기 때문에[890]
> 그것이 자성(自性)[891]을 (가지고 있다는 것은) 옳지 않다.[892]
> (바로) 그 자성을 가지고 있지 않은[無自性][893] 어떤 것이
> 어떻게 여래가 되겠는가?[894]

[307. (22-4)]

གལ་ཏེ་རང་བཞིན་ཡོད་མིན་ན།། gal te rang bzhin yod min na//
གཞན་དངོས་ཡོད་པར་ཅི་ལྟར་འགྱུར།། gzhan dngos yod bar ci ltar 'gyur//

---

889. '사태(事態)'에 대한 자세한 내용은 「제1품. 연(緣)에 대한 고찰」, [3. (1-1)]번 각주 및 3권 「해제」 참조.
890. 탈격[Abl.] '네(nas)'가 쓰였다. 여기서는 원인, 이유, 조건 가운데 이유를 뜻한다.
891. 산스끄리뜨어 '스바바바(svabhāva)'는 '자성(自性)'을 뜻하는데 티벳어에서는 일반적으로 '랑쉰(rang bzhin)'이 자성을 뜻한다. 여기서는 앞에서 '자기 자신' 등으로 옮긴 '닥니(bdag nyid)'가 쓰였는데 이것은 '자기 자신의 성품'이라는 뜻으로 '아(我) 그 자체', 즉 '자성'이라는 뜻으로 옮길 수 있다. 『청목소』의 '자성(自性)'도 이에 따른 경우다.
892. 불교의 기본적인 성격, 즉 '무자성(無自性)이 대전제'라는 뜻이다.
893. 일반적으로 '무자성'은 티벳어로 '랑쉰 메빠((rang bzhin med pa)'인데 여기서는 '닥니 메빠(bdag nyid med pa)'가 쓰였다. MK(T.K.)에서는 이 때문인지 '무아'를 뜻하는 'selflessness' 대신에 'which lacks selfhood'라고 옮겼다.
    『청목소』한역은 산스끄리뜨어 '아나뜨만(anātman)'이 '비아(非我)'로 되어 있으나 김성철은 '무아'로 옮겼고, 『쁘라산나빠다』도 마찬가지다.
894. 무자성인 것이 여래의 (자성일) 수는 없다는 의미다. 용수의 논파법의 기본은 '존재하는 것은 비판할 수 있지만, 존재하지 않는 것은 논의할 수도 없다.'는 점이 여기서 명확하게 드러나는데 그는 이와 같은 것을 희론(戱論)이라고 배격한다. 이 게송을 난해하게 하는 것은 무자성이 곧 무아라는 의미상으로 명확하다는 점인데 번역 용어의 통일이 되어 있지 않다는 점이다. 티벳역에서 살펴보았듯 '무아=무자성'일 경우, 각 게송의 의미가 명확해져서 굳이 우리말로 '무아'라고 옮기지 않았다.

རང་བཞིན་དང་ནི་གཞན་དངོས་དག། rang bzhin dang ni gzhan dngos dag//
མ་གཏོགས་དེ་བཞིན་གཤེགས་དེ་གང་།། ma gtogs de bzhin gshegs de gang//

> 만약 자성이 존재하지 않는다면
> 타성(他性)[895]은 어떻게 존재하겠는가?[896]
> 바로 그 자성과 타성(他性)들을
> 떠나서[897] 그 여래는 무엇(이겠는가)?[898]

[309. (22-6)]

གལ་ཏེ་ཕུང་པོ་མ་བརྟེན་བར།། gal te phung po ma brten bar//
དེ་བཞིན་གཤེགས་པ་འགའ་ཡོད་ན།། de bazhin gshegs pa 'ga' yod na//
དེ་ནི་ད་གདོད་བརྟེན་འགྱུར་ཞིང་།། de ni da gdod brten 'gyur zhing//
བརྟེན་ནས་དེ་ནས་འགྱུར་ལ་རག། brten nas de nas 'gyur la rag//

> 만약 (오)온에 의지[緣]하지 않는
> 어떤 여래가 존재했어도[899]
> 바로 그는 (존재하는) 그 순간부터[900] (오온에) 의지[緣]하게 된다. 그리고[901]
> 그 의지함을 통하여,[902] (바로 그렇게) 되는 것으로 (오온을) 얻을[取] 것이다.[903]

---

895. 산스끄리뜨어 게송에서는 자성인 '스바바바(svabhāva)'와 타성인 '빠라바바(parabhāva)'의 대치가 명확한데, 티벳역에서는 타성을 '센뇌뻬(gzhan dngos pa)'를 써서 '다른 사태', '다른 존재'라 쓰고 있다. 이것은 '바바(bhāva)'를 옮기면서 명확한 대치로 된 단어로 만들지 못한 것에서 기인한 듯하다.
896. '외발 찌딸귤(yod bar ci ltar 'gyur)'은 '존재하는 것으로, 무엇으로 되겠는가?'로 여기서는 '외발'과 '찌달'이 도치되어 있는 것으로 보고 옮겼다.
897. '배제하다, 제외하다'는 뜻을 지닌 '마똑(ma gtogs)'이 쓰였다.
898. '자성이 존재하지 않으면 타성도 또한 존재할 수 없다. 이와 같은 상황 속에서 여래는 존재할 수 없다.'는 뜻이다.
899. '외나(yod na)'는 '존재한다면'으로 옮길 수 있는데 TT의 용례에 'if it were, if it existed'가

242

[309. (22-6)]

ཕུང་པོ་རྣམས་ལ་མ་བརྟེན་པར།།   phung po rnams la ma brten par//
དེ་བཞིན་གཤེགས་པ་འགའ་ཡང་མེད།།   de bzhin gshegs pa 'ga' yang med//
གང་ཞིག་མ་བརྟེན་ཡོད་མིན་ན།།   gang zhig ma brten yod min na//
དེས་ནི་ཅི་ལྟར་ཉེར་ལེན་འགྱུར།།   des ni ci ltar nyer len 'gyur//

> (오)온들에 의지하지 않는
> 어떤 여래도 존재하지 않는다.
> 의지하지 않는 어떤 것도 존재하지 않는데[904]
> 바로 그것[의지하지 않음]으로부터 어떻게 (여래가 오온을) 취(取)하겠는가?[905]

....

있고, 가정법의 '나(na)'를 조건으로 보고 이렇게 옮겼다.

900. '다되(da gdod)'는 '지금'이라는 뜻과 함께 'afterwards, henceforth, from now on, at this point' 등의 뜻이 있다.
901. '~고, 그리고'를 뜻하는 '싱(zhing)'이 문장 말미에 쓰여 끊어서 옮겼다.
902. 탈격[Abl.] '레(las)'가 '뗄네 데네(brten nas de nas)'로 반복하여 쓰였다. 여기서는 원인, 이유로 보고 강조를 위해서 이렇게 반복한 것으로 보고 옮겼다.
903. 게송의 의미는 오온과 분리된 채 존재했던 여래라 할지라도 오온과 분리된 채 존재할 수는 없다는 뜻이다. 티벳역 게송에서 4행은 강조를 위해서 탈격[Abl.] '레(las)'를 반복적으로 사용하여 바로 이 점에 대해서 강조하고 있는데 MK(T.K.)에서는 'Through depending on them he would be depend.', 즉 '그것들에 의존함으로써 의존하는 것으로 될 것이다'로 옮겼는데 이것은 동사 '락빠(rag pa)'를 보조동사로 본 경우다.
904. 조건을 뜻하는 '나(na)'를 강조해서 이렇게 옮겼다. 이 3행의 어두의 '강쉭(gang zhig)'을 사물로 받으면 '그 어떤 것도'로, 사람으로 받으면 '그 누구도'로 옮길 수 있다. 여기서는 대전제로 보고 옮겼다.
905. '녤렌(nyer len)'에 대해서는 [200(16-3)]번 게송 각주 참조. 이 게송의 3, 4행에 대해서 『청목소』에서 김성철은 '또 오음(=오온)을 의존(取)하지 않고서는 존재하지 않는 것, 그것이 어떻게 의지(取)하겠는가?'로 옮기고 있다(p. 373). 그리고 『쁘라산나빠다』에서는 '(온들을) 취(取)하지 않은 (여래가) 존재하지 않는데 어떻게 그가 (온들을) 취할 수 있는가?'로 되어 있다(p. 969).
『청목소』 산스끄리뜨어역과 이 티벳역의 가장 큰 차이는 '우빠다(upa√dā)'를 '의지하다'라는 뜻을 지닌 '뗀빠(brten pa)'와 '취하다, 얻다'라는 뜻을 지닌 '녤렌(nyer len)'으로 옮겼다는 점이다. '우빠다'에는 이 두 가지의 뜻이 모두 있다. MK(T.K.)에서는 이 부분을 'If he does not exist without depending on them,/ How could he appropriate them?',

[310. (22-7)]

nye bar blangs pa ma yin pa//
nye bar len pa cis mi 'gyur//
nye bar len pa med pa yi//
de bzhin gshegs pa ci yang med//

취(取)하지 않는 것[906]은 (존재하는 것이) 아니다.
취(取)하지 않는 것은 어떻게 (해도 존재하는 것으로) 되지 않는다!
취(取)함이 존재하지 않는
여래 또한 어떻게 (해도) 존재하지 않는다![907]

[311. (22-8)]

rnams pa lngas ni btsal byas na//
gang zhig de nyid gzhan nyid du//
med pa'i de bzhin gshegs pa de//
nye bar len bas ci ltar gdags//

바로 그 다섯 가지 방법[908]으로 살펴보아도[909]
그 어떤 동일성(同一性)[910]과 상이성(相異性)이

즉 '만약 그(여래)가 그것(오온)들에 의지함이 없이 존재하지 않는다면/ 어떻게 그가 그것들을 받아들일 수 있겠는가?'로 옮기고 있다(p. 445).
　　여기서는 문장 구조에 따라 첨언하여 직역하였다.
906. '녠렌(nyer len)'에서 '렌빠'의 미래형인 '랑빠(blangs pa)'가 쓰였다.
907. 2, 4행의 말미에 쓰인 의문형인 '찌(ci)'와 부정어인 '미(mi)'나 '메(ded)'를 결합하여 강조의 용법으로 보았다. 만약 직역하면 '어떻게 (존재하는 것으로) 되지 않겠는가?'와 '어떻게 또한 존재하지 않겠는가?'로 그 의미가 반대로 된다. 이와 같은 용법은 티벳어의 특징 가운데 부정어가 숨어 있을 경우에 그 의미가 반대로 되는 특징에서 기인한다. 여기서는 강조의 용법 '양(yang)'이 의미상으로 이와 같은 기능을 한다. 이런 문제 때문에 MK(T.K.)에서는 4행을 'How can there be a tathāgata?', 즉 '어떻게 여래가 될 수 있겠는가?'로 옮기고 있다.

> 존재하지 않는 그 여래가
> 취(取)하는 것에 의해서 어떻게 파악되겠는가?[911]

[312. (22-9)]

	gang zhig nye bar blang ba de//
	de ni rang bzhig las yod min//
	bdag gi dngos las gang med pa//
	de gzhan dngos las yod re skan//

> 무엇이든, 그 취(取)하는 것[912]
> 바로 그것은 자성(自性)으로[913] 존재하는 것이 아니다.
> 자신의 사태[自性]로 존재하지 않는 어떤 것이
> 저 다른 사태[他性]로 존재하는 것은 결코[914] (가능하지 않다.)[915]

---

908. 다섯 가지 방법에 대해서는 [199. (16-2)]번과 [304. (22-1)]번 게송 각주 참조.
909. 가정법의 '니(na)'가 쓰였는데 '살펴보다, 조사하다'는 뜻을 지닌 '쵤와('tshol ba)'의 과거형인 '쩰와(btsal)'가 쓰여 있기 때문에 시간의 전후와 조건을 뜻하는 것으로 보고 옮겼다.
910. '데니(de nyid)'는 '그 자체'를 뜻하는데 『쁘라산나빠다』의 주석에 '따뜨바(tattva)'는 '같은 것', 즉 동일성을 뜻하는 '에까뜨바(ekatva)'를 뜻한다고 되어 있어 이에 따랐다(p. 973).
911. '닥빠(gdags pa)'에 대해서는 「제9품. 선행 주체에 대한 고찰」, [127. (9-3)]과 [257. (19-5)] 게송 각주 참조. 여기서는 '인식하다'의 의미로 보고 옮겼다. 이 게송에 대해서『쁘라산나빠다』에서는 '취하는 것'을 '오온'과 같은 것으로 보고 있는데 MK(T.K.)에서는 'appropriation of the aggregates', 즉 오온에 대한 감수 작용, 취하는 것, 인식하는 것에 강조점을 찍고 있다.
912. '녤렌(nyer len)'에서 '렌빠'의 과거형인 '랑빠(blang pa)'가 쓰였다.
913. 탈격[Abl.] '레(las)'가 쓰였다. 여기서는 원인, 이유를 뜻한다. 3, 4행에서도 마찬가지다.
914. 말미에 '레껜(re skan)'이 쓰였는데 'seldom, by no means, never'라는 뜻이 있다.
915. 1, 2행의 취해진 것 또는 취해졌던 것이 오온으로 (파악되는) 것이 자성을 띠지 않고 있다고 하는 것은 불교의 근본이 되는 연기법에 해당한다. 그러므로 3, 4행처럼 자성이 존재하지 않을 경우, 타자에 의해 파악되는 자성이 존재할 수 없는 것은 당연한 이치다.

[313. (22-10)]

དེ་ལྟར་ཉེར་བླང་ཉེར་ལེན་པོ།།　de ltar nyer blang nyer len po//
རྣམ་པ་ཀུན་གྱིས་སྟོང་པ་ཡིན།།　rnam pa kun gyis stong pa yin//
སྟོང་བས་དེ་བཞིན་གཤེགས་སྟོང་བ།།　stong bas de bzhin gshegs stong ba//
ཅི་ལྟ་བུར་ན་འདོགས་པར་འགྱུར།།　ci lta bur na 'dogs par 'gyur//

> 그와 같이 취(取)하는 것[916]과 취하는 자(의)
> 모든 성격[一體相][917]은 공(空)하다.
> 그 공(空)한 것에 의한 공(空)한 여래가
> 어떻게[918] 파악되겠는가?[919]

[314. (22-11)]

སྟོང་ངོ་ཞེས་ཀྱང་མི་བརྗོད་དེ།།　stong ngo zhes kyang mi brjod de//
མི་སྟོང་ཞེས་ཀྱང་མི་བྱ་ཞིང་།།　mi stong zhes kyang mi bya zhing//
གཉིས་དང་གཉིས་མིན་མི་བྱ་སྟེ།།　gnyis dang gnyis min mi bya ste//
གདགས་པའི་དོན་དུ་བརྗོད་པར་བྱ།།　gdags pa'i don du brjod par bya//

> '공하다.'고 말할 수 없고
> '공하지 않다.'고 (말)할 수 없고

---

916. 바로 앞의 게송처럼 '녤랑(nyer blang)'이 쓰였다.
917. 산스끄리뜨어 게송은 '모든 취하는 것과 취하는 자의 성격[體]'인데, 티벳역 게송에서는 운자를 맞추기 위해서 이렇게 옮겨져 있다.
918. '찌딸 불나(ci lta bur na)'는 '어떤 방식'으로 옮길 수 있으나 MK(T.K.)의 'how'처럼 보았다.
919. 개념과 개념자뿐만 아니라 언설로 표현된 모든 것은 한계를 지니고 있다는 점에서, 여래라고 예외일 수는 없다. 이 게송에 대해서『쁘라산나빠다』에서는 구축적인 사유를 통해서 불법을 접한 논박자들의 '깊은 한탄'과 용수의 뜻을 해석한 월칭의 주석이 길게 실려 있다(pp. 976-981). 내용의 요지는 바로 다음 게송의 말로 표현된, 즉 시설(施設)된 불법이 뜻하는 바에 대한 해석의 근본적인 차이다.
　　원문의 '독와('dogs ba)'는 '독빠('dogs pa)'의 오자라 고쳤다.
920. 사구부정의 형식이다.『쁘라산나빠다』에서는 한역을 참조하여 이것을 공(空), 불공(不空),

'둘이다.'와 '둘이 아니다.'⁹²⁰라고 (말)할 수 없다.⁹²¹
(이것들은 오직) 시설(施設)할 목적으로 말하는 것이다.⁹²²

[315. (22-12)]

རྟག་དང་མི་རྟག་ལ་སོགས་བཞི།།　rtag dang mu rtag la sogs bzhi//
ཞི་བ་འདི་ལ་ག་ལ་ཡོད།།　　　zhi ba 'di la ga la yod//
མཐའ་དང་མཐའ་མེད་ལ་སོགས་བཞི།།　mtha' dang mtha' med la sogs bzhi//
ཞི་བ་འདི་ལ་ག་ལ་ཡོད།།　　　zhi ba 'di la ga la yod//

항상(恒常)하거나 무상(無常)하다는 등의 네 (가지)가
이 적정(寂靜)(한 진리)⁹²³에 어떻게 존재하겠는가?
(세상의) 끝이 있거나[有邊] 끝이 없다[無邊]는 등의 네 (가지)가
이 적정(寂靜)(한 진리)에 어떻게 존재하겠는가?⁹²⁴

　　　동(同), 부동(不同)으로 정리하고 있다(p. 982).
921.　1행 말미의 '데(de)'와 3행 말미의 '떼(ste)'는 '학쩨(lhag bcas)'의 기능 가운데 하나인 문장을 종결하는 것으로, 그리고 2행의 '씽(zhing)'은 순접 기능의 접속사로 보고 옮겼다.
922.　의미를 명확하게 하기 MK(T.K.)에 따라 위해서 첨언하였다.
　　　이 게송에 대해서『쁘라산나빠다』는 몇 가지 중요한 내용을 담고 있다.
　　　'그러므로 우리들은 교화를 받을 만한 사람들의 입장을 고려하여 (비존재에 존재를) 갖다 붙여서 세계(世諦)의 관점에 입각해서 세간 관습의 의미로서 '공(空)하다'라고 말하며, 또한 '공하지 않다', '공하며 공하지 않다(空不空)' 그리고 '공하지 않으며 공하지 않은 것은 아니다(非空非不空)'라고 말한다. 그러므로 (나가르주나) 논사는 다음과 같이 말한다. "그러나 시설(施設)하기 위하여 그렇게 말한다(p. 893)."
923.　『청목소』에서 김성철은 이것을 '적정의 경지'라고 옮겼고,『쁘라산나빠다』에서는 '적정한 자'라고 옮겼으나 MK(T.K.)의 'true of the pacified'에 따라 '적정한 진리'로 옮겼다. 진제(眞諦)의 경지나 그 경지에 오른 자를 모두 뜻한다고 봐도 무방하다.
924.　독화살의 비유로 유명한『불설전유경(佛說箭喩經)』의 14난(難) 가운데 1), 2)에 대한 축약이다. 졸저,『용수의 사유』에서 정리한 부분은 다음과 같다(p. 146).

　　　'세계의 시간성과 공간성, 여래의 문제 그리고 영혼 등, 총 4개의 주제로 이루어진 이 형이상적 질문은 아래와 같다.

　　　1) 세계는 영원한가, 아닌가, 둘이[영원하면서 영원하지 않은 것]인가, 둘이가 아닌가?

제22품. 여래에 대한 고찰　247

[316. (22-13)]

གང་གིས་དེ་བཞིན་གཤེགས་ཡོད་ཅེས།།　gang gis de bzhin gshegs yod ces//
འཛིན་པ་སྟུག་པོ་བཟང་གྱུར་བ།།　'dzin ba stug po bzang gyur ba//
དེ་ནི་མྱ་ངན་འདས་པ་ལ།།　de ni mya ngan 'das pa la//
མེད་ཅེས་རྣམ་རྟོག་རྟོག་པར་བྱེད།།　med ces rnam rtog rtog par byed//

> 어떤 자가 '여래는 존재한다.'라는
> 집착을 확고하게 갖춘 자로 완전히 된다면[925]
> 바로 그는 열반[926]에 든 자[여래]에 대해서
> '(여래는) 존재하지 않는다.'라는 분별 망상[927]을 행할 것이다.[928]

....
　　　　2) 세계는 (공간적으로) 유한한가, 무한한가? 둘이인가, 둘이가 아닌가?
　　　　3) 여래는 사후에 존재하는가? 아닌가, 둘이인가? 둘이가 아닌가?
　　　　4) 영혼은 육체와 동일한가, 아니면 다른가?'
925.　직역하였는데 '여래는 존재한다라는 집착에 빠진 자' 정도의 의미다.
926.　일반적으로 열반을 '니르바나(nirvāṇa)'라고 적으며 그 어원을 '니르바(nir√vā)'라고 적고 있는데『청목소』에서 김성철이 '니르바(nir√va)'라고 적은 것은 오자다.), 산스끄리뜨어 게송에서는 '니르브르따(nirvṛta)'가 등장한다. 이것은 '니르브르(nir√vṛ)'에서 파생된 것이다. '니르바나'의 언어적 의미를 '(욕망의 불길을) 끄다'라고 하는데 '니르브르'의 경우는 '(그 욕망의 불길을 끄기 위해 흙 등으로) 덮는다'는 의미다. 자세한 내용은『청목소』, p. 378 참조.
927.　'똑똑빠(rtog rtog pa)'를 '분별 망상'으로 옮겼는데 명사 '똑빠'에는 '망상, 상상, 분별' 등의 뜻이 있다. 티벳어로 분별 망상은 일반적으로 '두셰끼 용수 똑빠('du shes kyi yongs su rtogs pa)'라고 하는데 여기서는 단어의 반복을 통한 강조의 용법으로 보았다. MK(T.K.)에서는 '조작하다, 날조하다'라는 뜻을 지닌 'fabricate'를 썼다.
928.　이 게송을『청목소』에서 김성철은 '그러나 깊은 집착에 붙들려 "여래는 존재한다"라든가 "여래는 존재하지 않는다"라고 분별하는 그런 자는 열반에 든 자에 대해서도 역시 (그렇게) 생각하리라'로 옮겼다(p. 378).『쁘라산나빠다』에서는 '그러나 집착에 사로잡혀서 완강하게 집착하면서/ 여래는 존재한다.'라고 분별하는 자는/ 열반에 든 (여래에) 대하여 '(여래는) 존재하지 않는다.'라고 분별할 것이다.'라고 옮기고 있다(p. 990). MK(T.K.)에서는 'Will have to fabricate his nonexistence/ After having achieved nirvana.', 즉 '(그는 여래가) 열반을 성취한 후/ 그(여래)가 존재하지 않는다는 망상을 가질 것이다.'라고 옮기고 있다.
　　　　이 게송에 대해서『청목소』에서는 두 가지 사건에 대해서 언급하고 있는데 1) 세간의 즐거움을 파괴하는 것, 2) 열반의 道를 파괴하는 것으로 나누고 있다. 1)의 경우는 주로 단견론자의 견해이고 2)는 주로 상견론자의 견해다(pp. 378-388).

[317. (22-14)]

རང་བཞིན་གྱིས་ནི་སྟོང་དེ་ལ།།　　rang bzhin gyis ni stong de la//
སངས་རྒྱས་མྱ་ངན་འདས་ནས་ནི།།　　sangs rgyas mya ngan 'das nas ni//
ཡོད་དོ་ཞེ་འམ་མེད་དོ་ཞེས།།　　yod do zhe 'am med do zhes//
བསམ་པ་འཐད་པ་ཉིད་མི་འགྱུར།།　　bsam pa 'thad pa nyid mi 'gyur//

> 바로 그 (여래의) 자성이 공하기 때문에[929]
> 부처님께서 열반에 (드신) 이후[930]
> '존재한다'거나 '존재하지 않는다'는[931]
> 생각은 결코[932] 옳지 않다.[933]

[318. (22-15)]

གང་དག་སངས་རྒྱས་སྤྲོས་འདས་ཤིང་།།　　gang dag sangs rgyas spros 'das shing//
ཟད་པ་མེད་ལ་སྤྲོས་བྱེད་པ།།　　zad pa med la spros byed pa//
སྤྲོས་པས་ཉམས་པ་དེ་ཀུན་གྱིས།།　　spros pas nyams pa de kun gyis//
དེ་བཞིན་གཤེགས་པ་མཐོང་མི་འགྱུར།།　　de bzhin gshegs pa mthong mi 'gyur//

> (세간의) 사람들은 부처님께서는 (이미) 희론(戲論)[934]을 넘어섰고
> 다함이 없는데도[不滅][935] 희론(戲論)을 행한다.[936]

---

929. '라둔(la 'dun)'의 '라(la)'가 쓰였는데 여기서는 원인, 이유를 뜻한다.
930. 여기에 쓰인 탈격[Abl.] '네(nas)'는 시간의 전후를 뜻한다.
931. 직, 간접 인용을 뜻하는 '셰(zhes)'가 쓰였는데 MK(T.K.)에서는 바로 앞 게송의 『불설전유경(佛說箭喩經)』의 14난(難)에 대한 축약이라고 언급하고 있다.
932. 강조사[Emp.] '니(ni)'가 '테빠('thad pa)'에 첨언되어 있어 이렇게 옮겼다.
933. 이 게송의 3행에서 존재하는 주체가 여래 또는 붓다의 가능성이 있는데 모든 역본들은 동일하게 붓다로 보고 있다. 다만 1행에서『쁘라산나빠다』에서는 붓다의 자성이 공하다고 보고 있으며(p. 992), 『청목소』에서 김성철은 여래의 자성으로 보고 있다(p. 379). MK(T.K.)에서는 'he'로 받고 있으나 주석의 내용에서 '여래'를 지칭하고 있다(p. 449).
　　앞의 게송들과 같이 읽어보면 여래가 공한 존재이기 때문에 깨달음을 얻은 재[붓다]되어 열반에 든 이후에 형이상학적인 질문을 한다는 것은 옳지 않다는 뜻이다.

> 희론(戱論)이, 모든 것을 악화시키는 (바로) 그것이
> 여래를 보지 못하게 한다.[937]

[319. (22-16)]

དེ་བཞིན་གཤེགས་པའི་རང་བཞིན་གང་། །   de bzhin gshegs pa'i rang bzhin gang//
དེ་ནི་འགྲོ་འདིའི་རང་བཞིན་ཡིན། །   de ni 'gro 'di'i rang bzhin yin//
དེ་བཞིན་གཤེགས་པ་རང་བཞིན་མེད། །   de bzhin gshegs pa rang bzhin med//
འགྲོ་འདི་ཡི་རང་བཞིན་མེད། །   'gro 'di yi rang bzhin med//

> 여래의 자성(自性)이 무엇이든
> 바로 그것이 세간 (중생)[938]의 자성이다.
> 여래의 자성은 존재하지 않는다.
> 세간 (중생)의 자성(도) 존재하지 않는다.[939]

༎དེ་བཞིན་གཤེགས་པ་བརྟག་པ་ཞེས་བྱ་བ་སྟེ་རབ་ཏུ་བྱེད་པ་ཉི་ཤུ་གཉིས་པའོ༎

'여래(如來)를 살펴보는 것'이라 불리는 제22품

---

934. 희론(戱論)에 대해서는 귀경게 각주 참조.
935. '제빠 메빠(zad pa med la)'는 다함이 없다는 뜻인데 『쁘라산나빠다』에서는 '무멸(無滅)'로 옮기고 있다. 『청목소』 한역에는 빠져 있는 부분이다.
936. 1, 2행은 붓다의 성품에 대한 이야기인데, 티벳어 문장 구조가 이렇게 되어 있어 옮겼다. 행을 무시하면 '희론을 넘어서 있고 다함이 없는 부처님께'로 옮길 수 있다. 이렇게 하면 '라둔(la 'dun)'의 '라(la)'가 목적격[Acc.]으로 명확하게 드러난다. MK(T.K.)에서는 1행의 '그리고, ~와'를 뜻하는 '섕(shing)'을 생략하고 산스끄리뜨어 구조에 따라 'the Buddha-/ The unextinguished one who has gone beyond all fabrication-', 즉 '부처님, 일체의 희론을 넘으신 다함이 없는 분'으로 옮겼다(p. 450).
937. 이 게송에서 중요한 것은 언설로 표현된 것을 희론(戱論)으로 보는 불교적 관점이다.
938. 티벳어 '도와('gro ba)'에는 '중생'이라는 뜻이 더 강하다. 이 때문인지 MK(T.K.)에서는 'transmigrator', 즉 '윤회하는 중생'이라고 옮기고 있다. 산스끄리뜨어 게송을 살펴보면, '감(√gam)'에서 파생된 '가따뜨(jatat)'로, 'this world'라는 뜻과 함께 '중생'이라는 뜻도 있다. MK(T.K.)를 간과할 수 없어 '세간 (중생)'으로 옮겼는데 1행에서 '여래'라는 '인격체'를 상정하면 '중생'으로 받은 MK(T.K.)도 수긍할 만하다.
939. 여래의 무자성뿐만 아니라 세간이 무자성한 곳이기에 변화가 가능하다는 의미다.

제23품. 전도顚倒에 대한 고찰[940]

【문】[941]

[320. (23-1)]

འདོད་ཆགས་ཞེ་སྡང་གཏི་མུག་རྣམས།། 'dod chags zhe sdang gti mug rnams//
ཀུན་ཏུ་རྟོག་ལས་འབྱུང་བར་གསུངས།། kun tu rtog las 'byung bar gsungs//
སྡུག་དང་མི་སྡུག་ཕྱིན་ཅི་ལོག། sdug dang mi sdug phyin ci log//
བརྟེན་པ་ཉིད་ལས་ཀུན་ཏུ་འབྱུང་།། brten pa nyid las kun tu 'byung//

(부처님께서는) 탐욕[貪]·성냄[瞋]·어리석음[癡] 등(의)
(삼독은) 분별로부터[942] 발생한다고 말씀하셨다.
(이것들은) 정(淨)과 부정(不淨), (그리고) 전도(顚倒)에[943]
연(緣)한 것 자체[緣起性]로부터 모두 발생한다.[944]

---

940. ‖ཕྱིན་ཅི་ལོག་བརྟག་པ་ཞེས་བྱ་བ་སྟེ་རབ་ཏུ་བྱེད་པ་ཉི་ཤུ་གསུམ་པའོ།།
//phyin ci log brtag ba zhes bya ba ste rab tu byed pa nyi shu gsum pa'o//

직역하면 '전도(顚倒)를 살펴보는 것'이라 불리는 제23'이다. 한역으로 「관전도품(觀顚倒品)」이라고 한다.

한역은 총 24, 산스끄리뜨어와 티벳어는 총 25게송으로 되어 있다. 이 품에서 논파하는 주제는 탐진치(貪瞋癡) 등의 3독과 이것들을 발생하게 하는 어리석음, 즉 '전도된 견해 따위를 고정된 실체'로 보는 것이다. 게송 가운데 논박자의 주장과 공(空)의 입장에 따른 설명이 나와 있다.

MK(T.K.)에서는 '전도(顚倒)'를 'error'라고 옮기고 있는데 '친찌록(phyin ci log)'을 해자해보면 '움직이는 방향이 바뀌는 것'으로, 한문의 '전도'와 일치한다. '방향이 역전된(reversed)'인 '과실, 오류(error)'라는 뜻으로 사용한 듯하다.

941. 부처님의 가르침을 예로 든 논박자의 주장이다.
942. '분별'로 옮긴 '꾼두 똑빼(kun tu rtog pa)'를 해자해보면 '모든 것을 나누다, 헤아리다'는

251

【답】[945]

[321. (23-2)]

གང་དག་སྡུག་དང་མི་སྡུག་དང་།། gang dag sdug dang mi sdug dang//
ཕྱིན་ཅི་ལོག་ལས་བརྟེན་འབྱུང་བ།། phyin ci log las brten 'byung ba//
དེ་དག་རང་བཞིན་ལས་མེད་དེ།། de dag rang bzhin las med de//
དེ་ཕྱིར་ཉོན་མོངས་ཡང་དག་མེད།། de phyir nyon mongs yang dag med//

> 어떤 것들, (즉) 정(淨)과 부정(不淨) 그리고
> 전도(顚倒)로부터 의지하여[緣] 발생하는[起] 것(들),[946]
> 그것들은 자성 때문에[947] 존재하지 않는 것이다.[948]
> 그러므로 번뇌(煩惱)는 진실로 존재하지 않는 것이다.[949]

....

뜻인데, 하나의 단어로 되어 있어 이에 따랐다. TT에 'conception, discursive thoughts'라는 용례가 있는데 이것에 따르면 '개념화 작업'에 따라서 발생한다고 볼 수 있다.
이 품에서는 '~로부터'를 뜻하는 탈격[Abl.] '레(las)'가 두루 쓰이고 있어 이하 종종 생략하기로 하겠다.

943. 이 3행에 대해서 『청목소』에서 김성철은 '정(靜)과 부정의 뒤바뀜'으로 옮기고 있으니(p. 383), 다른 역본들은 모두 정·부정, 전도, 즉 세 가지에 연해서 발생한다고 되어 있어 이에 따랐다. '정'으로 옮긴 '둑빠(sdug pa)'는 '고(苦)'를 뜻하는 '둑넬(sdug bsngal, 보통 '둥엘'로 소리난다)'의 '둑'과 같은 단어로, '유쾌하다, 기쁘다, 즐겁다'는 뜻과 함께 정반대인 '나쁘다, 악하다'는 뜻도 있다. 이것은 세속의 감정이란 높고 낮게 '바뀌는 것'이라는 점에서 비롯된 것이거나 '둑넬'의 약어로 '둑빠'만 사용되어 생긴 문제로 보인다. 『장한사전』에는 '희(喜), 락(樂), 비(悲)' 등의 뜻이 있다고 하는데 여기서는 '좋다'는 뜻을 지닌 산스끄리뜨어 '쑤바(śubha)'를 그대로 옮긴 듯하다. 이에 따라 옮기면 '좋고, 나쁨, 그리고 그것이 뒤섞인 것' 정도 된다. 『청목소』에 따라 '정(靜)'이라고 옮겼는데 '맑고 깨끗한 것이 좋다'라는 의미로 청목은 이 단어를 고른 듯하다. MK(T.K.)에서는 'the pleasant, the unpleasant, and errors'로, '좋은 것, 나쁜 것, 그리고 그것이 전도된 것'으로 보고 옮기고 있다.

944. 산스끄리뜨어 원문에는 '왜냐하면 ~하기 때문이다'를 뜻하는 '히(hi)'가 들어 있으나 티벳어 원문에는 이와 같은 표현이 없고 MK(T.K.)에서도 이것을 생략하고 있어 이에 따랐다.

945. 용수의 논파다.

946. MK(T.K.)는 이 문장을 'Since'로 받고 있다.

947. 탈격[Abl.] '레(las)'가 쓰였다. 여기서는 의미를 명확하게 하기 위해서 '때문에'라고

[322. (23-3)]

བདག་གི་ཡོད་ཉིད་མེད་ཉིད་ནི།། bdag gi yod nyid med nyid ni//
ཅི་ལྟ་བུར་ཡང་གྲུབ་པ་མེད།། ci lta bur yang grub pa med//
དེ་མེད་ཉོན་མོངས་རྣམས་ཀྱི་ནི།། de med nyon mongs rnams kyi ni//
ཡོད་ཉིད་མེད་ཉིད་ཅི་ལྟར་འགྲུབ།། yod nyid med nyid ci ltar 'grub//

> 자신[我]의 존재성과 비존재성,[950] 바로 (그런 것들은-)[951]
> 어떤 방식으로도 성립하지 않는다.
> 그것들이 존재하지 않는다(면),[952] 번뇌들의 바로 그
> 존재성과 비존재성이 어떻게 성립하겠는가?[953]

[323. (23-4)]

ཉོན་མོངས་འདི་དག་གང་གི་ཡིན།། nyon mongs 'di dag gang gi yin//
དེ་ཡང་གྲུབ་པ་ཡོད་མ་ཡིན།། de yang grub pa yod ma yin//
འགའ་མེད་པར་ནི་གང་གི་ཡང་།། 'ga' med par ni gang gi yang//
ཉོན་མོངས་པ་དག་ཡོད་མ་ཡིན།། nyon mongs pa dag yod ma yin//

　　옮겼다.
948. '학쩨(lhag bcas)'인 '데(de)'가 쓰였다. 여기서는 다음 4행의 어두와 어울리게 의미 없는 첨언인 접속사로 보고 옮겼다.
949. 정리하자면,
만약 어떤 것이 연기에 의한 것이라면 곧 자성이 없다면[대전제],
정과 부정, 전도된 것으로부터 발생하는 번뇌 또한 마찬가지라는 뜻이다[예].
950. '있다, 존재하다'라는 뜻을 지닌 '외빼(yod pa)'에 '~성(性), 자체'를 뜻하는 '니(nyid)'가, '없다, 존재하지 않는다'라는 뜻을 지닌 '메빼(med pa)'에 '니(nyid)'가 붙은 것으로, 있음과 없음, 유무(有無) 등으로 옮길 수 있다.
951. 여기서는 '니니(nyid ni)'가 쓰여 3행 말미의 강조사[Emp.] '니(ni)'와 운율을 이루고 있다.
952. 의미를 명확하게 하기 위하여 가정법을 첨언하였다. MK(T.K.)는 'Without that'으로 되어 있다.
953. 문장 구조는 바로 앞의 게송처럼, 대전제로 자성 때문에 존재하지 않는 것을 두고 그 예를 설명하는 식이지만 강조의 의문형으로 되어 있다.

> '이 번뇌(들)은 누군가의 (것 =我所)이다'(는)
> 그것도 역시 성립하지 않는다.
> (왜냐하면) 그 어떤 자가 존재하지 않기 때문에. (그러므로) 누군가의 (것)이라는
> (그) 번뇌들은 존재하지 않는다.[954]

[324. (23-5)]

རང་ལུས་ལྟ་བཞིན་ཉོན་མོངས་རྣམས།། rang lus lta bzhin nyon mongs rnams//
ཉོན་མོངས་ཅན་རྣམ་ལྔར་མེད།། nyon mongs can rnam lngar med//
རང་ལུས་ལྟ་བཞིན་ཉོན་མོངས་ཅན།། rang lus lta bzhin nyon mongs can//
ཉོན་མོངས་པ་ལ་རྣམ་ལྔར་མེད།། nyon mongs pa la rnam lngar med//

> 유신견(有身見)[955](이 논파되는 것)처럼[956] 번뇌들은
> 번뇌를 가진 자를 (대상으로) 다섯 가지 방법[957]으로 (살펴보아도) 존재하지 않는다.
> 유신견(有身見)(이 논파되는 것)처럼 번뇌를 가진 자는
> 번뇌라는 것[958]을 (대상으로) 다섯 가지 방법으로 (살펴보아도) 존재하지 않는다.[959]

....

954. 바로 앞의 아(我)의 존재성과 비존재성이 성립하지 않으므로 번뇌도 또한 존재하지 않는다는 것에 연속된 게송으로 '누군가의 (것)'이라고 옮긴 '강기(gang gi)'는 소유격 [Gen.]을 뜻하므로 '아소(我所)'에 해당한다.
955. '유신견(有身見)'으로 옮긴 '랑뤼따(rang lus lta)'를 해자해보면, '자기 스스로 몸을 (가졌다는) 견해' 정도 되는데 이것은 산스끄리뜨어 '스바까야드르스띠(svakāyadṛṣṭi)'를 직역한 것이다. 동의어로는 '사뜨까야드르스띠(satkāyadṛṣṭi)', 유사어로는 '아뜨마드르스띠(ātmadṛṣṭi)', '아뜨마바다(ātmavāda)'로 나와 있다. 『쁘라산나빠다』, p. 1012 참조. 이것에 미루어보아 '아견'의 이명으로, 아(我)와 아소(我所)가 존재한다는 견해를 뜻한다.
956. 의미를 명확하게 하기 위해서 『쁘라산나빠다』처럼 첨언하였다.
957. '다섯 가지 방법'에 대한 자세한 내용에 대해서는 [199. (16-2)]번 게송 각주 참조
958. '번뇌'를 뜻하는 '번뇌(nyon mongs)'에 '~하는 것, ~하는 자'를 뜻하는 명사형 '빠(pa)'가

254

[325. (23-6)]

	sdug dang mu sdug phyin ci log//
	rang bzhin las ni yod min na//
	sdug dang mi sdug phyin ci log//
	brten nas nyon mongs gang dag yin//

> 정(淨)과 부정(不淨) 그리고 전도(顚倒)가
> 바로 그 자성으로 존재하지 않는다면
> 정(淨)과 부정(不淨) 그리고 전도(顚倒)가
> 의지하여[緣] (발생하는[起]) 그 번뇌라는 것들이 (어떻게) 존재하겠는가?[960]

【문】[961]

[326. (23-7)]

	gzugs sgra ro dang reg pa dang//
	dri dang chos dang rnam drug ni//
	gzhi ste 'dod chags zhe sdang dang//
	gti mug gi ni yin bar brtags//

첨언되었는데 강조의 첨언으로 보고 옮겼다.

959. 이 부분은 「제18품. 아(我)와 법(法)에 대한 고찰」, [242. (18-2)]~[245. (18-5)]번 게송의 아(我)와 아소(我所)의 논파와 동일한 주제다. [241. (18-1)]번 게송에서처럼 『쁘라산나빠다』에 '아까라(ākāra)'가 다시 등장했다(p. 1013).

960. 정과 부정 그리고 전도가 '자성을 갖춘', 즉 '불변의 성격을 갖춘 것'으로 존재하지 않는다면, 바로 그것에 연하여 발생하는 '번뇌' 또한 실체를 가진 존재가 아니라는 뜻이다. 일반적으로 '존재하다, 있다'를 뜻하는 '외빼(yod pa)'가 '어떤 것들'을 뜻하는 '강덕(gang dag)'을 받는데 여기서는 '이다'를 뜻하는 '인(yin)'이 받고 있다. 의미상으로는 같다고 보고 옮겼다.

961. 구사론자인 논박자의 주장이다.

'색(色)·성(聲)·향(香)과 미(味)와
촉(觸)과 법(法) 등의 바로 그 여섯 가지
바탕[六入處], 그것이 탐욕[貪](과) 성냄[瞋] 그리고
어리석음[癡]의 바로 그 (바탕)이다.'라고[962] 분별되었다.[963]

【답】[964]

[327. (23-8)]

	gzugs sgra ro dang reg pa dang//
	dri dang chos dag 'ba' zhi ste//
	dri za'i grong khyer lta bu dang//
	smig rgyu rmi lam 'dra ba yin//

'색(色)·성(聲)·향(香)과 미(味)와
촉(觸)과 법(法) 등, 그것은[965] 다만
건달바성과 같고
신기루나 꿈과 같다.[966]

[328. (23-9)]

| | sgyu ma'i skyes bu lta bu dang// |

---

962. '라둔(la 'dun)'의 'r'을 인용문을 가리키는 것으로 보고 옮겼다.
963. 육근(六根)인 감각 기관, 안이비설신의(眼耳鼻舌身意)에 의해서 포착된 감각인 육입(六入)인 색성향미촉법(色聲香味觸法)이 존재한다는 뜻이다.
   '분별하다, 고찰하다, 연구하다' 등의 뜻이 있는 '똑빼(rtog pa)'의 과거형인 '딱빼(brtags pa)'가 쓰였다.
964. 용수의 논파다.
965. '학쩨(lhag bcas)'의 '떼(ste)'가 앞에 열거된 육입을 모두 받는 것으로 보고 옮겼다.
966. 다른 판본들과 달리 『청목소』 한역 게송에서만 '공(空)'이 등장하는데 3, 4행의 비유는 [240. (17-33)]번 게송의 3, 4행과 같다.

གཟུགས་བརྙན་འདྲ་བ་དེ་དག་ལ།། gzugs brnyan 'dra ba de dag la//
སྡུག་པ་དང་ནི་མི་སྡུག་པ།། sdug pa dang ni mi sdug pa//
འབྱུང་བར་ཡང་ནི་ག་ལ་འགྱུར།། 'byung bar yang ni ga la 'gyur//

> 환술(幻術=māyā)로 생긴 아이와 같고[967]
> 그림자 같은 그것들에
> 바로 그 정(淨)과 부정(不淨)이 (의지하여[緣])
> 발생하는[起] (번뇌라는 것도) 마찬가지로[968] 어떻게 (가능하게) 되겠느냐?[969]

[329. (23-10)]

གང་ལ་བརྟེན་ནས་སྡུག་པ་ཞེས།། gang la brten nas sdug pa zhes//
གདགས་པར་བྱ་བ་མི་སྡུག་པ།། gdags par bya ba mi sdug pa//
སྡུག་ལ་མི་ལྟོས་ཡོད་མིན་པས།། sdug la mi ltos yod min pas//
དེ་ཕྱིར་སྡུག་པ་འཐད་མ་ཡིན།། de phyir sdug pa 'thad ma yin//

> '어떤 것에 의지하여[緣] 정(淨)한 것이다.'라는 말은[970]
> 결합되는 대상이 부정(不淨)하다(는 뜻이다.)
> 정(淨)한 것에 의지하지 않는 [부정(不淨)한] 것은 존재하지 않는다.[971]
> 그러므로 정(淨)한 것(이라는 정의는) 옳지 않다.

---

967. 『청목소』한역에서는 '환화인(幻化人)'으로 되어 있다. '규매 께뷰(sgyu ma'i skyes bu)'를 직역하면 '환술로 생겨난 아이'라는 뜻이라 이에 따라 옮겼다.
968. 직역하였는데 '양니(yang ni)' 등 강조사[Emp.] 첨언을 빼고 옮기면 '발생하는 것이 어떻게 가능하겠느냐?' 정도 된다.
969. 육입 자체가 실체가 없는 것이므로 이에 따른 것도 가능하지 않다는 뜻이다. 전체적으로 [325. (23-6)]번 게송에서 반복된 축약을 첨언하여 옮겼다.
970. 인용을 뜻하는 '셰(zhes)'가 쓰여 있어 이에 따라 직역하였다.
971. 상대적인 개념자는 별도로 존재할 수 없다는 뜻은 명확한데, 역본들마다 차이가 조금씩이다.
    『청목소』에서 김성철은 '淨에 의존하지 않는 不淨은 존재하지 않는다. 그것에 연하여

[330. (23-11)]

གང་ལ་བརྟེན་ནས་མི་སྡུག་པར།།	gang la brten nas mu sdug par//
གདགས་པར་བྱ་བ་སྡུག་པ་ནི།།	gdags par bya ba sdug pa ni//
མི་སྡུག་མི་ལྟོས་ཡོད་མིན་པས།།	mi sdug mi ltos yod min bas//
དེ་ཕྱིར་མི་སྡུག་འཐད་མ་ཡིན།།	de phyir mi sdug 'thad ma yin//

'어떤 것에 의지하여[緣] 부정(不淨)한 것'이라는[972] (말은)
결합되는 대상이 바로 정(淨)하다(는 뜻이다.)
부정(不淨)한 것에 의지하지 않는 [정(淨)한] 것은 존재하지 않기 때문에,[973]
그러므로 부정(不淨)한 것(이라는 정의는) 옳지 않다.[974]

[331. (23-12)]

སྡུག་པ་ཡོད་པ་མ་ཡིན་ན།།	sdug pa yod pa ma yin na//

淨이 있다고 우리들은 이해해야 한다. 그러므로 淨은 결코 성립하지 않는다(p. 390).'라고 옮겼으며, 『쁘라산나빠다』에서는 '정(淨)에 의존하지 않으면, 부정(不淨)은 존재하지 않는다./ 우리들은 그것에 연(緣)하여 정(淨)을 정의한다./ 그러므로 정(淨)은 결코 타당하지 않다(p. 1024).'로 되어 있다.

    MK(T.K.)는
    The unpleasant, depending on which
    The pleasant is imputed,
    Cannot exist without depending on the pleasant.
    Therefore, the pleasant is not tenable(p. 460).

    그 부정한 것은, 의존하고 있는
    그 정한 것이 오염된 것이라,
    정한 것에 의존함이 없이는 존재하지 않는다.
    그러므로 정한 것이라는 (정의는) 옳지 않다.

    역본들마다의 차이에서 4행의 '정한 것은 옳지 않다'는 점과 그 이유를 정과 부정의 상호 관계성에서 찾고 있다는 점에서 동일하다.

972. '라둔(la 'dun)'의 'r'을 인용으로 보고 옮겼다.
973. 3행 말미에 쓰인 '빼(pas)'의 도구격[Ins.] 's'를 원인, 이유로 보고 옮겼다.
974. 바로 앞의 게송과 대구를 이루고 있다.

འདོད་ཆགས་ཡོད་པར་ག་ལ་འགྱུར།། 'dod chags yod par ga la 'gyur//
མི་སྡུག་ཡོད་པ་མ་ཡིན་ན།། mi sdug yod pa ma yin na//
ཞེ་སྡང་ཡོད་པར་ག་ལ་འགྱུར།། zhe sdang yod par ga la 'gyur//

> 정(淨)한 것이 존재하지 않는다면
> 탐욕[貪]이 존재하는 것이 어떻게 (가능하게) 되겠느냐?
> 부정(不淨)한 것이 존재하지 않는다면
> 성냄[瞋]이 존재하는 것이 어떻게 (가능하게) 되겠느냐?[975]

[332. (23-13)]

གལ་ཏེ་མི་རྟག་རྟག་པ་ཞེས།། gal te mi rtag rtag pa zhes//
དེ་ལྟར་འཛིན་པ་ལོག་ཡིན་ན།། de ltar 'dzin pa log yin na//
སྟོང་ལ་མི་རྟག་ཡོད་མིན་པས།། stong la mi rtag yod min pas//
འཛིན་པ་ཅི་ལྟར་ལོག་པ་ཡིན།། 'dzin pa ci ltar log pa yin//

> 만약 '무상(無常)에 항상(恒常)이 (존재한다)'는 것,[976]
> 그와 같은 집착이 전도된 것이라면
> '공(空)에[977] 무상(無常)이 존재하지 않는다'는 것,[978]
> (이와 같은) 집착이 어떻게 전도된 것이겠는가?[979]

---

975. 문법적으로는 어려운 것이 없는 대구로 이루어진 게송이다. 정(淨)과 탐욕[貪], 그리고 부정(不淨)과 성냄[瞋]의 관계에 대해서 김성철은 『청목소』의 이 품의 도입부에서 '탐욕(性慾)은 자신이나 異性의 몸이 淨하다는 생각 때문에 가까이 가는 마음이고 진애(화내는 마음)는 不淨하다고 생각하여 멀리 배척하는 마음으로 그 둘은 모두 상반된 심리작용이다. 이 모두가 緣起 實相을 모르고 <무엇이 있다>고 보는 어리석음(愚癡)에서 비롯되었기에 삼독심의 근원은 동일하다고 볼 수 있다.' 그리고 그 대치법에 대해서 탐심은 부정관, 분심은 자비관, 치심은 연기관이라고 소개하고 있다(pp. 383-384).
976. 인용을 뜻할 때 사용하는 '셰(zhes)'가 사용되었다.
977. '라둔(la 'dun)'의 '라(la)'를 처격[Loc.]으로 보고 옮겼다.
978. 공(空)에서 '무상(~A)이 존재하지 않는다(~)'는 것은 '항상하는 것이 존재하다'는 뜻이지

만 여기서는 다음 게송과 함께 같이 읽을 필요가 있다.

3행 말미에 쓰인 '빼(pas)'의 도구격[Ins.] 's'를 원인, 이유로 보고 옮길 수도 있겠으나 다음 게송을 통해서 살펴볼 때 1행의 '셰(zhes)'가 축약되어 's'만 남은 경우로도 볼 수 있어 이에 따라 인용으로 보고 옮겼다.

『청목소』에는 '(그러나) 모든 존재의 자성이 空한 가운데서는 常住한 존재하지 않는다.'는 첨언이 들어 있다(p. 392).

979. 전체적으로 조건절이 사용된 게송으로 구조를 살펴보면, 1, 2행의 '만약 ~이라면(If it is ~)', 3행의 '그렇지 않을 경우(it is not)', 4행의 '~이 어떻게 가능하겠느냐(how is it ~)?'의 구조를 취하고 있다. 그러나 이와 같은 구조에서 1행의 '무상에 항상'이, 3행의 '공에서 무상'으로 전제가 확충, 또는 바뀌는 관계로 그 구조가 명확하게 드러나 보이지 않고 있는 셈이다.

그러나 게송 전체에서 그 의미가 불분명하게 보이는 것은 티벳어의 특징인 전제에 '삼중부정[~(~(~))]'이 있을 경우, 거꾸로 해석되는 것에서 비롯된 것이다. 즉, 다음 게송과 함께 살펴보면 전도된 것은 존재할 수 없다는 뜻이다.

『쁘라산나빠다』에는 4종의 전도된 견해에 대해서 실려 있는데 이를 정리하면(pp. 1029-1030),

1. 무상(無常) 속에 상(常)이 존재한다. ⇒ 상(常)
2. 불고(不苦) 속에 고(苦)가 존재한다. ⇒ 락(樂)
3. 무아(無我) 속에 아(我)가 존재한다. ⇒ 아(我)
4. 부정(不淨) 속에 정(淨)이 존재한다. ⇒ 정(淨)

이것을 통해 살펴보면, 상(常)·락(樂)·아(我)·정(淨)이 어떤 그릇된 견해에 바탕을 두고 있는지 명확하게 알 수 있다.

이 게송을 통해서 살펴보면, 공(空)이라는 '개념'은 상(常)/무상(無常), 고(苦)/불고(不苦), 아(我)/무아(無我), 정(淨)/부정(不淨) 등 8불(八不) 중도뿐만 아니라 상호 대립적 개념자들을 여읜 경계이자, 결코 언설로 표현될 수 없다는 것을 알 수 있다.

이것은 신(身)·수(受)·심(心)·법(法)의 사념처와 일맥상통하는데 순서는 약간 다르다.
[BD] 사념처(四念處): 신역(新譯)은 사념주(四念住). 소승의 수행자가 3현위(賢位)에서 5정심관(停心觀) 다음에 닦는 관(觀). 신념처(身念處)·수념처(受念處)·심념처(心念處)·법념처(法念處).

(1) 신념처: 부모에게 받은 육신이 부정하다고 관하는 것.
(2) 수념처: 우리의 마음에 낙이라고 하는 음행·자녀·재물 등을 보고, 낙이라 하는 것은 참 낙이 아니고, 모두 고통이라고 관하는 것.
(3) 심념처: 우리의 마음은 항상 그대로 있는 것이 아니고, 늘 변화 생멸하는 무상한 것이라고 관하는 것.
(4) 법념처: 위의 셋을 제하고, 다른 만유에 대하여 실로 자아(自我)인 실체(實體)가 없으며, 또 나에게 속한 모든 물건을 나의 소유물이라고 하는데 대해서도, 모두 일정한 소유자(所有者)가 없다고, 무아관(無我觀)을 하는 것.

이 사념처관을 신(身)·수(受)·심(心)·법(法)의 순서로 따로따로 관하는 것을 별상념처관(別相念處觀), 총합하여 관하는 것을 총상념처관(總相念處觀)이라 함.

[333. (23-14)]

གལ་ཏེ་མི་རྟག་རྟག་གོ་ཞེས།། gal te mi rtag rtag go zhes//
དེ་ལྟར་འཛིན་པ་ལོག་ཡིན་ན།། de ltar 'dzin pa log yin na//
སྟོང་ལ་མི་རྟག་པའོ་ཞེས།། stong la mi rtag pa'o zhes//
འཛིན་པའང་ཅི་ལྟར་ལོག་མ་ཡིན།། 'dzin pa'ng ci ltar log ma yin//

> 만약 '무상(無常)에 항상(恒常)이 (존재한다)'는 것,
> 그와 같은 집착이 전도된 것이라면
> '공(空)에 무상(無常)이 존재한다'는 것,[980]
> (이와 같은) 집착도 또한 어떻게 전도된 것이 아니겠는가?[981]

[334. (23-15)]

གང་གིས་འཛིན་དང་འཛིན་གང་དང་།། gang gis 'dzin dang 'dzin gang dang//
འཛིན་པ་པོ་དང་གང་གཟུང་བ།། 'dzin pa po dang gang gzung ba//
ཐམས་ཅད་ཉེ་བར་ཞི་བ་སྟེ།། thams cad nye bar zhi ba ste//

신(身)·수(受)·심(心)·법(法)에 따라 나누어보면 다음과 같다.

　　신(身): 정(淨)/부정(不淨) ⇒ 정(淨)
　　수(受): 고(苦)/불고(不苦) ⇒ 락(樂)
　　심(心): 상(常)/무상(無常) ⇒ 상(常)
　　법(法): 아(我)/무아(無我) ⇒ 아(我)

980. 인용을 뜻할 때 사용하는 '셰(zhes)'가 사용되었다. 공(空)에서 '무상(~A)이 존재한다'는 것은 '무상하다는 뜻이다. 바로 앞의 게송과 같이 읽으면 '공(空)'의 상태에서 '상(常)/무상(無常)'의 개념은 의미가 없다는 뜻이다. 이것은 곧 '공(空)'이라는 대전제를 어떻게 받아들일 것인가에 대한 문제이기도 하다.

981. 바로 앞의 게송과 다른 것은 '공에서 무상이 존재한다.'는 것만 바뀌었다.
　　『청목소』에 나오는 '… 모든 존재의 自性이 空한 가운데에서 無常 역시 존재하지 않는다.'에 해당한다(p. 393). 이 두 게송에 대해서 『쁘라산나빠다』에는 장구한 주석이 실려 있으나 그 내용은 바로 위 게송의 주석의 상(常)·락(樂)·아(我)·정(淨)의 구체적인 내용과 그리고 『견고의소문경(堅固意所問經)』의 법문을 들어, 분별을 통한 깨달음을 설하지 않는다는 예들이다(pp. 1035-1040).
　　두 게송들을 정리하자면 '공(空)'의 상태에서의 분별은 다만 희론(戱論)이라는 뜻이다. 다음 게송에서는 본격적으로 전도(顚倒)를 논파하는 것을 다루고 있다.

དེ་ཕྱིར་འཛིན་པ་ཡོད་མ་ཡིན།།   de phyir 'dzin pa yod ma yin//

> 1) 어떤 것으로 집착하는 것[집착 수단][982]과 2) 어떤 집착과
> 3) 집착하는 자와 4) 그 어떤 (집착의 대상이) 되는 것[집착 대상]은
> 모두 적멸한 적정(寂靜)이다.[983]
> 그러므로 집착은 존재하지 않는다.[984]

[335. (23-16)]

ལོག་པའམ་ཡང་དག་ཉིད་དུ་ནི།།   log pa 'm yang dag nyid du ni//
འཛིན་པ་ཡོད་པ་མ་ཡིན་ན།།   'dzin pa yod pa ma yin na//
གང་ལ་ཕྱིན་ཅི་ལོག་ཡོད་ཅིང་།།   gang la phyin ci log yod cing//
གང་ལ་ཕྱིན་ཅི་མ་ལོག་ཡོད།།   gang la phyin ci ma log yod//

> 그릇되거나 진실되거나[985]
> 집착이 존재하지 않는다면
> 누구에게[986] 전도가 존재할 것이며
> 누구에게 전도가 아닌 것[비전도]이 존재하겠는가?[987]

---

982. 육근(六根)인 감각 기관, 안이비설신의(眼耳鼻舌身意)를 뜻한다.
983. 연기 실상의 상태, 즉 공의 상태에서 보자면, 인식 주체와 대상, 그 사이의 반영, 그리고 그것을 있게 하는 인식 기관이 모두 자성이 없는 상태, 즉 그침이 없는 상태에 놓여 있으므로 적정하다는 뜻이다. 적정에 대해서는 「제5품. 계(界)에 대한 고찰」, [67. (5-8)]번 게송 각주 참조.
984. 용수의 『회쟁론』을 통해서 살펴보면, 일반적으로 인식 주체-반영-인식 대상의 3개의 관계로 설명하고 있는데 여기서는 인식 주체의 집착 수단에 대해서 추가로 언급하고 있다. 이와 같을 경우, 1)인식 주체의 2)감각 기관에 의해서 3)포착되는 4)대상으로, 인식 작용이 일어나고 있다고 볼 수 있다. 용수의 다른 저작들을 두루 살펴보아도 이와 같은 4종의 구분은 오직 여기서만 등장한다.
985. 강조사[Emp.] '니(ni)'를 첨언으로 보고 생략한 채 옮겼다.
986. 산스끄리뜨어 원문을 살펴보면 소유격[Gen.]으로 되어 있으나 티벳역 게송에서는 '라둔(la 'dun)'의 '라(la)'가 사용되어 있다.

[336. (23-17)]

ཕྱིར་ཅི་ལོག་ཏུ་གྱུར་པ་ལ།། phyir ci log tu gyur pa la//
ཕྱིན་ཅི་ལོག་དག་མི་སྲིད་དེ།། phyin ci log dag mi srid de//
ཕྱིན་ཅི་ལོག་ཏུ་མ་གྱུར་ལ།། phyin ci log tu ma gyur la//
ཕྱིན་ཅི་ལོག་དག་མི་སྲིད་དེ།། phyin ci log dag mi srid de//

(이미) 전도된 자[988]에게
전도들은 가능하지 않다.
(아직) 전도되지 않은 자에게(도)
전도들은 가능하지 않다.[989]

[337. (23-18)]

ཕྱིན་ཅི་ལོག་ཏུ་གྱུར་བཞིན་ལ།། phyin ci log tu gyur bzhin la//
ཕྱིན་ཅི་ལོག་དག་སུ་སྲིད་དེ།། phyin ci log dag su srid de//
གང་ལ་ཕྱིན་ཅི་ལོག་སྲིད་པ།། gang la phyin ci log srid pa//
བདག་ཉིད་ཀྱིས་རྣམ་པར་དཔྱོད།། bdag nyid kyis rnam par dpyod//

(지금) 전도 중인 자에게
전도들은 가능하지 않다.[990]
(이와 같은데) 누구에게 전도가 가능한지
자기 스스로 자세히 살펴보아라![991]

---

987. 분별 망상에서 비롯되는 집착이 존재하지 않는다면 전도나 비전도는 존재할 수 없다는 뜻이다.
988. '되다'를 뜻하는 '귤와(gyur ba)'의 과거형 '귤와(gyur ba)'에 '하는 자'를 뜻하는 '빠(pa)'가 결합되어 '전도된 자'를 나타내고 있다.
989. 2, 4행에 사용된 '학쩨(lhag bcas)' '데(de)'는 한 문장의 완결을 뜻한다.
　　시제에 따라 논파하는 것은 「제2품. 가고 오는 것[去來]에 대한 고찰」에서부터 등장하는 용수의 논파법이다.

[338. (23-19)]

ཕྱིན་ཅི་ལོག་རྣམས་མ་སྐྱེས་ན།། phyin ci log rnams ma skyes na//
ཅི་ལྟ་བུར་ན་ཡོད་པར་འགྱུར།། ci lta bur na yod par 'gyur//
ཕྱིན་ཅོ་ལོག་རྣམས་སྐྱེ་མེད་ན།། phyin co log rnams skye med na//
ཕྱིན་ཅི་ལོག་ཅན་གང་ལ་ཡོད།། phyin ci log can ga la yod//

> 전도들이 발생하지 않았다면
> 어떻게 존재하게 되겠는가?
> 전도들이 발생하지 않았다면[無生][992]
> 전도된 자가 어떻게 존재하겠는가?[993]

[339. (23-20)]

དངོས་པོ་བདག་ལས་མི་སྐྱེ་སྟེ།། dngos po bdag las mi skye ste//
གཞན་ལས་སྐྱེ་བ་ཉིད་མ་ཡིན།། gzhan las skye ba nyid ma yin//
བདག་དང་གཞན་ལས་ཀྱང་མིན་ན།། bdag dang gzhan las kyang min na//
ཕྱིན་ཅི་ལོག་ཅན་གང་ལ་ཡོད།། phyin ci log can ga la yod//

> 사태는 자신으로부터 생겨[自生]나지 않고
> 다른 것으로부터 생겨[他生]나지 않는다.
> (자기) 자신과 다른 것으로부터도 (생겨나지) 않는다면
> 전도된 자가 어떻게 존재하겠는가?[994]

....

990. 문장의 완결을 뜻하는 '학쩨(lhag bcas)' '데(de)'가 사용되었다.
991. 바로 앞의 게송과 함께 시간에 따라서 발생하지 않는 전도가 어떻게 존재할 수 있는지 관찰해보라는 명령형이다.
992. 1, 3행의 '발생한 존재가 아니라면'이라고 옮긴 티벳역 게송 1행은 '마쩨나(ma skyes na), 3행은 '께메나(skye med na)'로 약간 다르지만, 우리말의 의미는 같다.
993. 발생하지 않은 것은 존재할 수도 없고, 그와 같은 자도 존재할 수 없다는 뜻이다.
994. 한역에는 없는 게송이다. 자타(自他)에 의해서 발생하지 않는 전도된 자는 존재할 수

[340. (23-21)]

གལ་ཏེ་བདག་དང་གཙང་པ་དང་།། gal te bdag dang gtsang pa dang//
རྟག་དང་བདེ་བ་ཡོད་ན་ནི།། rtag dang bde ba yod na ni//
བདག་དང་གཙང་དང་རྟག་པ་དང་།། bdag dang gtsang dang rtag pa dang//
བདེ་བ་ཕྱིན་ཅི་ལོག་མ་ཡིན།། bde ba phyin ci log ma yin//

> 만약 아(我)와 정(淨)과
> 상(常)과 락(樂)이 진실로[995] 존재하는 것이라면
> 아(我)와 정(淨)과 상(常)과
> 락(樂)은 전도된 것이 아니다.[996]

[341. (23-22)]

གལ་ཏེ་བདག་དང་གཙང་བ་དང་།། gal te bdag dang gtsang ba dang//
རྟག་དང་བདེ་བ་མེད་ན་ནི།། rtag dang bde ba med na ni//
བདག་མེད་མི་གཙང་མི་རྟག་དང་།། bdag med mi gtsang mi rtag dang//
སྡུག་བསྔལ་ཡོད་པ་མ་ཡིན་ནོ།། sdug bsngal yod pa ma yin no//

> 만약 아(我)와 정(淨)과
> 상(常)과 락(樂)이 진실로 존재하지 않는다면[997]
> 무아(無我)·부정(不淨)·무상(無常) 그리고
> 고(苦)는 존재하지 않는다.[998]

....
없다는 뜻이다. [295. (21-13)]번 게송과 동일한 구조와 단어로 되어 있으나 3, 4행이 조금 바뀌었을 뿐이다.
995. 강조사[Emp.] '니(ni)'를 '진실로'로 옮겼다.
996. '진실로 존재하는 것'이라는 뜻은 자성을 갖춘 것이므로 전도될 것이 없는 고유한 성품을 지니고 있다는 뜻으로, 여기서는 반어법에 해당한다. 사념처(四念處)의 자세한 내용에 대해서는 [332. (23-13)]번 각주 참조.
997. 바로 앞 게송의 1, 2행을 부정하고 있다.

제23품. 전도에 대한 고찰 265

[342. (23-23)]

དེ་ལྟར་ཕྱིན་ཅི་ལོག་འགགས་པས།། de ltar phyin ci log 'gags pas//
མ་རིག་པ་ནི་འགག་པར་འགྱུར།། ma rig pa ni 'gag par 'gyur//
མ་རིག་འགགས་པར་གྱུར་ན་ནི།། ma rig 'gags par gyur na ni//
འདུ་བྱེད་ལ་སོགས་འགག་པར་འགྱུར།། 'du byed la sogs 'gag par 'gyur//

> 그와 같이 전도가 사라지기[滅]에[999]
> 무명(無明)도 사라지게 된다.
> 무명(無明)이 사라지면
> 행(行) 등도[1000] 사라지게 된다.

[343. (23-24)]

གལ་ཏེ་ལ་ལའི་ཉོན་མོངས་པ།། gal te la la'i nyon mongs pa//
གང་དག་རང་བཞིན་གྱིས་ཡོད་ན།། gang dag rang bzhin gyis yod na//
ཅི་ལྟ་བུར་ན་སྤོང་བར་འགྱུར།། ci lta bur na spong bar 'gyur//
ཡོད་པ་སུ་ཞིག་སྤོང་བར་བྱེད།། yod pa su zhig spong bar byed//

> 만약 어떤 자[1001]의 번뇌가
> 어떤 자성들에 의해서 존재한다면
> 어떻게 (그것이) 없어지겠는가?

---

998. 『청목소』의 이 게송에 대한 주석은 명확하다.

> '만약 常과 我와 樂과 淨의 네 가지 법이 실제로 존재하지 않는다면, 無常 등의 네 가지 법도 역시 존재할 수 없다. 왜 그런가? 서로 상반된 것이 존재하지 않기 때문이다(p. 398).'

『중론』 전체를 관통하는 용수의 논파법이 상호 대립적인 개념자들은 그 자체로 존재할 수 없다는 것임을 상기해 볼 때 이와 같은 전개는 당연하다.

999. 1행 말미에 쓰인 '빼(pas)'의 도구격[Ins.] 's'를 원인으로 보고 옮겼다.
1000. 십이연기의 두 번째의 행(行)부터를 뜻한다.
1001. '라라(la la)'에는 '어떤, 일부' 등의 뜻이 있다. 여기서는 MK(T.K.)의 'anyone'에 따라

(그리고) (그) 존재하는 것을 누가 없앨 수 있겠는가?[1002]

[344. (23-25)]

གལ་ཏེ་ལ་ལའི་ཉོན་མོངས་པ།།	gal te la la'i nyon mongs pa//
གང་དག་རང་བཞིན་གྱིས་མེད་ན།།	gang dag rang bzhin gyis med na//
ཅི་ལྟ་བུར་ན་སྤོང་བར་འགྱུར།།	ci lta bur na spong bar 'gyur//
མེད་པ་སུ་ཞིག་སྤོང་བར་བྱེད།།	med pa su zhig spong bar byed//

만약 어떤 자의 번뇌가
어떤 자성들에 의해서 존재하지 않는다면
어떻게 (그것이) 없어지겠는가?
(그리고) 그 존재하지 않는 것을 누가 없앨 수 있겠는가?[1003]

||ཕྱིན་ཅི་ལོག་བརྟག་པ་ཞེས་བྱ་བ་སྟེ་རབ་ཏུ་བྱེད་པའི་ཕུ་གསུམ་པའོ།།

'전도(顚倒)된 것을 살펴보는 것'이라 불리는 제23품

사람으로 보고 옮겼다.
1002. 3, 4행에서 동사 '뽕와(spong ba)'가 사용되었다. '그만두다, 포기하다, 끊다, 잘라버리다' 등의 뜻이 있다. 여기서는 '제거하다, 없애다'라는 뜻으로 옮겼다.
  이 게송은 다음 게송과 함께 대구를 이루고 있으므로 다음 게송과 함께 살펴보겠다.
1003. 바로 앞의 게송의 '존재하다'를 '존재하지 않는다'로 바꾸었을 뿐, 전체적으로 동일한 구조를 갖추고 있다. 『쁘라산나빠다』에는 이 두 가지 경우에 대해서 명확하게 설명하고 있다.
  존재할 경우에는 '자성에 의해서 현재 존재하는 존재들의 자성을 제거하는 것은 가능하지 않다(p. 1058).' 존재하지 않을 경우; '자성에 의해서 존재하지 않는 번뇌들도 현재 존재하지 않기 때문에 결코 제거할 수 없다(p. 1060).' 이 두 가지를 다시 설명해보면, 1) A라는 것이 고유한 성품을 가진 것이라면(대전제), 그것이 변하거나 없어지는 것은 A라는 정의에 위배되고, 2) A가 존재하지 않을 경우 논할 수도 없다는 뜻이다.
  2)에 대한 설명에서 '자성에 의해서 존재하지 않는 것은 연(緣)에 의해서 발생한다. 연(緣)에 의해서 발생한 것은 자성이 공(空)이므로 승의제의 관점에서 무생무멸(無生無滅)이다(p. 1060).'
  여기서 엿볼 수 있는 것은 중관파가 가진 특유의 논리인 '이제론(二諦論)'이다. 오직 이것만이 언설을 통해 설명되고 세상의 온갖 오해를 불러일으키는 희론(戲論)을 방편으로 사용할 수 있는 대치법인 셈이다.

제24품. (사)성제四聖諦에 대한 고찰[1004]

【문】[1005]

[345. (24-1)]

གལ་ཏེ་འདི་དག་ཀུན་སྟོང་ན།། gal te 'di dag kun stong na//
འབྱུང་བ་མེད་ཅིང་འཇིག་པ་མེད།། 'byung ba med cing 'jig pa med//
འཕགས་པའི་བདེན་པ་བཞི་པོ་རྣམས།། 'phags pa'i bden pa bzhi bo rnams//
ཁྱོད་ལ་མེད་པར་ཐལ་བར་འགྱུར།། khyod la med bar thal bar 'gyur//

> 만약 이 모든 것들이 공(空)하면
> 발생하는 것[生](도) 없고 사라지는 것[滅](도) 없다.
> (그러므로) 사성제들 (또한)
> 그대에게[1006] 존재하지 않는 과실(過失)이 (발생하게) 된다.[1007]

1004. ||འཕགས་པའོ་བདེན་པ་བརྟག་པ་ཞེས་བྱ་བ་སྟེ་རབ་ཏུ་བྱེད་པ་ཉི་ཤུ་བཞི་པའོ།།
//'phags pa'o bden pa brtag pa zhes bya ba ste rab tu byed pa nyi shu bzhi pa'o//

직역하면 '(사)성제(四聖諦)를 살펴보는 것이라 불리는 제24'이다. 한역으로「관사제품(觀四諦品)」이라고 한다.

『중론』 가운데 가장 중요한, 그리고 가장 많은 총 40게송으로 되어 있다. 이 품에서 논파하는 주제는 고집멸도의 사성제가 자성을 갖추고 있지 않다는 것으로 이제론, 공성, 중관학파에서의 언어의 문제 등이 다루어지고 있다. 총 40게송 가운데 처음 6개는 구사론자들이 생각하는 부처님의 가르침이다. 2012년 10월에 있었던 달라이 라마 14세의 한국인을 위한 『중론』 강의는 이 품의 전품(前品)을 중심으로 이루어졌다.

1005. 이 품의 도입부 총 6게송은 사성제에 대한 구사론자들의 설명으로 되어 있다.
1006. 여기서는 '라둔(la 'dun)'의 '라(la)'를 여격[Dat.]으로 보고 옮겼다.
1007. '텔왈귤(thal bar 'gyur)'의 자세한 내용은「제2품. 가고 오는 것[去來]에 대한 고찰」, [20. (2-4)]번 게송 각주 참조. 여기서는 논박자가 공성에 대한 용수의 주장이 오류라는

[346. (24-2)]

འཕགས་པའི་བདེན་པ་བཞི་མེད་པས།། 'phags pa'i bden pa bzhi med pas//
ཡོངས་སུ་ཤེས་དང་སྤང་བ་དང་།། yongs su shes dang spang ba dang//
བསྒོམ་དང་མངོན་དུ་བྱ་བ་དག། bsgom dang mngon du bya ba dag//
འཐད་པར་འགྱུར་བ་མ་ཡིན་ནོ།། 'thad par 'gyur ba ma yin no//

사성제가 존재하지 않으면[1008]

1) 완벽하게 아는 것[見]) 2) (번뇌를) 끊음[斷]과

3) 깨달음의 증득[證]과 4) 수행[修][1009] 등(도)[1010]

옳지 않게 된다.[1011]

....
　　　지적으로 쓰였다.
1008. 1행 말미에 쓰인 '빠(pas)'의 도구격[Ins.] 's'를 원인, 이유, 조건으로 보고 옮겼다.
1009. '뇐두 자와(mngon du bya ba)'에 'realization'이라는 뜻이 있어 MK(T.K.)에서는 이에 따라 옮겼으나 명확한 의미는 아니다. 이 게송은 사성제에 대한 한역본의 뜻이 명확하다. 사상제와 청목소 한역에서만 등장하는 '사종행(四種行)'을 도표로 만들어 보면,

사성제	[청목소: 한역]	[청목소: Skt.]	『쁘라산나빠다』	MK(T.K.)
고(苦)	견(見)	완전하게 아는 知	완전한 앎	understanding
집(集)	단(斷)	번뇌의 끊음	제거	abandonment
멸(滅)	증(證)	깨달음의 증득	작증(作證)	realization
도(道)	수(修)	실천하는 수행	수습(修習)	meditation

오직 [청목소 한역]만 사성제에 맞게 배열되어 있어 나머지들은 재배열하고 이에 따라 옮겼는데 이 가운데 『쁘라산나빠다』에서 '작증'으로 옮긴 '뇐두 제빠(mngon du bya ba)'는 TT에 'realization, to see perceive, to see, perceive, to obtain'라는 뜻으로 나와 있다. 이 가운데 '뇐두(mngon du)'는 '선험적'이라는 뜻이 강하다.
　　　산스끄리뜨어를 통해서 살펴보면 '뇐두 제빠(mngon du bya ba)'는 '사끄샤뜨까라(sākṣātkāra)'에 해당하며, 여기에는 'intuitive perception, realization, the experiencing a result of or reward for' 등의 뜻이 있다. 여기서 중요한 것은 사성제에서 멸제(滅諦)에 해당하는 것이 곧 선험적이라는 뜻(intuitive perception)과 함께 경험적인 뜻(the experiencing a result of)을 두루 포함하고 있다는 점이다. 티벳역 게송에서는 선험성을 강조하는 '뇐두(mngon du)'가 쓰였음도 주목할 만하다.
1010. 양수(兩數, dual)의 '닥(dag)'이 쓰였으나 앞의 네 가지들을 모두 받는 것으로 보고 옮겼다.
1011. '옳지 않다'로 주로 사용된 '테빨 미귤('thad par mi 'gyur)'이 여기서는 '테빨 귤와 마인('thad

[347. (24-3)]

དེ་དག་ཡོད་པ་མ་ཡིན་པས།།	de dag yod pa ma yin pas//
འབྲས་བུ་བཞི་ཡང་ཡོད་མ་ཡིན།།	'bras bu bzhi yang yod ma yin//
འབྲས་བུ་མེད་ན་འབྲས་གནས་མེད།།	'bras bu med na 'bras gnas med//
ཞུགས་པ་དག་ཀྱང་ཡོད་མ་ཡིན།།	zhugs pa dag kyang yod ma yin//

> 그것들이 존재하지 않으면[1012]
> 사과(四果) 또한 존재하지 않는다.
> (사)과가 존재하지 않는다면 (사)과위[果位=住果]는 존재하지 않는다.
> (그리고) 그에 들어가는 것(사향[四向])들도 또한 존재하지 않는다.[1013]

[348. (24-4)]

གལ་ཏེ་སྐྱེས་བུ་གང་ཟག་བརྒྱད།།	gal te skyas bu gang zag brgyad//
དེ་དག་མེད་ན་དགེ་འདུན་མེད།།	de dag med na dge 'dun med//
འཕགས་པའི་བདེན་རྣམས་མེད་པའི་ཕྱིར།།	'phags pa'i bden rnams med pa'i phyir//
དམ་པའི་ཆོས་ཀྱང་ཡོད་མ་ཡིན།།	dam pa'i chos kyang yod ma yin//

....
    par 'gyur ba ma yin)'으로 쓰여 있다.
1012. 1행 말미에 쓰인 'པས(pas)'의 도구격[Ins.] 's'를 원인, 이유, 조건으로 보고 옮겼다.
1013. 모든 것이 공(空)하면 소승의 수행 체계 자체인 사향사과(四向四果)가 존재하지 않게 된다는 뜻이다. 바로 앞의 게송과 함께 이 게송에 대한 논파는 이후 「제24품. (사)성제(四聖 諦)에 대한 고찰」, [371. (24-27)]번 게송에 나온다.

    [BD] 사향사과(四向四果): 소승불교에서 구분하는 성자의 네 단계. 향은 수행의 목표, 과는 그 목표에 도달한 경지. 예류(預流) 또는 수다원, 일래(一來) 또는 사다함, 불환(不還) 또는 아나함, 아라한이라는 네 단계에 향과 과를 붙여 4향 4과라고 한다.

    4향은 예류향, 일래향, 불환향, 아라한향. 4과는 예류과, 일래과, 불환과, 아라한과. 욕계와 색계와 무색계의 견혹(見惑)을 끊어 가고 있는 견도 15심(心)의 과정은 예류향, 마침내 견혹을 끊어 제16심인 수도(修道)의 단계에 들어가는 것은 예류과.

    욕계의 수혹(修惑)을 이루는 9품 중 6품까지의 수혹을 끊어 가고 있는 과정은 일래향, 마침내 이 수혹을 모두 끊은 경지는 일래과. 수혹의 나머지 3품을 끊어 가고 있는 과정은 불환향, 이것을 완전히 끊은 경지는 불환과. 이로부터 아라한이 되기까지의 과정은 아라한향, 아라한의 경지에 도달한 것은 아라한과. 아라한과를 얻으면 열반에 들어갈 수 있다.

> 만약 이 여덟(을 갖춘) 사람[八賢聖],[1014]
> 그들이 존재하지 않는다면 상가(僧伽)도 존재하지 않는다.
> (사)성제들이 존재하지 않기 때문에
> 정법(正法)도 또한 존재하지 않는다.[1015]

[349. (24-5)]

chos dang dge 'dun yod min na//
sangs rgyas ji ltar yod par 'gyur//
de skad stong ba nyid smra na//
dkon mchog gsum la gnod pa ni//

> 법(法)과 상가(僧伽)가 존재하지 않는다면
> 부처님이 어떻게 존재하겠는가?
> 그와 같은 (그대의) 언급, (즉) 공성(空性)을 말한다면[1016]
> 삼보(三寶)를 훼손하는 것(이다)![1017]

[350. (24-6)]

byed cing 'bras bu yod pa dang//
chos ma yin dang chos yin dang//
'jig rten pa yi tha snyad ni//
kun la'ang gnod pa byed pa yin//

1014. 사향사과(四向四果)를 갖춘 성인을 뜻한다.
1015. 앞에서 계속 이어지는 주장으로 공(空)할 경우 정법은 존재할 수 없다는 뜻이다.
1016. '말하다, 언급하다' 등을 뜻하는 '께빠(skad pa)와 냐와(smra ba)'가 사용되었는데 3행 말미에 쓰인 가정법의 '나(na)'가 동사를 받는 것으로 보고 옮겼다. 의미상으로 '공성을 언급하는 것은'을 뜻한다.
1017. 강조사[Emp.] '니(ni)'가 문장의 말미에 쓰여 강조의 느낌표를 붙였는데 매우 드문 용례다.

> (즉, 그와 같은) 행위는[1018] 결과[果]의 존재와
>
> 법이 아닌 것[非法]의 존재와 법의 존재와
>
> 세간의 언설[名言],[1019] 바로 (이)[1020]
>
> 모든 것들을 또한 훼손하는 것이다.[1021]

【답】[1022]

[351. (24-7)]

དེ་ལ་བཤད་པ་ཁྱད་ཀྱིས་ནི།།   de la bshad pa khyad kyis ni//
སྟང་ཉིད་དགོས་དང་སྟན་ཉིད་དང་།།   stang nyid dgos dang stan nyid dang//
སྟང་ཉིད་དོན་ནི་མ་རྟོགས་པས།།   stang nyid don ni ma rtogs pas//
དེ་ཕྱིར་དེ་ལྟར་གནོད་པ་ཡིན།།   de phyir de ltar gnod pa yin//

> 그것[공성]에 대해서 (그렇게) 말하는 바로 그대는
>
> 공성(空性)의 목적[1023]과 공성(空性)과
>
> 바로 (그) 공성(空性)의 의미를 알지 못하기 때문에,[1024]
>
> (바로) 그 때문에 그와 같이 (공성을) 훼손하는 것이다.[1025]

1018. 일반적으로 순접의 기능을 하는 '찡(cing)'이 쓰였는데 여기서는 의미 없는 첨언, 또는 시간의 전후, 원인과 결과의 상관관계의 전후로 보고 생략한 채 옮겼다.
1019. '타녜(tha snyad)'를 '언설'로 옮겼는데 여기에는 '전문 용어'라는 뜻도 있다. '세간의 언설'에 대한 이 언급은 이후 불법을 어떻게 이해해야 되는지, 중관파 내부에서도 논란의 중심이 되는 것인데, 『중론』의 이 품에서 그 단초를 찾을 수 있다. '세간'으로 옮긴 것은 「제17품. 업(業)과 과보(果報)에 대한 고찰」, [231. (17-24)]번 게송 각주 참조
1020. 강조사[Emp.] '니(ni)'를 살려 옮겼다.
1021. 이 품의 첫 번째 게송부터 이어진 공을 주장할 경우, 불법의 근간을 파괴한다는 논박자의 주장이다.
1022. 용수의 본격적인 논파가 시작된다.
1023. '곡빼(dgos pa)'는 일반적으로 '~을 필요로 하다, 해야 한다'는 동사로 쓰이는데 여기서는 명사형으로 쓰였다. 『쁘라산나빠다』에 따라 '목적'으로 옮겼는데 '필요성', 즉 '왜 필요한가?'에 대한 답에 해당한다.

[352. (24-8)]

སངས་རྒྱས་རྣམས་ཀྱིས་ཆོས་བསྟན་པ།། sangs rgyas rnams kyis chos bstan pa//
བདེན་པ་གཉིས་ལ་ཡང་དག་བརྟེན།། bden pa gnyis la yang dag brten//
འཇིག་རྟེན་ཀུན་རྫོབ་བདེན་པ་དང་།། 'jig rten kun rdzob bden pa dang//
དམ་པའི་དོན་གྱི་བདེན་པའོ།། dam pa'i don gyi bden pa'o//

> 부처님들께서 (행하신) 법에 대한 가르침[教法]은
> 이제(二諦)에 근거를 두고 있다.[1026]
> 세간의 진리[=俗諦]와

1024. '똑빠(rtogs pa)'는 '알다, 이해하다'라는 뜻을 지닌 '셰빠(shes pa)'와 같은 뜻을 지니고 있다. 3행 말미에 쓰인 '빼(pas)'의 도구격[Ins.] 's'를 원인, 이유로 보고 옮겼다.

1025. 이 게송에 등장하는 세 가지, 즉 공성의 필요성(목적), 공성의 뜻, 그리고 그 의미에 대해서『쁘라산나빠다』에 자세히 설명되어 있다(pp. 1095-1097). 이것을 정리하면,

> 공성의 목적: 희론(戲論)의 적멸.
> 공성의 뜻: 진리의 모습.
> 공성의 의미: 연기.

이에 대해서『중론』에 등장하는 게송들의 예를 들고 있다. 공성의 목적에 대해서는 [245. (18-5)]번 게송.

> 업과 번뇌가 없어지는 것이 해탈(이다).
> 업과 번뇌는 분별로부터, (그리고)
> 그것들은 희론(戲論)으로부터 (생겨나는 것이다). (이) 희론은 오직
> 공성에 의해서 사멸(謝滅)된다.

즉, 희론의 적멸이 공성의 목적이다. 공성의 뜻에 대해서는 [249. (18-9)]번 게송.

> (1) 다른 것[他者]으로부터 알 수 있는 것도 아니고 (2) 적정(寂靜)하고
> (3) 희론(戲論)들로 희론되지 않는
> (4) 분별이 없고[無分別] (5) 차별이 없는[無差別] (그 어떤) 것,
> 바로 그것이 진실의 모습[相]이다.

『쁘라산나빠다』에서는 이 다섯 가지에 대해서 구체적으로 언급하고 있다.

공성의 의미에 대해서는 이 품의 18번째 게송에 나오는 연기라는 단어의 의미가 곧 공성의 의미라고 적고 있다.

수승한 의미의 진리[=眞諦]다.[1027]

[353. (24-9)]

གང་དག་བདེན་པ་དེ་གཉིས་ཀྱི།།　　gang dag bden pa de gnyis kyi//
རྣམ་དབྱེ་རྣམ་པར་མི་ཤེས་པ།།　　rnam dbye rnam bar mi shes pa//

....
1026. '진실로 의지하다'로 직역할 수 있는 '양닥 뗀빠(yang dag brten pa)'는 산스끄리뜨어 '사무빠 스리(samupā+√śri)'를 티벳어로 조합한 것으로 보고 옮겼다. '양닥'은 산스끄리 뜨어 '삼약(samyak)'에 해당하는데 '의지하다'와 함께 옮겨도 무방하다. MK(T.K.)에서도 'is based on'으로 옮기고 있다.
1027. 불법이 이제론(二諦論)에 근거를 두고 있다는 선언적인 게송으로 중관사상의 핵심 중의 하나를 명확하게 드러낸 게송이다. 티벳불교에서도 이것은 매우 중요하여 MK(T.K.)에서는 장구한 주석을 달아두고 있다(pp. 479-497). 자세한 내용은 졸저, 『용수의 사유』, pp. 142-153 참조.

산스끄리뜨어의 경우, 어원적으로 속제(俗諦)를 뜻하는 '로까 삼브르띠 사띠아(loka saṁvṛti satya)'를 이다. 해자해보면 '세상을 덮고 있는 진리'라는 뜻이다. '삼브르띠 (saṁvṛti)'는 '삼(saṁ)'과 '브르(√vṛ)'로 이루어진 것으로, '브르'에는 'to cover, screen, veil, conceal, hide, surround, obstruct'이라는 뜻과 함께 'to stop, check, restrain, suppress, hinder, prevent from'이라는 뜻도 있다. 전자의 경우 '덮다'에 강조를, 후자의 경우 '멈춤'에 강조되어 있는데 일반적으로 전자에 따라 속제를 해석한다. 이 경우 '세상에 두루 펴진, 통용되는 진리'를 뜻하고, 후자의 경우 이와 같은 세상의 견해를 '끊는' 진리를 뜻한다. 이와 같은 해석은 '로까', 즉 세간이라는 시공간적인 전제 속에서 가능한 것이다.

진제(眞諦)를 뜻하는 '빠라마르따 사띠아(paramārtha satya)'를 '이다. 해자해보면 '최고의 진리'라는 뜻이다. '빠라마르따'는 '빠라마(parama)'와 '아르따(artha)'가 합성되어 'the highest or whole truth, spiritual knowledge' 등의 뜻이 있는데『청목소』에서 김성철은 'param+ārtha'로, 『쁘라산나빠다』에서는 'parama+ārtha'로 보고 있다. 산스끄리뜨어의 연성법인 산디(sandhi)에 따르면 둘 다 올바른 해석이고 '빠람(param)'에도 'highest, supreme', '빠라마(parama)'에도 'best, most excellent'라는 뜻이 있어 의미상으로 큰 차이가 없다. 다만 '아르따(ārtha)'에는 'relating to a thing or object'라는 제한된 뜻이 있는 반면에, '아르따(artha)'에는 'cause, motive, reason, thing, object' 등의 뜻이 있다. 이것을 통해 살펴보았을 때, 'parama+artha'에서 비롯되었을 수도 충분히 있다.

티벳어의 경우, 속제(俗諦)를 뜻하는 '직뗀 꾼좁 덴빠('jig rten kun rdzob bden pa)'는 '세상을 두루 덮는 진리'라 볼 수 있으나 하나의 단어로 사용되고 있다. 여기에 사용된 '좁빠(rdzob pa)'는 '딥빠(sgrib pa)'와 동의어로, 'roof, cover, obscure' 등의 뜻이 있음으로 미루어보아, 산스끄리뜨어의 '삼브르띠'를 직역한 것으로 보인다.
진제(眞諦)를 뜻하는 '담빼 된기 덴빠(dam pa'i don gyi bden pa)'는 '된담 덴빠(don dam bden pa)'라고 하는데 '진실된 것의 진리', '수승한 의미에서의 진리' 정도의 뜻이다.

དེ་དག་སངས་རྒྱས་བསྟན་པ་ནི།། de dag sangs rgyas bstan pa ni//
ཟབ་མོའི་དེ་ཉིད་རྣམ་མི་ཤེས།། zab mo'i de nyid rnam mi shes//

> 어떤 이들[1028]이 그 두 (가지) 진리의
> 구별[1029]에 대해서 이해하지 못한다(면)
> 그들은 바로 그 부처님께서 가르쳐주신 것[佛法](의)[1030]
> 심오한 (진리) 그 자체를 이해하지 못한다.[1031]

[354. (24-10)]

ཐ་སྙད་ལ་ནི་མ་བརྟེན་པར།། tha snyad la ni ma brten par//
དམ་པའི་དོན་ནི་བསྟན་མི་ནུས།། dam pa'i don ni bstan mi nus//
དམ་པའི་དོན་ནི་མ་རྟོགས་པར།། dam pa'i don ni ma rtogs par//
མྱ་ངན་འདས་པ་ཐོབ་མི་འགྱུར།། mya ngan 'das pa thob mi 'gyur//

> 바로 그 (세간의) 언어에 의지하지 않고서는
> 진제(眞諦)는 가르쳐질 수 없다.
> 바로 그 진제(眞諦)를[1032] 알지 못하고서는[1033]

1028. 3행의 '데닥(de dag)'과 격을 이루어 '누군가 ~한다면, 그들은 ~하다'는 문장을 이루고 있다.
1029. '남예(rnam dbye)'는 '구분(division), 구별(distinction)'을 뜻한다. 여기서는 MK(T.K.)처럼 후자에 따라 옮겼다.
1030. '부처님께서 가르쳐주신 것'이라고 옮긴 '쌍게 뗀빠(sangs rgyas bstan pa)'는 '불법(佛法)'이라는 용례도 있다. 여기서는 풀어서 썼다.
1031. 이제론에 근거하여 불법의 정수에 대한 이해할 수 있다는 뜻이다. 여기서 이 '남발(rnam bar)'은 '남빨(rnam par)'과 동일어다. '남셰(rnam shes)'는 '이해하다, 지혜'로 주로 쓰인다. 2행과 같이 '완벽하게 알지 못한다'로 옮긴 '남발 미셰빠(rnam bar mi shes pa)'의 축약형인 '남미셰(rnam mi shes)'가 4행에서 반복적으로 사용되고 있다. 불법에 대한 이해도에 대해서『청목소』나『쁘라산나빠다』는 산스끄리뜨어 원문을 옮긴 것이라 드러나 있지 않고 티벳역을 사용한 MK(T.K.)에서도 마찬가지다. 그러나 '남빨'에는 'fully, completely, perfectly' 등의 뜻이 있어 이에 따라 강조하여 옮기면 '완벽하게 이해하지 못한다'로 옮길 수도 있다.

열반은 얻어지지 않는다.[1034]

[355. (24-11)]

སྟོང་པ་ཉིད་ལ་བལྟ་ཉེས་ན།།   stong pa nyid la blta nyes na//
ཤེས་རབ་ཆུང་རྣམས་ཕུང་བར་འགྱུར།།   shes rab chung rnams phung bar 'gyur//
ཅི་ལྟར་སྦྲུལ་ལ་བཟུང་ཉེས་དང་།།   ci ltar sbrul la bzung nyes dang//
རིག་སྔགས་ཉེས་པར་བསྒྲུབས་པ་བཞིན།།   rigs sngags nyes par bsgrubs pa bzhin//

공성에 대해서 그릇된 견해[邪見][1035]를 (갖는다)면

조그만 지혜들마저도 파괴된다.

마치[1036] 뱀을 잘못 잡은 것이거나

그릇된 주술(呪術)을 성취하는 것과 같이.[1037]

1032. 2, 3행에 강조사[Emp.] '니(ni)'가 반복적으로 사용되어 운율을 맞추고 있으나 2행의 경우 우리말의 운율에 맞추기 위해서 생략하였다.

1033. '분별하다, 구별하다'라는 뜻을 지닌 '똑빼(rtogs pa)'를 여기서는 일반적인 이해로, 그리고 1, 3행에 쓰인 '라둔(la 'dun)' 'r'을 원인, 이유로 보고 옮겼다.

1034. 이 게송에 대해서 『청목소』에서는 다음과 같은 주석을 달고 있다.
  '제일의제는 모두 언설에 의존한다. 언설은 바로 세속의 것이다. 그러므로 세속에 의지하지 않는다면 제일의제는 말할 수 없다. 또 제일의제를 획득하지 않는다면 어떻게 열반에 이를 수 있겠는가? 그러므로 모든 존재가 비록 생(生)하는 바 없는 것이지만 이제는 존재한다(p. 408).'
  이것은 '말로 설명되어질 수 없는' 진제라 할지라도 '어차피 말로 설명할 수밖에 없는' 딜레마를 안고 있다는 뜻이자, '(세간의) 언어 관습에 의거하지 않고서는' '진제에 대해서' 알 수 없다는 뜻이다. 이것은 결국 언어/표현이라고 하는 것 자체가 가진 한계를 먼저 인정해야만 되는 딜레마를 뜻한다.

1035. '그릇된 견해'라고 옮긴 '따네(blta nyes)'의 '따와(blta ba)'는 '따와(lta ba)'의 미래형 동사로 산스끄리뜨어 원문에는 과거수동분사(p.p.p)로 '드르스따(dṛṣṭa)', 즉 '견(見)'을 뜻한다. 『청목소』 한역에는 '관(觀)'으로 되어 있다. 『청목소』의 '사견(邪見)'에 해당한다.

1036. 앞에서 주로 '어떻게 ~하겠느냐?'로 옮겼던 '찌딸(ci ltar)'이 사용되었는데 산스끄리뜨어 '야타(yathā)'를 옮긴 것으로 여기서는 4행 말미의 '쉰(bzhin)'과 격을 맞추어 '마치 ~와 같이'라는 예를 드는 경우로 사용되고 있다.

1037. 이 게송에 대해서 『청목소』에서는 다음과 같이 설명하고 있다.
  '만일 근기가 둔한 사람이 공성에 대해 제대로 이해하지 못하면 공 때문에 오히려 손해를

[356. (24-12)]

དེ་ཕྱིར་ཞན་པས་ཆོས་འདི་ཡི།། de phyir zhan pas chos 'di yi//
གཏིང་རྟོགས་དཀའ་བར་མཁྱེན་གྱུར་ནས།། gting rtogs dka' bar mkhyen gyur nas//
ཐུབ་པའི་ཐུགས་ནི་ཆོས་བསྟན་ལས།། thub pa'i thugs ni chos bstan las//
རབ་ཏུ་ལོག་པར་གྱུར་པ་ཡིན།། rab tu log par gyur pa yin//

> 그러므로[1038] (근기가) 약한 이(들)이 이 (수승한) 법의
> (심오함을) 철저히 깨닫기 어렵다는 것을 아셨던[1039]
> 능인(能仁)[1040]의 바로 그 마음[1041] (때문에) 교법(教法)으로부터
> (공성에 대한 가르침이) 매우 후퇴하게 되었던 것이다.[1042]

[357. (24-13)]

སྐྱོན་དུ་ཐལ་བར་འགྱུར་བ་ནི།། skyon du thal bar 'gyur ba ni//

보고 사견(邪見)을 내게 된다. 마치 이득을 얻으려고 독사를 잡으려다 제대로 잡지 못해 (독사에 물려서) 도리어 손해를 보는 경우와 같고 소원을 이루려고 주술(呪術)을 쓰다가 제대로 쓰지 못해 거꾸로 자기 자신을 해치는 경우와 같다. 근기가 우둔한 사람이 공(空)에 대해 관(觀)하는 것도 역시 이와 마찬가지다(p. 409).'

1038. 앞 게송의 이유를 받는 경우로 보고 '데칠(de phyir)'을 '그러므로'라고 옮겼다.
1039. '까발 켄귤(dka' bar mkhyen gyur)'을 달리 옮기면 '어려움을 알게 되었다.' 정도 된다. 2행 말미에 탈격[Abl.] '네(nas)'가 쓰였다. 여기서는 이유, 원인으로 보고 옮겼다.
1040. '능인'에 대해서는 「제11. 시작과 끝에 대한 고찰」, [153(11-1)]번 게송 각주 참조.
1041. '마음'을 뜻하는 '로(blo), 이(yid), 쎔(sems)'의 존칭어(honorific form)인 '툭(thugs)'이 쓰였다.
1042. 문장 구조에 따라 직역하였다. 『쁘라산나빠다』에서는 이 게송에 대해서 다음과 같이 해석하고 있다.
'공성의 상(相)을 지닌 법은 근기가 둔하고 지혜가 모자란 중생을 파멸시킨다. 왜냐하면 전도된 생각에 의하여 (공성을) 파악하기 때문이다. 그러므로 위대한 방편과 수승한 지혜를 구족한 (석가) 무니 붓다 세존께서는 무상정등각을 깨달은 후에 모든 중생계를 관찰하고 법이 지극히 심오함을 관찰하였을 때, 근기가 둔한 사람들이 그 법을 이해하기 어려울 것이라고 생각하여 정법을 가르치고자 하는 마음이 후퇴하였다(pp. 1113-1114).'

이 게송은 용수가 공성을 전면에 내세우면서도 그 근거가 붓다의 소의경전에 등장하지 않았던 배경에 대해서 스스로 해석하고 있는 이유에 해당한다. 전체적으로 이 앞부분의 6개 게송들이 뜻하는 바는 붓다가 '근기가 둔하고 지혜가 모자란 중생'에게 가르쳐준 법이라는 뜻을 함축적으로 담고 있다.

སྟོང་ལ་འཐད་པ་མ་ཡིན་པས།། stong la 'thad pa ma yin pas//
ཁྱོད་ནི་སྟོང་ཉིད་སྤོང་བྱེད་པ།། khyod ni stong nyid spong byed pa//
གང་དེ་ང་ལ་མི་འཐད་དོ།། gang de nga la mi 'thad do//

오류를 계속해서 (짓게) 되는 것은[1043]
'공(空)을 옳지 않은 것이다'라고 (여기는)[1044]
바로 그대(의) 공성(空性)을 파괴하는 행동 (때문이다.)
(그러므로) 그 어떤 (비난도) 나에게는[1045] 옳지 않다.[1046]

....

1043. 강조사[Emp.] '니(ni)'를 생략했다.
1044. 2행 말미에 쓰인 '빼(pas)'의 도구격[Ins.] 's'를 원인, 이유와 함께 인용의 경우로 보고 옮겼다.
1045. 산스끄리뜨어 원문에는 '우리'를 뜻하는 '아스마(asma)'가 사용되었으나 티벳어 원문에는 1인칭 단수를 뜻하는 '나(nga)'로 되어 있다. MK(T.K.)에서도 마찬가지다.
1046. 『청목소』의 김성철 역은 다음과 같다.

'그대는 다시 空性인 것에 집착을 짓는다. 오류에 집착하는 것은 우리들의 것이 아니다. 그것(집착)은 공에서는 성립하지 않는다.'

그리고 이 게송에 대한 주석에서 『청목소』에는 이후 한문 경전권에 매우 중대한 영향을 끼치는 '공공(空空)'이라는 개념이 등장한다.

'그대는 내가 공(空)에 집착하므로 내가 허물을 내었다고 말하지만 내가 말한 성공(性空)은 공(空)도 역시 다시 공(空)하다는 것(空空)으로 그런 허물이 없다(p. 411).'

이에 대한 김성철의 비유는 다음과 같다.

'空은 마치 비누와 같아서 공이라는 비누로 분별의 때를 뺐으면 그 공의 비눗기도 다시 헹궈 내야 한다(空空). 공의 가치가 남아 있으면 모든 가치판단이 상실된 악취공자(惡趣空者)로 전락하고 만다(p. 411).'

그러나 이와 같은 해석은 오직 『청목소』에만 등장한다. 『쁘라산나빠다』에서는 이 게송에 대해서 다음과 같이 해석하고 있다.

'… 그러나 우리는 비존재의 의미와 공성의 의미는 (동일하다고) 말하지 않는다. 그게 아니라, (공성의 의미는) 연기의 의미와 (동일하기) 때문에, (우리들의) 공성론(空性論)에 대한 그대의 논박은 타당하지 않다(p. 1117).'

[358. (24-14)]

གང་ལ་སྟོང་བ་ཉིད་རུང་བ།། gang la stong ba nyid rung ba//
དེ་ལ་ཐབས་ཅད་རུང་བར་འགྱུར།། de la thabs cad rung bar 'gyur//
གང་ལ་སྟོང་ཉིད་མི་རུང་བ།། gang la stong nyid mi rung ba//
དེ་ལ་ཐམས་ཅད་མི་རུང་འགྱུར།། de la thams cad mi rung 'gyur//

> 어떤 것에 공성(空性)이 타당하다면
> 그것에는 모든 것이 타당하다.
> 어떤 것에 공성(空性)이 타당하지 않다면
> 그것에는[1047] 모든 것이 타당하지 않다.[1048]

[359. (24-15)]

ཁྱོད་ནི་རང་གི་སྐྱོན་རྣམས་ནི།། khyod ni rang gi skyon rnams ni//
ང་ལ་ཡོངས་སུ་སྒྱུར་བྱེད་པ།། nga la yongs su sgyur byed pa//
རྟ་ལ་མངོན་པར་ཞོན་བཞིན་དུ།། rta la mngon par zhon bzhin du//
རྟ་ཉིད་རྗེད་པར་གྱུར་པ་བཞིན།། rta nyid rjed par gyur pa bzhin//

⋯⋯⋯⋯⋯⋯⋯⋯⋯⋯⋯⋯⋯

한문 경전권에서 '공공(空空)'이라는 개념의 등장은 꾸마라지바에 의한 것인데, 당대의 중관학에 대한 학풍 때문인지, 아니면 꾸마라지바의 역경 때문이지 아직 명확하게 논의된 바는 없다. '공공(空空)'의 첫 번째 공(空)을 실유론으로 다룰 때 생기는 문제에 대해서는 졸저, 『용수의 사유』, pp. 276-277 참조.

1047. 각 행이 반복되는 '어떤 것에 ~, 그것에 ~'를 뜻하는 '강라 ~, 데라 ~(gang la ~, de la ~)' 구조로 되어 있다.
1048. '타당하다'라고 옮긴 각 행에 반복되는 '룽와(rung ba)'에는 '가능하다, 사용할 수 있다, 여법(如法)하다, 확실하다'는 뜻이 있는데 산스끄리뜨어 '유즈(√yuj)'를 옮긴 것이다. 만약 '여법(如法)하다'라고 옮길 경우, 여기서 연기 실상은 곧 공성을 뜻하고 그것은 모든 현상계[法]'가 그침 없이 이어지고 있음을 드러낸다고 볼 수 있다.
앞의 [351. (24-7)]번 게송에서 살펴본 것처럼, 공성의 뜻이 진리의 모습이고 공성의 의미가 곧 연기의 의미임을 통해서 살펴보면 이 게송이 뜻하는 바는 연기 실상이 곧 공이라는 뜻이므로 이론(異論)의 여지가 없다.

> 바로 그대는 자신의 오류들을[1049]
> 나에게[1050] 완전히 전가하는[1051] 행위를 (하고 있다.)
> 말을 이미 타고 있으면서
> 말 자체를 잊는 것과 같이.[1052]

[360. (24-16)]

གལ་ཏེ་དངོས་རྣམས་རང་བཞིན་ལས།། gal te dngos rnams rang bzhin las//
ཡོད་པར་རྗེས་སུ་ལྟ་བྱེད་ན།། yod par rjes su lta byad na//
དེ་ལྟ་ཡིན་ན་དངོས་པོ་རྣམས།། de lta yin na dngos po rnams//
རྒྱུ་རྐྱེན་མེད་པར་ཁྱོད་བལྟའོ།། rgyu rkyan med par khyad blta 'o//

> 만약 사태[1053]들이 자성으로부터
> 존재한다고 (그대가) 간주한다면[見][1054]
> 그와 같다면, 사태들에
> 인연(因緣)[1055]이 존재하지 않는다고[1056] 그대는 간주하는 것이다[見].[1057]

1049. 강조사[Emp.] '니(ni)'가 반복적으로 생략되어 있어 1행 말미의 것을 생략하였다.
1050. [357. (24-13)]번 게송에서처럼 산스끄리뜨어 원문에는 '우리에게'로 되어 있다.
1051. '완전히 전가하다'로 옮기는 '용수 귤와(yongs su sgyur ba)'는 '완전히 돌리다'라는 뜻이다.
1052. 3, 4행에서 '쉰(bzhin)'이 반복적으로 사용되고 있는데 3행의 '쉰두(bzhin du)'의 경우, 현재 진행을 나타낸다.
    비유를 통해서 즉, 말을 타고 있으면서[오류를 저지르고 있으면서], 그 말을 잊은 것[오류를 저지르고 있다는 것]과 같은 공성을 이해하지 못한 과실이 스스로에게 있음을 지적하는 게송이다. 다음 게송부터 본격적인 논파가 시작된다.
1053. '사태(事態)'에 대한 자세한 내용은 「제1품. 연(緣)에 대한 고찰」, [3. (1-1)]번 각주 및 3권 「해제」 참조.
1054. '간주하다'로 옮긴 이것은 '자세히 살펴보다'라는 뜻을 지닌 '제쑤 따와(rjes su lta ba)'에 '행하다'는 뜻을 지닌 보조 동사 '제빠(byad pa)'가 붙은 경우로, 여기서는 '간주하다'로 강조하여 옮겼다.
1055. 인연에 대해서는 「제1품. 연(緣)에 대한 고찰」, [4. (1-2)]번 게송 각주 참조.
1056. 2행과 함께 '라둔(la 'dun)'의 'r'이 반복적으로 사용되었는데 여기서는 인용을 뜻하는

[361. (24-17)]

	'bras bu dang ni rgyu nyid dang//
	byad pa po dang byad dang bya//
	skye ba dang ni 'gag pa dang//
	'bras bu la yang gnod pa byed//

> (그와 같은 견해는)[1058] 과(果)와 연(緣) 자체들과[1059]
> 행위자와 행위와 (행위의) 대상(과)[1060]
> 생기는 것[生]과 사라지는 것[滅]과[1061]
> (그) 과(果)[1062]도 또한 훼손한다.[1063]

[362. (24-18)]

	rten cing 'brel bar 'byung ba gang//
	de ni stong pa nyid du bshad//
	de ni brten nas gdags pa ste//
	de nyid dbu ma'i lam yin no//

> 연기(緣起)인 그것[1064]
> 바로 그것을 공성(空性)이라고 말한다.

것으로 보고 옮겼다.
1057. 1, 2행의 자성에 의한 존재와 인연의 화합에 의한 존재는 모순적임을 명확하게 드러낸 게송이다.
1058. 바로 앞의 게송에서 이어지는 것이라 첨언하였다.
1059. 「제1품. 연(緣)에 대한 고찰」에서 다루었던 4종의 연(緣)들이 존재하지 않게 된다는 뜻이자 일반적인 인연이 존재하지 않게 된다는 점으로도 해석이 가능하다.
1060. 인식에 필요한 주체, 대상, 반영 모두가 존재하지 않게 된다는 뜻이다.
1061. 8불(八不) 중도 연기를 이루는 '8불'의 축약으로 해석된다.
1062. 모든 결과를 뜻한다.
1063. 이 게송을 통해 살펴볼 때, 중관사상뿐만 아니라 불교에서 가장 중요한 것은 일체 무자성임을 알 수 있다.

> 바로 그것에 의지하여[緣] 시설(施設)된 것[=假名]
> 그 자체가 바로 중도(中道)[1065]이다.[1066]

[363. (24-19)]

གང་ཕྱིར་བརྟེན་འབྱུང་མ་ཡིན་པའི།།	gang phyir brten 'byung ma yin pa'i//
ཆོས་འགའང་ཡོད་པ་མ་ཡིན་པ།།	chos 'ga'ang yod pa ma yin pa//
དེ་ཕྱིར་སྟོང་པ་མ་ཡིན་པའི།།	de phyir stong pa ma yin pa'i//
ཆོས་འགའ་ཡོད་པ་མ་ཡིན་ནོ།།	chos 'ga' yod pa ma yin no//

....

1064. 1행 말미의 '강(gang)'을 '어떤 것'으로 보고 옮겼다.
1065. '우매 람(dbu ma'i lam)'을 직역하면, '가운데의 길', 즉 중도(中道)를 뜻한다. 산스끄리뜨어 게송에서는 '마디아마(madhyama)'로 여기에는 '길'이라는 뜻보다 '한가운데, 정중앙'을 가리킨다. 그러나 한역에서 '마디아마카(Madhyamaka)'를 중관(中觀)으로 옮겨진 이래로 이 '가운데(마디아)'가 곧 중도, 중관으로 해석될 수밖에 없게 되었다. 아무래도 역경의 어려움에, '격의불교(格義佛敎)'에 따라 도교의 '도(道)' 개념과 융합되면서 생긴 현상일 것이다.
1066. 『중론』에서 가장 유명한 게송이다.
『청목소』 김성철 역은, '연기인 것 그것을 우리들은 空性이라고 말한다. 그것(=공성)은 의존된 假名이며 그것(=공성)은 실로 中道이다(p. 414).' 그러나 티벳역에는 '가명(假名)'이라는 단어가 아예 없지만 '닥빠(gdags pa)'에 '가(假)'라는 뜻이 있으므로 '거짓된 이름'이 아닌 '임시적인 이름'이라는 뜻으로 해석할 경우에는 타당하다.
MK(T.K.)에서는 이것을 'that, being a dependent designation'이라고 옮기고 있는데 우리말로 옮겨 보면 '어떤 의존된 이름인 바로 그것' 정도 된다.
『쁘라산나빠다』는, '연기를 공성이라고 우리들은 설명한다./ 그것은 (타자를) 취(取)하여 (성립하는) 시설(施設)이다./ 실로 그것은 중도(中道)이다(p. 1125).'
이와 같은 역본들을 살펴보았을 때, '연기=공'이며 이것에 의지하여 시설된 것, 즉 이것에 의지하여 외화된 붓다의 가르침이 중도라는 뜻이다. 그러나 논박자들처럼 공을 단견에 따른 '허무'로 해석할 경우, 연기가 공이 아니라는 견해, 즉 '연기≠공'이라는 견해가 발생한다.

『쁘라산나빠다』에서는 중도(中道)에 대해서 명쾌하게 설명하고 있다.

'자성에 의해서 발생하지 않음의 상(相)을 지닌 공성(空性)이 중도(中道)임은 이와 같이 건립되었다. 왜냐하면 자성에 의해서 발생하지 않음에는 (有自性의) 존재성이 존재하지 않기 때문이다. 또한 자성에 의해서 발생하지 않음에는 (有自性의) 소멸이 존재하지도 않으므로 비존재성도 존재하지 않기 때문이다. 그러므로 존재와 비존재라는 양극단을 떠나기 때문에 모든 것[諸法]이 자성에 의해서 발생하지 않음[無生], 즉 중도(中道)라고 불린다(pp. 1127-1128).'

> 왜냐하면 의지하여[緣] 발생하지[起] 않는
> 어떤 법도 존재하지 않기 때문이다.
> 그러므로 공(空)하지 않는
> 어떤 법도 존재하지 않는다.[1067]

[364. (24-20)]

གལ་ཏེ་འདི་ཀུན་མི་སྟོང་ན།།	gal te 'di kun mi stong na//
འབྱུང་བ་མེད་ཅིང་འཇིག་པ་མེད།།	'byung ba med cing 'jig pa med//
འཕགས་པའི་བདེན་པ་བཞི་བོ་རྣམས།།	'phags pa'i bden pa bzhi bo rnams//
ཁྱོད་ལ་མེད་པར་ཐལ་བར་འགྱུར།།	khyod la med par thal bar 'gyur//

1067. 3행의 '그러므로'만 언급된 산스끄리뜨어와 달리 티벳어는 '왜냐하면 ~, 그러므로 ~'를 뜻하는 '강칠 ~, 데칠 ~(gang phyir ~, de phyir ~)'이 드러나 있다. 『청목소』의 이 게송에 대한 주석은 '유와 무의 양극단(兩邊)을 떠난 것이기에 이를 중도라고 부른다.'는 점이 명확하게 언급되어 있다.

　　'여러 가지 인연에서 생(生)한 존재를 나는 공(空)이라고 말한다. 왜 그런가? 여러 가지 인연이 다 갖춰지고 화합하여 사물이 생기는데 이 사물은 여러 가지 인연에 속하기 때문에 그 실체(=自性)가 없다. 실체가 없기 때문에 공하다. 더욱이 이 공도 역시 공하다. 다만 중생을 인도하기 위해 거짓된 이름(假名)을 붙여 (공이라고) 설(說)한 것이다. 또 유와 무의 양극단(兩邊)을 떠난 것이기에 이를 중도라고 부른다. 이 법은 그 자성이 없으므로 유(有)라고 하지 못하고 공도 존재하지 않기에 무(無)라고 말할 수 없다. 만일 어떤 법이 그 자성과 상(相)을 갖는다면 여러 가지 인연을 만나서 존재하지는 못한다. 그렇게 여러 가지 인연을 만나지 않는다면 법도 존재하지 못한다. 그러므로 공하지 아니한 법은 존재하지 않는다(pp. 415).'

　　양극단, 즉 양변(兩邊)인 상견, 단견에 대한 사전적 정의는 다음과 같다.

　　[BD] 상견(常見): 【범】Śāśvata-dṛṣṭi ↔ 단견(斷見). 사람은 죽으나, 자아(自我)는 없어지지 않으며, 5온은 과거나 미래에 상주 불변하여 간단(間斷)하는 일이 없다고 고집하는 그릇된 견해. 2견(見), 3종 견, 7견 등 중 하나. 일체는 영원히 불변한다고 생각하는 것. 세계는 상주 불변하며, 사람의 육신은 죽은 뒤에도 영구불변하는 자아(自我)가 있다고 집착하는 견해. 상주론(常住論). 단견(斷見).
　　단견(斷見): 【범】Uccheda-dṛṣṭi ↔ 상견(常見). 만유는 무상한 것이어서 실재하지 않는 것과 같이, 사람도 죽으면 몸과 마음이 모두 없어져서 공무(空無)에 돌아간다고 고집하는 그릇된 소견. 2견(見), 3종 견, 7견 등 중 하나. 만유(萬有)는 무상(無常)한 것이며, 사람은 한 번 죽으면 단멸(斷滅)하는 것이므로, 선악의 과보에 집착하는 것은 어리석다고 생각하는 견해. 단멸론(斷滅論). 상견(常見).

> 만약 이 모두가 공(空)하지 않으면
> 발생하는 것[生](도) 없고 사라지는 것[滅](도) 없다.
> (그러므로) 사성제들 (또한)
> 그대에게 존재하지 않는 과실(過失)이 (발생하게) 된다.

[365. (24-21)]

རྟེན་ཅིང་འབྲེལ་འབྱུང་མ་ཡིན་ན།།	rten cing 'brel 'byung ma yin na//
སྡུག་བསྔལ་ཡོད་པར་ག་ལ་འགྱུར།།	sdug bsngal yod par ga la 'gyur//
མི་རྟག་སྡུག་བསྔལ་གསུངས་པ་དེ།།	mi rtag sdug bsngal gsungs pa de//
རང་བཞིན་ཉིད་ལ་ཡོད་མ་ཡིན།།	rang bzhin nyid la yod ma yin//

> 만약 의지하여[緣] 발생하지[起] 않는다면[1068]
> 고(苦)가 존재하는 것이 어떻게 (가능하게) 되겠느냐?
> "무상(無常)한 것은 고(苦)이다."라고 (부처님께서) 말씀하셨다. 왜냐하면[1069]
> (무상한 것에는) 자성 자체가 존재하지 않기 때문이다.[1070]

1068. [363. (24-19)]번 게송의 1행과 거의 유사하지만 약간 틀고 있다. '연기가 아니라면'과 의미상으로 같다.
1069. 3행의 말미에 쓰인 '학쩨(lhag bcas)'인 '데(de)'를 여기서는 '왜냐하면 ~하기 때문이다'라는 이유를 설명하는 것으로 보고 옮겼다.
1070. 『청목소』에서 이 게송에 대한 김성철 역과 주석은 다음과 같다.

> '緣하지 않고 生起(緣起)한 苦가 어떻게 존재하겠는가? 왜냐하면 "無常한 것은 苦이다"라고 말해졌는데 그것(無常한 것)은 自性에 있어서 존재하지 않기 때문이다.
> (일체가 공하지 않다면) 고(苦)가 연(緣)으로부터 생(生)하지 않으므로 고(苦)는 존재하지 않는 (자가당착에 빠진) 꼴이 된다. 왜 그런가? 경전에서는 무상(無常)이 공의 이치라고 설하기 때문이다. 만일 고(苦)가 확고한 자성이 있다면 (그 자성을 버리지 못할 텐데) 어떻게 (자성 없이 변해간다는) 무상의 진리가 존재하겠는가? (그리고 고에 자성이 있다면 무상이 없고 무상이 없으니 결국 고(苦)도 없게 되는 자가당착에 빠진다.) (pp 416-417).'

[366. (24-22)]

རང་བཞིན་ལས་ནི་ཡོད་མིན་ན།། rang bzhin las ni yod min na//
ཅི་ཞིག་ཀུན་ཏུ་འབྱུང་བར་འགྱུར།། ci zhig kun tu 'byung bar 'gyur//
དེ་ཕྱིར་སྟོང་ཉིད་གནོད་བྱེད་ལ།། de phyir stong nyid gnod byed la//
ཀུན་འབྱུང་ཡོད་པ་མ་ཡིན་ནོ།། kun 'byung yod pa ma yin no//

> 바로 그 자성에 의해서[1071] (苦가) 존재하지 않는다면
> 무엇이 집(集)[1072]으로 되겠는가?
> 그러므로 공성을 훼손하는 것에는[1073]
> 집(集)이 존재하지 않는다.[1074]

『쁘라산나빠다』의 이 게송은 다음과 같다.

'연(緣)에 의하지 않고 발생하는 고(苦)가 어디에 존재하겠는가?/ 고(苦)는 무상하다.' 라고 (경전에서) 설하였다./ 자성이 존재할 때, 그것은 존재하지 않는다(p. 1131).'

『청목소』에서 눈에 띄는 것은 연기적 존재가 아닌 고(苦)가 존재한다는 것은 '자가당착'이라는 점이며, 『쁘라산나빠다』의 '현재 존재하지 않는 허공의 꽃은 무상하지 않기 때문이다(緣에 의하지 않고 발생하는 존재는 허공의 꽃처럼 경험적으로 존재하지 않는다)(p. 1132).'는 비유이다.

이 게송을 재구성해 보면,
대전제: 연기(緣起)에 의해서 존재하는 것[예: 苦]은 존재하는 것이 아니다(~A).
예: 무상한 것[예: 緣起]은 고(苦)이다.
이유: 자성이 존재하지 않기 때문에.

이때 '연기에 의해서 존재하는 것'과 '무상한 것'과 '자성이 존재하지 않기 때문에'라는 것은 동일한 의미다. 『청목소』는 이것을 자가당착으로 읽고 있으나, 대전제와 예 그리고 이유 등을 통해서 살펴보면, 동어반복의 성격이 강하다. 그리고 『쁘라산나빠다』의 비유는 존재하지 않는 것, 즉 긍정과 부정의 대상이 될 수 없는 것은 '경험적으로 존재하지 않는다.'라고 볼 수 있다.

어찌 되었든 이 게송의 요지는 고(苦)라는 개념이 독립적으로 존재하지 않는다는 점이며, 이에 따른 논파가 다음 게송에 이어진다.

1071. 탈격[Abl.] '레(las)'가 쓰였다. 여기서는 원인, 이유로 보고 옮겼다.
1072. 사성제 가운데 두 번째인 집(集)을 뜻하는 '꾼두 중와(kun tu 'byung ba)'가 여기서는 '꾼두 중'만, 4행에서는 '꾼중'으로 쓰였다. 산스끄리뜨어 '사무다야(samudaya)'에 해당하며, 해자해보면 '모든 것으로 발생하다, 일체가 되게 하다, 일체가 되게 이끌어내다' 정도 된다. '중와('byung ba)'에는 '발생하다, 생기다'는 뜻이 강하므로 '모든 것으로

[367. (24-23)]

སྡུག་བསྔལ་རང་བཞིན་གྱིས་ཡོད་ལ།། sdug bsngal rang bzhin gyis yod la//
འགོག་པ་ཡོད་པ་མ་ཡིན་ནོ།། 'gog pa yod pa ma yin no//
རང་བཞིན་གྱི་ནི་ཡོངས་གནས་ཕྱིར།། rang bzhin gyi ni yongs gnas phyir//
འགོག་ལ་གནོད་པ་བྱེད་པ་ཡིན།། 'gog la gnod pa byed pa yin//

> 고(苦)가 자성으로 존재하는 것에서
> 멸(滅)은 존재하지 않는다.
> 바로 그 (고의) 자성이 온전히 유지되기[1075] 때문에
> (그것은) 멸(滅)을 파괴한다.[1076]

[368. (24-24)]

ལམ་ལ་རང་བཞིན་ཡོད་ན་ནི།། lam la rang bzhin yod na ni//
བསྒོམ་པ་འཐད་པར་མི་འགྱུར་ཏེ།། bsgom pa 'thad par mi 'gyur te//
ཅི་ལྟར་ལམ་ཏེ་བསྒོམ་བྱ་ན།། ci ltar lam te bsgom bya na//
ཁྱོད་ཀྱི་རང་བཞིན་ཡོད་མ་ཡིན།། khyod kyi rang bzhin yod ma yin//

> 도(道)에 자성이 존재한다면
> 수행(修行)[1077]은 옳지 않게 된다.[1078]
> 만약[1079] 그 도(道)가 수행하는 것[1080]이라면
> 그대의 자성은 존재하지 않는다.[1081]

....

되게 하는 것'이 곧 '집(集)'이라는 뜻이다. 이 때문에 『청목소』에서 김성철은 '생기(生起)= 집기(集起)'라고 쓴 듯하다.
1073. '라둔(la 'dun)'의 '라(la)'를 처격[Loc.]으로 보고 옮겼다.
1074. 고(苦)가 자성을 띤 것이 아니라면 뒤따라오는 집(集)도 성립할 수 없다.
1075. '온전히 유지되다'로 옮긴 '용네(yongs gnas)'를 직역하면, '완전히 머무른다' 정도 된다.
1076. 고(苦)가 자성을 가진 존재라면 사성제의 세 번째인 멸(滅) 또한 존재하지 않는다는 뜻이다.

[369. (24-25)]

གང་ཚེ་སྡུག་བསྔལ་ཀུན་འབྱུང་དང་།། gang tshe sdug bsngal kun 'byung dang//
འགོག་པ་ཡོད་པ་མ་ཡིན་ན།། 'gog pa yod pa ma yin na//
ལམ་གྱིས་སྡུག་བསྔལ་འགོག་པ་ནི།། lam gyis sdug bsngal 'gog pa ni//
གང་ཞིག་འཐོབ་པར་འགྱུར་བར་འདོད།། gang zhig 'thob par 'gyur bar 'dod//

만약 고(苦)(와) 집(集) 그리고
멸(滅)이 존재하지 않는다면[1082]
도(道)로 바로 그 고(苦)를 멸하는 것을
어느 누가 얻기[證得][1083] 바랄 수 있겠는가?[1084]

1077. '수행'으로 옮긴 '곰빼(bsgom pa)'는 티벳어에서 매우 자주 등장하는 용어로 이론(異論)의 여지가 없지만, 『청목소』나 『쁘라산나빠다』에서는 '수습(修習)'으로 되어 있다.
1078. 2행의 말미에 쓰인 '학쩨(lhag bcas)'인 '떼(te)'를 여기서는 한 문장을 종결하는 것으로 보고 옮겼다.
1079. 이 3행의 어두에 쓰인 '찌딸(ci ltar)'의 의미는 '어떻게, 무엇이 ~?'라는 의문사가 아니라 3행의 말미에 나오는 가정법 '나(na)'와 어울려 '만약 ~한다면'으로 보고 옮긴 MK(T.K)의 용례를 따랐다(p. 507). '찌달'의 용례 중의 하나인 'in what manner'를 살려 옮길 경우에는, '그와 같은 경우, (즉)' 등을 첨언하면 의미상으로 통용은 되나 번잡스럽게 된다.
1080. '수행하는 것'으로 옮긴 '곰자(bsgom bya)'는 '행위자, 행위 대상, 행위' 또는 '인식 주체, 인식 대상, 인식'이라는 불교 논리학인 인명(因明)의 세 개념자로 보았을 때 '수행 대상'에 해당한다. 여기서는 풀어서 썼다.
1081. 『청목소』에서 이 게송에 대한 주석은 다음과 같다.

'법이 만일 확고히 존재한다면 수도(修道)는 있을 수 없다. 왜 그런가? 만일 법이 실제로 존재한다면 그것은 상주(常主)한다는 말인데, 상주한다면 더 증장(增長)될 수도 없다. 만일 도(道)가 닦을(修) 수 있는 것이라면 도(道)에는 확고한 자성이 있을 수 없다(p. 24).'

자성을 갖춘 존재로서의 사성제의 도(道)가 존재하지 않는다는 의미. 수행, 즉 '스스로 갈고 닦아 선업을 증장하는 행위'라면 그것 자체가 자성을 띠지 않아야 변할 수 있는 것이다.
1082. 1행의 어두에 쓰인 '강체(gang tshe)'와 격을 이루어 '~ 때'로도 쓸 수 있으나 MK(T.K)처럼 조건절을 뜻하는 '나(na)'를 강조해서 옮겼다.
1083. '어느 누가 얻기[證得]'로 옮긴 '강쉭 톱빠(gang zhig 'thob pa)'에서 '강쉭(gang zhig)'은 일반적으로 '누구나, 무엇으로'의 뜻으로 쓰이며, '톱빼('thob pa)'는 '얻다, 증득하다,

[370. (24-26)]

གལ་ཏེ་རང་བཞིན་ཉིད་ཀྱིས་ནི།། gal te rang bzhin nyid kyis ni//
ཡོངས་སུ་ཤེས་པ་མ་ཡིན་ན།། yongs su shes pa ma yin na//
དེ་ནི་ཅི་ལྟར་ཡོངས་ཤེས་འགྱུར།། de ni ci ltar yongs shes 'gyur//
རང་བཞིན་གནས་པ་མ་ཡིན་ནམ།། rang bzhin gnas pa ma yin nam//

> 만약 자성 그 자체로[1085]
> 완벽하게 아는 것[見])[1086]이 아니라면
> 바로 그것이 어떻게 완벽하게 아는 것[見]으로 되겠는가?
> 자성이란 (변하지 않고 항상) 머문다(는 뜻이)[1087] 아닌가?[1088]

[371. (24-27)]

དེ་བཞིན་དུ་ནི་ཁྱོད་ཉིད་ཀྱི།། de bzhin du ni khyod nyid kyi//
སྤང་དང་མངོན་དུ་བྱ་བ་དང་།། spang dang mngon du bya ba dang//
བསྒོམ་དང་འབྲས་བུ་བཞི་དག་ཀྱང་།། bsgom dang 'bras bu bzhi dag kyang//

....
획득하다'는 뜻이 있다. 여기서는 뒤따라 나오는 보조동사 '귤와('gyur ba)'와 생략하여 옮겼다. 전체적으로 MK(T.K.)를 따랐다.
1084. 이상으로 자성을 갖춘 개념자로서의 사성제 자체가 성립하지 않는다는 것을 보여주고 있다.
1085. 도구격[Ins.] '끼(kyis)'는 여기서 '완전한 깨달음'을 수식하는 것으로 보고 옮겼다.
1086. 『청목소』에서 김성철은 이 품의 두 번째 게송에서는 '<'완전하게 아는 知>'로 여기서는 '완벽한 파악'으로 옮기고 있다. MK(T.K.)에서는 두 번째 게송에서는 'understanding'로, 여기서는 'complete understanding'이라고 쓰고 있다.
1087. '네빠(gnas pa)'는 '머무르다, 거주하다'라는 뜻으로 주로 쓰여 의미에 맞게 첨언하였다.
1088. 『청목소』의 주석은 다음과 같다.

> '만일 (수행에 들어가기) 이전의 범부(凡夫)의 차원에서 苦의 자성을 볼 수 없다면 지금도 그 자성을 볼 수 없어야 한다. 왜 그런가? 자성이 확립되어 있는 것을 볼 수 없기 때문이다(p. 420).'

앞의 게송들까지 사성제가 성립되지 않다는 것을 보여준 뒤, 여기서는 자성이 존재할 경우 바로 그 정의에 의해서 이전에 고(苦)를 이해하지 못했다면 제 아무리 수행을 하더라도 이해할 수 없다는 뜻이다. 이 내용은 다음 게송과 이어져 있다.

ཡོངས་ཤེས་བཞིན་དུ་མི་རུང་ངོ་།།　　yongs shes bzhin du mi rung ngo//

> 바로 그와 같이 그대의
> 1) (번뇌를) 끊음[斷]과 2) 깨달음의 증득[證]과
> 3) 수행[修]과 4) 사과(四果)들도 또한
> 완벽하게 아는 것[見]처럼 불가능하다.[1089]

[372. (24-28)]

རང་བཞིན་ཡོངས་སུ་འཛིན་པ་ཡི།།　　rang bzhin yongs su 'dzin pa yi//
འབྲས་བུ་རང་བཞིན་ཉིད་ཀྱིས་ནི།།　　'bras bu rang bzhin nyid kyis ni//
ཐོབ་པ་མིན་པ་གང་ཡིན་དེ།།　　thob pa min pa gang yin de//
ཇི་ལྟར་འཐོབ་པ་ནུས་པར་འགྱུར།།　　ci ltar 'thob pa nus par 'gyur//

> 자성을 완전히 집착하는 자의
> 과(果)의 자성 바로 그 자체는
> (아직) 얻지[1090] 못한 그 어떤 것인데[1091]
> 어떻게 (그것을) 얻는 것이 가능하겠는가?[1092]

1089. 이 품의 2, 3번 게송에 대한 논파다. 『청목소』의 주석은 다음과 같다.
　　'<(苦諦를) 완전히 파악하는 것>과 마찬가지로 <斷滅>도 <깨달음의 획득>도 <修習>도 또 四果도 그대에게 있어서 타당하지 않다. 고제(苦諦)를 앞서서 파악하지 못했다면 나중에도 파악되지 않는 것과 같이 집(集)을 단(斷)하고 멸(滅)을 증(證)하며 도(道)를 수(修)하는 것도 마찬가지다. 왜 그런가? 우선 집(集)의 자성이 원래 단절(斷絕)되지 못하는 것이라면 지금도 역시 단절될 수 없다. 자성은 단절할 수 없기 때문이다. 멸(滅)이 원래 증득되지 않는다면 지금도 증득될 수 없다. 원래 증득되지 않는 것이기 때문이다. 도(道)가 원래 수(修)하지 않은 것이라면 지금도 역시 수(修)하는 것이 아니기 때문이다. 그러므로 사성제의 견(見), 단(斷), 증(證), 수(修)의 사종행(四種行)은 모두 존재할 수 없다. 사종행이 없기 때문에 사도과도 존재하지 않는다(pp. 420-421).'
1090. 4행의 '톱빼('thob pa)'의 과거형인 '톱빼(thob pa)'가 쓰여 있어 '(아직)'을 첨언하였다.
1091. 3행의 말미에 쓰인 '학쩨(lhag bcas)'인 '떼(te)'를 여기서는 문장을 종결하며 뒤따라 나오는 것을 역접하는 접속사로 보고 옮겼다.

[373. (24-29)]

འབྲས་བུ་མེད་ན་འབྲས་གནས་མེད།   'bras bu med na 'bras gnas med//
ཞུགས་པ་དག་ཀྱང་ཡོད་མ་ཡིན།།   zhugs pa dag kyang yod ma yin//
གལ་ཏེ་སྐྱེས་བུ་གང་ཟག་བརྒྱད།   gal te skyes bu gang zag brgyad//
དེ་དག་མེད་ན་དགེ་འདུན་མེད།།   de dag med na dge 'dun med//

> (사)과가 존재하지 않는다면 (사)과위[果位=住果]는 존재하지 않는다.
> (그리고) 그에 들어가는 것(사향[四向])들도 또한 존재하지 않는다.
> 만약 이 여덟(을 갖춘) 사람[八賢聖]
> 그들이 존재하지 않는다면 상가(僧伽)도 존재하지 않는다.[1093]

[374. (24-30)]

འཕགས་པའི་བདེན་རྣམས་མེད་པའི་ཕྱིར།།   'phags pa'i bden rnams med pa'i phyir//
དམ་པའི་ཆོས་ཀྱང་ཡོད་མ་ཡིན།།   dam pa'i chos kyang yod ma yin//
ཆོས་དང་དགེ་འདུན་ཡོད་མིན་ན།   chos dang dge 'dun yod min na//
སངས་རྒྱས་ཅི་ལྟར་ཡོད་པར་འགྱུར།།   sangs rgyas ci ltar yod par 'gyur//

> (사)성제들이 존재하지 않기 때문에
> 정법(正法)도 또한 존재하지 않는다.

1092. 1행의 '완전히 집착하는 자'로 '용쑤 진빼(yongs su 'dzin pa)'는 자성이 존재한다는 것을 인정한다는 뜻이다. 비록 그 뜻이 그렇지 않다 할지라도 만약 이와 같이 자성을 인정하게 되면 구사론자들 또한 상견론자가 되는 셈이다. 『청목소』에서는 2행의 '과(果)'가 '네 가지 사문과(沙門果)'임을 명확하게 보여주고 있다.

  '모든 존재가 확고한 자성을 갖는다면, 원래 획득하지 못한 네 가지 사문과(沙門果)를 지금 어떻게 획득하겠는가? 만일 획득할 수 있다면 그 자성은 확고한 것이 아니다(p. 412).'

1093. 이 게송은 이 품의 3번 게송의 3, 4행과 4번 게송의 1, 2행과 토씨 하나 안 틀리다. 오직 공에 대한 이해와 그렇지 않은 경우만 다를 뿐이다. 자세한 내용은 이 두 게송의 각주 참조

1094. 이 게송도 이 품의 4번 게송의 3, 4행과 5번 게송의 1, 2행과 토씨 하나 안 틀린다.

> 법(法)과 상가(僧伽)가 존재하지 않는다면
> 깨달은 자[佛]가 어떻게 존재하겠는가?[1094]

[375. (24-31)]

	khyed kyi sangs rgyas byang chub la//
	ma brten par yang thal bar 'gyur//
	khyed kyi byang chub sang rgyas la//
	ma brten par yang thal bar 'gyur//

> (만약 존재한다면) 그대의 깨달은 자[佛]는 깨달음[菩提]에
> 의지하지 않아도 되는 과실(過失)이 (발생하게) 된다.
> (또한) 그대의 깨달음[菩提]이 깨달은 자[佛]에
> 의지하지 않아도 되는 과실(過失)이 (발생하게) 된다.[1095]

[376. (24-32)]

| | khyed kyi rang bzhin nyid kyis ni// |

자세한 내용은 이 두 게송의 각주 참조
　이 대목까지 용수의 사성제를 하나의 개념으로 상정하는 것이 아니라, 가명된 것임을 밝히기 위한 논파다. 다음 게송에서는 그럼에도 '정등각(正等覺)'은 하나의 개념으로 존재할 것이라는 논박자의 '질문'이 나온다.

　'【문】그대가 비록 모든 존재를 논파하지만 궁극적인 경지(道)인 아뇩다라삼막삼보리(無上正等正覺)는 존재하는 것이 분명하다. 이 경지로 인해 불(佛)이라 부른다(p. 423).'
1095. 『청목소』에서 이 부분은 두 개의 개념자가 자성을 띠고 있을 경우 변화해서는 안 된다는 것을 명확하게 보여주고 있다.

　'그대는 모든 존재가 확고한 자성이 있다고 말하는데 그렇다면 보리(깨달음)를 인하여 부처(깨달은 자)가 존재하거나 부처로 인하여 보리가 존재하지 말아야 하리라. 왜냐하면 그런 경우 보리나 부처의 자성(自性)이 확고하기 때문이다(p. 424).'

　굳이 『청목소』의 예를 들지 않더라도, 앞선 논파들에 따라서 보면, 상호 분리된 채 자성을 갖춘 것들은 의지[緣]하여 생겨날[起] 수 없다.

སངས་རྒྱས་མིན་པ་གང་ཡིན་དེས།། sangs rgyas min pa gang yin des//
བྱང་ཆུབ་སྤྱོད་ལ་བྱང་ཆུབ་ཕྱིར།། byang chub spyod la byang chub phyir//
བཙལ་ཡང་བྱང་ཆུབ་འཐོབ་མི་འགྱུར།། bstsal yang byang chub 'thob mi 'gyur//

> 그대의 (주장대로) 바로 자성 자체로 인해서
> 깨달은 자[佛]가 아닌 누군가가 있다(면) 그는[1096]
> 깨달음의 수행[菩提行]으로[1097] 깨닫기 위해
> 노력해도 (결코) 깨달음을 얻을 수 없다.[1098]

[377. (24-33)]

འགའ་ཡང་ཆོས་དང་ཆོས་མིན་པ།། 'ga' yang chos dang chos min pa//
ནམ་ཡང་བྱེད་པར་མི་འགྱུར་ཏེ།། nam yang byed par mi 'gyur te//
མི་སྟོང་པ་ལ་ཅི་ཞིག་བྱ།། mi stong pa la ci zhig bya//
རང་བཞིན་ལ་ནི་བྱ་བ་མེད།། rang bzhin la ni bya ba med//

> 또한 어떤 이도 법(法)과 법이 아닌 것[非法][1099](을)
> 결코[1100] (분별하여) 행할 수 없다. 왜냐하면[1101]
> 공이 아닌 것에 무슨 행할 것[=행위]이 있겠는가?
> 바로 그 자성에는 (어떤 것도) 행할 수 없기 때문이다.[1102]

1096. '데(des)'가 쓰였는데 이것은 앞에 나오는 어떤 사람, 즉 '그는'을 뜻한다.
1097. '깨달음의 수행'으로 옮긴 '장춥 죄(byang chub spyod)'는 산스끄리뜨어 '보디사뜨바짜리야(bodhisattvacaryā)'의 티벳어 직역으로, 샨띠데바의 『입보리행론』의 '보리행(菩提行)'에 해당한다.
    '라둔(la 'dun)'의 '라(la)'가 쓰였는데 여기서는 '~으로, ~을 통해서'로 수단, 방편을 뜻한다.
1098. 자성을 갖춘 것은 변화 불가능하다는 것을 계속해서 지적하고 있다. 이 게송에서 이채로운 것은 MK(T.K.)에서 '깨달음에 이르는 길(the path to enlightenment)'이라는 표현을 썼다는 점인데, 이것은 원문에 대한 직역보다 의역으로, 『입보리행론』이 티벳불교에서 얼마만큼 중요하게 간주되는지에 대한 반증으로 보인다.

[378. (24-34)]

ཆོས་དང་ཆོས་མིན་མེད་པར་ཡང་།། chos dang chos min med par yang//
འབྲས་བུ་ཁྱོད་ལ་ཡོད་པར་འགྱུར།། 'bras bu khyod la yod par 'gyur//
ཆོས་དང་ཆོས་མིན་རྒྱུས་བྱུང་བའི།། chos dang chos min rgyus byung ba'i//
འབྲས་བུ་ཁྱོད་ལ་ཡོད་མ་ཡིན།། 'bras bu khyod la yod ma yin//

(만약 그렇다면) 법(法)과 법이 아닌 것[非法]이 존재하지 않아도
과(果)가 그대에게 존재하는 것으로 된다.
(그리고) 법(法)과 법이 아닌 것[非法]의 원인[因]으로 생겨난
과(果)가 그대에게 존재하지 않는 것으로 (된다.)[1103]

1099. '법(法)과 법이 아닌 것[非法]'으로 옮긴 '최당 최민빠(chos dang chos min pa)'에서 법, 즉 '다르마(dhama)'에는 다양한 뜻이 있는데 다음 게송에 미루어보아 선(善)과 불선(不善)을 가리킨다. 참고로 '다르마'에는 'right, justice, virtue, morality, religion, religious merit, the law or doctrine of Buddhism, nature, character' 등의 뜻이 있다.
1100. 부정문에서 '결코 ~할 수 없다'는 것에 등장하는 '남양(nam yang)'이 사용되었다.
1101. '왜냐하면'으로 옮긴 2행의 말미에 쓰인 '학쩨(lhag bcas)'인 '떼(te)'는 매우 특이한 용법으로, 3행의 의문행을 건너뛰고 4행을 받아 그 원인, 이유를 설명하고 있다.
1102. 이 게송에서 눈여겨볼 대목은 불교 논리학인 인명(因明)에서 행위자의 행위를 뜻하는 '제빠(byed pa)'와, 그 대상을 뜻하는 '자와(bya ba)'가 쓰였다는 점이다.
  TT의 '자와(bya ba)'의 용례에 'activity, act itself, deed, any action' 등의 뜻이 있고 [BD]에 '행(行), 행동, 행실, 행위' 등의 뜻이 있는데 여기서는 '행위의 대상'이라기보다는 '행위 그 자체'를 뜻하는 것으로 보고 옮겼다.
  공이 아닌 것은 비연기적인 것, 즉 자성을 갖춘 것은 무엇으로 어떻게 하든 그 고정불변성이 파괴되지 않는다는 뜻이므로 어떤 행위도 할 수 없다는 뜻이다.
1103. 『청목소』에서 이 게송에 대한 주석은 다음과 같다.

  '그대는 (모든 것이 공하다면) 죄나 복의 인인이 있어도 전혀 그 과보를 받지 않는다고 하는데 그것은 죄나 복의 인연이 없어도 과보를 받는다는 말이 되나. 왜 그런가? 과보가 인(因) 없이도 나타난다는 말이기 때문이다(p. 426).'

  인과(因果)의 관계에서 1, 2행은 각각의 자성을 가진 채 존재하는 것이라면, 과(果)는 독립적으로 존재하는 것이라는 뜻이며, 3, 4행은 '법(法)과 법이 아닌 것[非法]의 원인[因]'에 의해서 발생하는 과(果)는 자성을 가진 과(果)로써 존재하지 않는다는 뜻이다.
  대구를 명확하게 하기 위해서 4행의 말미에 첨언하여 옮겼다. '외마윈(yod ma yin)'을 직역하면 '존재하지 않는 것이다'라는 뜻이다.

[379. (24-35)]

ཆོས་དང་ཆོས་མིན་རྒྱུས་བྱུང་བའི།། chos dang chos min rgyus byung ba'i//
འབྲས་བུ་གལ་ཏེ་ཁྱེད་ལ་ཡོད།། 'bras bu gal te khyed la yod//
ཆོས་དང་ཆོས་མིན་ལས་བྱུང་བའི།། chos dang chos min las byung ba'i//
འབྲས་བུ་ཅི་ཕྱིར་སྟོང་མ་ཡིན།། 'bras bu ci phyir stong ma yin//

> 법(法)과 법이 아닌 것[非法]의 원인[因]으로 생겨난
> 과(果)가 만약[1104] 그대에게 존재한다면
> 법(法)과 법이 아닌 것[非法]의 원인[因]으로 생겨난
> 과(果)가 어떻게 공이 아닌 것[不空]이겠는가?[1105]

[380. (24-36)]

རྟེན་ཅིང་འབྲེལ་བར་འབྱུང་བའི།། rten cing 'brel bar 'byung ba'i//
སྟོང་པ་ཉིད་ལ་གནོད་བྱེད་གང་།། stong pa nyid la gnod byed gang//
འཇིག་རྟེན་པ་ཡི་ཐ་སྙད་ནི།། 'jig rten ba yi tha snyad ni//
ཀུན་ལའང་གནོད་པ་བྱེད་པ་ཡིན།། kun la'ang gnod pa byed pa yin//

> 연기(緣起)인[1106]
> 공성을 훼손하는 것은 무엇이든
> 세간의 언설[名言],[1107] 바로 (이것이)

1104. '만약 ~한다면'을 뜻하는 '겔데 ~ 나(gal te ~ na)'에서 '나'가 생략되어 있다.
1105. 『청목소』에서 이 게송 앞에는 다음과 같은 논박자의 주장이 실려 있다.

'【문】죄나 복을 짓지 않으면 선이나 악의 과보를 받지 않는다는 것은 부인하지 않겠다. 그러나 죄나 복을 짓는 경우만은 선과 악의 과보가 존재한다(p. 426).'

논박자의 주장, 즉 '~하는 경우 존재한다'는 것 자체가 벌써 '연(緣)하여 발생한다[起], 그러므로 존재한다.'는 뜻이므로 '연기=공'에 비추어보면 과(果) 자체가 공에 의한 것이라는 뜻이다.

모든 것들을 또한 훼손하는 것이다.[1108]

[381. (24-37)]

ཨོང་བ་ཉིད་ལ་གནོད་བྱེད་ན།།	snong ba nyid la gnod byed na//
བྱ་བ་ཅི་ཡང་མེད་འགྱུར་ཞིང་།།	bya ba ci yang med 'gyur zhing//
རྩོམ་པ་མེད་པའི་བྱ་བར་འགྱུར།།	rtsom pa med pa'i bya bar 'gyur//
མི་བྱེད་པ་ཡང་བྱེད་པོར་འགྱུར།།	mi byed pa yang byed por 'gyur//

공성을 훼손한다면
행할 대상도 존재하지 않게 되고
짓는 것도 존재하지 않는 행위[1109]가 되고
행하지도 않는 행위자가 된다.[1110]

....

1106. 소유격[Gen.] '이('i)'를 수식의 용법으로 보고 옮겼다.
1107. '직뗀 와이 테네('jig rten ba yi tha snyad)'를 '세간의 언설[名言]'로 옮겼는데 '테네'를 '세간'으로 옮긴 경우는 「제17품. 업(業)과 과보(果報)에 대한 고찰」, [231. (17-24)]번 게송 각주 참조. 『쁘라산나빠다』에서는 이것을 '세간 관습'으로 옮기고 있다.
1108. 이 게송의 3, 4행은 [350. (24-6)]번 게송의 3, 4행과 완전히 일치한다.
　　　이 게송의 독해에서 문제가 되는 것은 '연기인 공성'으로 옮긴 것의 산스끄리뜨어 원문인 '쁘라띠띠아사무빠다순야따(pratītyasamupādaśūnyatā)를 어떻게 볼 것인가?'의 문제인데, 『청목소』에서 김성철은 '연기이고 공성인 것'으로 옮겼고(p. 427), 『쁘라산나빠다』에서는 '연기가 공성'으로 옮기고 있다.
　　　이 문제에 대해서 『쁘라산나빠다』에서는 독법이 달라지고 있음에 대해서 다음과 같이 적고 있다.

　　　'쁘라띠띠아사무빠담 순야땀(pratītyasamupādaṁ śūnyatāṁ)'으로 옮길 경우, '연기=공성' 등식이 명확해지고, '쁘라띠띠아사무빠다순야따(pratītyasamupādaśūnyatā)으로 읽을 경우, '연기의 공성', '연기의 相을 지닌 공성', '연기와 공성' 등 다양하게 번역될 수 있으므로 뜻이 애매해진다(pp. 1151-1152).'

　　　그러나 티벳어의 경우, 소유격[Gen.]이 수식어의 역할을 하는 기능이 있으므로 '연기인 공성'으로 큰 문제가 없다. 그리고 'pratītyasamupādaśūnyatāṁ'의 목적격[Acc.]이 앞의 것을 하나로 받을 경우에도 '연기=공성'의 등식으로 해석된다. 산스끄리뜨어 원문의 차이라지만 산스끄리뜨어의 연성법인 산디(sandhi)에 따르면 'pratītyasamupādaśūnyatāṁ' 라고 적은 게 올바를 듯하다.

[382. (24-38)]

རང་བཞིན་ཡོད་ན་འགྲོ་བ་རྣམས།། rang bzhin yod na 'gro ba rnams//
མ་སྐྱེས་པ་དང་མ་འགགས་དང་།། ma skyes pa dang ma 'gags dang//
ཐེར་ཟུག་ཏུ་ནི་གནས་འགྱུར་ཞིང་།། ther zug tu ni gnas 'gyur zhing//
གནས་སྐབས་རྣ་ཚོགས་བྲལ་བར་འགྱུར།། gnas skabs rna tshogs bral bar 'gyur//

자성이 존재한다면 중생들은[1111]
태어나지도 않고[不生] 죽지도 않고[不滅]
영원히 머물게[常住] 될 것이다. 그리고
다양한 (중생들의) 상태는 없어지게 될 것이다[離].[1112]

....

1109. 2행에서 '행할 대상'과 3행에서 '행위'라고 옮긴 '자와(bya ba)'에 대해서는 [377. (24-33)]번 게송 각주 참조.

1110. 이 게송에 대한 역본은 약간씩 차이가 난다. 『청목소』는 '空性을 파괴하는 자에게는 작위할 그 어떤 대상도 없으며 작용이 시작함도 없으며 행위자는 어떠한 행위도 하지 않게 되리라(p. 424).' 『쁘라산나빠다』는 '공성(空性)을 부정하는 자에 의하면,/ 어떤 행위도 행해질 수 없고,/ 어떤 행위도 착수될 수 없고,/ 행위자는 어떤 행위도 할 수 없다(p. 1152).' MK(T.K.)는 'To deny emptiness is to assert that/ No action is possible;/ That there can be action without effort,/ And that there can be an agent who performs no action(p. 510).'

게송의 원래 의미를 살펴보면, 공성이 훼손될 경우[대전제], 행위자와 행위 대상 그리고 행위가 존재할 수 없다는 뜻이다. 여기서 문제가 되는 부분은 '짓는 것'으로 옮긴 '쫌빠(rtsom pa)'로, MK(T.K.)에서는 'effort'로 옮기고 있다. 산스끄리뜨어의 경우, 『청목소』에서 김성철은 '시작함'으로, 『쁘라산나빠다』는 '착수'로 옮기고 있다. 이것은 '아라브(√ārabh)'를 'enter, reach, attain'으로 본 경우지만, 'make, produce'라는 뜻이 있으므로, 행위자와 행위 대상 그리고 행위 등이 반복될 때 혼란을 피하기 위해 사용된 '짓다'의 동의어로 보아도 무방할 듯하다. 이럴 경우, 이 세 가지의 개념자들 사이의 의미가 명확해진다.

달리 말해서 공성(=연기)이 존재하지 않을 경우, 이 세 가지가 모두 파괴된다는 뜻이다.

1111. MK(T.K.)의 'all beings'에 따라 '도와남('gro ba rnams)'을 '중생들'이라고 옮겼으나 『청목소』는 '세간'으로, 『쁘라산나빠다』는 '세계'로 옮기고 있다. 산스끄리뜨어 '자가뜨(jagat)'는 '움직이는 것'을 뜻하므로 둘 다 맞으나, 티벳역에 따랐다.

1112. '없어지게 될 것이다'로 옮긴 '델왈귤(bral bar 'gyur)'의 '델와'는 일반적으로 '분리되다'는 뜻이 강하다. [BD]의 '헤어지다. 이별하다. 흩어지다. 헤어짐. 이별. 깨끗해짐. 없어짐'에서 '없어짐'에 따라 강조하여 옮겼다.

이 게송도 역본마다 약간의 차이가 있는데 MK(T.K.)에 따라 옮겼다.

[383. (24-39)]

གལ་ཏེ་སྟོང་པ་ཡོད་མིན་ན།། gal te stong pa yod min na//
མ་ཐོབ་འཐོབ་བར་བྱ་བ་དང་།། ma thob 'thob bar bya ba dang//
སྡུག་བསྔལ་མཐར་བྱེད་ལས་དང་ནི།། sdug bsngal mthar byed las dang ni//
ཉོན་མོངས་ཐམས་ཅད་བའང་མེད།། nyon mongs thams cad ba'ng med//

> 만약 공이 존재하지 않는다면
> (아직) 얻지 못한 것을 얻으려는 행위와
> 고(苦)를 없애려는 행위[1113]와
> 모든 번뇌를 (없애려는 행위)도 또한[1114] 존재하지 않는다.[1115]

[384. (24-40)]

གང་གིས་རྟེན་ཅིང་འབྲེལ་བར་འབྱུང་།། gang gis rten cing 'brel bar 'byung//
མཐོང་བ་དེས་ནི་སྡུག་བསྔལ་དང་།། mthong ba des ni sdug bsngal dang//
ཀུན་འབྱུང་དང་ནི་འགོག་པ་དང་།། kun 'byung dang ni 'gog pa dang//
ལམ་ཉིད་དེ་དག་མཐོང་བ་ཡིན།། lam nyid de dag mthong ba yin//

『청목소』는 '자성이 있다면 세계(활동계)는 갖가지 상태를 떠나서 생하지도 않고 멸하지도 않아 常住不動인 것으로 되리라(p. 428).'
『쁘라산나빠다』는 '만일 자성이 존재한다면, 세계는 다양성이 없어지고/ 불생, 불멸, 불변이 될 것이다(p. 1153).'

1113. '행위'라고 옮긴 '제레(byed las)'의 '레'는 탈격[Abl.]이 아니라 업(業)을 뜻한다.
1114. 7자 1행의 게송에서 '바앙(ba'ng)'이 두 음절을 나타내는 매우 희귀한 경우다.
1115. 『청목소』의 주석은 다음과 같다.
'만일 공이라는 진리가 존재하지 않는다면 세간이나 출세간에 존재하는 공덕(功德)을 아직 획득하지 않은 사람은 모두 그 공덕을 획득할 수 없어야 하리라. 또 번뇌를 끊는 사람도 존재할 수 없다. 또 고가 모두 사라지는 일도 있을 수 없다. 왜 그런가? 그 모든 것들의 자성이 확립되어 있기 때문이다(p. 429).'
이 주석에 미루어 보아 2행의 '(아직) 얻지 못한 것을 얻으려는 행위'는 공덕을 쌓는, 즉 작공덕(作功德)을 뜻한다. 『쁘라산나빠다』에서는 이것을 '(果)의 획득'으로 보고 있다(p. 1157). 의미상으로 큰 차이는 없다.

> 어떤 자가 연기를
>
> 보는 자(라면), 그는 고(苦)와
>
> 집(集)과 멸(滅)과
>
> 도(道) 그 자체를, 그것들을 보는 자이다.[1116]

||འཕགས་པའི་བདེན་པ་བརྟག་པ་ཞེས་བྱ་བ་སྟེ་རབ་ཏུ་བྱེད་པ་ཉི་ཤུ་བཞི་པའོ||

'성스러운 진리를 살펴보는 것'이라 불리는 제24품

1116. 『중론』에서 매우 유명한 게송이다. '연기=공'임을 명심하면 더욱 그 의미가 명확하게 와닿는다.

제25품. 열반涅槃에 대한 고찰[1117]

【문】[1118]

[385. (25-1)]

གལ་ཏེ་འདི་དག་ཀུན་སྟོང་བ།།	gal te 'di dag kun stong ba//
འབྱུང་བ་མེད་ཅིང་འཇིག་པ་མེད།།	'byung ba med cing 'jig pa med//
གང་ཞིག་སྤོང་དང་འགག་པ་ལས།།	gang zhig spong dang 'gag pa las//
མྱ་ངན་འདས་པར་འགྱུར་བར་འདོད།།	mya ngan 'das par 'gyur bar 'dod//

만약 이 모든 것들이 공(空)하다면[1119]
생겨나는 것[生]도 존재하지 않고 사라지는 것[滅]도 존재하지 않는다.[1120]
(만약 그렇다면) 어떤 것의[1121] 제거[斷]나 소멸[滅]로부터[1122]

1117. ||མྱ་ངན་ལས་འདས་པ་བརྟག་པ་ཞེས་བྱ་བ་སྟེ་རབ་ཏུ་བྱེད་པ་ཉི་ཤུ་ལྔ་པའོ།|
//mya ngan las 'das pa brtag pa zhas bya ba sta rab tu byad pa nyi shu lnga pa'//

직역하면 '열반(涅槃)을 살펴보는 것이라 불리는 제25'이다. 한역으로 「관열반품(觀涅槃品)」이라고 한다.

『중론』가운데 사구부정을 명확하게 볼 수 있는 매우 중요한 품으로 총 24개의 게송으로 되어 있다. 『중론』에는 논박자에 대한 용수의 논파법이 몇 가지 등장하는데 이 품은 오늘날의 형식 논리학과 비교해 보아도 손색이 없다. 이에 대한 자세한 내용은 졸저 『용수의 사유』, 「열반과 사구부정」, pp. 153-185 참조.

바로 앞의 「제24품. (사)성제(四聖諦)에 대한 고찰」은 논박자의 주장이 총 6개의 게송에 걸쳐 나온 다음에 이것들에 대한 논파로 이루어져 있으나 이 품에서는 처음 게송 다음에 바로 논파가 이루어져 있다.

티벳불교에서는 사구부정이라는 논파법이 특별하게 강조되지 않은 전통 때문인지 이 품보다는 바로 앞의 품을 강조하고 있으나 '열반'이라는 개념도 존재하지 않다는 것으로 유명한 품이다. 뒤에 남은 두 품이 더 이상 중관파의 관점이 아닌 소승의 관점이라는 『청목소』의 해석은 논란의 여지가 있지만 지금까지 이어져온 용수의 비판적인 입장의 마지막 품이라는 점에서 이 품의 중요성이 새삼 와닿는다.

1118. 논박자의 주장이다.

| (누가) 열반을 바랄 수 있겠는가?[1123]

【답】[1124]

[386. (25-2)]

གལ་ཏེ་འདི་ཀུན་མི་སྟོང་ན།། gal te 'di kun mi stong na//
འབྱུང་བ་མེད་ཅིང་འཇིག་པ་མེད།། 'byung ba med cing 'jig pa med//
གང་ཞིག་སྤོང་དང་འགགས་པ་ལས།། gang zhig spong dang 'gags pa las//
མྱ་ངན་འདས་པར་འགྱུར་བར་འདོད།། mya ngan 'das par 'gyur bar 'dod//

| 만약 이 모든 것들이 공(空)하지 않다면
생겨나는 것[生]도 존재하지 않고 사라지는 것[滅]도 존재하지 않는다.

1119. 1행 어두에 '겔떼(gal te)'가 쓰여 조건절을 나타내고 있다.
1120. 【귀경게】1번 게송의 두 번째 행을 약간 비튼 것으로 불생불멸(不生不滅)에 해당하는데 『청목소』에서는 '무생무멸(無生無滅)'로 되어 있다.
1121. '어떤 것의'라고 옮긴 '강쉭(gang zhig)'에는 소유격[Gen.]이 드러나 있지 않으나 산스끄리뜨어의 의문대명사 '낌(kim)'의 소유격 '까스야(kasya)'와 MK(T.K.)의 'of what'에 따라 옮겼다.
1122. 탈격[Abl.] '레(las)'가 쓰였다. 여기서는 원인, 이유를 뜻하는 것으로 보고 옮겼다.
　　『청목소』 산스끄리뜨어역과 『쁘라산나빠다』에 '제거나 소멸'로 옮겨져 있어 다음의 3번째 게송과 통일성을 기하기 위하여 이에 따랐다. 티벳역에 따르면 '포기[斷]나 소멸[滅]' 정도 되는 이 '뽕당 각빠(spong dang 'gag pa)'의 '뽕와(spong ba)'에는 '버리다, 끊다, 포기하다, 피하다, 잘라버리다'라는 뜻이 있다. MK(T.K.)에서는 'abandonment'로 옮기고 있다. '각빠('gag pa)'의 경우, 2행의 '직빼('jig pa)'와 같은 의미로 앞에서도 몇 차례 반복된 단어다.
　　산스끄리뜨어의 경우, '쁘라하나(prahāṇa)'와 '니로다(nirodha)'가 사용되었는데 전자의 경우에는 좀처럼 보기 어려운 단어다. 여기에는 'relinquishing, abandoning, avoiding' 등의 뜻이 있다.
　　『청목소』 한역본의 경우, 단멸(斷滅)로 옮겨져 있어 한자에 첨언하였다.
1123. MK(T.K.)에 따라 '(누가)'를 첨언하여 옮겼다.
　　3, 4행의 경우, 『청목소』에는 '어떤 제거나 소멸로부터 열반이 추구되겠는가?(p. 431)'로, 『쁘라산나빠다』는 '어떤 것이 제거되기 때문에 또는 소멸되기 때문에/ 열반은 인정되는 가?(p. 1167)' 등 의미는 명확하지만 역본들에 약간씩 다르게 옮겨져 있다.
1124. 용수의 논파다.

> (만약 그렇다면) 어떤 것의 제거[斷]나 소멸[滅]로부터
> (누가) 열반을 바랄 수 있겠는가?[1125]

[387. (25-3)]

སྤོངས་པ་མེད་པ་ཐོབ་མེད་པ།། spongs pa med pa thob med pa//
ཆད་པ་མེད་པ་རྟག་མེད་པ།། chad pa med pa rtag med pa//
འགག་པ་མེད་པ་སྐྱེ་མེད་པ།། 'gag pa med pa skye med pa//
དེ་ནི་མྱ་ངན་འདས་པར་བརྗོད།། de ni mya ngan 'das par brjod//

> 제거됨[1126]도 없고[不至] 얻어짐도 없고[不得]
> 그침도 없고[不斷] 항상함도 없고[不常]
> 소멸함도 없고[不滅] 생겨남도 없는[不生][1127]
> 바로 그것을 '열반'이라고[1128] 부른다.[1129]

1125. 바로 앞 게송에서 바뀐 것이라고는 '디닥 꾼똥와('di dag kun stong ba)'와 '디꾼 미똥나('di kun mi stong na)'로 그 의미는 정반대가 된다. 산스끄리뜨어 게송의 경우, '순야(śūnya)'가 아순야(aśūnya)'로, 『청목소』 한역의 경우, '약일체법공(若一切法空)'이 '약제법불공(若諸法不空)'으로 바뀌어 있다. 상대방의 주장은 논파하는 용수의 논파법 가운데 하나가 명확하게 드러나 있는 게송으로 유명하다.

1126. 앞서 1, 2번 게송에서 '제거'라고 옮긴 '뽕와(spong ba)'의 과거형인 '뽕빼(spongs pa)'가 쓰였으나 산스끄리뜨어의 경우 '쁘라하나(prahāṇa)'로 동일하다.

1127. 【귀경게】 1번 게송의 2, 3행이 바뀐 채 옮겨져 있다.
    1행부터 이어진 6불(不)과 【귀경게】의 8불(不)을 비교해보면, '오는 게 없고[不來] 가는 게 없고[不去] 다른 의미가 아니고[不異] 같은 의미가 아닌 것[不一]'만 '제거됨도 없고[不至] 얻어짐도 없고[不得]'로 바뀌어 있음을 알 수 있다.
    6불이나 8불이 중요하다기보다는 이와 같은 세 쌍이나 네 쌍의 개념자들이 상호 배치된다는 것이 중요하다.

1128. '라둔(la 'dun)'의 'r'이 인용을 뜻하는 것으로 보고 옮겼다.

1129. 열반의 사전적 정의는 다음과 같다.
    [BD] 열반(涅槃): 【범】 nirvāṇa 【팔】 nibbāna 불교의 최고 이상. 니원(泥洹)·열반나(涅槃那)라 음역, 멸(滅)·적멸(寂滅)·멸도(滅度)·원적(圓寂)이라 번역. 또는 무위(無爲)·무작(無作)·무생(無生). 모든 번뇌의 속박에서 해탈하고, 진리를 궁구하여 미(迷)한 생사를 초월해서 불생불멸(不生不滅)의 법을 체득한 경지. 소승에서는 몸과 마음이 죄다 없어지는

[388. (25-4)]

རེ་ཞིག་མྱ་ངན་འདས་དངོས་མིན།། re zhig mya ngan 'das dngos min//
རྒ་ཤིའི་མཚན་ཉིད་ཐལ་བར་འགྱུར།། rga shi'i mtshan nyid thal bar 'gyur//
རྒ་དང་འཆི་བ་མེད་པ་ཡི།། rga dang 'chi ba med pa yi//
དངོས་པོ་ཡོད་པ་མ་ཡིན་ནོ།། dngos po yod pa ma yin no//

> 무엇보다 먼저,[1130] 열반은 사태[A][1131]가 아니다.
> (만약 열반이 사태라면,) 노사(老死)의 상(相)[1132]을 (지니는) 과실(過失)이 (발생하게) 된다.[1133]
> (왜냐하면) 늙음[老]과 죽음[死][1134]이 없는
> 사태는 존재하지 않기 (때문이다).[1135]

것을 이상으로 하므로, 심신이 있고 없음에 따라 유여의(有餘依)·무여의(無餘依)의 2종 열반을 세우고, 대승에서는 적극적으로 3덕(德)과 4덕을 갖춘 열반을 말하며, 실상(實相)·진여(眞如)와 같은 뜻으로 본체(本體) 혹은 실재(實在)의 의미로도 쓴다.
　다음 게송부터 사구부정을 이용한 본격적인 논파가 시작된다.

1130. '잠시 동안'을 뜻하는 '레쉭(re zhig)'이 쓰였는데 여기서는 앞 게송과 다른 주제가 시작되는 것을 나타내는 것으로 보고 옮겼다.
1131. '사태(事態)'에 대한 자세한 내용은 『제1품. 연(緣)에 대한 고찰』, [3. (1-1)]번 각주 및 3권 『해제』 참조. 여기서는 명확한 개념자를 적용하기 위해서 사태를 A, 비사태를 '~A'로 첨언하도록 하겠다.
1132. '상(相)'으로 옮긴 '첸니(mtshan nyid)'에 대해서는 『제5품. 계(界)에 대한 고찰』, [60. (5-1)]번 게송 각주 참조.
1133. '텔왈귤(thal bar 'gyur)'의 자세한 내용은 『제2품. 가고 오는 것[去來]에 대한 고찰』, [20. (2-4)]번 게송 각주 참조.
1134. 2행에서 '노사(老死)'라고 옮긴 '가쒸(rga shi)'와 달리 '가당 치와(rga dang 'chi ba)'라고 풀어쓰고 있어 이에 따라 풀어서 옮겼다.
1135. 사구부정의 첫 번째인 'A'를 부정하는 '~A'에 해당하는 게송이다.
　이 게송의 『청목소』의 주요 주석은 다음과 같다.

　　'만일 열반이 존재한다면, 응당 생멸하는 老死의 모습을 띠어야 하겠지만 원래 老死의 모습을 떠나 있기에 열반이라고 불렸던 것이다(p. 343).'

　『쁘라산나빠다』에는 열반에 대한 유부와 경량부의 설명이 실려 있으나, 중관파의 입장은 『청목소』처럼, 존재하는 것은 그 상을 지니는데 열반의 정의는 이런 존재가 아니라는

[389. (25-5)]

གལ་ཏེ་མྱ་ངན་འདས་དངོས་ན།།
མྱ་ངན་འདས་པ་འདུས་བྱས་འགྱུར།།
དངོས་པོ་འདུས་བྱས་མ་ཡིན་པ།།
འགའ་ཡང་གང་ནའང་ཡོད་མ་ཡིན།།

gal te mya ngan 'das dngos na//
mya ngan 'das pa 'dus byas 'gyur//
dngos po 'dus byas ma yin pa//
'ga' yang gang na'ng yod ma yin//

만약 열반이 사태[A]라면
열반은 지어진 것[有爲]이 되리라.
지어지지 않은[無爲] 사태는
언제 어디서나[1136] 존재하지 않는다.[1137]

점을 꼽고 있다(pp. 1181-1183).

1136. '가양 강나앙('ga' yang gang na'ng)'을 '언제 어디서나'로 옮겼는데 MK(T.K.)에서는 'anywhere'라고만 적고 있다. 『청목소』에는 '그 어디서건 그 무엇이건'으로(p. 435), 『쁘라산나빠다』에는 '어떤 것도 어떤 곳에도'로(p. 1184) 옮기고 있으나 모두 '무위란 결코 존재하지 않는다'라는 의미다.

1137. 이 게송에 등장하는 '지어진 것/만들어진 것'과 '지어지지 않은 것/만들어지지 않은 것'의 티벳어는 '두제('dus byas)'와 '두제 마인빠('dus byas ma yin pa)' 또는 '두마제('dus ma byas)'는 일반적으로 유위법(有爲法)과 무위법(無爲法)을 가리킨다. MK(T.K.)에서는 'compounded'와 'non-compounded'로 옮기고 있어 이에 따랐다.

이 유위와 무위에 대한 정의는 다음과 같다.

[BD] 유위(有爲): 【범】 saṁskṛta ↔ 무위(無爲). 위는 위작(爲作)・조작의 뜻. 이것은 인연으로 말미암아 조작되는 모든 현상. 이런 현상에는 반드시 생(生)・주(住)・이(異)・멸(滅)의 형태가 있음. 구사(俱舍)의 75법 중 72법. 유식의 백법(百法) 중 94법. 생멸하는 온갖 법의 총칭.

무위(無爲): 【범】 asaṁskṛta 모든 법의 진실체를 말함. 위(爲)는 위작(爲作)・조작(造作)의 뜻. 곧 인연인 위작・조작을 여의고, 생・주・이・멸 4상(相)의 변천이 없는 진리를 말한다. 열반・법성・실상 등은 무위의 다른 이름. 구사종(俱舍宗)에서는 3무위를 세우고, 유식종(唯識宗)에서는 6무위를 세웠다.

이 가운데 무위(無爲)에 대한 전통적, 사전적 또는 구축적인 사유와 달리 용수의 접근 방법은 '존재하는 것은 논할 수 있지만 존재하지 않는 것은 논할 수 없다'로 정리할 수 있다.

이에 대한 자세한 내용은 앞의 「제7품. 생기는 것[生]과 머무는 것[住]과 사라지는 것[滅]에 대한 고찰」과 졸저, 『용수의 사유』, pp. 171-172, 그리고 pp. 232-233 참조.

[390. (25-6)]

གལ་ཏེ་མྱ་ངན་འདས་དངོས་ན།། gal te mya ngan 'das dngos na//
ཅི་ལྟར་མྱང་འདས་དེ་བརྟེན་མིན།། ci ltar myang 'das de brten min//
དངོས་པོ་བརྟེན་ནས་མ་ཡིན་པ།། dngos po brten nas ma yin pa//
འགའ་ཡང་ཡོད་པ་མ་ཡིན་ནོ།། 'ga' yang yod pa ma yin no//

> 만약 열반이 사태[A]라면
> 어떻게[1138] 그 열반이 의지하지[=取] 않고 (존재)할 수 있겠는가?[1139]
> 의지하지 않는 사태는[1140]
> 언제 어디서나[1141] 존재하는 것이 아니다.[1142]

[391. (25-7)]

གལ་ཏེ་མྱ་འདས་དངོས་མིན་ན།། gal te mya 'das dngos min na//
དངོས་མེད་ཅི་ལྟར་རུང་བར་འགྱུར།། dngos med ci ltar rung bar 'gyur//
གང་ལ་མྱ་འདས་དངོས་མིན།། gang la mya 'das dngos min//
དེ་ལ་དངོས་མེད་ཡོད་མ་ཡིན།། de la dngos med yod ma yin//

> 만약 열반이 사태가 아니라면

1138. '찌딸(ci ltar)'을 '어떻게 ~할 수 있겠는가?'로 보고 옮겼다.
1139. 티벳역 게송에서는 '의지하다'는 뜻을 지닌 '뗀빠(brten pa)'가 명확하게 쓰였으나, 산스끄리뜨어 게송의 경우에는 '우빠다야(upādāya)'를 옮기면서 '취(取)'로 쓸 수도 있다. 이 '취(取)'의 문제에 대해서는 [124. (8-13)]과 [200. (16-3)]번 게송 각주 참조 여기서는 '뗀민(brten min)'을 '의지하지 않는 것'이라고 하나의 단어로 보고 의미를 명확하게 하기 위해서 첨언하여 옮겼다.
1140. MK(T.K.)의 'A nondepending thing'에 따라 축약하여 옮겼는데 풀어보면 '의지하는 것[取]으로 존재하는 것이 아닌 사태는' 정도 된다.
1141. 바로 앞의 '가양 강나양('ga' yang gang na'ng)'이 축약된 것으로 보고 옮겼다.
1142. 이상의 세 게송들은 '열반이 존재[=사태]라면', 즉 'If A is ~'에 해당하는 게송이다. 정리해보면, 1) 노사(老死)의 모습을 띠고, 2) 지어진 것[有爲], 3) 의존하는 것[=取]이 있어야 되지만, 열반은 이런 것들을 여의었기 때문에 바로 열반이라고 불리는 것임을 지적하고 있다.

> 비사태(非事態, ~A)를[1143] (파악하는 것이) 어떻게 가능하겠느냐?
> 어떤 것에, (즉) 열반이 사태가 아닌 것에
> (바로) 그것에,[1144] 비사태(非事態)는 존재하는 것이 아니다.[1145]

[392. (25-8)]

gal te mya ngan 'das dngos min//
ci ltar myang 'das de brten min//
gang zhig brten nas ma yin pa'i//
dngos med yod pa ma yin no//

> 만약 열반이 사태가 아니라면
> 어떻게 그 열반이 의지하지[=取] 않고 (존재)할 수 있겠는가?
> 무엇이든 의지하지 않는
> 비사태(非事態, ~A)는 존재하는 것이 아니다.[1146]

1143. '비사태'라고 옮긴 '뇌메(dngos med)'를 풀어쓰면 '존재하지 않는 사태', 즉 인식 주체의 인식 작용에 의해 파악되지 않는 '비존재'를 가리킨다. 산스끄리뜨어 원문의 '아바바(abhāva)'에 해당한다.
1144. '어떤 것에 ~, 그것에 ~'를 뜻하는 '강라 ~, 데라 ~(gang la ~, de la ~)'의 용법이 사용되어 있으며 『청목소』 산스끄리뜨어역과 『쁘라산나빠다』에서는 '어떤 곳에 ~, 그곳에 ~'의 구조로 옮기고 있다.
1145. 사구부정의 두 번째인 '~A'의 경우의 첫 번째 게송이다. 4행의 '비사태(非事態)는 존재하는 것이 아니다'의 비사태를 풀어서 옮겨보면, '(인식 주체의 인식 작용에 의해 파악되지 않는) 비존재[~A]는 존재하는 것이 아니다[is not A]'라는 뜻이다.
1146. 2행의 경우, 바로 앞의 [390. (25-6)]번 게송의 2행과 같으며, 3행의 경우도 '무엇이든'을 뜻하는 '강쉭(gang zhig)'만 첨언되었을 뿐 전체적으로 같은 구조를 띠고 있다.
  이 게송에 대해서 『청목소』에는 '취하지도 않았는데 비존재라고 부르는 것은 없기 때문'이라고 되어 있으며(p. 437), 『쁘라산나빠다』에서는 '석녀의 아들'을 예로 들고 있다.

  '석녀의 아들 등이 비존재라고 누가 말하였는가? 왜냐하면 앞에서 다음과 같이 말한 바 있기 때문이다. "만일 존재가 성립하지 않는다면, 비존재는 결코 성립하지 않는다.(역자 강조) 사람들은 존재의 변화된 상태를 비존재라고 말하기 때문이다." 그러므로 석녀의 아들 등은 비존재가 아니다.'

[393. (25-9)]

འོང་བ་དང་ནི་འགྲོ་བའི་དངོས།།
བརྟེན་ནམ་རྒྱུར་བྱས་གང་ཡིན་པ།།
དེ་ནི་བརྟེན་མིན་རྒྱུར་བྱས་མིན།།
མྱ་ངན་འདས་པ་ཡིན་པར་བསྟན།།

'ong ba dang ni 'gro ba'i dngos//
brten nam rgyur byas gang yin pa//
de ni brten min rgyur byas min//
mya ngan 'das pa yin par bstan//

> (생사를)[1147] 오고 가는 사태는
> 의지[=取]하거나 연(緣)하는[1148] 어떤 것이다.
> (그러나)[1149] '바로 그 의지하지도 않고 연하지 않는 것이
> 열반이다.'라고[1150] 교시되었다.[1151]

....

그리고 『능가경』을 인용하며,

"'허공, 토끼의 뿔, 석녀의 아들은 존재하지 않는다고 설해진다. 존재들에 대한 분별도 마찬가지이다." 이 경우에도, 존재들에 대한 분별만이 부정되었으며, 비존재들에 대한 분별은 (부정되지) 않았다.(필자 강조) 왜냐하면 (비존재들의) 존재성은 성립하지 않기 때문임을 알아야 한다. '석녀의 아들'이라는 것은 단어에 불과하다.(필자 강조) 인식되지 않는 대상은 존재 또는 비존재일 것이다. 그러므로 자성이 인식되지 않는 것을 존재 또는 비존재로 분별하는 것은 타당하지 않다. 따라서 석녀의 아들은 비존재가 아님을 알아야 한다.' 자세한 내용은 『쁘라산나빠다』, pp. 1191-1192 참조.

즉, [390. (25-6)]번 게송이 열반의 의미와 '의존[=取]'이 모순되고 있음을 지적하고 있다면, 이 게송은 비사태의 성립 불가능성을 보여주고 있는데 이것은 논할 수 있는 것(사태/존재)은 논할 수 또는 부정할 수 있지만, '석녀의 아들'과 같이 '단어에 불과한 것'은 논할 수 또는 부정할 수도 없다는 것을 가리킨다.

이상의 두 게송은 '~A'인 경우에 대한 논파로, '~A'는 1) 그 자체로 존재하는 것이 아니므로 2) 논할 수 없다는 것을 보여주고 있다.

1147. 의미를 명확하게 하기 위하여 『청목소』에 따라 첨언하였다.
1148. '연(緣)하는'이라고 옮긴 '귤제(rgyur byas)'를 풀어 쓰면 '연(緣)을 행하는' 정도 된다. 『쁘라산나빠다』에는 '의지하는'을 뜻하는 '우빠다야(upādāya)'와 '연(緣)'을 뜻하는 '쁘라띠뜨야(pratītya)'는 '같은 의미'라고 적고 있다(p. 1193).
1149. 의미를 명확하게 하기 위하여 첨언하였다.
1150. '라둔(la 'dun)'의 'r'을 인용으로 보고 옮겼다.
1151. '열반은 존재이고 비존재이다'는, 즉 'A and ~A'에 대한 논파의 첫 번째 게송으로 열반의

[394. (25-10)]

འབྱུང་བ་དང་ནི་འཇིག་པ་དག། 'byung ba dang ni 'jig pa dag//
སྤང་བར་སྟོན་པས་བཀའ་སྩལ་ཏོ། spang bar ston pas bka' stsal to//
དེ་ཕྱིར་མྱ་ངན་འདས་ནི། de phyir mya ngan 'das ni//
དངོས་མིན་དངོས་མེད་མིན་པར་རིགས།། dngos min dngos med min par rigs//

> '생기는 것[生]과 사라지는 것[滅]들을'[1152]
> 끊으라'[1153]고[斷] 스승님께서는 말씀하셨다.
> 그러므로 바로 그 열반이
> 사태[A]도 아니고[~A] 비사태(非事態, ~A)도 아닌 것[~(~A)][1154]은 (매우) 합리적이다.[1155]

[395. (25-11)]

གལ་ཏེ་མྱ་ངན་འདས་པ་ནི། gal te mya ngan 'das pa ni//
དངོས་དང་དངོས་མེད་གཉིས་ཡིན་ན། dngos dang dngos med gnyis yin na//
དངོས་དང་དངོས་པོ་མེད་པ་དག། dngos dang dngos po med pa dag//
ཐར་བར་འགྱུར་ན་དེ་མི་རིགས།། thar bar 'gyur na de mi rigs//

.... 정의에 대한 언급이다. 굳이 【귀경게】의 8불(不)과 비교해보면, '오는 게 없고[不來] 가는 게 없고[不去]'에 대한 설명으로도 볼 수 있다.

1152. 티벳역의 '중와 당니 직빠('byung ba dang ni 'jig pa)'에 따라 '생기는 것[生]과 사라지는 것[滅]'으로 옮겼으나『청목소』한역과 '유(有)와 비유(非有)'로 되어 있어『쁘라산나빠다』도 이렇게 옮기고 있다(p. 1195).『청목소』에서 김성철은 '생존과 비생존'으로 풀어 쓰고 있으나(p. 438) MK(T.K.)는 'Becoming and passing away'로 옮기고 있다(p. 525). 앞의 [387. (25-3)]번 게송의 3행의 불생불멸(不生不滅)을 열반의 한 정의로 본 것을 풀어 강조한 것으로 보아도 무방하다.

1153. '라둔(la 'dun)'의 'r'을 인용으로 보고 옮겼다.

1154. 이것을 기호를 이용하여 표현하면 'Neither A nor ~(~A)'에 해당한다. 사구부정의 마지막인 [399. (25-15)]에서 다시 다루도록 하겠다.

1155. 문장의 의미를 명확하게 하기 위하여 윤문하여 옮겼다. 직역하면 '~ 아닌 것이 합리적이다.' 정도 된다. 'A and ~A'가 'neither A nor ~A'로 논파되는 게송으로 그 근거는 '생멸이 끊긴 것'이 열반의 정의이기 때문에, 그것을 추구하라는 부처님의 말씀에 미루어보면 'A and ~A'는 논파된다는 뜻이다.

> 만약 바로 그 열반이
> 사태[A]와 비사태(非事態, ~A), 이 둘이라면 (그리고)
> (이) 사태와 비사태(非事態)들에 (의해서)
> 해탈[1156]하게 된다면, 그것은 불합리한 것이다.[1157]

[396. (25-12)]

གལ་ཏེ་མྱ་ངན་འདས་པ་ནི།། gal te mya ngan 'das pa ni//
དངོས་དང་དངོས་མེད་གཉིས་ཡིན་ན།། dngos dang dngos med gnyis yin na//
མྱ་ངན་འདས་པ་མ་བརྟེན་མིན།། mya ngana'a 'das pa ma brten min//
དེ་གཉིས་བསྟེན་ནས་ཡིན་ཕྱིར་རོ།། de gnyis bsten nas yin phyir ro//

> 만약 바로 그 열반이
> 사태[A]와 비사태(非事態, ~A), 이 둘이라면[1158]
> 열반은 독립적이지[1159] 않게 된다.
> (왜냐하면) 이 둘은 의존하여[1160] (존재하는 것)이기 때문이다.[1161]

1156. 열반의 이명인 '해탈'을 뜻하는 '탈와(thar ba)'가 쓰였다. 산스끄리뜨어 게송에서도 '목샤(mokṣa)'로 쓰여 있다.
　　[BD] 해탈(解脫): 【범】 vimokṣa 【팔】 vimokkha 비목차(毘木叉)・비목저(毘木底)・목저(木底)라 음역. (1) 번뇌의 속박을 벗어나 자유로운 경계에 이르는 것. (2) 열반의 다른 이름. 열반은 불교가 추구하는 궁극적인 이상의 경지이며, 여러 가지 속박에서 벗어난 상태이므로 해탈이라 함. (3) 선정의 다른 이름. 속박을 벗고 자유자재로와지는 것이 선정의 덕이므로 해탈이라 함.
1157. 『청목소』에서는 이 게송 앞에 논박자의 주장인 '【문】만일 존재나 비존재가 열반이 아니라면 존재와 비존재가 함께 합한 것이 열반이다.'는 것이 실려 있다(p. 439). 'A and ~A'에 'both (A and ~A)' 또는 'together (A and ~A)'가 첨언된 것으로, 개념자의 운용에서는 큰 차이가 없다.
1158. 바로 앞 게송의 1, 2행이 반복해서 사용하고 있다.
1159. 원문은 '마뗀(ma brten)'으로 '의지하지 않은 것'이라는 뜻이다. 『청목소』에서는 '의존함이 없는 것'으로(p. 440), 『쁘라산나빠다』에서는 '취하지 않으면'으로 되어 있으나(p. 1199), 이중부정이 사용될 경우 그 의미가 명확하게 드러나지 않을 듯하여 MK(T.K.)의 'independent'에 따라 '독립적'으로 옮겼다.

[397. (25-13)]

ཅི་ལྟར་མྱ་ངན་འདས་པ་ནི།། ci ltar mya ngan 'das pa ni//
དངོས་དང་དངོས་མེད་གཉིད་ཡིན་ཏེ།། dngos dang dngos med gnyid yin te//
མྱ་ངན་འདས་པ་འདུས་མ་བྱས།། mya ngan 'das pa 'dus ma byas//
དངོས་དང་དངོས་མེད་འདུས་བྱས་ཡིན།། dngos dang dngos med 'dus byas yin//

> 어떻게 바로 그 열반이
> 사태[A]와 비사태(非事態, ~A), 이 둘이겠는가?[1162]
> 열반은 지어진 것이 아니(고)[無爲]
> 사태와 비사태(非事態)는 지어진 것[有爲]인데![1163]

[398. (25-14)]

ཅི་ལྟར་མྱ་ངན་འདས་པ་ལ།། ci ltar mya ngan 'das pa la//
དངོས་དང་དངོས་མིན་གཉིས་ཡོད་དེ།། dngos dang dngos min gnyis yod de//
དེ་གཉིས་གཅིག་ལ་ཡོད་མིན་ཏེ།། de gnyis gcig la yod min te//
སྣང་བ་དང་ནི་མུན་པ་བཞིན།། snang ba dang ni mun pa bzhin//

> 어떻게 열반에[1164]

1160. 탈격[Abl.] '네(nas)'가 쓰였다. 여기서는 원인, 이유로 보고 옮겼다.
1161. 4행 말미의 원인, 이유 등을 설명하는 '칠(phyir)'에 따라 어두에 '왜냐하면'을 첨언하였다. 『청목소』에서는 '열반은 취함이 없는 것'이라고 그 이유를 설명하고 있으며 이것은 '의존함이 없는 것'임을 뜻한다. 그러나 '사태/비사태'라는 두 개의 반대되는 개념자를 사용할 경우, 열반은 상대적인 개념으로 전락하게 되며 이것은 열반의 정의, 즉 '의존함이 없는 것'과 배치된다.
1162. 바로 앞의 두 게송의 1, 2행이 반복해서 사용하면서 1행 어두에 '어떻게'를 뜻하는 '찌달(ci ltar)'을, 그리고 2행 말미에 원인, 이유를 설명하는 '학쩨(lhag bcas)'인 '떼(te)'를 사용하고 있다.
1163. [389. (25-5)]번 게송의 3, 4행에서 '지어지지 않은[無爲] 사태는/ 언제 어디서나 존재하지 않는다.'고 언급하였듯, 열반은 지어지지 않은 것[無爲]인데 사태와 비사태는 지어진 것[有爲]이므로 이 둘이 같을 수 없다. 무위와 유위의 사전적 정의에 대해서는 [389. (25-5)]번 게송 각주 참조.

사태[A]와 비사태(非事態, ~A), 이 둘이 존재하겠는가?
그 둘은 한 곳에 존재하는 것이 아니다. 왜냐하면[1165]
(이 둘은) 빛과 어둠과 같기 때문이다.[1166]

[399. (25-15)]

དངོས་མིན་དངོས་པོ་མེད་མིན་པ།། dngos min dngos po med min pa//
མྱ་ངན་འདས་པར་གང་སྟོན་པ།། mya ngan 'das par gang ston pa//
དངོས་པོ་མེད་དང་དངོས་པོ་དག། dngos po med dang dngos po dag//
གྲུབ་ན་དེ་ནི་འགྲུབ་པར་འགྱུར།། grub na de ni 'grub par 'gyur//

'사태가 아닌 것[~A]과 비사태(非事態)가 아닌 것[~(~A)]이
열반이다.'라는[1167] 어떤 언급[1168]은
사태가 아닌 것[~A]과 비사태(非事態)가 아닌 것[~(~A)]들이
(먼저) 성립하는 경우, 바로 그 경우에만[1169] 성립하게 된다.[1170]

1164. '라둔(la 'dun)'의 '라(la)'를 처격[Loc.]으로 보고 옮겼다.
1165. 2행 말미에 원인, 이유를 설명하는 '학쩨(lhag bcas)'인 '데(de)'가 사용되어 있어 풀어서 옮겼다.
1166. 'both (A and ~A)' 또는 'together (A and ~A)'의 마지막 게송으로, 열반이라는 하나의 개념자에 '사태와 비사태'가 존재할 수 없다는 것을 '빛과 어둠처럼'이라는 비유를 통해 설명하고 있다.
   다음 게송부터 사구부정의 마지막인 'Nether ~A nor ~(~A)'에 대한 논파가 시작된다.
1167. '라둔(la 'dun)'의 'r'은 여기서 인용을 나타낸다.
1168. '가르치다, 말하다, 지시하다'라는 등의 뜻을 지닌 '뙨빠(ston pa)'가 쓰였다.
1169. 조건절의 '나(na)'를 '~하는 경우'로 보고, 그리고 강조사[Emp.] '데니(de ni)'를 바로 앞의 문장을 받는 것으로 보고 옮겼다.
1170. 『청목소』 한역은 다음 게송과 순서가 바뀌어 있다.
   [394. (25-10)]번 게송의 3, 4행에 나오는 '바로 그 열반이/ 사태[A]도 아니고 비사태(非事態, ~A)도 아닌 것은 (매우) 합리적이다.'에 해당한다. 이것은 열반을 하나의 개념자로 상정한 것을 부정하기 위한 것이었으나, '~A'로 논의를 시작할 경우, 그것은 'A'라는 하나의 개념자가 선행하여 존재할 때만 의미가 있다.
   즉, [394. (25-10)]번 게송의 'Neither A nor ~A)'는 A가 우선 상정되어 있을 때를 뜻하지만, 여기서는 '~A'에서 출발한 경우다. 'Nether ~A nor ~(~A)'의 경우에는 먼저 A의 부정을

[400. (25-16)]

གལ་ཏེ་མྱ་ངན་འདས་པ་ནི།། gal te mya ngan 'das pa ni//
དངོས་མིན་དངོས་པོ་མེད་མིན་ན།། dngos min dngos po med min na//
དངོས་མིན་དངོས་པོ་མེད་མིན་ཞེས།། dngos min dngos po med min zhes//
གང་ཞིག་གི་ནི་དེ་མངོན་བྱེད།། gang zhig gi ni de mngon byed//

> (그러나)[1171] 만약 바로 그 열반이
> 사태가 아닌 것[~A]과 비사태(非事態)가 아닌 것[~(~A)]이라면,
> "(열반은) 사태가 아닌 것[~A]과 비사태(非事態)가 아닌 것[~(~A)]이다."라는[1172]
> 누군가의 바로 그 (말)이 (어떻게) 언표될 수 있겠는가?[1173]

[401. (25-17)]

བཅོམ་ལྡན་མྱ་ངན་འདས་གྱུར་ནས།། bcom ldan mya ngan 'das gyur nas//
ཡོད་པར་མི་མངོན་དེ་བཞིན་དུ།། yod par mi mngon de bzhin du//
མེད་དོ་ཞེའམ་གཉི་ཀ་དང་།། med do zhe 'am gnyi ka dang//
གཉིས་མིན་ཞེས་ཀྱང་མི་མངོན་ནོ།། gnyis min zhes kyang mi mngon no//

> '세존께서는 열반에[1174] 드신 후에도[1175]

선행자로 보고 있으므로 문제가 발생하는데 '이중부정'을 사용할 경우, ~(~A)=A가 되어, 다시 'Neither A nor ~(~A)'처럼 보인다. 그 출발점인 'A'와 '~A'의 차이점을 놓치게 되면 두 개의 상반된 논의가 진행되는 것처럼 보이지만 게송들의 논파는 명확한데 다음 게송에서 이것이 등장한다.

1171. 의미를 명확하게 하기 위하여 첨언하였다.
1172. '셰(zhes)'는 직접 인용을 나타낸다.
1173. TT의 '뇐제(mngon byed)'의 용례에 'realize'가 있으나 산스끄리뜨어의 어근 '안즈(√añj)'에 'appear, speak'의 뜻이 있고 다른 역본들에서 '표시되다, 언표되다' 등으로 옮기고 있어 이에 따랐다.
　　사구부정의 마지막인 'Nether ~A nor ~(~A)'에서 중요한 것은 '~A'에서 출발할 경우를 상정하고 있다는 점이다. 만약 '~A'에서 출발할 경우, 게송에서 언급하듯이 그것을 알 수 없다는 점은 명확하다.

존재한다'라고[1176] 언표되지 않는 것처럼

'존재하지 않는다'라는 것도 (존재하거나 존재하지 않는다는) '이 둘도 (존재하지 않거나 존재한다는) 이 둘이 아니다'는 것도 또한 언표되지 않는다.[1177]

[402. (25-18)]

བཅོམ་ལྡན་བཞུགས་པར་གྱུར་ན་ཡང་།། bcom ldan bzhugs par gyur na yang//
ཡོད་པར་མི་མངོན་དེ་བཞིན་དུ།། yod par mi mngon de bzhin du//
མེད་དོ་ཞེ་འམ་གཉི་ཀ་དང་།། med do zhe 'am gnyi ka dang//
གཉིས་མིན་ཞེས་ཀྱང་མི་མངོན་ནོ།། gnyis min zhes kyang mi mngon no//

'세존께서 (이 세간에) 머물러 계실 때에도[1178] 존재한다'라고 언표되지 않는 것처럼

'존재하지 않는다'라는 것도 (존재하거나 존재하지 않는다는) '이 둘도 (존재하지 않거나 존재한다는) 이 둘이 아니다'라는 것도 또한 언표되지 않는다.[1179]

1174. 산스끄리뜨어 원문에는 '니로다(nirodha)', 즉 입멸(入滅)로 되어 있으나 티벳역에서 '먀녠 데(mya ngan 'das)', 즉 '열반'으로 적혀 있어 이에 따랐다. 의미상으로는 같다고 볼 수 있다.
1175. 탈격[Abl.] '네(nas)'가 쓰였다. 여기서는 시간의 전후로 뜻하는 것으로 쓰여 있다.
1176. '라둔(la 'dun)'의 'r'은 여기서 인용을 나타낸다.
1177. 사구부정에 따라 붓다와 열반 사이의 '언설 불가능', 즉 언어적 표현을 통해서 정의할 수 없음에 대해서 정리하고 있는 게송이다. 이 게송의 티벳역의 특징은 지금까지 '사태와 비사태'로 옮겼던 '뇌뽀(dngos po)'와 '뇌민(dngos min)' 대신에 '외빠(yod pa)', 즉 '존재'라고 표현하고 있다는 점이다. MK(T.K.)에서도 'a thing'과 'a non-thing' 대신에 'existent'와 'nonexistent'로 옮기고 있다(p. 529). 이것은 '인식 주체에 의해 파악된 존재'로서의 '사태'를 논하는 것 대신에 '(있을 수도 있는) 존재'에 대한 언급이라는 차이가 있다. 티벳역이 역경될 당시의 존재에 대한 생각이 반영된 것으로 보인다.
1178. '나양(na yang)'이 쓰였는데 여기서 '나(na)'는 조건절을 뜻하기보다는 처격[Loc.] 또는 시간의 현재적 시점을 나타낸다고 볼 수 있다.
1179. 바로 앞 게송의 1행이 '열반에 드신 후'를 논하는 것 대신에 '(이 세간에) 머물러 계시는

312

[403. (25-19)]

འཁོར་བ་མྱ་ངན་འདས་པ་ལས།།
ཁྱད་པར་ཅུང་ཟད་ཡོད་མ་ཡིན།།
མྱ་ངན་འདས་པ་འཁོར་བ་ལས།།
ཁྱད་པར་ཅུང་ཟད་ཡོད་མ་ཡིན།།

'khor ba mya ngan 'das pa las//
khyad par cung zad yod ma yin//
mya ngan 'das pa 'khor ba las//
khyad par cung zad yod ma yin//

> 윤회는 열반과 비교하여[1180]
> 조그만 차이도 존재하지 않는다.
> 열반은 윤회와 비교하여
> 조그만 차이도 존재하지 않는다.[1181]

동안만 바꾸었을 뿐, 나머지 2~4행은 같으며 열반 그 자체를 언표할 수 없다는 뜻이다. MK(T.K.)에서는 붓다의 이명인 여래로 쓰였을 뿐 논파의 주제가 같기 때문에 이에 대한 자세한 논의에 대해서는 「제22품. 여래(如來)에 대한 고찰」을 참고하라고 적고 있으며(p. 529), 『쁘라산나빠다』도 마찬가지다(p. 1212). 이 가운데 다음의 게송을 염두에 둔 듯하다.

[314. (22-11)]
'공하다'라고 말할 수 없고
'공하지 않다'라고 (말)할 수 없고
'둘이다'와 '둘이 아니다'라고 (말)할 수 없다.
(이것들은 오직) 시설(施設)할 목적으로 말하는 것이다.

1180. 탈격[Abl.] '레(las)'가 쓰였다. 여기서는 비교격[Comp.]을 나타내므로 '~과 비교하여'로 직역하였으나 '윤회와 열반 사이에는'으로 윤문할 수도 있다.
1181. 『청목소』의 김성철 역이 우리말에 더 어울려 보인다.

> '윤회가 열반과 구별되는 점은 그 어떤 것도 없다./ 열반이 윤회와 구별되는 점은 그 어떤 것도 없다(p. 445).'

『중론』에서 유명한 게송 가운데 하나로 이에 대한 『청목소』의 주석은 '(세간)의 모든 존재가 不生不滅이기 때문에 세간은 열반과 구별되지 않고 열반도 세간과 구별되지 않는다.'라고(p. 445), 『쁘라산나빠다』는 '생존하고 계신 세존에 대하여 '존재한다'라고 하는 표현 등에 의하여 언표되지 않는다. (세존에 대해서도) '존재한다'라고 하는 표현 등에 의하여 언표되지 않는다. 그러므로 윤회와 열반을 서로 구별하는 것은 불가능하다. 왜냐하면 현재 고찰되고 있는 (윤회와 열반) 양자는 동일한 속성을 지니기 때문이다.'라고 되어 있다(p. 1213).

[404. (25-20)]

སྱ་ངན་འདས་མཐའ་གང་ཡིན་པ།།	mya ngan 'das mtha' gang yin pa//
དེ་ནི་འཁོར་བའོ་མཐའ་ཡིན་ཏེ།།	de ni 'khor ba'o mtha' yin te//
དེ་གཉིས་ཁྱད་པར་ཅུང་ཟད་ནི།།	de gnyis khyad par cung zad ni//
ཤིན་ཏུ་ཕྲ་བའང་ཡོད་མ་ཡིན།།	shin tu phra ba'ng yod ma yin//

> 열반의 끝이 무엇이든지 간에[1182]
> 바로 그것이 윤회의 끝이다. 왜냐하면[1183]
> 이 둘의 바로 그 조그만 차이에는
> 어떤 미세한 틈[極微細]도 존재하지 않기 때문이다.[1184]

[405. (25-21)]

གང་འདས་ཕན་ཆད་མཐའ་སོགས་དང་།།	gang 'das phan chad mtha' sogs dang//
རྟག་ལ་སོགས་པར་ལྟ་བ་དག།	rtag la sogs par lta ba dag//
སྱ་ངན་འདས་དང་ཕྱི་མཐའ་དང་།།	mya ngan 'das dang phyi mtha' dang//
སྔོན་གྱི་མཐའ་ལ་རྟེན་པ་ཡིན།།	sngon gyi mtha' la rten pa yin//

> 1) 어떤 것의 입멸(入滅), 2) 어떤 것에서의[1185] (양)변(邊) 등과
> 3) 항상[常] 등의 견해[見]들은[1186]
> (A) 열반과 (B) 후(後)의 변(邊)과

....

1182. '강인빠(gang yin pa)'를 직역하면 '무엇인 것, 무엇이 존재하는 것' 정도 된다.
1183. 2행의 말미에 쓰인 '학쩨(lhag bcas)'인 '떼(te)'는 앞의 내용에 대한 이유를 설명하는 것으로 보고 옮겼다.
1184. MK(T.K.)에서는 3, 4행을 'There is not even the slightes differenc between them,/ Or even the subtlest thing.'이라고 '또는(or)'를 뜻하는 '바앙(ba'ng)'을 끊어서 읽었는데 과도하다 싶다. 여기서는 다른 역본들과 같은 구조로 읽었다.
　　　바로 앞의 게송에 이어 윤회와 열반 사이에서의 차이가 없음을 강조하고 있는 게송인데, 『쁘라산나빠다』에서는 '윤회와 열반의 끝'을 '과거와 미래'라는 시간적인 축의 끝으로 보고 있다(p. 1214).

314

| (C) 전(前)의 변(邊)에 의지한다.[1187]

[406. (25-22)]

དངོས་པོ་ཐམས་ཅད་སྟོང་པ་ལ།། dngos po thams cad stong pa la//
མཐའ་ཡོད་ཅི་ཞིག་མཐའ་མེད་ཅི།། mtha' yod ci zhig mtha' med ci//
མཐའ་དང་མཐའ་མེད་ཅི་ཞིག་ཡིན།། mtha' dang mtha' med ci zhig yin//
མཐའ་དང་མཐའ་མེད་མིན་པ་ཅི།། mtha' dang mtha' med min pa ci//

| 모든 사태[1188]가 공한 곳에서[1189]
| 무엇이 유변(有邊=A)이겠는가? 무엇이 무변(無邊=~A)이겠는가?

1185. '무엇' 또는 '어떤'을 뜻하는 1행 어두의 '강(gang)'을 반복해서 받는 것으로 보고 옮겼다.
1186. 양수, 복수를 뜻하는 '닥(dag)'이 쓰였다.
1187. 이 게송은 각 판본들마다 자세한 주석이 나와 있는데 간추리면 1) 입멸은 (A) 열반에 대응하며, 2)와 3)의 양변과 항상은 (B)와 (C)의 양변에 대응하는 사구부정을 뜻한다.
 즉, 『불설전유경(佛說箭喩經)』에 나오는 14난(難) 가운데 영혼과 육체의 문제를 제외한 12난(難)인 셈이다. 그러나 이것을 재배열해보면, '3) 여래는 사후에 존재하는가? 아닌가, 양자인가? 양자가 아닌가?"에 대한 문제만 '1) 입멸과 (A) 열반'에 대응하며, 나머지 두 항이 '세계와 나'의 문제 대신에, (B) 후(後)의 변(邊)과 (C) 전(前)의 변(邊)의 경우, (B) 후(後)의 변(邊)은 미래에, (C) 전(前)의 변(邊)은 과거에 대응한다고 각 역본들의 주석들은 통일적으로 언급하고 있다.
 그리고 『청목소』에 나오는 김성철의 주석에 따르면, 이 (B) 후(後)의 변(邊)과 (C) 전(前)의 변(邊)의 경우는 이후 「제27품. 그릇된 견해(邪見)에 대한 고찰」에서 순서가 바뀐 채 언급되어 있다.

 '1) (나는) 과거에 존재했다. 2) 존재하지 않았다.'라는 것과
 '3) 세간은 항상하다.'라는 것 등의
 어떤 견해[見], 바로 그것들은
 이전의 끝[過去世]에 의존하는 것이다.

 '4) (나는) 다른 미래에 존재한다.
 5) 존재하지 않는다. 6) 세간은 끝이 있다.'라는 것 등의
 어떤 견해[見], 바로 그것들은
 이후의 끝[未來世]에 의존하는 것이다.

 이에 대한 자세한 내용은 『청목소』, p. 447, 『쁘라산나빠다』, pp. 1215-1217 참조

> (그리고) 무엇이 유변무변(有邊無邊, Both A and ~A)이겠는가?[1190]
> (또한) 무엇이 비유변무변(非有邊無邊, Neither A nor ~A)이겠는가?[1191]

[407. (25-23)]

དེ་ཉིད་ཅི་ཞིག་གཞན་ཅི་ཞིག། de nyid ci zhig gzhan ci zhig//
རྟག་པ་ཅི་ཞིག་མི་རྟག་ཅི།། rtag pa ci zhig mi rtag ci//
རྟག་དང་མི་རྟག་གཉིས་ཅི།། rtag dang mi rtag gnyis ci//
གཉིས་ཀ་མིན་པའང་ཅི་ཞིག་ཡིན།། gnyis ka min pa'ng ci zhig yin//

> 무엇이 동일하다는 것[同一性][1192]이겠느냐? 무엇이 다르다는 것[相異性]이겠느냐?
>
> 무엇이 항상하는 것[常, A]이겠느냐? 무엇이 항상하지 않는 것[無常, ~A]이겠느냐?
>
> 무엇이 항상하고 항상하지 않는 것[常無常, Both A and ~A], 이 둘이겠느냐?
>
> 이 둘 (항상하지도 않고 무상하지도) 않은 것[1193][非常無常, Neither A nor ~A], 또한 무엇이겠느냐?[1194]

....

1188. 산스끄리뜨어 원문은 '법(法)', 즉 '다르마(dharma)'로 나와 있으나 티벳역에는 'དངོས་པོ་(dngos po)'로 쓰여 있다.
1189. '라둔(la 'dun)'의 '라(la)'를 처격[Loc.]으로 보고 옮겼다.
1190. 자수를 맞추기 위한 첨언이 확실한 '인(yin)'을 생략하여 옮겼다. 굳이 직역하면 '~이라 하겠느냐?' 정도 된다.
1191. 공의 의미가 연기의 의미라는 대전제에서 사구부정으로 양변을 논파하는 게송이다.
1192. '그 자체'를 뜻하는 '데니(de nyid)'가 쓰였다.
1193. 3행을 축약하여 '아닌 것'만 쓰여져 있다. '무상하지(~A) 않은 것(~)'은 '항상하지 않는 것도 아닌 것[~(~A)]'을 뜻한다.
1194. 앞의 게송에서 이어지는 사구부정을 통한 '자성'에 대한 논파와 '항상'에 대한 논파가 이루어지고 있는 게송으로 『쁘라산나빠다』에서는 매우 긴 주석을 달아두고 있는데 그 내용은 대치법에 관한 것이다.

  '묻는다. 만일 열반이 그대에 의하여 이와 같이 부정된다면, (다음과 같이 되지 않겠는가?) 중생들을 (교화하기 위하여) 무한한 행위를 행함에 있어서 (세간 관습을)

[408. (25-24)]

དམིགས་པ་ཐམས་ཅད་ཉེར་ཞི་ཞིང་༎
སྤྲོས་པ་ཉེར་ཞི་ཞི་བ་སྟེ༎
སངས་རྒྱས་ཀྱིས་ནི་གང་དུ་ཡང་༎
སུ་ལའང་ཆོས་འགའ་མ་བསྟན་ཏོ༎

dmigs pa thams cad nyer zhi zhing//
spros pa nyer zhi zhi ba ste//
sangs rgyas kyis ni gang du yang//
su la'ang chos 'ga' ma bstan to//

> 모든 (인식) 대상이 적멸(寂滅)한 것, 그리고
> 희론(戲論)[1195]이 적멸한 것이 (열반)적정(寂靜)이다.[1196]
> 부처님에 의해서 어디서도
> 누구에게도 (이에 대한) 그 어떤 법도 교시되지 않았다.[1197]

따라 하며, 세상 모든 사람들의 (다양한) 근기의 자성을 전도되지 않고 바르게 잘 알며, 대비심을 일으켜 모든 중생들에게 사랑하는 외아들을 대하듯이 사랑을 베푸는 세존께서 세간 사람들을 열반에 도달하도록 (중생의) 다양한 근기에 알맞은 대치법(大治法)을 설하셨는데 만일 (그대가) 말한 바와 같다면, 그 법은 무의미하게 되지 않겠는가?

답한다. 만일 법이라고 불리는 어떤 것이 자성의 속성에 의하여 존재한다면, 또한 그 법에 대한 (교설을) 청취한 어떤 중생들이 (자성에 의해서) 존재한다면, 또한 (그 법을) 가르치는 불세존이라 불리는 어떤 분이 존재의 자성을 소유한 자로서 존재한다면, 그것은 그와 같을 것이다.(필자 강조) 그러나 (나가르주나 논사는) 다음과 같이 말한다(pp. 1199-1200).'

『청목소』는 이 게송에 대한 주석을 따로 떼놓지 않고 다음 게송과 함께 '무자성'을 강조하고 있는데『쁘라산나빠다』의 이와 같은 언급은 진제와 속제에 대한 논의를 위한 단초를 제공하고 있는 것으로 보인다.

1195. 희론(戲論)에 대해서는 【귀경게】 2번 게송의 2행 참조.
1196. 2행의 말미에 쓰인 '학제(lhag bcas)'인 '떼(ste)'를 여기서는 의미 없는 첨언인 접속사로 보고 옮겼다.
『쁘라산나빠다』에는 1행 어두에 '열반'을 첨언하여 '(열반은) 인식의 적멸, 희론의 적멸, 길상이다.'라고 1, 2행을 옮기고 있으나『청목소』나 MK(T.K.)에서는 '인식 대상'과 '희론', 이 두 개의 대상만을 다루고 있다.『청목소』에서 김성철은 적정을 '길상(吉祥)'으로 옮기고 있다. 여기서는 열반적정(涅槃寂靜)으로 보고 옮겼다.
1197. 이 게송을 붓다의 일반적인 가르침으로 볼 것이냐, 혹은 열반으로 제한해서 볼 것이냐는 약간의 논란의 대상이 될 듯한데, 둘 다 모두 통용될 듯하다.『청목소』에서는 다양한 대상들에 대해서 사구부정을 통해서 논파한 후에, '이것들 모두를 존재의 實相이라고 부르고 여법성, 實際, 열반이라고 부른다. 그래서 如來는 언제 어디서건 사람들에게 열반의 확고한 相을 말씀하신 적이 없었다. 그러므로 <포착했던 모든 것이 다 쉬고 희론도

༎སྲིད་པས་འདས་པ་བརྟག་པ་ཞེས་བྱ་བ་སྟེ་རབ་ཏུ་བྱེད་པ་ཉི་ཤུ་ལྔ་པའོ༎

'열반(涅槃)을 살펴보는 것'이라 불리는 제25품

모두 사라진다.>라고 말하는 것이다.'로 되어 있으며(p. 450), 『쁘라산나빠다』에서도 다양한 경의 예를 들면서 이 둘에 대해서 모두 설명하고 있다(pp. 1221-1226).

제26품. 십이연기十二緣起에 대한 고찰[1198]

1198. ||སྲིད་པའི་ཡན་ལག་བཅུ་གཉིས་བརྟག་པ་ཞེས་བྱ་བ་སྟེ་རབ་ཏུ་བྱེད་པ་ཉི་དྲུག་པའོ||
//srid pa'i yan lag bcu gnyis brtag pa zhes bya ba ste rab tu byed pa nyi drug pa'o//

직역하면 '십이연기(十二緣起)을 살펴보는 것이라 불리는 제26'이다. 한역으로 「관십이연기품(觀十二因緣品)」이라고 한다.

앞의 다른 품들과 달리 설명적으로 되어 있는 이 품의『청목소』한역은 총 9개의 게송으로 되어 있으나 다른 역본들은 모두 총 12개의 게송으로 되어 있다.

티벳어 제목에는 '씨빼 엔락 쭈니(srid pa'i yan lag bcu gnyis)'로 쓰여 있는데 일반적으로 십이연기를 가리킬 때는 '뗀델 엔락 쭈니(rten 'brel yan lag bcu gnyis)'라고 한다. 동의어로 쓰이지만 굳이 '씨빼((srid pa)'를 강조하자면 '세간의 열두 가지'라는 뜻 정도 된다. 산스끄리뜨어 '앙가(aṅga, 支分)'를 살리기 위해서 이렇게 옮긴 듯하다.

『청목소』에서는 이 품 앞에 다음과 같은 주석을 달아두고 있다.

'【문】그대는 지금까지 大乘으로 第一義諦의 道를 설하였다. 이제 나는 聲聞法에서 第一義諦에 들어가는 道에 대한 설명을 듣고 싶다(p. 451).'

이 주석에 따르면, 앞의 25품까지는 대승법이고 뒤의 두 품은 소승법인 셈이다. 그러나 제일의제, 즉 진제(眞諦)가 말로써 설명 가능한지에 대한 논의는 중기 중관파 이후 각 논사들마다의 견해가 각각 다르다. 그리고 후기 중관파에 이르면, 유식 사상과의 결합으로 인하여 변계소집성과 진제와 속제의 이제론이 어떻게 배치되는가에 대해서도 논란이 되었다. 이에 대한 자세한 논의는 이태승, 『산타라크쉬타의 중관 사상』 참조.

한편 『쁘라산나빠다』에는 이와 같은 구분 대신에 다음과 같은 주석이 달려 있다.

'묻는다. (12지 연기란 무엇인가?)
(답한다.) "연기를 공성이라고 우리들은 설명한다. 그것은 (타자를) 취(取)하여 (성립하는) 시설(施設)이다. 실로 그것은 중도이다."라고 말하였는데 공성이라 불리는 연기는 무엇인가? 또한 "연기를 보는 자는 고집멸도(苦集滅道)를 본다."라고 하였는데 그 연기는 무엇인가? 그러므로 그것의 지분(支分, aṅga)을 구별하여 서술하기 위하여 (경전에서) 다음과 같이 설하였다(p. 1228).'

이 주석에 따르면, 대승법과 소승법의 구분은 『중론』에서 존재하지 않게 된다. 그리고 『중론』을 인무아와 법무아 등 이종무아의 전통 속에서 해석하는 전통에 따르는 쫑카빠의 MK(T.K.)는 이 품을 법무아에 넣고 있다.

역사적으로 보자면 『청목소』가 『쁘라산나빠다』보다 최소한 약 2백년 앞서지만 대소승의 구분법이라는 대목이 『쁘라산나빠다』에 등장하지 않는 것은 중관 사상의 전통이 단일맥으로 이어지지 않았다는 것을 보여주는 것과 함께, 『청목소』가 꾸마라지바에 의해 한역될 당시와 이후 인도에서의 『중론』 주석 전통이 다르다는 것을 상징적으로 보여준다.

십이연기의 사전적 정의와 산스끄리뜨어, 티벳어를 첨언하면 다음과 같다.

[409. (26-1)]

མ་རིག་བསྒྲིབས་པས་ཡང་སྲིད་ཕྱིར།། ma rig bsgribs pas yang srid phyir//
འདུ་བྱེད་རྣམ་པ་གསུམ་པོ་དག། 'du byed rnam pa gsum po dag//
མངོན་པར་འདུ་བྱེད་གང་ཡིན་པའི།། mngon par 'du byed gang yin pa'i//
ལས་དེ་དག་གིས་འགྲོ་བར་འགྲོ།། las de dag gis 'gro bar 'gro//

무명(無明)[1199]에 덮인 자는 다시 (오는) 후생(後生)을 위해서[1200]
세 가지 행(行)[1201]들을 (짓고)
(그는) 이전[前生]에 (지은) 어떤 행(行)의
그 업(業)[1202]들에 의해서 (육)취(趣)[1203]를 떠돈다.[1204]

[BD] 십이연기(十二緣起): 또는 십이인연(十二因緣)·십이유지(十二有支)·십이지(十二支)·십이인생(十二因生)·십이연문(十二緣門)·십이견련(十二牽連)·십이극원(十二棘園)·십이중성(十二重城)·십이형극림(十二荊棘林). 3계에 대한 미(迷)의 인과를 12로 나눈 것.
(1) 무명(無明, avidyā, ma rig pa). 미(迷)의 근본인 무지(無知).
(2) 행(行, saṃskāra, 'du byed 또는 las). 무지로부터 다음의 의식 작용을 일으키는 동작.
(3) 식(識, vijñāna, rnam shes). 의식 작용.
(4) 명색(名色, nāma-rūpa, ming gzugs). 이름만 있고 형상이 없는 마음과 형체가 있는 물질.
(5) 육처(六處, ṣaḍ-āyatana, skye mched drug). 안(眼)·이(耳)·비(鼻)·설(舌)·신(身)의 5관(官)과 의근(意根).
(6) 촉(觸, sparśa, reg pa). 사물에 접촉함.
(7) 수(受, vedanā, tshor ba). 외계(外界)로부터 받아들이는 고(苦)·낙(樂)의 감각.
(8) 애(愛, tṛṣṇā, sred pa). 고통을 피하고, 즐거움을 구함.
(9) 취(取, upādāna, len pa 또는 nyer len). 자기가 욕구 하는 물건을 취함.
(10) 유(有, bhāva, srid pa). 업(業)의 다른 이름. 다음 세상의 결과를 불러올 업.
(11) 생(生, jāti, skye ba). 이 몸을 받아 남.
(12) 노사(老死, jarā-maraṇa, rga shi). 늙어서 죽음. 또 어떤 때는 연기를 해석할 적에 1찰나(刹那)에 12연기를 갖춘다는 학설과, 시간적으로 3세(世)에 걸쳐 설명하는 2종이 있음.

뒤의 뜻을 따르면 양중인과(兩重因果)가 있음. 곧 식(識)으로 수(受)까지의 5를 현재의 5과(果)라 하고, 무명·행을 현재의 과보를 받게 한 과거의 2인(因)이라 함(過現一重因果). 다음에 애·취는 과거의 무명과 같은 혹(惑)이요, 유(有)는 과거의 행과 같은 업(業)이니, 이 현재는 3인(因)에 의하여 미래의 생·노사의 과(果)를 받는다 함(現未一重因果).

[410. (26-2)]

འདུ་བྱེད་རྐྱེན་ཅན་རྣམ་པར་ཤེས།། 'du byed rkyen can rnam par shes//
འགྲོ་བ་རྣམས་སུ་འཇུག་པར་འགྱུར།། 'gro ba rnams su 'jug par 'gyur//
རྣམ་པར་ཤེས་པ་ཞུགས་གྱུར་ན།། rnam par shes pa zhugs gyur na//
མིང་དང་གཟུགས་ནི་འཆགས་པར་འགྱུར།། ming dang gzugs ni 'chags par 'gyur//

행(行)에 연(緣)한 것인 식(識)[1205]은

1199. 십이연기의 1번인 무명(無明), 즉 무지를 출발점으로 삼고 있다.
1200. 원문은 '양씨칠(yang srid phyir)'로 해자해보면, '다시 + 세간(윤회) + 다음을 위해서' 정도 된다.
1201. 십이연기의 2번인 행(行)을 가리킨다.
  이 세 가지 행(行)에 대해서는 일반적으로 신구의(身口意) 삼문(三門)으로 짓는 업을 가리켰는데 선(善)과 불선(不善) 그리고 무기(無記)의 업으로도 해석이 가능하다. 『청목소』에서 김성철은 '그 작용 영역에서 보면 身, 口, 意 三業으로 분류하고, 가치론적인 면에서는 福, 非福, 不動行의 三行으로 분류한다.'고 적고 있으며(p. 451), 『쁘라산나빠다』에도 이에 대한 자세한 내용이 실려 있다(p. 1231 참조).
1202. 산스끄리뜨어의 십이연기에 등장하는 '삼스까라(saṃskāra)', 즉 두 번째인 행(行)은 여기서 '어떤 행(行)의 그 업(業)'으로, 즉 세 가지 행의 그 '업'이다.
1203. 육도(六道) 또는 육취(六趣)의 원문은 '도와 릭둑('gro ba rigs drug)'으로 여기서는 축약된 형태로 쓰였다.
  [BD] 육취(六趣): 6도(道)라고도 함. 미(迷)한 중생이 업인(業因)에 따라 나아가는 곳을 6처로 나눈 것.
  (1) 지옥취(地獄趣). 8한(寒) · 8열(熱) 등의 고통받는 곳으로 지하에 있음.
  (2) 아귀취(餓鬼趣). 항상 밥을 구하는 귀신들이 사는 곳. 사람들과 섞여 있어도 보지 못함.
  (3) 축생취(畜生趣). 금수가 사는 곳으로 인계(人界)와 있는 곳을 같이 함.
  (4) 아수라취(阿修羅趣). 항상 진심을 품고 싸움을 좋아한다는 대력신(大力神)이 사는 곳으로 심산유곡을 의처(依處)로 함.
  (5) 인간취(人間趣). 인류의 사는 곳. 남섬부주 등의 4대주(大洲).
  (6) 천상취(天上趣). 몸에 광명을 갖추고 자연히 쾌락을 받는 중생이 사는 곳으로 6욕천과 색계천(色界天) · 무색계천(無色界天).
  일반적으로 (4)와 (5)의 경계는 바뀌어 있으며 아수라와 천신의 차이는 미세하게 남아 있는 '질투, 경쟁'이라고 한다.
1204. '도발 도('gro bar 'gro)'를 직역하면 '육취로 간다' 정도 된다. 그러나 여기서는 육도 중생의 윤회를 가리키는, 즉 윤회계를 떠돈다는 의미다.
  이 게송에 대해서 MK(T.K.)는 '삼행(三行)'을 주격[Nom.]으로 보고 전 · 후생을 배치하고 있는데 원문의 구조에 따른 것으로 보기는 어렵다.
1205. 십이연기의 3번인 식(識)을 가리킨다.

(육)취(趣)들로 들어간다.

식(識)이 자리를 잡으면[1206]

바로 그 명(名)과 색(色)[1207]이 나타난다.[1208]

[411. (26-3)]

མིང་དང་གཟུགས་ནི་འཆགས་གྱུར་ན།། ming dang gzugs ni 'chags gyur na//

སྐྱེ་མཆེད་དྲུག་ནི་འབྱུང་པར་འགྱུར།། skye mched drug ni 'byung par 'gyur//

སྐྱེ་མཆེད་དྲུག་ལ་བརྟེན་ནས་ནི།། skye mched drug la brten nas ni//

རེག་པ་ཡང་དག་འབྱུང་བར་འགྱུར།། reg pa yang dag 'byung bar 'gyur//

바로 그 명(名)과 색(色)이 나타나면[1209]

육처(六處)[1210]가 발생한다.

육처(六處)에 의존하여[1211]

완벽한 촉(觸)[1212]이 발생한다.

1206. '자리를 잡으면'이라고 옮긴 '죽귤나(zhugs gyur na)'를 직역하면, '앉게 되면' 정도 된다.
1207. 십이연기의 4번인 명색(名色)을 가리킨다.
1208. '나타난다'로 옮긴 '착빼('chags pa)'는 일반적으로 '참회하다'라는 뜻이 있는데 여기서는 '나타나다, 드러나다'는 뜻으로 쓰였다.
1209. 바로 앞의 게송의 마지막에 등장하는 '착빼('chags pa)'가 쓰였는데 산스끄리뜨어 게송에서는 어근 '니시쯔(ni√sic)'를 '아래로 쏟다'로 해석하는 경우도 있다. 『청목소』에서 김성철은 'ni√sic> ni(아래로)+√sic : <임신하게끔 精子를 수용한다>는 뜻이 있다. 이런 해석이 가능한 이유는 gandhabha, 모태의 배란기, 부모의 성교라는 세 가지 인연으로 名色의 싹이 틀 수 있는데 이때 gandhabha는 바로 vijñāna(識)이기 때문이다.'라고 해석하고 있으며, 이 부분을 '<정자가 수용된 명색에>라고 번역할 수 있다고 강조하고 있다(pp. 452-453).
1210. 십이연기의 5번 육처(六處)를 가리킨다.
1211. 탈격[Abl.] '네(nas)'가 쓰였다. 여기서는 시간의 전후, 원인, 이유 등을 뜻한다. 강조사 [Emp.] '니(ni)'가 쓰여 있으나 첨언으로 보고 생략하였다.
1212. 십이연기의 여섯 번째인 촉(觸)을 가리킨다. 원문의 '릭빼(rig pa)'는 '렉빼(reg pa)'의 오자가 확실하여 고쳤다. 티벳역에만 '완벽하게'를 뜻하는 '양닥(yang dag)'이 첨언되어 있다.

[412. (26-4)]

མིག་དང་གཟུགས་དང་དྲན་བྱེད་ལ།། mig dang gzugs dang dran byed la//
བརྟེན་ནས་སྐྱེ་བ་ཁོ་ན་སྟེ།། brten nas skye ba kho na ste//
དེ་ལྟར་མིང་དང་གཟུགས་བརྟེན་ནས།། de ltar ming dang gzugs brten nas//
རྣམ་པར་ཤེས་པ་སྐྱེ་བར་འགྱུར།། rnam par shes pa skye bar 'gyur//

> 눈[眼]과 색(色)과 주의력(注意力)[1213]에
> 의지하여 생기는 것이 오직 그것[=眼識]이듯,[1214]
> 그와 같이 명(名)과 색(色)에 의지하여
> 식(識)이 생겨난다.[1215]

[413. (26-5)]

མིག་དང་གཟུགས་དང་རྣམ་པར་ཤེས།། mig dang gzugs dang rnam par shes//

1213. 원문의 '덴제(dran byed)'를 해자해보면 '기억이 행하는 것' 정도 된다. MK(T.K.)에서는 'retention', 즉 '기억'으로 옮기고 있고, TT에는 'recollection'으로 나와 있다. 여기서는 산스끄리뜨어 원문의 '사만바하라(samanvāhāra)'에 따라 옮겼다.

1214. '학째(lhag bcas)'인 '떼(ste)'가 쓰여 있다. 여기서는 앞 문장을 '그것'으로 받으며 뒤따라 나오는 문장을 그것을 예시하는 것으로 보고 옮겼다.

1215. 『청목소』한역에는 없는 게송이다. 『청목소』에서 김성철은 '눈이 형상(色)들과 注意力을 연하여'라 1, 2행을 옮기고 있으나(p. 453), 여기서는 눈과 색, 그리고 주의력을 동격으로 보고 옮겼다. 이 게송에서 제일 문제가 되는 것은 '덴제' 또는 산스끄리뜨어 원문의 '사만바하라(samanvāhāra)'를 '우리말로 어떻게 옮길 것인가?'인데, 『쁘라산나빠다』에는 다음과 같은 '역자주'가 실려 있다.

> '초기 경전에 의하면, 눈이 색(色)을 만나더라도 주의(注意)를 기울이지 않으면 안식(眼識)은 발생하지 않는다. 그러므로 눈과 색(色)과 주의(注意)가 만날 때 안식(眼識)이 발생한다. … 만일 내적인 눈이 온전하고 외적인 색(色)들이 시야로 들어오더라도 그와 관련된 주의가 존재하지 않는다면, 그와 관련된 식(識)은 존재하지 않는다. 그러나 만일 내적인 눈이 온전하고 외적인 색(色)들이 시야로 들어오고 그와 관련된 주의가 존재한다면, 그와 관련된 식(識)의 발생은 존재한다(pp. 1246-1247).'

이상의 언급으로 볼 때 감각 기관인 눈과 그 대상뿐만 아니라 인식 주체의 '그 무엇'이 작동할 경우에만 식이 생긴다는 것을 알 수 있다. 산스끄리뜨어 원문에서는 인식 주체의 어떤 작용, 의도, 또는 그것의 반영이지만 티벳역에 따르면 이것은 '기억된 그 무엇, 그 작용 또는 의도'라는 약간의 차이가 있어 보인다.

གསུམ་པོ་འདུས་པ་གང་ཡིན་པ།། gsum po 'dus pa gang yin pa//
དེ་ནི་རེག་པའོ་རེག་དེ་ལས།། de ni reg pa'o reg de las//
ཚོར་བ་ཀུན་ཏུ་འབྱུང་བར་འགྱུར།། tshor ba kun tu 'byung bar 'gyur//

> 눈[眼]과 색(色)과 식(識),
> (이) 셋이 어떻게든 화합하는 것,
> 바로 그것이 촉(觸)[1216]이다.[1217] 바로 그 촉(觸)으로부터
> 모든 수(受)[1218]가 발생한다.[1219]

[414. (26-6)]

ཚོར་བའི་རྐྱེན་གྱིས་སྲེད་པ་སྟེ།། tshor ba'i rkyen kyis sred pa ste//
ཚོར་བའི་དོན་དུ་སྲེད་པར་འགྱུར།། tshor ba'i don du sred par 'gyur//
སྲེད་པར་གྱུར་ནས་ཉེ་བར་ལེན།། sred par gyur nas nye par len//
རྣམ་པར་བཞི་པོ་ཉེར་ལེན་འགྱུར།། rnam par bzhi po nyer len 'gyur//

> 수(受)에 연(緣)하여 애(愛)[1220]가 (발생한다.) 왜냐하면[1221]
> 받아들인[受] 대상[1222]을 갈애(渴愛)하기 때문이다.
> (누군가) 갈애(渴愛)된 것으로부터 취(取)할 (때)[1223]
> 네 가지 취(取)[1224]가 (형성)된다.[1225]

1216. 십이연기의 6번인 촉(觸)이 어떤 과정을 통해서 생성되는지에 대해서 설명하고 있다.
1217. 어떤 한 문장, 단락이 완전히 그칠 적에 사용되는 '랄두(slar bsdu)'가 한 행의 가운데 사용된 매우 예외적인 경우다.
1218. 십이연기의 7번인 수(受)를 가리킨다.
1219. 『쁘라산나빠다』에서는 이 게송에 대해서, "'색(色)과 식(識)과 눈, 셋의 화합은 촉(觸)이다." 이 경우 안근(眼根), 색(色)들, 주의(注意)에 연(緣)하여 안식(眼識)은 발생한다. …'로 인식론적 측면에서 이 게송에 대해서 주석을 달고 있다(p. 1248). 그러나 『청목소』에서 김성철은, '이상 2, 3, 4게는 삼세 양중 인과론적 십이연기설에서 현재의 五果의 발생과정을 기술한 것이다.'로 다른 해석을 하고 있다(p. 454).
1220. 십이연기의 8번인 애(愛)를 가리킨다.

[415. (26-7)]

ཉེར་ལེན་ཡོད་ན་ལེན་པ་པོའི།།
སྲིད་པ་ཀུན་ཏུ་འབྱུང་བར་འགྱུར།།
གལ་ཏེ་ཉེ་བར་ལེན་མེད་ན།།
གྲོལ་བར་འགྱུར་ཏེ་སྲིད་མི་འགྱུར།།

nyer len yod na len pa po'i//
srid pa kun tu 'byung bar 'gyur//
gal te nye bar len med na//
grol bar 'gyur te srid mi 'gyur//

> 취(取)가 존재하면 취하는 자[取者]의
> 모든 유(有=존재)^{1226}가 발생한다.
> 만약 취(取)함이 없는 자라면^{1227}
> 해탈하여^{1228} 존재하지 않을 것이다.^{1229}

1221. 학쩨(lhag bcas)'인 '떼(ste)'가 쓰여 있다. 여기서는 다음 2행에서 원인, 이유를 설명하는 것으로 보았다.
1222. 『청목소』에서 김성철이 옮긴 '감수된 대상'을 참고하여 옮겼다.
1223. MK(T.K.)의 'when'에 따랐다.
1224. 네 가지 취(四取)란 애욕취(愛慾取), 견취(見取), 계금취(戒禁取), 아견취(我見取)를 가리킨다.
  [BD] 사취(四取): 3계의 번뇌를 네 가지로 나눈 것. 욕취(欲取)·견취(見取)·계금취(戒禁取)·아어취(我語取=아견취). 이것은 12인연 중의 취지(取支)를 자세히 구별한 것이니, 취(取)는 집취(執取)·집지(執持)의 뜻으로, 3계의 허망한 상(相)에 집착하여 6취(趣)의 생(生)을 취하므로, 번뇌를 취(取)라 함.
  욕취(欲取): 4취(取)의 하나. 욕계의 번뇌 중 근본 번뇌의 20에 수혹(修惑)의 4를 보탠 24혹과 지말혹(枝末惑)의 10을 합하여 24혹을 총칭하는 것.
  견취(見取): 4취(取)의 하나. 3계(界)의 4제 아래 일어나는 아견(我見)·변견(邊見)·사견(邪見)·견취견(見取見) 등 모든 견혹(見惑)을 말함. 이에 30혹이 있음. 3계에 각각 고제(苦諦) 아래 신견·변견·사견·견취견의 4견과 집제(集諦)·멸제(滅諦)·도제(道諦) 아래에 각기 사견·견취견의 2견이 있으므로 30혹이 된다.
  계금취(戒禁取): 4취(取) 중의 하나. 계금(戒禁)에 대한 그릇된 집착이나 번뇌. 계금(戒禁)은 계(戒)는 경계, 금은 제지(制止)의 뜻. 악을 경계하여 금지하는 것. 계(戒)와 같음.
  아어취(我語取): 4취(取)의 하나. 색계·무색계의 각각 견혹(見惑) 16과 수혹(修惑) 3, 모두 38혹을 말함. 아어라 함은 내 몸의 말이란 뜻. 색계·무색계의 혹은 외계의 대상에 의하지 않고, 나의 말에서 생기는 것이므로 아어취라 함. 아견(我見)은 또는 신견(身見), 5견(見)의 하나. 보통 '나'라 함은 5온(蘊)이 화합한 것으로서 참으로 '나'라 할 것이 없는데 '나'가 있는 줄로 잘못 아는 견해.
1225. 십이연기의 9번인 취(取)를 설명하고 있다.
1226. 십이연기의 10번인 유(有)를 가리킨다. 여기서는 '존재'를 뜻하는 '외빠(yod pa)' 대신에

[416. (26-8)]

སྲིད་པ་དེ་ཡང་ཕུང་པོ་ལྔ།།	srid pa de yang phung po lnga//
སྲིད་པ་ལས་ནི་སྐྱེ་བ་འབྱུང་།།	srid pa las ni skye ba 'byung//
རྒ་ཤི་དང་ནི་མྱ་ངན་དང་།།	rga shi dang ni mya ngan dang//
སྨྲེ་སྔགས་འདོན་བཅས་སྡུག་བསྔལ་དང་།།	smre sngags 'don bcas sdug bsngal dang//

그 유(有)가 곧[1230] 오온(五蘊)이다.
바로 그 유(有)로부터 생(生=태어남)[1231]이 발생한다.
노사(老死)와 비애[悲哀]와
비통(悲痛)과[1232] 고(苦)와

[417. (26-9)]

ཡིད་མི་བདེ་དང་འཁྲུག་པ་རྣམས།།	yid mi bde dang 'khrug pa rnams//
དེ་དག་སྐྱེ་ལས་རབ་ཏུ་འབྱུང་།།	de dag skye las rab tu 'byung//
དེ་ལྟར་སྡུག་བསྔལ་ཕུང་པོ་ནི།།	de ltar sdug bsngal phung po ni//
འབའ་ཞིག་པོ་འདི་འབྱུང་བར་འགྱུར།།	'ba' zhig po 'di 'byung bar 'gyur//

근심(걱정)[1233]과 (마음의) 혼란 등
그것들은 (모두) 생(生)으로부터 발생한다.

'쉬빠(srid pa)'가 사용되어 있다. 일반적으로 '쉬빠'는 '윤회'를 뜻한다.
1227. 『청목소』에서 김성철은 '만일 취함이 없다면'으로 보고 있으나(p. 455), 『쁘라산나빠다』나 MK(T.K.)는 모두 사람으로 보고 있어 이에 따라 '취함이 없는 자'로 옮겼다.
1228. 원문에는 '해탈'을 뜻하는 '돌와(grol ba)' 대신에 '돌빠(grol pa)'가 쓰여 있으나 오자가 확실하여 고쳤고 문장 가운데 '학쩨(lhag bcas)'인 '떼(te)'가 쓰여 있어 원인, 이유 등을 받는 것으로 보고 옮겼다.
1229. 십이연기의 11번째인 생(生)에 앞서 강조하기 위한 첨언이다.
1230. 강조의 '데양(de yang)'을 '그 ~는 곧'으로 보고 옮겼다.
1231. 십이연기의 11번째인 생(生)에 대한 언급이다.
1232. 2행에서 이어진 '비애와 비통'은 모두 유사한 뜻이다. '(~와) 함께, 와'를 뜻하는 '쩨(bcas)'가 쓰였다.

> 그와 같이 바로 그 고통의 모음[苦蘊],
> 오직 이것만[1234] 발생하게 된다.

[418. (26-10)]

འཁོར་བའི་རྩ་བ་འདུ་བྱེད་དེ།།	'khor ba'i rtsa ba 'du byed de//
དེ་ཕྱིར་མཁས་རྣམས་འདུ་མི་བྱེད།།	de phyir mkhas rnams 'du mi byed//
དེ་ཕྱིར་མི་མཁས་བྱེད་པོ་ཡིན།།	de phyir mi mkhas byed po yin//
མཁས་པས་དེ་ཉིད་མཐོང་ཕྱིར་རོ།།	mkhas pas de nyid mthong phyir no//

> 윤회의 뿌리[根]는 짓는 것[行]이다.[1235]
> 그 때문에[1236] 현자들은 (그것들을) 짓지 않는다.
> 그 때문에 어리석은 자는 (그것들을) 짓는 자이다.
> 현자는 그 여실한 모습[1237]을 보기[觀] 때문에[1238] (그것들을 짓지 않는다.)[1239]

[419. (26-11)]

| མ་རིག་འགགས་པར་གྱུར་ན་ནི།། | ma rig 'gags par gyur na ni// |

....

1233. '이미데(yid mi bde)'를 직역하면 '행복하지 않은 마음' 정도 된다.
1234. '오직 이것만'이라고 옮긴 것은 '바쉭 뽀디('ba' zhig po 'di)'의 직역이다. '바쉭 뽀디('ba' zhig po)'에는 'only, sole' 등의 뜻이 있다.
1235. '학쩨(lhag bcas)'인 '데(de)'가 쓰여 있다. 여기서는 문장의 종결로 보았다.
1236. 2, 3행의 어두에 앞에서 '그러므로'라고 옮긴 '데칠(de phyir)'이 반복적으로 사용되어 있다. MK(T.K.)에서는 'therefore'로 통일해서 옮기고 있는데 여기서는 원인, 이유를 설명하는 것으로 보고 '그 때문에'로 옮겼다.
1237. '그 자체'를 뜻하는 '데니(de nyid)'가 쓰였다. '있는 그대로의 모습'인 '진여(眞如)'를 뜻한다.
1238. 2, 3행의 '데칠(de phyir)' 대신에 문장의 종결을 뜻하는 '랄두(slar bsdu)'가 '칠(phyir)'에 뒤따라 나오기 때문에, 반복되는 부분을 축약한 것으로 보았다.
1239. 이 게송의 『청목소』는 '그래서 無知한 자는 윤회의 뿌리인 형성작용(諸行)을 짓는다. 그러므로 무지한 자는 (그런 것들을) 짓는 자이다. 知者는 진실을 觀하기 때문에 그렇지 않다.'로 되어 있으며(p. 457), 『쁘라산나빠다』는 '그러므로 무지자(無知者)는 윤회의 근원인 행(行)들을 짓는다./ 그러므로 무지자(無知者)는 짓는 자이다./ 지자(知者)는 그렇지 않다. 진리를 알기 때문이다.'로 되어 있다(p. 1258).

འདུ་བྱེད་རྣམས་ཀུན་འབྱུང་མི་འགྱུར།།	'du byed rnams kun 'byung mi 'gyur//
མ་རིག་འགགས་པར་འགྱུར་པ་ནི།།	ma rig 'gags par 'gyur pa ni//
ཤེས་པས་དེ་ཉིད་བསྒོམས་པས་སོ།།	shes pas de nyid bsgoms pas so//

> 무명(無明)이 사라진다면
> 모든 행(行)은 발생하지 않는다.[1240]
> 바로 그 무명(無明)이 사라지는 것은
> 지혜로 (십이연기) 그 자체를 수행[1241]하는 것으로 (이루어진다.)[1242]

[420. (26-12)]

དེ་དང་དེ་ནི་འགགས་གྱུར་པས།།	de dang de ni 'gags gyur pas//
དེ་དང་དེ་ནི་མངོན་མི་འགྱུར།།	de dang de ni mngon mi 'gyur//
སྡུག་བསྔལ་ཕུང་པོ་འབའ་ཞིག་པོ།།	sdug bsngal phung po 'ba' zhig po//
དེ་ནི་དེ་ལྟར་ཡང་དག་དགག།	de ni de ltar yang dag dgag//

> 바로 이것이 그렇게 사라지므로
> 바로 저것이 그렇게 나타나지 않는다.[1243]
> 오직 고(苦)뿐인 온(蘊)[苦蘊],
> 바로 그것도 그렇게 완전히[1244] 사라진다.[1245]

1240. 십이연기의 무명과 행(行)의 관계다.
1241. '수행'으로 옮긴 '곰빠(bsgoms pa)'는 일반적으로 '명상'을 가리킨다.
1242. 『청목소』에는 없는 게송이다.
1243. '나타나지 않는다'로 옮긴 '뇐미귤(mngon mi 'gyur)'을 MK(T.K.)에서는 'not be manifest'로 옮기고 있으나 『청목소』나 『쁘라산나빠다』에서는 '발생하지 않는다'로 옮기고 있다. 티벳역의 경우, '나타나다'는 '뇐빼(mngon pa)'가 쓰였으나, 산스끄리뜨어 원문이 'abhi+pra+√vṛt'로 이 가운데 '아비(abhi)'가 '뇐(mngon)'에 해당한다.
1244. '완전히'라고 옮긴 '양닥(yang dag)'은 '진실로, 올바르게'로도 옮길 수 있다.
1245. 1, 2행에서 '데당 데니(de dang de ni)'가 반복적으로 사용되어 있는데 이것은 산스끄리뜨어 원문의 '따뜨야 따뜨야 ~, 따뜨 딴(tatya tatya ~, tat tan)'을 직역한 것이다. 우리말에

༄༅། །སྲིད་པའི་ཡན་ལག་བཅུ་གཉིས་བརྟག་པ་ཞེས་བྱ་བ་སྟེ་རབ་ཏུ་བྱེད་པའི་དྲུག་པོ།།

'십이연기(十二緣起)를 살펴보는 것'이라 불리는 제26품

어울리게 '이것 저것'으로 옮겼다.

삼세 양중 인과론에 따라 십이연기를 해석한 김성철은『청목소』각주에서 환멸문, 윤회문 등에 따라 설명하고 있다(pp. 458-459).

『쁘라산나빠다』에서는 '연(緣)과 관련된 내적인 연기'를 다루면서 '6계(界)의 결합으로 보아야 한다.'며 지수화풍공식(地水火風空識)의 6대(大)의 결합을 논한 후에, 지계(地界)를 논하며,

'… 그때, 지계는 1) 아(我, ātman)가 아니며, 2) 중생이 아니며, 3) 명아(命我, jīva)가 아니며, 4) 생자(生者, jantu)가 아니며, 5) 사람(manuja: 意生)이 아니며, 6) 인간(mānasa)이 아니며, 7) 여성이 아니며, 8) 남성이 아니며, 9) 중성이 아니며, 10) 나(aham)가 아니며, 11) 나의 것(mama: 我所)이 아니며, 12) 다른 어떤 자의 것이 아니다. 마찬가지로, 수계, 화계 …도 아니다.'라는 설명을 달아두고 있다(자세한 내용은 pp. 1266-1268 참조).

이 가운데 1)~6)은『금강경』의 사상(四相)인 아상(我相, ātman), 인상(人相, pudgala), 중생상(衆生相, sattva), 수자상(壽者相, jīva)과 비교하여 '이와 같은 것들은 진실로 존재하는 것이 아니다.'라는 점에서 유사성이 눈에 띈다.

제27품. 그릇된 견해邪見에 대한 고찰[1246]

1246. ||ལྟ་བ་བརྟག་པ་ཞེས་བྱ་བ་སྟེ་རབ་ཏུ་བྱེད་པ་ཉི་ཤུ་བདུན་པའོ||
//lta ba brtag pa zhe bya ba ste rab tu byed pa nyi shu bdun pa'o//

직역하면 '그릇된 견해[邪見]을 살펴보는 것이라 불리는 제27'이다. 한역으로 「관사견품(觀邪見品)」이라고 한다.

바로 앞의 품처럼 설명적으로 되어 있는 이 품의 경우 『청목소』에 나오는 김성철의 사전 조사에 따르면, '신수대장경의 靑目疏에는 31게로 되어 있으나 本品 제 24게 長行에 인용된 <아리야 데바>저 <四百觀論>의 게송을 제 25게로 하여 포함시킨 것이기에 옳지 않다.'로(p. 461), 총 30게송으로 보는 것이 옳다.

산스끄리뜨어 제목인 '드르스띠(dṛṣṭi)'는 '견(見)'을 나타내고 티벳어 제목인 '따와(lta ba)'는 견(見) 또는 관(觀)을 두루 나타내는데 앞에 '사(邪)'를 붙이는 것은 한역이 유일한데 이것은 '어떠한 견해를 세우는 것을 배격하라!'는 뜻을 담고 있는 것으로 보인다. '드르스띠(dṛṣṭi)'에 대한 자세한 내용은 「제3품. (육)근(根)에 대한 고찰」, [47. (3-6)]번 게송 각주 참조.

『청목소』에서는 이 품 앞에 다음과 같은 주석을 달아두고 있다.

'【문】大乘法으로 邪見을 破하는 것은 이미 들었다. 이제 聲聞法에서 邪見을 破하는 것을 듣고 싶다(p. 461).'

이것은 바로 앞의 품의 제일의제(第一義諦), 즉 진제(眞諦)에 대한 대소승의 구분처럼, 꾸마라지바가 첨언한 것인데, 『쁘라산나빠다』의 구분법은 이와 달리 법무아(法無我)에 따라서 설명하고 있으며, 그 구분점을 시간적인 좌표 때문에 나타나는 그릇된 견해에 대한 논파로 시작한다. 다소 길지만, 전체를 인용해보면,

'"이와 같이 연기를 여실하게 바르게 보는 자는 과거의 끝으로 달려가지 않으며, 미래의 끝으로 달려가지 않는다."라고 운운하며 경전에서 말하였다. 이 경우에, 과거의 끝은 무엇인가 미래의 끝은 무엇인가? '달려가지 않는다.'라는 것은 무엇인가? 어원에 대한 설명을 다음과 같이 시작하고자 한다. 이 경우에 현재의 본체(ātmabhāva: 몸)를 기준으로 삼아 과거의 본체들을 과거의 끝이라고 한다. (다시 말하면) 출생의 연속선에서 과거의 부분이 과거의 끝이다. 그것으로 '달려가지 않는다.'라는 것은 각종의 견해에 의하여 (그것을) 인식하지 않는다는 뜻이다. 연기에 대하여 있는 그대로의 진리(tattva)를 지견하기 때문에, (그와 같이 지견하는 자는) 어떤 상태에 있는 사물을 다른 상태로 (인식하여) 집착하지 않는다. 이 경우에, 과거의 끝을 소연(所緣)으로 삼아 (여실한 진리와) 다른 여덟 가지 견해들이 발생한다(1, 2번 게송의 내용이다. 2번 게송의 각주에서 다시 다루겠다.). 즉 (나가르주나 논사는 다음과 같이 말한다) (p. 1282).'

이상과 같이 『청목소』에서는 여전히 대소승에 따라서 『중론』을 구분하고 있음에 비해서, 『쁘라산나빠다』는 이런 구분법이 아예 등장하지 않는다. 앞에서도 강조하였듯, 바로 이 지점이 『중론』 해석의 전통이 갈리는 지점이다. 이 품의 게송들을 살펴보면, 『청목소』의 '대소승에 대한 구분'과 어울리지 않는 게송이 1, 2번 게송이다. (2번 게송 각주 참조.)

[421. (27-1)]

འདས་དུས་བྱུང་མ་བྱུང་ཞེས་དང་།། 'das dus byung ma byung zhes dang//
འཇིག་རྟེན་རྟག་པ་ལ་སོགས་པར།། 'jig rten rtag pa la sogs par//
ལྟ་བ་གང་ཡིན་དེ་དག་ནི།། lta ba gang yin de dag ni//
སྔོན་གྱི་མཐའ་ལ་བརྟེན་པ་ཡིན།། sngon gyi mtha' la brten pa yin//

'1) (나는) 과거에 존재했다.[1247] 2) 존재하지 않았다.'라는 것과
'3) 세간은 항상하다.'라는 것 등의[1248]
어떤 견해[見], 바로 그것들은
이전의 끝[過去世]에 의존하는 것이다.[1249]

[422. (27-2)]

མ་འོངས་དུས་གཞན་འབྱུང་འགྱུར་དང་།། ma 'ongs dus gzhan 'byung 'gyur dang//
མི་འབྱུང་འཇིག་རྟེན་མཐའ་སོགས་པར།། mi 'byung 'jig rten mtha' sogs bar//
ལྟ་བ་གང་ཡིན་དེ་དག་ནི།། lta ba gang yin de dag ni//
ཕྱི་མའི་མཐའ་ལ་བརྟེན་པ་ཡིན།། phyi ma'i mtha' la brten pa yin//

'4) (나는) 다른 미래에 존재한다.[1250]
5) 존재하지 않는다. 6) 세간은 끝이 있다.'라는 것 등의

1247. 티벳어 원문에는 '발생하다'를 뜻하는 '중와('byung ba)'의 과거형인 '중와(byung ba)'가 쓰여 있다. 이에 따라 직역하면, '(나는) 과거라는 시간에 발생했었다.' 정도 된다.
1248. 1행 말미의 '~라는 것과'로 옮긴 '셰당(zhes dang)'의 '셰'에는 인용의 뜻이 있으며 2행 말미의 '라쏙빨(la sogs par)'도 마찬가지다.
1249. 『청목소』에서 김성철은 이 과거세를 '전생'으로 보고 있다(p. 462). 이상의 세 가지 견해는 시간적으로 과거에 의지하여 발생하는 것이다. 다음 게송에서는 미래에 의지하여 발생한 것을 논한다.
　　『쁘라산나빠다』에서는 여기서 총 4개의 사견에 대해서 언급하고 있다.
　　'이 경우에, '라는(iti)'이라는 단어는 등(等)을 의미한 또는 두 개의 견해들이 예시로서 사용된 것을 의미한다. 그 견해들은 네 가지다(p. 1285).'

> 어떤 견해[見], 바로 그것들은
> 이후의 끝[未來世]에 의존하는 것이다.[1251]

[423. (27-3)]

ཨདས་པའི་དུས་ན་བྱུང་གྱུར་ཞེས།།	'das pa'i dus na byung gyur zhes//
བྱ་བ་དེ་ནི་མི་འཐད་དོ།།	bya ba de ni mi 'thad do//
སྔོན་ཚེ་རྣམས་སུ་གང་བྱུང་བ།།	sngon tshe rnams su gang byung ba//
དེ་ཉིད་འདི་ནི་མ་ཡིན་ནོ།།	de nyid 'di ni ma yin no//

> '과거에[1252] (나는) 존재했었다.'라는[1253]
> 바로 그런 언급은[1254] 옳지 않다.
> 이전의 시간들에 어떤 존재했던 것,
> 바로 그 자체가 바로 (지금) 이 (시간에 존재하는 나는) 아니다.[1255]

1250. 티벳어 원문에는 '발생하다'를 뜻하는 '중와('byung ba)'의 과거형인 '중와(byung ba)'가 쓰여 있다. 이에 따라 직역하면, '(나는) 과거라는 시간에 발생했었다.' 정도 된다.
1251. 이 게송에서 미래에 의지하여 발생한 것까지 합하면, 총 6개의 사견(邪見)이 드러나 있으나 앞에서 보았듯『쁘라산나빠다』에서는 총 8개로 꼽고 있다. '여기에서, 두 개의 견해들은 예시로서 사용된 것을 의미한다. 그 견해들은 네 가지다(p. 1288).'
   이것은 '3) 세간은 항상하다'의 대구가 되는 '세간은 항상하지 않다'라는 견해와 6) 세간은 끝이 있다'의 대구인 '세간의 끝이 없다'를 추가할 경우다. 그러나『쁘라산나빠다』의 한글 역본에서는,
   '4) 나는 미래에 존재할까? 5) 나는 미래에 존재하지 않을까? 6) (나는 미래에) 무엇이 (될까)? 7) 나는 미래에 어떤 다른 것이 될까?라는 견해, 8) '세계는 유변(有邊)이다' 등 견해들은 '미래의 끝에 의존하여 존재한다.'라고 이 게송에서 다섯 가지 사견을 제시하고 있다(p. 1287). 이럴 경우에도 총 8개의 사견이 된다.
   MK(T.K.)에서는 이에 대해서 각각의 문제를 사구에 대입하여 총 16개의 사견이라고 언급하고 있다(p. 544).
   만약『청목소』의【문】과【답】의 구조로 보면, 이 두 게송은【문】에, 그리고 다음 게송부터는 이에 대한 논파인【답】에 해당한다.
1252. 여기에 쓰인 '나(na)'는 가정법이 아니라 처격[Loc.]에 해당한다.
1253. 대만에서 발행된『中觀理聚六論』의 이 부분은, '존재하지 않았다'를 뜻하는 '마중(ma byung)'으로 쓰여 있어 [데게판]에 따라 고쳤다.

[424. (27-4)]

de nyid bdag tu 'gyur snyam na//
nye bar len pa tha dad 'gyur//
nye bar len pa ma gtogs par//
khyod kyi bdag ni gang zhig yin//

(그대가 과거의 나라는) 그 자체를 (지금의) 나[自我]라고 생각할지라도[1256]
취하는 것[取]이 다르다.
취하는 것[取][1257]을 배제한[1258]
그대의 바로 그 나[自我]에는 무엇이 있겠는가?[1259]

[425. (27-5)]

nye bar len pa ma gtogs pa'i//
bdag yod ma yin byas pa'i tshe//
nye bar len nyid bdag yin na//
khyod kyi bdag ni med pa yin//

취하는 것[取]을 배제한
나[自我]가 존재하지 않는 것일 때[1260]
취하는 것[取]이 나[自我]라면

1254. 원문인 '자와 데니(bya ba de ni)'를 직역하면, '바로 그런 것은' 정도 된다.
1255. 용수의 논파법 가운데 하나인 시간에 따른 것이다. 이를 통해 유추해볼 때, 『청목소』의 대소승의 구분은 재고해볼 필요가 있다.
1256. 일반적으로 가정법을 뜻하는 '나(na)'가 쓰였으나, 여기서는 '비록 ~할지라도'를 뜻하는 'even though'로 보고 옮겼다.
1257. 다른 역본들에는 2행처럼 '취하는 것'으로 되어 있으나 MK(T.K.)에는 '취하는 자'를 뜻하는 'appropriator'로 되어 있다.
1258. '배제된, 제외한'을 뜻하는 '마똑빠(ma gtogs pa)'에 '라둔(la 'dun)'의 'r'이 사용되어 있으나 4행의 '그대의 바로 그 나에는'을 수식하는 것으로 보고 윤문하여 옮겼다.
1259. 바로 앞의 게송에 나오는 전생의 '나'와 금생의 '나'와 같을 수 없다는 점에 대한 설명이다.

> 그대의 바로 그 나[自我]는 존재하지 않는 것이다.[1261]

[426. (27-6)]

ཉེ་བར་ལེན་ཉིད་བདག་མ་ཡིན།།	nye bar len nyid bdag ma yin//
དེ་འབྱུང་བ་དང་འཇིག་པ་ཡིན།།	de 'byung ba dang 'jig pa yin//
ཉེ་བར་བླང་བ་ཅི་ལྟ་བུར།།	nye bar blang ba ci lta bur//
ཉེ་བར་ལེན་པོ་ཡིན་པར་འགྱུར།།	nye bar len po yin par 'gyur//

> 취하는 것[取=五取蘊] 자체는 나[自我]가 아니다.
> 그것[取]은 생겨나고[生] 사라지는[滅] 것이다.[1262]
> (바로 그와 같은데) 취하는 것[取][1263]이 어떻게
> (항상하는) 취하는 자[取者=自我]이겠는가?[1264]

1260. '~하는 것일 때'는 '제뻬 체(byas pa'i tshe)'를 직역한 것이다. '제뻬(byas pa)'에는 '~하는 것'이라는 인용의 뜻이 있다.
1261. 『쁘라산나빠다』에서는 그 이유에 대해서 다음 게송에서 설명한다고 되어 있다(p. 1295).
1262. 바로 앞의 게송에 대한 설명으로 윤문하여 옮기면 '왜냐하면 그것[取]은 생겨나고[生] 사라지는[滅] 것이기 때문이다.'로 볼 수 있으나 여기서는 다른 역본들과 통일하기 위하여 축약된 형태 그대로 옮겼다.
1263. 티벳어 원문에는 '취하는 자'를 뜻하는 '네왈 렌(nye bar len)' 대신에 '네왈 랑와(nye bar blang ba)'가 사용되었으나, 모두 '취하는 자'를 뜻한다.
1264. 생멸(生滅)하는 취(取)와 항상하는 자아(自我)에 대한 정의가 모순된다는 것을 지적하고 있다. 『쁘라산나빠다』에는 상견(常見)과 단견(斷見)의 양견(兩見)에 대한 논파가 실려 있다.

> '이 경우에, 오취온이라고 불리는 취(取)는 찰나마다 발생하고 소멸한다. 그러나 자아(ātman)는 이와 같이 찰나마다 발생하고 소멸하지 않는다. 자아에 대하여 '온(蘊)들과 동일하다', '상이하다' 등과 같은 말을 할 수 없고, 또한 '상주하다', '무상하다'라는 말도 할 수 없다. 왜냐하면 (자아는) 다수라는 오류가 따라붙기 때문이다. 만일 자아가 상주한다고 한다면 상주론이라는 (오류가 따라붙고), 무상하다고 한다면 단멸론이라는 오류가 따라붙을 것이다. 상주론과 단멸론으로 불리는 양론(兩論)은 엄청난 불이익을 초래한다. 그러므로 인정되어서는 안 된다. 그러므로 '취(取)는 자아이다'라는 것은 결코 타당하지 않다(p. 1296).'

[427. (27-7)]

བདག་ནི་ཉེ་བར་ལེན་པ་ལས།།	bdag ni nye bar len pa las//
གཞན་དུ་འཐད་པ་ཉིད་མ་ཡིན།།	gzhan du 'thad pa nyid ma yin//
གལ་ཏེ་གཞན་ན་ལེན་མེད་པར།།	gal te gzhan na len med par//
གཟུང་ཡོད་རིགས་ན་གཟུང་དུ་མེད།།	gzung yod rigs na gzung du med//

> 바로 그 내[自我]라는 것과 취하는 것[取]이
> 다른 것이라는 것(도) 옳은 것 자체가 아니다.
> 만약 다른 것이라면 취하는 것[取]이 아닌
> (다른) 포착[1265]이 존재하는 것이 합리적이겠으나[1266] (그런) 포착은 존재하지 않는다.[1267]

[428. (27-8)]

དེ་ལྟར་ལེན་ལས་གཞན་མ་ཡིན།།	de ltar len las gzhan ma yin//
དེ་ནི་ཉེར་ལེན་ཉིད་ཀྱང་མིན།།	de ni nyer len nyid kyang min//
བདག་ནི་ཉེ་བར་ལེན་མེད་མིན།།	bdag ni nye bar len med min//
མེད་པའི་ཉིད་དུའང་དེ་མ་ངེས།།	med pa'i nyid du'ng de ma des//

> 그와 같이 (내[自我]라는 것이) 취하는 것[取]과[1268] 다른 것이 아니다.
> (그리고) (내[自我]라는) 그 자체가 취하는 것[取] 자체와 (같은 것)도[1269] 아니다.
> 바로 그 내[自我=五取蘊者]는 취하는 것[取]이 존재하지 않는 것도 아니다 [~(~A)].

1265. '포착'으로 옮긴 '중외(gzung ba)'에 대해서는 [261. (20-3)]번 게송 각주 참조.『쁘라산나빠다』에서는 '인식'으로 옮기고 있다.
1266. 가정법을 뜻하는 '나(na)'가 쓰였다.
1267. '취하는 것[取]'과 '내[自我]'가 다른 경우에 대한 논파다.
1268. 탈격[Abl.] '레(las)'가 쓰였다. 여기서는 비교격[Comp.]을 뜻한다.

| (그리고) (내[自我]가) 존재하지 않는 것 자체, 그것 또한[1270] 아니다.[1271] |

[429. (27-9)]

འདས་པའི་དུས་ན་མ་བྱུང་ཞེས།།　　'das pa'i dus na ma byung zhes//
བྱ་བ་དེ་ཡང་མི་འཐད་དོ།།　　　bya ba de yang mi 'thad do//
སྔོན་ཚེ་རྣམས་སུ་གང་བྱུང་བ།།　sngon tshe rnams su gang byung ba//
དེ་ལས་འདི་གཞན་མིན་ནོ།།　　　de las 'di gzhan min no//

....

1269. '~도, 또한'을 뜻하는 '깡(kyang)'이 쓰였다.
1270. '도 또한'을 뜻하는 '두앙(du/ng)'이 쓰였다.
1271. 4행의 말미에 '데마데(de ma des)'가 쓰여 있는 매우 희귀한 용례다. 이것을 '그것이 아니다'를 뜻하는 '데마(de ma)'와 다음 게송과 이어지는 '데(des)'가 같이 쓰여 반복의 운율을 맞추고 있는데 굳이 직역하자면 '그러므로, 또한' 정도를 첨언할 수 있다. 다음 게송을 살펴보면, 여기까지는 현재의 내[自我]를 논파하고 있는데 다음 게송과 직접적인 연관이 눈에 띄지 않아 생략하였다. 아마도 티벳 역경사는 『쁘라산나빠다』의 주석에 따라서 옮기면서 이와 같이 옮긴 듯하다. 『쁘라산나빠다』에서는 '… 우선, 이와 같이 "나는 과거에 존재하였다"라는 분별이 타당하지 않음이 (논증되었다). 이제, "나는 과거에 존재하지 않았다"라는 (분별이) 왜 타당하지 않은지에 대하여 (나가르주나 논사는) 다음과 같이 말한다.'라고 두 게송 사이를 이어주고 있다(p. 1301).

　　이 게송에 대해서 『청목소』에서 김성철은 다음과 같은 각주를 달아두고 있다.

　　　'마지막 부분인 "nāpi nāstyeṣa niścayaḥ"를 티베트 역이나 무외소, 반야등론, 대승중관 석론 및 월칭소에서는 "존재하지 않는다는 이것도 결정설이 아니다."라고 반대로 해석한다. 여기서는 구마라집의 번역에 맞추어 위와 같이 번역하였다(p. 466).'

　　『쁘라산나빠다』에서는 다음과 같은 주석을 달아두고 있다.

　　　'묻는다. 만일 취(取)와 취자(取者)의 동일성의 오류가 따라붙기 때문에 또한 발생과 소멸의 오류가 따라붙기 때문에 취(取)를 본성으로 소유하는 자아가 존재하지 않는다면, 그리고 (자아가) 취(取)에 의존하지 않고 구별됨으로써 인식된다는 오류가 따라붙기 때문에 (자아는) 취(取) 없는 자도 아니라고 한다면, 그러한 경우에 "자아는 존재하지 않는다."라고 해야 할 것이다(p. 1300).'

　　여기서는 1, 2행은 자아(自我)가 취(取)와 비취(非取)가 아니라는 것에 대한 논파를, 3, 4행은 자아(自我), 즉 오온취자(五取蘊者) 자체가 성립불가능하다는 점을 강조하고 있는 것으로 보고 옮겼다.
1272. '과거에 (나는) 존재하지 않았다'라는 언급은 「제27품. 그릇된 견해(邪見)에 대한 고찰」,

> '과거에 (나는) 존재하지 않았다'라는
> 바로 그런 언급도 또한 옳지 않다.
> 이전의 시간들에 어떤 존재했던 것,
> 그로부터 (지금) 이 (시간에 존재하는 나는) 다르지 않기 때문이다.[1272]

[430. (27-10)]

གལ་ཏེ་འདི་ནི་གཞན་འགྱུར་ན།། gal te 'di ni gzhan 'gyur na//
དེ་མེད་པར་ཡང་འབྱུང་བར་འགྱུར།། de med par yang 'byung bar 'gyur//
དེ་བཞིན་དེ་ནི་གནས་འགྱུར་ཞིང་།། de bzhin de ni gnas 'gyur zhing//
དེར་མ་ཤི་བར་སྐྱེ་པར་འགྱུར།། der ma shi bar skye par 'gyur//

> 만약 바로 이 (생의 내)가 (이전 생의 나와) 다르다면
> 그 (이전 생의 내가) 존재하지 않아도 (이 생의 내가) 존재하게 된다.
> (만약) 그와 같다면,[1273] 바로 그 (이전 생은 나는 영원히) 머물게 되고
> 거기에서 죽지 않고 (이 생에는) 태어나게 된다.[1274]

[431. (27-11)]

ཆད་དང་ལས་རྣམས་ཆུད་ཟ་དང་།། chad dang las rnams chud za dang//
གཞན་གྱིས་བྱས་པའི་ལས་རྣམས་ནི།། gzhan gyis byas pa'i las rnams ni//

....

[423. (27-3)]번 게송과 대구를 이루고 있다.

> '과거에 (나는) 존재했었다'라는
> 바로 그런 언급은 옳지 않다.
> 이전의 시간들에 어떤 존재했던 것,
> 바로 그 자체가 바로 (지금) 이 (시간에 존재하는 나는) 아니다.

1273. '(만약) 그와 같다면'이라고 옮긴 '데쉰(de bzhin)'은 일반적으로 '그와 같이'를 뜻하는데 여기서는 의미를 명확하게 하기 위하여 윤문하여 옮겼다.
1274. 이 게송은 기본적으로 불교의 근본 사상 가운데 하나인 윤회를 전제로 두고 있는데 굳이 윤회를 받아들이지 않더라도, 시간적으로 '과거의 나[自我]'를 부정할 경우 '현재의 나[自我]'는 성립하지 않는다고 보아도 무방하다.

གཞན་གྱིས་སོ་སོར་མྱོང་བ་དང་།། gzhan gyis so sor myong ba dang//
དེ་ལ་སོགས་པར་ཐལ་བར་འགྱུར།། de la sogs par thal bar 'gyur//

> (또한) 1) 단멸(斷滅)과 2) (자기가 지은) 업(業)들이 쓸모없어지는 것과
> 3) 다른 자가 지은 바로 그 업(業)들을
> (그가 아닌) 다른 자가 각각 겪어야 되는 것과[1275] (같은)
> 그런 것 등의 과실(過失)이 (발생하게) 된다.[1276]

[432. (27-12)]

མ་བྱུང་པ་ལས་འབྱུང་མིན་ཏེ།། ma byung pa las 'byung min te//
འདི་ལ་སྐྱོན་དུ་ཐལ་བར་འགྱུར།། 'di la skyon du thal bar 'gyur//
བདག་ནི་བྱས་པར་འགྱུར་བ་དང་།། bdag ni byas par 'gyur ba dang//
འབྱུང་པའམ་རྒྱུ་མེད་ཅན་དུ་འགྱུར།། 'byung pa'am rgyu med can du 'gyur//

> (이전에) 존재하지 않았던 것으로부터[1277] 발생하는 것이[1278] 아니다. 왜냐하면[1279]
> 이것에는 오류가 (되는) 과실(過失)이 (발생하기) 때문이다.
> 바로 그 내[自我]라는 것이 1) (이전과 상관없이 발생하게) 되거나[1280]
> 2) (새로) 발생하거나 3) 원인 없이[無原因] (발생하는 것이) 된다.[1281]

1275. '~와, ~과, 그리고 등'을 뜻하는 '당(dang)'이 쓰였다.
1276. '텔왈귤(thal bar 'gyur)'의 자세한 내용은 「제2품. 가고 오는 것[去來]에 대한 고찰」, [20. (2-4)]번 게송 각주 참조.
  자기가 지은 것은 자기가 받는다는 '업의 상속', 즉 업의 이론을 부정할 경우에는, 1) 단멸론, 즉 단견에 빠지고, 2) 선업을 지을 필요가 없어지고, 3) 다른 사람이 짓는 업을 자기가 받아야 되는 경우가 발생하게 된다는 뜻이다.
1277. 탈격[Abl.] '레(las)'가 쓰였다. 여기서는 원인, 이유로 보고 옮겼다.
1278. 앞에서 '존재했던 것'으로 옮긴 '중와(byung pa)'에는 '발생'이라는 뜻이 강한데, 여기서는 이에 따라 옮겼다. 이에 대해서는 [421. (27-1)]번 게송 각주 참조.
1279. 1행의 말미에 쓰인 '학째(lhag bcas)'인 '떼(te)'를 앞 문장의 원인, 이유에 대해서 설명하는

[433. (27-13)]

དེ་ལྟར་བདག་བྱུང་བདག་མ་བྱུང་།།   de ltar bdag byung bdag ma byung//
གཉི་ཀ་གཉིས་ཀ་མ་ཡིན་པར།།   gnyi ka gnyis ka ma yin par//
འདས་ལ་ལྟ་བ་གང་ཡིན་པ།།   'das la lta ba gang yin pa//
དེ་ནི་འཐད་པ་མ་ཡིན་ནོ།།   de ni 'thad pa ma yin no//

> 그와 같이 '나는 과거에 존재했었다. 존재하지 않았다.
> (존재했거나 존재하지 않았다는) 이 둘도, (존재하지 않았거나 존재했다는) 이 둘이 아니다'는 것[1282] (등)
> 과거에 대한 견해[見]는 무엇이 되었든
> 바로 그것은 옳지 않다.[1283]

[434. (27-14)]

མ་འོངས་དུས་གཞན་འབྱུང་འགྱུར་དང་།།   ma 'ongs dus gzhan 'byung 'gyur dang//
འབྱུང་བར་མི་འགྱུར་ཞེས་བྱ་བར།།   'byung bar mi 'gyur zhes bya bar//
ལྟ་བ་གང་ཡིན་དེ་དག་ནི།།   lta ba gang yin de dag ni//

것으로 보고 옮겼다.

1280. 일반적으로 순접을 뜻하는 '당(dang)'이 쓰였으나, 여기서는 '또는, or'로 보고 옮겼다.
1281. 이 게송의 3, 4행을 『청목소』에서 김성철은 '자아가 (새롭게) 만들어진 것으로 되든가 혹은 원인 없이 발생하는 것으로 되리라.'로 옮기고 있으며(p. 474), 『쁘라산나빠다』에서는 '자아는 (타자에 의하여) 만들어진 자 또는/ 무원인의 (존재일) 것이다.'로 옮기고 있다(p. 1307). 이와 달리 MK(T.K.)에서는 'The self would be produced,/ Would arise anew, or be without a cause.'로 옮기고 있다(p. 551).
    산스끄리뜨어에서는 두 가지로 설명되어 있음에 비하여 티벳역의 경우는 1) '이전의 나와 상관이 없는 지금의 나', 2) '어떤 원인에 의해서 발생하는 지금의 나', 3) '원인 없이 발생하는 지금의 나'로 좀 더 세부적으로 나누고 있는 셈이다. 문법 구조를 살펴보면 이 개념들은 명확하게 나눠져 있지만, 쫑카빠의 주석을 보면 '전생에서 이어지는 지금의 나'와 '무원인에 의한 지금의 나'로 나누어 설명하고 있다.
    『쁘라산나빠다』의 '낱말 풀이'에서는 이 '무원인설'에 대해서 '우파니샤드의 아트만-브라만과 상키야 학파의 푸루샤는 무원인의 존재'라고 설명하고 있다(p. 1307).
1282. '라둔(la 'dun)'의 'r'을 인용으로 보고 옮겼다.
1283. 앞에서 설명한 과거의 존재했던 '나[自我]'를 사구로 풀어서 설명하고 그것을 부정하는 결론에 해당하는 게송이다.

འདས་པའི་དུས་དང་མཚུངས་པ་ཡིན།།   'das pa'i dus dang mtshungs pa yin//

'미래에 (나는) 존재하겠는가?'와

'존재하지 않겠는가?'라는 것,[1284]

(이와 같은) 견해[見]는 그 무엇이 되었든, 바로 그것들은

과거(에 대한 견해)와 같다.[1285]

[435. (27-15)]

གལ་ཏེ་ལྷ་དེ་མི་དེ་ན།།   gal te lha de mi de na//
དེ་ལྟ་ན་ནི་རྟག་པར་འགྱུར།།   de lta na ni rtag par 'gyur//
ལྷ་ནི་མ་སྐྱེས་ཉིད་འགྱུར་ཏེ།།   lha ni ma skyes nyid 'gyur te//
རྟག་ལ་སྐྱེ་བ་མེད་ཕྱིར་རོ།།   rtag la skye ba med phyir ro//

만약 저 천신(天神)이 저 인간이라면

바로 그렇다면, (그들은) 항상하게 될 것이다.

(그러므로) 바로 그 천신(天神)은 태어나지 않는 자 자체로 될 것이다.

왜냐하면[1286]

항상하는 것은 생기는 것[發生]이 아니기 때문이다.[1287]

....

1284. 인용을 뜻하는 '셰자왈(zhes bya bar)'이 쓰였다.
1285. 사구가 축약되어 있으나, 기본적으로 과거에 대한 견해와 같다는 뜻이다.
    『쁘라산나빠다』에는 다음 게송 앞에 '이제, 과거의 끝에 의존하여 발생한 상주론 등의 네 가지 견해들을 부정하기 위하여 (나가르주나 논사는) 다음과 같이 말한다.'라는 주석을 붙여 두고 있다(p. 1312).
    이것을 통해 볼 때, 다음 게송은 상주론에 대한 논파의 예다.
1286. 3행의 말미에 쓰인 '학쩨(lhag bcas)'인 '떼(te)'는 이유, 원인을 설명하는 것이다. 직역하면 '천신과 비교하여' 정도 된다.
1287. 이 게송은 상주론, 즉 고정불변한 존재라 항상하는 것에 대한 논파다. 다음 게송은 이와 반대인 무상론에 대한 논파다.

[436. (27-16)]

གལ་ཏེ་ལྷ་ལས་མི་གཞན་ན།།	gal te lha las mi gzhan na//
དེ་ལྟ་ན་ནི་མི་རྟག་འགྱུར།།	de lta na ni mi rtag 'gyur//
གལ་ཏེ་ལྷ་མི་གཞན་ཡིན་ན།།	gal te lha mi gzhan yin na//
རྒྱུད་ནི་འཐད་པར་མི་འགྱུར་རོ།།	rgyud ni 'thad par mi 'gyur ro//

> 만약 천신과[1288] 사람이 다르다면
> 바로 그렇다면, (그들은) 무상(無常)하게 될 것이다.
> (그리고) 만약 천신과 사람이 다른 것이라면
> 바로 그 상속(相續)은[1289] 옳지 않게 된다.[1290]

[437. (27-17)]

གལ་ཏེ་ཕྱོགས་གཅིག་ལྷ་ཡིན་ལ།།	gal te phyogs gcig lha yin la//
ཕྱོགས་གཅིག་མི་ནི་ཡིན་གྱུར་ན།།	phyogs gcig mi ni yin gyur na//
རྟག་དང་མི་རྟག་འགྱུར་བ་ཡིན།།	rtag dang mi rtag 'gyur ba yin//
དེ་ཡང་རིགས་པ་མ་ཡིན་ནོ།།	de yang rigs pa ma yin no//

> 만약 일부가 천신이고
> 일부가 인간이라면[1291]
> (그에게) 항상한 것과 무상한 것이 (함께 있는 꼴이) 된다.[1292]
> (그러므로) 그것 또한 옳지 않다.[1293]

1288. 탈격[Abl.] '레(las)'가 쓰였다. 여기서는 비교격[Comp.]을 나타낸다.
1289. 인과의 그침 없는 작용을 나타내는 '상속(相續)'을 뜻하는 '규(rgyud)'가 쓰였다. [BD] 상속(相續): 인(因)은 과(果)를 내고, 과는 또 인이 되어 다른 과(果)를 내어 이렇게 인과가 차례로 계속하여 끊어지지 않는 것.
1290. 상주론의 반대가인 무상론, 즉 단견에 대한 논파다. 다음 게송은 사구부정의 세 번째에 해당하는 상주하기도 하고 무상한 것[Both A and ~A]에 대한 논파다.
1291. 1행의 말미에 '라둔(la 'dun)'의 '라(la)'가 쓰여 있는데 이것을 2행과 이어져 있는 것으로

[438. (27-18)]

གལ་ཏེ་རྟག་དང་མི་རྟག་པ།། gal te rtag dang mi rtag pa//
གཉི་ག་འགྲུབ་པར་འགྱུར་ན་ནི།། gnyi ga 'grub par 'gyur na ni//
རྟག་པ་མ་ཡིན་མི་རྟག་མིན།། rtag pa ma yin mi rtag min//
འགྲུབ་པར་འགྱུར་བར་འདོད་ལ་རག།། 'grub par 'gyur bar 'dod la rag//

> 만약 (그에게) 항상한 것과 무상한 것이 (함께 있는 것),
> (이) 둘이 성립한다면
> (그에게) 항상한 것도 아니고 무상한 것도 아닌, (즉 이 둘이 아닌 것이)
> 성립하는 것도 받아들여야[取] 된다.[1294]

보고 옮겼다. '라'를 처격[Loc.]의 용례로 보고 직역하면, '일부가 천신인 것에' 정도된다.

1292. 『쁘라산나빠다』는 '항상한 자'와 '무상한 자'로 보고, 상무상자(常無常者)라는 한 단어로 쓰고 있으며(p. 1316), 『청목소』는 '非常住와 常住가 (동시에) 존재하는 꼴'로 옮기고 있다(p. 478). 그리고 MK(T.K.)에서는 'He'를 별도로 첨언하여 설명하고 있다(p. 554).
1293. 사구부정의 세 번째인 항상하는 것과 무상한 것이 같이 있는 것에 대한 논파다.
1294. '받아들여야[取] 된다'로 옮긴 '되라락('dod la rag)'에 대해서는 [84. (7-7)]번 게송 각주 참조.

사구부정의 네 번째에 해당하는 항상한 것도 아니고 무상한 것 아닌 경우, 즉 [Neither A nor ~A]에 대한 논파다. 앞의 「제25품. 열반(涅槃)에 대한 고찰」에서 자세히 살펴보았듯, 이와 같은 사구는 결코 성립하지 않는다.

『청목소』에서는 '또 (상주하여) 生死가 시작이 없다면(역자 강조) 이 역시 옳지 못하다.'라며 다음 게송 앞에 주석을 달아두고 있으며(p. 479), 『쁘라산나빠다』에서는 다음과 같이 설명하고 있다.

> '묻는다. 무시(無始) 이래 출생과 죽음이 연속적으로 작용하고(필자 강조), 단절되지 않고 진행하는 윤회의 속박을 인식한 후에, 상주하는 자아(ātman)를 우리들은 분별한다. 실로, 이와 같이 무시(無始)의 윤회 속에 떠돌고 있으며 지금도 인식되는 어떤 상주하는 사물은 존재한다.(필자 강조)
> 답한다. 그것도 타당하지 않다. 무엇 때문인가? 다음과 같기 때문이다(p. 1318).'

이상의 주석으로 미루어볼 때 다음의 게송은 다시 상주론에 대한 논파가 확실하며 이에 대한 이유를 생사윤회에서 찾고 있다.

[439. (27-19)]

གལ་ཏེ་གང་ཞིག་གང་ནས་གར།། gal te gang zhig gang nas gar//
འོངས་ཤིང་གང་དུའང་འགྲོ་འགྱུར་ན།། 'ongs shing gang du'ng 'gro 'gyur na//
དེ་ཕྱིར་འཁོར་བ་ཐོག་མེད་པར།། de phyir 'khor ba thog med par//
འགྱུར་ན་དེ་ནི་ཡོད་མ་ཡིན།། 'gyur na de ni yod ma yin//

> 만약 누군가 어디 어디에서[1295]
> 와서 어디론가 간다면,
> 그 때문에 윤회는 시작이 없는 것[無始]이
> 되겠으나[1296] 바로 그런 경우는 존재하지 않는다.[1297]

1295. '어디에서'라고 옮긴 '강네갈(gang nas gar)'을 해자해보면 '어떻게든 어디에서' 또는 '어디에서'라도 옮길 수 있는데 모든 역본들은 후자에 따라 옮기고 있다. 산스끄리뜨어 '꾸다스찌드(kudaścid)'의 'kudaś(=kudaḥ)+cid(=cit)'의 구조를 직역하면서 티벳어로 옮긴 결과다.
1296. 가정법을 받는 '나(na)'가 쓰였으나 여기서는 역접으로 보고 옮겼다.
1297. 이 게송은 무시이래의 윤회를 정면으로 부정하는 게송인데, 『청목소』와 『쁘라산나빠다』의 해석에서는 차이가 있다.
　　『청목소』 주석은 다음과 같다.

'어떤 존재가 만일 어디로부터 오는 바가 확실히 있고 그 어디로 가는 바가 있는 것이라면 生死는 응당 시작이 없는 것이어야 하리라. 그러나 그 존재를 지혜로써 추구해 보면 어디로부터 오는 것이나 어디로 가는 것이 있을 수 없다. 그러므로 生死가 시작이 없다는 말은 옳지 못하다. 다시 설명해 보자(p. 480).'

『쁘라산나빠다』의 주석은 다음과 같다.

'만일 행(行)들 또는 자아(ātman)가 어떤 취(趣)를 떠나서 어떤 다른 취로 온다면, 또한 그 취로부터 다시 또 다른 취로 간다면, 그러한 경우에 윤회는 시작이 없을 것이다. 그러나 어떤 자가 어떤 곳에서 온다는 것은 불가능하다. 왜냐하면 상주자(常住者) 또는 무상자(無常者)가 온다는 것은 타당하지 않기 때문이다. 그리고 어떤 자가 다시 이곳에서 어떤 곳으로 간다는 것은 불가능하다. 왜냐하면 어떤 상주자 또는 무상자가 간다는 것은 타당하지 않기 때문이다. 이와 같이 불가능할 때, 생사(生死)의 연속이 아주 길다는 것 등에 의하여 (윤회가) 인식되지 않는데, 어떻게 윤회에 시작이 없는가? 윤회하는 자가 존재하지 않는데 어떻게 윤회에 '시작이 없다' 또는 '시작이 있다'라는 것이 가능한가?(필자 강조) (그것이) 가능하지 않을 때, "실로, 이와 같이 무시(無始)의

[440. (27-20)]

གལ་ཏེ་རྟག་པ་འགའ་མེད་ན།།	gal te rtag pa 'ga' med na//
མི་རྟག་གང་ཞིག་ཡིན་པར་འགྱུར།།	mi rtag gang zhig yin par 'gyur//
རྟག་པ་དང་ནི་མི་རྟག་དང་།།	rtag pa dang ni mi rtag dang//
དེ་གཉིས་བསལ་བར་གྱུར་པའོ།།	de gnyis bsal bar gyur pa'o//

> 만약 어떤 항상하는 자가 존재하지 않는다면
> 1) 어떤 무상자가 존재하는 것,[1298]
> 2) 항상하면서 무상한 자와
> 3) 이 둘이 사라진 것[1299]이 (어떻게 존재하겠는가?)[1300]

[441. (27-21)]

གལ་ཏེ་འཇིག་རྟེན་མཐའ་ཡོད་ན།།　　gal te 'jig rten mtha' yod na//

....

윤회 속에 떠돌고 있으며 지금도 인식되는 어떤 상주하는 사물은 존재한다."라고 말하는 것은 타당하지 않다(p. 1320).'

간략하게 정리하자면, '상주자/무상자'라는 대립적인 개념이 각각 성립하지 않으므로, 윤회의 시작이 있다/없다는 논의 자체가 성립하지 않는다는 것을 보여주고 있다. MK(T.K.)에서는 「제16품. 속박과 해탈에 대한 고찰」의 예를 들어, 이 윤회의 문제에 대한 것을 이미 설명하였다고 언급하고 있다(p. 555).

1298. '존재하는 것'으로 옮긴 '인발귤(yin par 'gyur)'을 직역하면 '~인 것으로 되는 것' 정도 된다.
1299. 사구의 네 번째를 여기서는 이렇게 썼다.
1300. 바로 앞 게송과 이어져 무시이래의 윤회에 대한 '항상 존재하는 자', 즉 상주자에 대한 논파에 해당한다. 『쁘라산나빠다』에서는 이 게송을 '과거의 끝'에 대한, 그리고 다음 게송을 '미래의 끝'에 대한 논파로 보고 있다.
'이와 같이 상주하는 사물이 결코 존재하지 않을 때, 어떤 (상주자를) 부정함으로써 무상자(無常者)가 존재할 수 있는가? 상무상자(常無常者)라는 양자가 인식되지 않는데 어떻게 양자(兩者)가 존재하며, 어떻게 비양자(非兩者)가 존재하겠는가? 그러므로 이와 같이 과거의 끝에 (의존하여 발생한) 네 가지 견해(필자 강조), 즉 윤회에 있어서 상주자 등이 (존재한다는 네 가지 견해는) 존재하지 않는다.
이제 미래의 끝에 (의존하여 발생한) 유변무변(有邊無邊) 등이 (존재한다는) 네 가지 견해가 왜 존재하지 않는지에 대하여 (나가르주나 논사는) 다음과 같이 말한다(pp. 1321-1322).'

འཇིག་རྟེན་ཕ་རོལ་ཅི་ལྟར་འགྱུར།།   'jig rten pha rol ci ltar 'gyur//

གལ་ཏེ་འཇིག་རྟེན་མཐའ་མེད་ན།།   gal te 'jig rten mtha' med na//

འཇིག་རྟེན་ཕ་རོལ་ཅི་ལྟར་འགྱུར།།   'jig rten pha rol ci ltar 'gyur//

> 만약 세간의 끝이 존재한다면[有邊]
> 다음 세간[後世]이 어떻게 존재할 수 있겠는가?
> 만약 세간의 끝이 존재하지 않는다면[無邊]
> 다음 세간[後世]이 어떻게 존재할 수 있겠는가?[1301]

1301. 미래의 유변(有邊)과 무변(無邊)이라는 양변(兩邊)에 대한 논파로, 『청목소』에서 김성철은 '만일 세간이 (시간적으로) 끝이 있다면 후세(來生)가 있을 수 없다.'는 이 문제에 대해서 각주를 달아두고 있다.

    '용수는 여기서 有邊, 無邊의 문제를 시간적 한계의 문제로 보지만 보통 니까야의 十二記說이나 아함경 등의 十四無記說에서는 有邊, 無邊의 문제를 공간적인 한계로 해석한다(p. 482).

    『쁘라산나빠다』에서는 다음과 같은 주석을 달아두고 있다.

    '만일 (세계가) 유변(有邊)이며 소멸한 이후에는 과거세가 존재하지 않는다면, 미래세는 존재하지 않을 것이다. 그러나 미래세는 존재한다. 그러므로 '세계는 유변(有邊)이다'라는 것은 타당하지 않다. 또한 만일 세계가 무변(無邊)이라면, 또한 "어떻게 내세(來世)가 있을 수 있겠는가?" 내세는 결코 존재할 수 없다는 의미이다. 그러나 내세는 존재하지 않는 것이 아니다. 그러므로 내세는 실재하기 때문에 세계가 무변(無邊)인 것은 아니다(p. 1323).'

    그침 없는 연기, 바로 이것을 바탕으로 간략하게 정리하자면, 세간의 끝이 존재할 경우에는 시간의 축을 인위적으로 나누는 것에 해당한다. 즉, 게송의 1, 2행에서 언급한 '만약 세간의 끝이 존재한다면[有邊]/ 다음 세간[後世]이 어떻게 존재할 수 있겠는가?'라는 대목은 이 세간이 끝날 경우, 그것은 그냥 끝이지, 시간의 축으로 보아 다음 세간이라고 부를 수도 없는 것에 해당한다.

    그리고 게송의 3, 4행에서 언급한 '만약 세간의 끝이 존재하지 않는다면[無邊]/ 다음 세간[後世]이 어떻게 존재할 수 있겠는가?'라는 대목은 이 세간도 끝나지 않았는데 어떻게 다음 세간을 논할 수 있는가에 해당한다. 즉 이 세간의 끝이 존재하지 않을 경우, 그것을 다음 세간이라고 부를 수 없다.

    이에 대한 이유는 다음 게송에 등장한다.

[442. (27-22)]

གང་ཕྱིར་ཕུང་པོ་རྣམས་ཀྱི་རྒྱུན།། gang phyir phung po rnams kyi rgyun//
འདི་ནི་མར་མེའི་འོད་དང་མཚུངས།། 'di ni mar me'i 'od dang mtshungs//
དེ་ཕྱིར་མཐའ་ཡོད་ཉིད་དང་ནི།། de phyir mtha' yod nyid dang ni//
མཐའ་མེད་ཉིད་ཀྱང་མི་རིགས་སོ།། mtha' med nyid kyang mi rigs so//

> 왜냐하면[1302] (오)온들의 상속(相續)
> 바로 이것은 등불의 불꽃과 같기 때문이다.
> 그러므로 (세간의) 끝이 존재한다는 것이니[1303]
> (세간의) 끝이 존재하지 않는다는 것도 또한 불합리한 것이다.[1304]

[443. (27-23)]

གལ་ཏེ་སྔ་མ་འཇིག་འགྱུར་ཞིང་།། gal te snga ma 'jig 'gyur zhing//

1302. (215. (17-8)]번 게송에서처럼 '왜냐하면 ~, 그러므로 ~'의 뜻을 지닌 '강칠 ~, 데칠 ~(gang phyir ~, de phyir ~)'이 1, 3행의 어두에 사용되어 있다. 산스끄리뜨어 '야스마뜨 ~, 따스마뜨 ~(yasmāt ~ tasmāt ~)'의 용법에 해당한다.

1303. '타외 니당니(mtha' yod nyid dang ni)'를 직역하면 '한계, 그 자체와', '한계성과', 또는 '유변성과' 등으로도 옮길 수 있다.

1304. 이 게송에 대해서 『청목소』에서는 '찰나생 찰나멸(刹那生 刹那滅)'의 관계로 설명하고 있다.

> '(前찰나의) 五陰에서 다시 (後찰나의) 오음이 생긴다. 이 오음이란 것은 차례대로 相續한다. 예를 들어 여러 가지 인연이 모여 등불이 존재하는 경우 여러 가지 인연이 消盡되지 않으면 등불은 사라지지 않는 것과 마찬가지다. 만일 (인연들이) 소진된다면 사라진다. 그러므로 세간이 한계가 있다거나 한계가 없다고 말할 수 없다(p. 483).'
> 『쁘라산나빠다』에서는 다음과 같은 주석을 달아두고 있다.

> '온(蘊)들의 상속은 등불처럼 전후 및 인과관계가 단절되지 않고 순차적으로 연속하여 작용하고 찰나마다 소멸하며 작용한다. 따라서 인과 작용이 경험적으로 관찰되기 때문에 유변(有邊)도 무변(無邊)도 타당하지 않다(p. 1324).'

『쁘라산나빠다』의 몇 가지 예와 달리 『청목소』에서 '내놓고' '찰나생 찰나멸'을 강조하고 있는 것은 이 품을 소승 경량부의 입장에 따라 해석하는 것에서 비롯된 것으로 보인다. 달리 말해 두 주석자의 이 품에 대한 견해 차이가 드러나 있는 셈이다.

ཕྱིང་པོ་འདི་ལ་བརྟེན་བྱས་ནས།།   phying po 'di la brten byas nas//

ཕུང་པོ་དེ་ནི་མི་འབྱུང་ན།།   phung po de ni mi 'byung na//

དེས་ན་འཇིག་རྟེན་མཐའ་ཡོད་འགྱུར།།   des na 'jig rten mtha' yod 'gyur//

> 만약 이전의 (오온이) 사라지고[滅]
> 그[1305] (오)온(五蘊)에 의지하여[緣][1306]
> 바로 저 (이후의) (오)온이 발생하지 않는다면
> 그렇다면,[1307] 세간의 끝은 존재하게 되리라.[有邊][1308]

[444. (27-24)]

གལ་ཏེ་སྔ་མ་མི་འཇིག་ཅིང་།།   gal te snga ma mi 'jig cing//

ཕྱིང་པོ་འདི་ལ་བརྟེན་བྱས་ནས།།   phung po 'di la brten byas nas//

ཕུང་པོ་དེ་ནི་མི་འབྱུང་ན།།   phung po de ni mi 'byung na//

དེས་ན་འཇིག་རྟེན་མཐའ་མེད་འགྱུར།།   des na 'jig rten mtha' med 'gyur//

> 만약 이전의 (오온이) 사라지지 않고[滅]
> 그 (오)온(五蘊)에 의지하여[緣]
> 바로 저 (이후의) (오)온이 발생하지 않는다면

1305. 원문의 '디('di)'는 일반적으로 '이것(this)'을 뜻한다. 여기서는 의미를 명확하게 하기 위해서 '그(the)'로 옮겼다.
1306. 탈격[Abl.] '네(nas)'가 쓰였다. 여기서는 원인, 이유 등을 뜻한다.
1307. 3행의 말미에는 가정법을 뜻하는 '나(na)'가 쓰였고 이것을 4행의 어두에서 '데나(des na)'로 받고 있다. 티벳 논서에 종종 등장하는 용법이다.
1308. 사구의 1항 'A'에 해당한다. 『쁘라산나빠다』에서는 다음과 같은 주석을 달아두고 있는데 MK(T.K.)도 이와 같다(p. 557).
  '만일 이전의 인간의 온(蘊)들이 소멸하고 그것들에 연(緣)하여 천신의 취(趣)에 속하는 이후의 (온들이) 태어나지 않는다면, 세계는 유변(有邊)일 것이다. 예컨대, 기름과 심지가 소진된 등불이 꺼지는 것처럼. 그러나 이후의 몸이 발생하기 때문에 (세계의) 유변(有邊)은 존재하지 않는다(p. 1325).'
  굳이 윤회가 이전의 원인으로 인하여 이후의 결과가 발생하지 않는다면, 그것은 인과의 법칙을 파괴한다.

> 그렇다면 세간의 끝은 존재하지 않게 되리라.[無邊]¹³⁰⁹

[445. (27-25)]

	gal te phyogs gcig mtha' yod la//
	phyogs gcig mtha' ni med 'gyur na//
	'jig rten mtha' yod mtha' med 'gyur//
	de yang rigs pa ma yin no//

> 만약 일부는 끝이 존재하는데
> 일부는 끝이 존재하지 않는다면
> 세간의 끝은 존재하는 것[邊]과 존재하지 않을 것[無邊]이 (함께 있는 꼴이) 된다.
> (그러므로) 그것 또한 옳지 않다.¹³¹⁰

[446. (27-26)]

	ci lta bur na nyer len po'i//
	phyogs gcig rnam par 'jig 'gyur la//
	phyogs gcig rnam par 'jig mi 'gyur//
	de ltar de ni mi rigs so//

> 어떻게 취하는 자의
> 일부는 사라지고[滅]¹³¹¹

1309. 사구의 2항 '~A'에 해당한다. 바로 앞 게송의 유변(有邊)에 반대되는 경우에 해당한다. 이전의 오온이 사라지지 않을 경우, 그것은 끝없이 존재하게 된다.『청목소』에는 등불과 연료에 대한 비유가 나와 있지 않지만, 앞 게송처럼 이 비유를 사용할 경우, 등불은 끝없이 타게 된다.
1310. [437. (27-17)]번 게송과 같은 구조로 되어 있다. 사구의 3항인 'both A and ~A'의 경우다.
1311. '사라지다, 멸(滅)하다, 파괴되다'는 뜻을 지닌 '직빼('jig pa)' 앞에 강조를 뜻하는 '남빨

> 일부는 사라지지 않겠는가?
> 그와 같이 바로 그것은 불합리한 것이다.[1312]

[447. (27-27)]

| ji lta bur na nyer blang ba//
| phyogs gcig rnam par 'jig 'gyur la//
| phyogs gcig rnam par 'jig mi 'gyur//
| de ltar de yang mi rigs so//

> 어떻게 취하는 것의
> 일부는 사라지고[滅]
> 일부는 사라지지 않겠는가?
> 그와 같이 그것도 또한 불합리한 것이다.[1313]

[448. (27-28)]

| gal te mtha' yod mtha' med ba//
| gnyes ka 'grub par gyur na ni//
| mtha' yod ma yin mtha' me min//
| 'grub par 'gyur bar 'dod la reg//

(rnam par)'이 첨언되어 있다.
1312. 4행의 경우 「제8품. 선행 주체에 대한 고찰」, [132. (9-8)]번 게송에서는 '데니 데딸 미릭쇼(de ni de ltar mi rigs so)'로 되어 있으나 여기서는 '데딸 데니 미릭쇼(de ltar de ni mi rigs so)'로 되어 있다. 산스끄리뜨어 게송의 경우는 동일한데, 티벳역의 경우는 이와 같이 순서가 달리 되어 있다.
『쁘라산나빠다』에서는 취하는 자로 일부는 천신이고 일부는 인간인 경우에 대해 논파로 보고 있으며(pp. 1329-1330), 『청목소』에서는 오온의 일부는 파괴되고 일부는 파괴되지 않은 경우로 보고 있다(p. 487).
1313. 바로 앞의 게송은 '취하는 자'의 경우이고 여기서는 '취하는 것'의 경우다.

> 만약 유변무변(有邊無邊, Both A and ~A)
> 바로 이 둘이 성립한다면
> 비유변무변(非有邊無邊, Neither A nor ~A)(도)[1314]
> 성립해야 되지만 (그것은) 불합리한 것이다.[1315]

[449. (27-29)]

ཡང་དངོས་པོ་ཐམས་ཅད་དག།	yang dngos po thams cad dag//
སྟོང་ཕྱིར་རྟག་ལ་སོགས་ལྟ་བ།	stong phyir rtag la sogs lta ba//
གང་དག་གང་དུ་གང་ལ་ནི།	gang dag gang du gang la ni//
ཅི་ལས་ཀུན་ཏུ་འབྱུང་བར་འགྱུར།	ci las kun tu 'byung bar 'gyur//

> 달리 말해[1316] 모든 사태들이
> 공(空)한데 항상하다는 등의 견해[常見]가
> 1) 어떤 자들에 (의해서) 2) 어떤 것에 대해서[대상, 所緣] 4) 무엇으로
> 4) 어떻게 모두 발생하겠는가?[1317]

1314. 유변무변(有邊無邊)과 비유변무변(非有邊無邊)에 대해서는 『제25품. 열반(涅槃)에 대한 고찰』, [406. (25-22)]번 게송 참조.
1315. '불합리한 것이다'로 옮긴 '되라렉('dod la reg)'에 대해서는 『제10품. 불과 연료에 대한 고찰』, [143. (10-7)]번 게송 각주 참조.
   사구의 네 번째인 'Neither A nor ~A'를 논파하는 게송이다.
1316. 게송의 어두에 '~도, 또는'을 뜻하는 '양(yang)'이 사용된 매우 희귀한 경우로, 산스끄리뜨 어의 '그러면, 또는'을 뜻하는 '아따 바(atha vā)'를 직역한 것이다. 여기서는 MK(T.K.)의 'alternatively'를 참고하여 옮겼다.
1317. 총 4개의 의문대명사가 쓰였는데 『청목소』에서는 '1) 어디에, 2) 무엇에 대해, 3) 누구에게, 4) 어째서'로 옮기고 있으며(p. 488), 『쁘라산나빠다』에서는 '1) 어디에서, 2) 어떤 자에 의해서, 3) 어떤 것에 대하여, 상주자(常住者) 등에 대한 4) 어떤 견해'로 옮기고 있다(p. 1333). 또한 다음과 같은 주석을 달아두고 있다(번호는 필자 첨언).

   '모든 사물은 모든 존재들 속에 포함되기 때문에 공(空)하다. 공하기 때문에 모든 사물은 (자성을 소유한 존재로서) 인식되지 않는다. 그러므로 "1) 어디에서, 2) 어떤 자에 의해서, 3) 어떤 것에 대하여, 상주자 등에 대한 4) 어떤 견해들이 존재할 수

【회향문】

[450. (27-30)]

གང་གིས་ཐུགས་བརྩེ་ཉེར་བཟུང་ནས།། gang gis thugs brtse nyer bzung nas//
ལྟ་བ་ཐམས་ཅད་སྤང་པའི་ཕྱིར།། lta ba thams cad spang pa'i phyir//
དམ་པའི་ཆོས་ནི་སྟོན་མཛད་པ།། dam pa'i chos ni ston mdzad pa//
གོཽ་ཏ་མ་དེ་ལ་ཕྱག་འཚལ་ལོ།། ko ta ma de la phyag 'tshal lo//

> 그분은[1318] (크나큰) 자비심을[1319] 갖추셨기에[1320]
> 모든 견해[邪見][1321]를 제거하기 위하여
> 바로 그 정법(正法)을 가르쳐주신 분,
> 그 가우따마[부처님]에게 (저는) 경배하옵니다.[1322]

있는가?" 1) 어떤 (견해들이), 2) 어디에서, 3) 어떤 자에 의하여, 4) 어떤 행상(行相)에 대하여 결코 존재할 수 없다는 의미이다. (그러한 견해들이) 존재하지 않을 때, 그것들을 분별하는 것은 결코 타당하지 않다. 그러므로 그 견해들은 타당하지 않다(p. 1334).'

이 주석에도 '행상(行相)'으로 옮긴 '아까라(ākāra)'가 등장하고 있다. '아까라'에 대해서는 [242. (18-2)]번 게송 각주 참조.

1318. '그분'으로 옮긴 '강기(gang gis)'를 직역하면 '그 누구는, 누구라도' 정도 되는데 MK(T.K.)의 'Who'처럼 4행의 '가우따마'를 받는 것으로 보고 옮겼다.

1319. '자비'라고 옮긴 '툭쩨(thugs brtse)'는 자비를 가리키는 '닝제(snying rje)'의 존칭어라서 '크나큰'을 첨언하였다.

1320. '갖추셨기에'라고 옮긴 '녤중(nyer bzung)'의 '녤'은 강조사[Emp.], 그리고 '중와(bzung ba)'는 '갖추다, 이해하다'그리고 보조 동사로 주로 쓰이는 '진빼('dzin pa)'의 과거형이다. 탈격[Abl.] '네(nas)'가 쓰였는데 여기서는 원인, 이유 등을 가리킨다.

1321. 『청목소』에서 김성철은, <모든 견해>란 간단히 말하면 五見이고 상세히 말하면 六十二見이다.'라고, 그리고 이에 대해서 각주로 설명하고 있다(pp. 489-490).
오견은 오리사(五利使)라고도 하는데 사전적 정의는 다음과 같다.
[BD] 오견(五見): 5리사(利使)라고도 함. 5종의 잘못된 견해. (1) 신견(身見). 나라고 할 것이 없는 줄을 알지 못하고 내가 실로 있는 것이라고 집착하는 아견(我見)・아소견(我所見). (2) 변견(邊見). 나라는 집착을 일으킨 위에 내가 죽은 뒤에는 길이 계속하거나 아주 없어지거나의 한쪽으로 치우친 견해. (3) 사견(邪見). 도덕상의 인과를 부정하여 선의 가치를 인정하지 않고, 악의 두려움도 돌아보지 않는 잘못된 소견 (4) 견취견(見取見). 졸렬한 지견(知見)이나 졸렬한 일을 취하여 스스로 훌륭한 견해라고 여기는 견해. (5)

||ལྟ་བ་བརྟག་པ་ཞེས་བྱ་བ་སྟེ་རབ་ཏུ་བྱེད་པའི་ཉི་བཅུ་བདུན་པའོ||

'(그릇된) 견해[邪見]를 살펴보는 것'이라 불리는 제27품

....
계금취견(戒禁取見). 삿된 도를 고집하여 천상에 태어나는 인(因)이나 열반의 인이 된다는 잘못된 소견.

그리고 62견은 『범망경』의 62견을 가리킨다.

육십이견(六十二見): 외도의 여러 주장을 분류하여 62종으로 한 것. (1) 본겁본견(本劫本見)·말겁말견(末劫末見)에 대한 여러 가지 말을 62종으로 나눔. 본겁(本劫)은 과거시, 본견은 과거에서 상견(常見)을 일으킨 것. 말겁(末劫)은 미래, 말견은 미래세에서 단견(斷見)을 일으킨 것. 본겁본견의 설을 18로, 말겁말견의 설은 44종으로 하여 62견.

1322. 마지막 게송으로【귀경게】와 같은 이유로 붓다에게 예경하고 있다.

찾아보기

ㄱ

가고 오는 것 32, 47, 58, 64, 87, 102, 122, 158, 165, 233, 263, 268, 302, 338
가는 것 32, 33, 34, 35, 36, 37, 38, 39, 40, 41, 42, 43, 44, 45, 46, 47, 166, 239, 270, 290, 343
가는 작용 46
가정법 36, 37, 54, 75, 84, 87, 88, 89, 95, 107, 108, 110, 142, 147, 153, 184, 212, 237, 243, 245, 253, 271, 287, 332, 333, 347
감각 23, 48, 49, 50, 54, 55, 56, 65, 66, 92, 107, 160, 161, 230, 232, 240, 256, 262, 320, 323
감수 106, 108, 110, 111, 112, 128, 245, 325
개념 24, 53, 56, 59, 60, 61, 63, 64, 68, 72, 79, 80, 82, 87, 101, 104, 120, 127, 131, 142, 155, 166, 171, 173, 182, 185, 196, 205, 210, 224, 246, 252, 260, 261, 278, 279, 282, 285, 291, 299, 309, 344
개념자 34, 43, 44, 47, 71, 72, 75, 77, 80, 81, 82, 91, 98, 104, 105, 116, 123, 128, 140, 141, 159, 163, 174, 186, 191, 193, 196, 210, 221, 222, 225, 226, 228, 236, 246, 257, 260, 266, 287, 288, 291, 296, 301, 302, 308, 309, 310
개인 76, 131, 139, 150
개체 131, 132, 175
객관 24, 28, 49, 160, 161
객관적 49, 155, 230
거짓 102, 137, 282, 283
거짓된 것 136, 137, 138
결합[合] 144, 149

계(界) 63, 68, 69, 179, 182, 325, 329
고(苦) 54, 56, 129, 130, 131, 132, 133, 134, 184, 252, 260, 261, 265, 269, 284, 285, 286, 287, 288, 297, 298, 320, 326, 328
공(空, Śūnyatā) 63, 80, 136, 141, 185, 186, 190, 198, 219, 220, 230, 231, 246, 247, 251, 256, 259, 260, 261, 267, 268, 270, 271, 278, 279, 283, 284, 299, 300, 350
공공(空空) 80, 278, 279
공덕(功德) 297
공사상(空思想) 80
공성(空性, Śūnyatā) 61, 62, 137, 142, 185, 271, 272, 278, 279, 281, 282, 296
과(果) 29, 30, 54, 177, 234, 281, 289, 290, 293, 294, 320, 341
과거 32, 39, 54, 79, 91, 134, 149, 166, 169, 170, 175, 191, 198, 203, 204, 206, 207, 208, 213, 215, 217, 218, 221, 236, 238, 245, 256, 263, 276, 283, 289, 301, 314, 315, 320, 330, 331, 332, 333, 336, 337, 339, 344, 351
과거세(前生) 331, 345
과보(果報) 101, 132, 168, 169, 171, 174, 175, 176, 177, 182, 184, 185, 187, 190, 192, 193, 194, 283, 293, 320
과실(過失) 35, 38, 43, 58, 63, 101, 102, 157, 178, 182, 187, 214, 215, 220, 233, 235, 268, 284, 291, 302, 338
관념 210
괴멸(壞滅) 229
구사론(=아비달마구사론, Abhidharmakośa śāstra) 24, 111, 175, 184, 205
구사론자(俱舍論者, Abhidharmikas) 168, 170, 171, 173, 174, 178, 181, 182, 184,

353

185, 190, 193, 200, 240, 255, 268, 290
구체적 24, 53, 68, 136, 144, 168, 175, 200, 261, 273
귀경게(歸敬偈) 23, 69, 127, 199, 200, 203, 250, 300, 301, 307, 317, 352
귀류논증파(歸謬論證派=쁘라상기까, Prāsaṅgika) 23, 34
그릇된 견해(邪見) 260, 276, 283, 330, 352
금강경(金剛經, Vajraccedikā prajñāpāramitā sūtra) 329
금생(今生) 168, 177, 190, 333
꾸마라지바(Kumārajīva=鳩摩羅什) 70, 76, 137, 200, 279, 319, 330
끝 124, 125, 127, 128, 247, 314, 315, 330, 331, 332, 340, 344, 345, 346, 347, 348

ㄴ

나(我) 196, 333, 334, 335, 336, 337, 338, 339
나가르주나(Nāgārjuna=용수) 247, 317, 330, 336, 340, 344
남자 117, 118
내재적 57, 147
냄새 48, 54
노사(老死) 125, 126, 302, 304, 326
논리학 53, 205
논박자 83, 84, 109, 110, 116, 117, 125, 126, 134, 137, 140, 142, 160, 190, 213, 214, 225, 229, 234, 237, 246, 251, 255, 268, 272, 282, 291, 294, 299, 308
논서 347
논의 34, 35, 40, 64, 78, 116, 139, 140, 141, 142, 165, 174, 178, 196, 198, 239, 241, 279, 310, 311, 313, 317, 319, 344
논쟁 61, 171
논파 24, 27, 28, 29, 39, 41, 50, 51, 56, 62, 63, 68, 71, 72, 75, 76, 79, 80, 81, 84, 86,
87, 91, 93, 94, 106, 110, 114, 116, 120, 122, 123, 125, 126, 130, 134, 135, 136, 137, 138, 139, 140, 141, 142, 144, 146, 153, 156, 159, 160, 174, 178, 185, 191, 193, 197, 199, 206, 207, 210, 211, 213, 214, 216, 217, 218, 220, 221, 222, 224, 225, 229, 234, 235, 236, 237, 239, 241, 251, 252, 254, 255, 256, 261, 263, 266, 268, 270, 272, 280, 285, 289, 291, 299, 300, 301, 302, 306, 307, 310, 311, 313, 316, 317, 330, 332, 333, 334, 335, 336, 340, 341, 342, 344, 345, 349, 350
능가경(楞伽經, Laṅkāvatāra sūtra) 142, 306
능상(能相, lakṣaṇa) 63, 64, 66, 68, 196
니야야 학파 226

ㄷ

다르마(dharma=법, 진리) 229, 293
단견(론)(斷見論, Ucchedavādin) 156, 157, 158, 185, 191, 199, 201, 233, 234, 236, 282, 283, 334, 338, 341, 352
단견론자 248
단멸(斷滅) 157, 185, 186, 191, 234, 236, 283, 300, 334, 338
대기설법(對機說法) 200, 201
대립(對立) 44, 49, 149, 160, 186, 221, 225, 226, 260, 266, 344
대상 161
대승법(大乘法) 319
도덕 180, 351
독각(獨覺, Pratyekabuddha) 179, 204
독립된 87, 91, 224, 240
독립적 53, 59, 98, 104, 123, 205, 210, 222, 285, 293, 308
독자부(犢子部, Vātsiputrīya) 44, 81, 123
동어반복 140, 285
동일성 123, 149, 162, 207, 221, 222, 231,

354

244, 336
듣는 것 48, 54, 55, 106
듣는 작용 106, 108, 111, 112
등불 83, 84, 85, 346, 347, 348
딜레마(dilemma) 142, 276
딴뜨라(tantra) 99

ㄹ

라다끄리쉬난(S. Radhakrishnan) 201

ㅁ

말씀 22, 28, 124, 125, 136, 137, 142, 169, 170, 171, 173, 179, 189, 251, 284, 307, 317
머무는 것[住] 78, 80, 91, 92, 94, 97, 303
명제(thesis) 162
모순 28, 43, 44, 67, 74, 102, 104, 120, 142, 164, 166, 188, 224, 229, 230, 231, 235, 237, 240, 281, 306, 334
무(無, abhāva) 150, 157, 200, 283
무르띠(T.R. V. Murti) 201
무명(無明=무지) 54, 190, 191, 232, 266, 320, 328
무상(無常) 247, 259, 260, 261, 265, 283, 284, 341
무색계(無色界) 180, 181, 184, 270, 325
무아(無我, anātman) 195, 199, 260, 261, 265
무위(법)(無爲法, asaṃskṛta) 79, 97, 301, 303, 309
무인(無因) 58, 134, 191, 219
무자성(無自性, niḥsvabhāva) 29, 59, 64, 138, 139, 140, 150, 239, 241, 250, 281, 317
무지(無知, avidyā) 54, 320
무한 소급 80, 81, 89, 166, 215
무한(無限) 248, 316

미래 34, 39, 54, 91, 112, 175, 206, 207, 217, 218, 238, 283, 314, 315, 320, 330, 331, 332, 340, 344, 345, 352
미래세 345, 352

ㅂ

바라밀다(波羅蜜多, pāramitā) 132
반명제(anti-thesis) 53
발생 79, 81, 82, 83, 85, 86, 89, 92, 93, 96, 101, 114, 115, 120, 123, 130, 132, 150, 155, 166, 172, 173, 174, 178, 181, 184, 187, 191, 196, 201, 202, 203, 206, 211, 214, 215, 216, 217, 218, 219, 220, 221, 222, 223, 224, 225, 226, 227, 229, 233, 236, 237, 251, 253, 255, 257, 264, 267, 268, 282, 284, 285, 323, 325, 326, 328, 332, 334, 336, 347, 350
발생과 소멸 225, 226, 229, 230, 231, 234, 235, 237, 238, 336
방편 193, 267, 277, 292
번뇌(煩惱) 145, 189, 252
법(法) 161
법무아(法無我, dharma nairātmya) 205, 319, 330
법성(法性) 200, 201
변증법 174, 210
변화 46, 50, 56, 91, 94, 139, 140, 153, 156, 159, 165, 174, 175, 182, 192, 223, 230, 232, 250, 260, 291, 292, 305
보는 것 48, 49, 50, 51, 52, 53, 54, 55, 197
보는 자 51, 52, 53, 55, 110, 111, 144, 146, 197, 298, 319, 330
보리도차제 160
보살(菩薩, bodhisattva) 179
복덕 21, 172, 173, 188
본성 156, 189, 213, 336
본주(本住) 106

본체(本體) 224, 302, 330
부정(不淨) 184, 251, 252, 255, 257, 258, 259, 260, 261, 265
부정(否定) 29, 57, 60, 64, 80, 150, 154, 190, 191, 195, 200, 265, 285, 296, 306, 310, 337, 339, 340, 343, 344, 351
부처(님) 28, 29, 101, 123, 124, 125, 137, 138, 142, 154, 169, 171, 173, 179, 185, 192, 193, 199, 201, 203, 204, 240, 249, 250, 251, 268, 271, 273, 275, 284, 307, 317, 351
분별 21, 40, 43, 56, 59, 60, 74, 112, 166, 167, 169, 172, 199, 202, 215, 248, 251, 256, 261, 263, 273, 276, 278, 292, 306, 336, 342, 351
불[火] 51, 115, 116, 117, 118, 119, 121, 122, 123
불경 137, 157, 170, 183
불공(不空) 230, 294
불과 연료 114, 115, 117, 118, 119, 120, 122, 123, 348
불교 논리학 196, 287
불교 인식론 56, 64, 137, 160
불교적 111, 201, 250
불꽃 115, 346
불변 106, 117, 195, 215, 255, 283, 297
불호(佛護, Buddhapālita) 73, 75
붓다(Buddha) 23, 136, 155, 239, 249, 250, 277, 282, 312, 313, 317, 352
비실재 80
비아(非我, anātman) 241
비유(比喩) 23, 30, 50, 134, 138, 147, 175, 190, 193, 236, 247, 256, 278, 280, 285, 310, 348
비유(非有, vibhāva) 307
비판 24, 29, 76, 78, 166, 174, 195, 201, 205, 241, 299
뿌드가라(Pudgala=보특가라) 44, 131
쁘라끄르띠(prakṛti) 156

쁘라산나빠다 23, 118, 130, 138, 139, 140, 145, 146, 147, 152, 153, 155, 156, 157, 162, 170, 172, 173, 174, 177, 180, 184, 185, 187, 188, 190, 192, 195, 196, 197, 198, 200, 201, 202, 204, 208, 210, 214, 215, 216, 219, 222, 223, 224, 225, 226, 227, 229, 231, 233, 234, 235, 236, 241, 243, 245, 246, 247, 248, 249, 250, 254, 255, 258, 260, 261, 267, 269, 272, 273, 274, 275, 277, 278, 282, 285, 287, 295, 296, 297, 300, 302, 303, 305, 306, 307, 308, 313, 314, 315, 316, 317, 318, 319, 321, 323, 324, 326, 327, 328, 330, 331, 332, 334, 335, 336, 339, 340, 342, 343, 344, 345, 346, 349, 350

ㅅ

사(4)연(四緣)=4종의 연 281
사견(邪見) 276, 277, 325, 332, 351
사과(四果) 270, 289
사구(四句, Catuṣkoṭi) 332, 339, 340, 344, 347, 348, 350
사구부정(四句否定, Catuṣkoṭi Vinirmukta) 46, 65, 67, 90, 103, 153, 195, 201, 246, 299, 302, 305, 307, 310, 311, 312, 315, 316, 317, 341, 342
사라지는 것[滅] 28, 78, 80, 90, 93, 94, 95, 96, 97, 167, 174, 183, 225, 268, 281, 284, 299, 300, 303, 307, 328
(사)성제(四聖諦) 268, 269, 284, 285, 286, 287, 288, 289, 291
사태(states of affair) 23, 25, 29, 30, 43, 44, 61, 64, 65, 67, 68, 76, 83, 85, 88, 90, 91, 92, 93, 95, 105, 107, 108, 120, 121, 123, 128, 134, 136, 138, 139, 141, 152, 153, 154, 155, 159, 209, 227, 228, 230, 232, 233, 234, 235, 241, 264, 280, 302, 304,

305, 306, 309, 310, 311, 315, 350
산스끄리뜨어 22, 23, 24, 25, 28, 29, 32, 33, 34, 35, 37, 38, 39, 40, 43, 44, 45, 46, 48, 49, 50, 52, 56, 57, 60, 61, 63, 65, 66, 67, 70, 71, 72, 73, 74, 75, 78, 79, 80, 83, 86, 94, 95, 98, 99, 100, 102, 103, 105, 106, 107, 108, 110, 114, 115, 116, 117, 118, 124, 126, 127, 131, 133, 136, 137, 138, 140, 141, 142, 146, 150, 152, 154, 155, 156, 160, 162, 168, 169, 173, 175, 176, 180, 186, 189, 190, 191, 195, 196, 197, 200, 201, 210, 219, 222, 225, 226, 227, 229, 230, 231, 232, 233, 235, 239, 241, 242, 243, 246, 248, 250, 251, 252, 254, 262, 269, 274, 275, 276, 278, 279, 280, 282, 283, 285, 292, 295, 296, 300, 301, 304, 305, 308, 311, 312, 316, 319, 321, 322, 323, 328, 339, 343, 346, 349, 350
삼독(三毒) 251, 259
삼상(三相) 78, 79
상견(론)(常見論, Śāsvatavādin) 156, 157, 158, 185, 199, 201, 233, 234, 235, 236, 248, 283, 290, 334, 352
상이성(相異性) 146, 244
상주(常住) 157, 185, 191, 201, 234, 283, 334, 340, 341, 342, 344
상태 22, 27, 57, 58, 69, 73, 79, 94, 140, 141, 150, 164, 166, 172, 189, 197, 201, 219, 239, 261, 262, 296, 305, 308, 330
상호 관계(성) 29, 114, 120, 212, 213, 222, 224, 258
상호 연관(성) 64, 109, 114, 120, 130, 139, 224, 236
생각 23, 25, 47, 49, 56, 66, 116, 123, 138, 142, 148, 155, 159, 160, 161, 163, 169, 171, 172, 173, 178, 198, 204, 231, 232, 240, 248, 249, 259, 268, 277, 283, 312, 333
생기는 것[生] 78, 79, 80, 86, 88, 89, 93, 94, 97, 198, 281, 303, 307
생멸 56, 164, 260, 302, 303, 307, 334
생사(生死) 301, 306, 343
생주멸 78, 79, 81, 91
선정(禪定, dhyāna) 308
선행 주체 106, 107, 109, 110, 112, 113
성립 26, 27, 43, 44, 49, 50, 51, 53, 56, 59, 72, 73, 74, 75, 76, 87, 97, 98, 104, 119, 120, 133, 152, 153, 160, 207, 213, 218, 222, 228, 229, 236, 253, 254, 258, 278, 282, 286, 288, 305, 310, 319, 337, 342, 344, 350
성문(聲聞=성문승 Śrāvaka) 179, 203, 204
세간(世間) 142, 203, 247, 249, 250, 272, 273, 274, 275, 276, 294, 296, 297, 312, 313, 315, 317, 319, 331, 332
세계 49, 155, 160, 161, 247, 283, 296, 297, 315, 332, 345, 347
세상 54, 85, 137, 179, 204, 247, 267, 274, 317, 320
세속(世俗) 166, 204, 252, 276
세속제(世俗諦: saṃvṛti Satya=속제) 138, 188
세존(世尊, Bhagavān) 136, 137, 154, 277, 311, 312, 313, 317
소리 49, 160, 161, 252
소멸 22, 112, 116, 155, 169, 180, 198, 213, 215, 225, 226, 227, 228, 229, 230, 231, 234, 235, 236, 237, 238, 282, 299, 300, 301, 334, 336, 345, 346, 347
소상(所相, lakṣya) 63, 68, 196
속박 159, 164, 165, 166, 167, 301, 308, 342, 344
속박과 해탈(bandhanamokṣa) 165, 166, 167, 344
속제(俗諦, saṃvṛti satya=세속제) 274
수습 269, 287
승의제(勝義諦, Paramārtha Satya=진제) 267
시간 39, 46, 54, 56, 59, 64, 71, 72, 73, 75, 77, 85, 86, 88, 91, 93, 94, 106, 116, 122,

124, 125, 132, 134, 141, 142, 155, 165, 166, 172, 191, 205, 206, 207, 208, 209, 213, 214, 215, 223, 225, 227, 229, 236, 237, 245, 247, 249, 264, 272, 312, 314, 320, 322, 330, 331, 332, 333, 337, 345
시작 124, 125, 127, 128, 185, 201, 272, 280, 296, 302, 310, 330, 342, 343
시작과 끝 124, 125, 128
신기루 97, 193, 256
신업(身業) 170, 171
실재 46, 80, 98, 99, 100, 101, 102, 103, 104, 142, 154, 155, 186, 193, 201, 229, 230, 283, 302
실체 64, 71, 97, 108, 137, 139, 142, 153, 155, 191, 239, 240, 251, 255, 257, 260, 283
심(心) 261
십이연기(十二緣起) 54, 319, 320, 321, 322, 324, 325, 326, 328, 329
십이처(十二處) 49, 160
십팔계(十八界, aṣṭādaśa dhātu) 205

ㅇ

아(我=자아, ātman) 64, 195, 196, 197, 199, 200, 204, 241, 254, 255, 260, 261, 265
아뜨만(ātman) 111, 195, 201
아라한(阿羅漢, arhā(a)n) 181, 270
아바바(無有, abhāva) 305
아비달마(阿毘達磨, Abhidharma) 38, 181
아비드야(avidyā, Tib., ma rig pa, 無明) 232, 320
악취공자 142, 278
양자(兩者) 313, 315, 344
어둠 84, 85, 86, 231, 310
어리석음 231, 232, 251, 256, 259
언어 (관습) 23, 142, 188, 198, 201, 268, 275, 276, 312

업(業, karma) 43, 54, 168, 169, 170, 172, 185, 187, 194, 297, 320, 338
없음 84, 151, 184, 195, 253, 302, 312, 314
여래(如來) 239, 241, 242, 243, 244, 245, 246, 247, 248, 249, 250, 313, 315
여자 117, 118
역사적 51, 319
연(緣, pratyaya) 21, 24, 25, 138, 147, 150, 178, 189, 191, 202, 209, 210, 211, 212, 214, 223, 224, 251, 258, 267, 281, 284, 285, 294, 306, 321, 324, 329, 347
연기(緣起, pratītya samutpāda) 23, 24, 225, 281, 285, 294
연료 114, 115, 116, 117, 118, 119, 120, 121, 122, 123, 348
연속성 81, 163
연연(緣緣, ālamvana pratyaya) 24, 28
열매 174, 175, 176
열반(涅槃, nirvāṇa) 137, 159, 163, 166, 167, 181, 200, 201, 235, 236, 239, 248, 249, 270, 276, 299, 300, 301, 302, 303, 304, 305, 306, 307, 308, 309, 310, 311, 312, 313, 314, 315, 316, 317, 318, 342, 352
영원 229, 247, 283, 296, 337
영혼 247, 315
오류 62, 65, 67, 80, 81, 102, 137, 140, 158, 166, 178, 182, 187, 210, 215, 232, 251, 268, 278, 280, 334, 336, 338
(오)온 56, 106, 130, 136, 138, 160, 164, 195, 237, 239, 240, 242, 243, 245, 326, 346, 347, 349
외도(外道=육사외도, 六邪外道) 106, 180, 181, 195, 270, 325, 352
욕망 70, 118, 142, 190, 248
용수(龍樹=Nāgārjuna) 23, 24, 29, 34, 46, 47, 49, 50, 53, 56, 62, 63, 64, 68, 76, 78, 79, 80, 81, 110, 116, 117, 137, 140, 153, 170, 173, 174, 178, 185, 190, 191, 200, 203, 205, 234, 241, 246, 247, 248, 252, 256,

262, 263, 266, 268, 272, 274, 277, 279, 280, 291, 299, 300, 301, 303, 333, 345
운동 53, 91, 174, 193, 210
원인 24, 25, 28, 57, 58, 59, 60, 62, 66, 75, 97, 99, 100, 104, 115, 125, 126, 127, 129, 132, 135, 146, 147, 152, 155, 164, 171, 174, 177, 180, 181, 182, 203, 208, 210, 211, 212, 213, 214, 215, 216, 217, 218, 219, 220, 221, 222, 223, 224, 234, 235, 240, 241, 243, 245, 249, 258, 260, 266, 269, 270, 272, 276, 277, 278, 285, 293, 300, 309, 322, 325, 326, 327, 338, 340, 347, 351
원인과 결과 24, 54, 59, 66, 75, 197, 198, 210, 212, 213, 214, 218, 219, 222, 224, 234, 272
원인과 조건 24, 174, 219
월칭(月稱, Chandrakīrti) 23, 30, 46, 53, 75, 78, 132, 133, 140, 246, 336
유(有) 23, 54, 157, 184, 234, 236, 283, 307, 320, 325, 326
유무(有無) 150, 155, 197, 253
유부(=설일체유부) 28, 78, 81, 123, 156, 180, 230, 302
유식파 196
유위법(有爲法) 24, 56, 79, 97, 196, 303
유정(有情) 131, 159, 160, 163, 164
(육)근(根) 48, 49, 144, 160
6도(道) 160, 321
육신 189, 190, 193, 260, 283
62견(見) 352
육체 248, 315
윤회 125, 127, 159, 160, 162, 163, 166, 167, 181, 185, 186, 234, 238, 250, 313, 321, 326, 327, 329, 337, 342, 343, 344, 347
윤회와 열반 313, 314
의문 40, 67, 75, 84, 86, 170, 186, 219, 237, 244, 253, 287, 293, 300
의미 21, 22, 23, 24, 33, 34, 36, 37, 38, 39, 41, 42, 44, 46, 49, 50, 52, 53, 56, 59, 61, 65, 72, 75, 79, 89, 90, 91, 94, 101, 104, 107, 108, 109, 111, 115, 116, 119, 120, 121, 123, 124, 128, 130, 132, 133, 137, 138, 141, 142, 148, 150, 151, 152, 156, 161, 170, 172, 173, 183, 185, 186, 187, 189, 190, 197, 198, 201, 203, 206, 210, 211, 215, 222, 227, 229, 236, 240, 241, 243, 244, 245, 247, 248, 250, 252, 253, 254, 255, 260, 261, 264, 269, 271, 272, 273, 274, 278, 279, 284, 285, 287, 288, 296, 297, 298, 300, 301, 302, 303, 304, 306, 307, 308, 310, 311, 312, 316, 317, 321, 331, 332, 337, 345, 347, 351
의심 86, 108, 187, 188
이유 23, 72, 74, 97, 103, 104, 125, 133, 136, 139, 146, 152, 157, 180, 181, 182, 186, 188, 200, 201, 203, 208, 212, 236, 240, 241, 243, 245, 249, 258, 260, 269, 270, 273, 276, 277, 278, 284, 285, 293, 300, 309, 310, 314, 320, 322, 325, 326, 327, 334, 338, 340, 342, 345, 347, 351, 352
이제(二諦) 273
이제론(二諦論) 267, 268, 274, 275, 319
이중부정 228, 308, 311
인(因, hetu) 24, 54, 150, 177, 182, 210, 211, 215, 219, 234, 293, 320, 341, 352
인간 49, 160, 161, 321, 329, 340, 341, 347, 349
인과(因果, hetu-phala) 57, 58, 293
인명(因明=불교 논리학) 127, 196, 287, 293
인무아(人無我, pudgala nairātmya) 205, 319
인식론 64, 205, 324
인연(因緣, hetu pratyaya) 24, 27, 56, 212, 280, 283, 293, 303, 322, 346
일체유심조(一切唯心造) 205
입멸 312, 314, 315
입보리행론(入菩提行論, Bodhicaryāvatāra) 65, 292

찾아보기 359

입중론(入中論, Madhyamakāvatāra) 65

ㅈ

자비(심) 21, 168, 169, 259, 351
자성(自性, svabhāva, self-characteristics) 25, 59, 88, 138, 150, 151, 153, 158, 159, 168, 180, 187, 188, 195, 205, 210, 222, 225, 235, 239, 241, 245, 250, 251, 268, 291, 299, 319, 330
자신이 짓는 것 129, 135
자아(自我=我, ātman) 260, 283, 329, 334, 336, 342, 343
적멸(寂滅) 34, 196, 198, 262, 301, 317
전도(顚倒) 251, 252, 255, 261, 267
전생 191, 331, 333, 339
전유경(=불설전유경, 佛說箭喩經, Cūlamāluṅkya sutta) 247, 249
정량부(正量部, Sāṃmitīya) 78, 81
정법(正法) 271, 290, 351
제일의제(第一義諦=진제) 138, 276, 319, 330
조건 24, 25, 39, 49, 71, 160, 161, 164, 174, 203, 219, 229, 237, 240, 241, 243, 245, 260, 269, 270, 287, 300, 310, 312
존재 23, 24, 25, 26, 27, 28, 29, 30, 31, 36, 39, 40, 42, 44, 45, 46, 49, 51, 52, 53, 54, 56, 58, 59, 63, 64, 65, 66, 67, 68, 69, 70, 71, 72, 73, 74, 76, 77, 79, 80, 84, 85, 87, 88, 90, 91, 92, 93, 94, 95, 96, 97, 99, 100, 101, 102, 106, 107, 108, 109, 110, 111, 112, 114, 115, 118, 119, 120, 121, 123, 124, 125, 126, 127, 128, 130, 131, 132, 134, 137, 138, 139, 140, 141, 142, 145, 146, 147, 148, 149, 150, 151, 152, 153, 154, 155, 156, 157, 159, 160, 161, 165, 166, 175, 176, 185, 186, 187, 188, 191, 192, 195, 196, 197, 198, 201, 205, 206, 207, 208, 209, 210, 211, 212, 214, 217, 218, 219, 222, 224, 225, 226, 227, 228, 229, 230, 231, 232, 233, 234, 235, 237, 238, 239, 240, 241, 242, 243, 244, 245, 247, 248, 249, 250, 252, 253, 254, 255, 256, 257, 258, 259, 260, 261, 262, 264, 265, 266, 267, 268, 269, 270, 271, 272, 276, 278, 280, 281, 282, 283, 284, 285, 286, 287, 288, 289, 290, 291, 293, 294, 295, 296, 297, 299, 300, 302, 303, 304, 305, 306, 308, 309, 310, 312, 313, 314, 315, 317, 319, 323, 325, 329, 331, 332, 333, 334, 335, 336, 337, 338, 339, 340, 342, 343, 344, 345, 346, 347, 348, 350
주석 23, 51, 52, 60, 65, 73, 75, 88, 117, 132, 155, 173, 188, 190, 195, 208, 245, 246, 249, 261, 266, 274, 276, 278, 283, 284, 287, 288, 289, 293, 297, 302, 313, 315, 316, 317, 319, 324, 330, 336, 339, 340, 342, 343, 345, 346, 350, 351
주석서 46, 53, 173, 208
주장 34, 38, 44, 60, 62, 64, 65, 79, 80, 84, 94, 102, 110, 117, 121, 129, 134, 140, 151, 159, 160, 162, 166, 168, 170, 171, 172, 174, 176, 178, 180, 185, 186, 199, 201, 213, 214, 217, 219, 229, 233, 234, 237, 251, 255, 268, 271, 272, 292, 294, 299, 301, 308, 352
주체 52, 53, 56, 57, 68, 75, 76, 98, 106, 107, 109, 110, 111, 112, 113, 137, 144, 146, 147, 155, 160, 166, 173, 190, 191, 196, 249, 262, 281, 287, 305, 312, 323
죽음 54, 92, 130, 227, 228, 237, 302, 320, 342
중관 22, 53, 80, 109, 120, 123, 200, 205, 210, 268, 274, 279, 281, 282
중관파 109, 138, 196, 200, 267, 272, 299, 302, 319
중기 중관파 138, 319
중도 234, 260, 281, 282, 283, 319

중론 24, 40, 53, 64, 65, 76, 81, 114, 125, 131, 140, 142, 154, 155, 168, 205, 222, 266, 268, 272, 273, 282, 298, 299, 313, 319, 330
중생 145, 160, 163, 182, 190, 191, 240, 250, 277, 283, 296, 316, 317, 321, 329
증명 50, 61, 62, 109
지각(知覺) 40, 49, 124, 160, 212, 216
지어진 것 78, 80, 193, 196, 303, 304, 309
지혜 21, 60, 155, 197, 204, 275, 276, 277, 328, 343
진리 22, 202, 247, 273, 275, 279, 284, 297, 298, 301, 303, 327, 330
진실 29, 45, 46, 102, 137, 189, 197, 198, 201, 202, 203, 235, 252, 262, 265, 273, 274, 303, 327, 328, 329
진제(眞諦, paramārtha satya) 247, 274, 275, 319, 330
질문 168, 210, 247, 249, 291
집(集) 184, 269, 285, 286, 287, 289, 298
집착 157, 166, 190, 196, 197, 198, 248, 259, 261, 262, 263, 278, 283, 289, 290, 325, 330, 351
쫑카빠 51, 53, 60, 65, 75, 132, 142, 319, 339

ㅊ

차별 202, 273
차이성 73, 123, 207
차제연(次第緣, anatatara pratyaya) 24, 25, 28
찰나 54, 320, 334, 346
청목(青目, Piṅgala) 60, 155, 163, 164, 252
청목소(青目疏) 21, 23, 24, 25, 27, 28, 32, 33, 34, 35, 38, 39, 41, 42, 44, 45, 46, 48, 49, 50, 51, 52, 53, 57, 60, 61, 63, 65, 67, 70, 73, 74, 75, 78, 79, 80, 81, 83, 88, 89, 90, 92, 93, 95, 99, 103, 106, 109, 110, 111, 117, 118, 123, 125, 126, 130, 132, 134, 135, 136, 137, 138, 139, 140, 141, 142, 144, 147, 150, 151, 152, 153, 156, 157, 162, 163, 164, 165, 168, 169, 170, 172, 173, 178, 180, 181, 184, 185, 187, 188, 190, 192, 195, 196, 197, 198, 200, 201, 205, 210, 214, 216, 219, 221, 223, 224, 225, 226, 227, 228, 229, 230, 233, 234, 235, 236, 241, 243, 247, 248, 249, 250, 252, 256, 257, 259, 260, 261, 266, 269, 274, 275, 276, 278, 282, 283, 284, 285, 286, 287, 288, 289, 290, 291, 293, 294, 295, 296, 297, 300, 301, 302, 303, 305, 306, 307, 308, 309, 310, 313, 315, 317, 319, 321, 322, 323, 324, 325, 326, 327, 328, 329, 330, 331, 332, 333, 336, 339, 342, 343, 345, 346, 348, 349, 350, 351
초월 142, 184, 301
출발 39, 40, 41, 42, 56, 64, 70, 71, 85, 310, 311, 321
출세간(出世間) 297
취(取) 54, 105, 123, 243, 244, 245, 246, 282, 304, 319, 324, 325, 334, 336

ㅌ

타인이 짓는 것 129, 135
탐욕(rāga) 70, 71, 73, 74, 75, 76, 77, 118, 145, 177, 251, 256, 259
탐욕에 빠진 자(rakta) 70, 71, 72, 73, 74, 76, 77
특징 25, 48, 56, 64, 68, 95, 111, 116, 123, 125, 139, 180, 232, 244, 260, 312
티벳 21, 23, 25, 34, 40, 44, 46, 48, 49, 51, 52, 56, 57, 60, 61, 63, 64, 65, 70, 72, 73, 74, 75, 76, 78, 88, 95, 98, 100, 103, 106, 110, 114, 117, 118, 124, 125, 127, 131, 133, 136, 137, 140, 141, 154, 155, 156, 159,

178, 180, 185, 187, 190, 191, 195, 196,
197, 200, 201, 205, 208, 214, 216, 219,
223, 224, 225, 226, 228, 231, 232, 233,
234, 235, 236, 237, 239, 241, 242, 243,
244, 246, 248, 250, 251, 252, 260, 262,
264, 269, 274, 275, 278, 282, 283, 287,
292, 295, 296, 299, 300, 303, 304, 307,
312, 316, 319, 322, 323, 328, 330, 331,
332, 334, 336, 339, 343, 347, 349

ㅍ

파괴　72, 248, 272, 276, 278, 286, 293, 296, 347, 348, 349
표현　23, 34, 46, 49, 64, 65, 85, 107, 111, 127, 138, 141, 146, 155, 161, 198, 200, 201, 240, 246, 250, 252, 260, 276, 292, 307, 312, 313

ㅎ

한문　49, 150, 196, 251, 279
한문 경전권　23, 196, 278, 279
한역　21, 23, 41, 50, 52, 57, 60, 61, 63, 64, 65, 66, 67, 70, 75, 76, 78, 79, 80, 83, 89, 90, 92, 93, 95, 106, 111, 136, 137, 140, 150, 169, 172, 178, 188, 191, 195, 200, 201, 216, 219, 221, 225, 229, 241, 246, 250, 251, 256, 257, 264, 269, 276, 282, 300, 301, 307, 310, 319, 323, 330
항상　22, 97, 106, 111, 115, 116, 142, 151, 159, 160, 172, 176, 177, 185, 186, 187, 188, 195, 205, 229, 233, 247, 259, 261, 288, 301, 314, 315, 316, 321, 331, 332, 334, 340, 341, 342, 344, 350
항상하는 것　44, 159, 174, 176, 177, 187, 202, 203, 233, 259, 316, 340, 342

해탈(解脫, mokṣa)　101, 159, 164, 165, 166, 167, 199, 273, 301, 308, 325, 344
행위　21, 42, 43, 51, 52, 53, 68, 73, 75, 98, 99, 100, 103, 104, 105, 114, 115, 123, 136, 166, 171, 173, 174, 180, 272, 280, 281, 287, 292, 293, 295, 296, 297, 316
행위자(doer)　42, 43, 44, 71, 72, 73, 76, 98, 99, 100, 101, 102, 103, 104, 105, 114, 123, 149, 166, 190, 191, 281, 287, 293, 295, 296
허공　23, 63, 64, 68, 285, 306
현량(現量, pratyakṣa, direct perception)　124
현상(現相)　23, 27, 28, 64, 67, 76, 92, 94, 101, 136, 137, 150, 152, 164, 169, 174, 183, 185, 229, 230, 279, 282, 303
형상　54, 137, 155, 196, 320, 323
형성 작용[行]　136, 137, 143, 159
형식　96, 108, 151, 186, 246
형식 논리학　299
형이상학(적)　111, 240, 249
화합　56, 84, 141, 182, 210, 281, 283, 324, 325
회쟁론(回諍論, Vigrhavyavartanīkārikā)　43, 98, 170, 262
희론(戱論)　22, 23, 34, 69, 123, 127, 199, 202, 239, 241, 249, 250, 261, 267, 273, 317

M

MK(T.K.)　23, 27, 28, 30, 32, 34, 38, 39, 40, 41, 42, 43, 44, 46, 49, 51, 52, 53, 57, 58, 59, 60, 61, 63, 64, 65, 66, 67, 70, 72, 73, 75, 76, 78, 79, 80, 81, 83, 88, 93, 99, 100, 101, 102, 103, 106, 107, 108, 109, 117, 118, 119, 122, 123, 126, 128, 129, 130, 131, 132, 133, 135, 136, 137, 138, 139, 140, 141, 142, 146, 147, 148, 150, 152, 153, 154, 156, 157, 159, 162, 163, 164, 165,

166, 167, 168, 169, 170, 171, 172, 176, 177, 179, 180, 181, 182, 183, 184, 185, 187, 188, 190, 195, 196, 197, 198, 200, 202, 204, 208, 210, 212, 215, 216, 217, 219, 220, 222, 223, 224, 226, 227, 229, 231, 232, 233, 234, 236, 240, 241, 243, 244, 245, 246, 247, 248, 249, 250, 251, 252, 253, 258, 266, 269, 274, 275, 278, 282, 287, 288, 292, 296, 300, 303, 304, 307, 308, 312, 313, 314, 317, 319, 321, 323, 325, 326, 327, 328, 332, 333, 339, 342, 344, 347, 350, 351

ⓒ 도서출판 b, 2018

■ 지은이 **용수** (龍樹, Nāgārjuna, 150?-250?)
남인도 출생. 대승불교의 기틀인 공사상을 연구, 중관사상의 기초를 확립하였다. 그로 인해 제2의 붓다, 8종(八宗)의 조사(祖師), 대승불교의 아버지라고 일컫는다.『중론』,『회쟁론』등의 중관 사상이 담긴 주요 저서들과『친구에게 보내는 편지』,『보행왕정론』등 도덕률을 강조하는 저서들이 대승불교권에 전해져 온다.

■ 옮긴이 **신상환** (辛尙桓)
아주대학교 환경공학과를 졸업하고, 인도 비스바 바라띠 대학교 티벳학 석사와 산스끄리뜨어 준석사 등을 마쳤으며, 캘커타 대학교 빠알리어과에서 철학박사 학위를 취득했다.
저서로는『용수의 사유』,『세계의 지붕 자전거 타고 3만 리』등과 역서로는 싸꺄 빤디따의『선설보장론』, 용수의『친구에게 보내는 편지』,『풀어쓴 티벳 현자의 말씀』등이 있다.
비스바 바라띠 대학교의 인도·티벳학과 조교수로 재직했었으며 티벳 경전의 한글 번역에 관심을 쏟고 있다.

중론

초판 1쇄 발행_2018년 5월 25일
　　 2쇄 발행_2021년 2월 25일

지은이_용수
옮긴이_신상환
펴낸이_조기조
펴낸곳_도서출판 b
등　 록_2003년 2월 24일 제2006-000054호
주　 소_08772 서울특별시 관악구 난곡로 288 남진빌딩 302호
전　 화_02-6293-7070(대) | 팩시밀리_02-6293-8080
이메일_bbooks@naver.com | 홈페이지_b-book.co.kr

값_30,000원
ISBN 979-11-87036-50-0 (세트)
ISBN 979-11-87036-51-7　93220

* 이 책 내용의 일부 또는 전부를 재사용하려면 저작권자와 도서출판 b의 동의를 얻어야 합니다.
* 잘못된 책은 교환해 드립니다.